15년 만에 새롭게 선보이는 **개정증보판**

복음을 부끄러워하는 교회

• 존 맥아더 지음 | 황성철 옮김 •

Ashamed of the Gospel

🕯생명의말씀사

Ashamed of the Gospel
by John F. MacArthur, Jr.

Copyright © 1993, 2009 by John F. MacArthur, Jr.
Published by Crossway Books
a publishing ministry of Good News Publishers
Wheaton, Illinois 60187, U.S.A.

This edition published by arrangement
with Good News Publishers
through rMaeng2.
All rights reserved.

This Korean Edition Copyright © 2010 by Word of Life Press, Seoul, Republic of Korea.

본 저작물의 한국어판 저작권은 알맹2 에이전시를 통하여
Good News Publishers와 독점 계약한 생명의말씀사에 있습니다.
신 저작권법에 의하여 한국 내에서 보호받는 저작물이므로 무단전재와 무단복제를 금합니다.

**복음을
부끄러워하는
교회** | 개정증보판 |

ⓒ 생명의말씀사 1994, 2010

1994년 9월 30일 1판 1쇄 발행
2009년 1월 23일 8쇄 발행
2010년 10월 10일 2판 1쇄 발행
2024년 9월 25일 8쇄 발행

펴낸이 | 김창영
펴낸곳 | 생명의말씀사

등록 | 1962. 1. 10. No.300-1962-1
주소 | 서울시 종로구 경희궁1길 6 (03176)
전화 | 02)738-6555(본사) · 02)3159-7979(영업)
팩스 | 02)739-3824(본사) · 080-022-8585(영업)

기획편집 | 김정옥, 이은정
디자인 | 맹영미
인쇄 | 주손디앤피
제본 | 주손디앤피

ISBN 978-89-04-07121-0 (03230)

저작권자의 허락 없이 이 책의 일부 또는 전체를
무단 복제, 전재, 발췌하면 저작권법에 의해 처벌을 받습니다.

내가 **복음을 부끄러워하지 아니하노니** 이 복음은 모든 믿는 자에게 구원을 주시는 하나님의 능력이 됨이라 먼저는 유대인에게요 그리고 헬라인에게로다 _ 롬 1:16

그러므로 너는 내가 우리 주를 증언함과 또는 주를 위하여 갇힌 자 된 나를 부끄러워하지 말고 오직 하나님의 능력을 따라 복음과 함께 고난을 받으라……이로 말미암아 내가 또 이 고난을 받되 **부끄러워하지 아니함은** 내가 믿는 자를 내가 알고 또한 내가 의탁한 것을 그날까지 그가 능히 지키실 줄을 확신함이라 _ 딤후 1:8, 12

누구든지 이 음란하고 죄 많은 세대에서 **나와 내 말을 부끄러워하면** 인자도 아버지의 영광으로 거룩한 천사들과 함께 올 때에 그 사람을 부끄러우하리라 _ 막 8:38

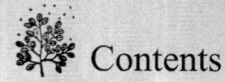 Contents

- 2009년 개정판 서문   7
- 1993년판 서문   25

1. 내리막길에 서 있는 기독교   43

시장 지향적 사역? | 성경적 사역 철학을 향하여 | 귀가 가려운 시대에 사역하기 | 우리는 성공을 어떻게 정의하는가 | 탁월한 사역의 기초 | 믿음을 굳게 잡음

2. 이용자에게 친절한 교회?   79

강대상을 친다? | 고객은 왕 | 교회성장 이론 뒤집기 | 믿는 자의 진영에서 일어난 죄 | 함께 나누는 공동체 | 긍정적 역할 모델 | 부정적 역할 모델 | 바리새인의 누룩 | 베드로의 반응 | 하나님의 심판 | 삽비라의 죄 | 심판은 하나님의 집에서 시작되어야 한다 | 주의 두려우심을 알므로 우리는 사람들을 권한다 | 이용자에게 친절한 태도는 어디서 교회를 공격하는가

3. 쇼와 같은 종교   115

실용주의에 이끌려 가는 교회 | 예배인가 쇼인가 | 수적 성장이 합당한 목표인가 | 교회성장 운동의 실용주의적 뿌리 | 실용주의 시대 | 파산한 철학 | 선술집인 교회 | 멋진 기술이 아니라 나쁜 신학이다 | 나병이 발생했다

4. 여러 사람에게 여러 모습이 된 것은   149

타협 불가능한 것 | 얻기 위하여 포기함 | 그리스도 안에 있는 자유 | 새 언약의 종 | 유대인들에게 내가 유대인과 같이 된 것은 | 이방인들에게 내가 이방인과 같이 되고 | 약한 자들에게 내가 약한 자와 같이 되고 | '상황화'와 교회의 부패 | 아무쪼록 몇 사람을 구원함

5. 하나님의 미련한 것   175

미련한 것이 지혜로운 때 | 인간 지혜의 열등함 | 하나님의 지혜의 우월함 | 인간의 지혜 vs. 하나님의 미련한 것

6. 구원에 이르게 하는 하나님의 능력 197

복음을 위하여 택정함을 입었으니 | 나는 복음을 전함으로써 하나님을 섬긴다 | 나는 모든 잃어버린 사람들에게 빚진 자라 | 나는 복음 전하기를 원한다 | 복음을 부끄러워하지 않는다

7. 아레오바그의 바울 224

한 도성과 맞선 한 사람 | 장터에 선 바울 | 사도 대 철학자 | 설교자와 학자 | 세상 속의 그리스도인

8. 구원과 하나님의 주권 247

하나님의 절대 주권 | 하나님의 주권 대 실용주의 | 구원은 여호와께 속한 것이다 | 성경과 하나님의 주권 | 하나님이 택하심 | 나그네로 거함 | 영원부터 미리 아심 | 거룩하게 되도록 정하심 | 순종하도록 정해짐 | 그의 피 뿌림을 얻음 | 하나님의 주권 교리의 적용

9. 내가 내 교회를 세우리라 280

교회의 기초 | 교회의 확실성 | 교회의 친밀함 | 아무도 교회를 정복할 수 없음 | 교회의 권위 | 성공적인 교회의 표지

10. 막간 307

11. 온갖 바람에 휩쓸리는 교회 315

유행 추종과 배교 | 하나님의 말씀으로 돌아가라 | 성령의 검을 붙들라 | 교회의 유익을 위해 말씀을 사용하라

12. 영적 간음 333

혼합된 실용주의 | 교리 해체 | 실용주의가 복음주의 운동에 미친 영향 | 이머징 대화의 종말 | 미래의 모습

부록 Appendix

- 부록 1. 스펄전과 내리막길 논쟁 356
- 부록 2. 이 시대를 향한 스펄전의 절규 402
- 부록 3. 찰스 피니와 미국 복음주의적 실용주의 448
- 부록 4. 육적 지혜와 영적 지혜 461

복음을
부끄러워하는
교회

Ashamed
of the
Gospel

2009년 개정판 서문
Preface to the 2009 Edition

사람들이 어떤 교활한 말을 듣고서 진실과 거짓 도두를 사랑하게 된다는 것은 참으로 놀라운 일이다. "우리는 이런 유형의 교리를 좋아하며 다른 유형도 좋아한다."라고 그들은 말한다. 사실, 영리한 기만자가 그럴싸하게 제시하기만 하면 그들은 무엇이든 좋아할 것이다. 모세와 아론을 칭송하지만 얀네와 얌브레를 반박하지도 않을 것이다. 이런 방식을 지향하는 모임에 우리는 가담하지 않을 작정이다.

찰스 스펄전[1]

2007년 어느 여름날, 나는 『복음을 부끄러워하는 교회』를 14년 만에 처음 집어 들고서 대충 읽어가기 시작했다. 그리고 여덟 장을 단숨에 읽고 나서야 책을 손에서 내려놓았다. 이 책의 메시지가 지금 이 시대에도 적합하다는 점에 나는 기뻤고 동시에 놀라웠다. 시대에 뒤떨어지지 않고 적실성(relevance, 사회과학에서 많이 사용되는 용어로, 이론적으로 정당한 과학성에서 나아가 현실에 실제로 활용 가능한가를 살피는, 즉 실용성까지 있는지를 가리키는 말– 편집자 주)을 지니자면 세

---

1) *The Greatest Fight in the World* (London: Passmore & Alabaster, 1891), 38.

상의 유행에 맞춰나가야 한다는 개념을 비판하기 위해 그 책을 썼었기 때문에 특히 그랬다.

물론, 이 책의 아이디어를 출판사에 처음 제시한 이후로 그 메시지에 대한 나의 열정은 조금도 줄어들지 않았다. 1993년에 쓴 내용이 오늘날 내가 말하고 싶은 내용과 정확히 일치한다는 사실에 한편으로 놀랍다. 내가 예고했던 내용이 정확히(그리고 속히) 실현된 것이 실망스럽기는 하지만, 주께서 내게 호흡을 허락하시는 한 나는 경고의 메시지를 중단하지 않을 생각이다. 사실, 그날 책을 내려놓기 전에, 나는 개정증보판을 내기 위해 최선을 다하기로 결심했다. 본서는 바로 그 결심의 열매이다.

내가 나의 책을 다시 읽는 일은 매우 드물다. 출간한 지 10년 이상 된 책에 대해서는 특히 그렇다. 본서가 처음 출간되었던 '10여 년' 전은 다른 세기에 해당한다.

1993년의 세계는 여러 가지 면에서 또 다른 시대였다. 그것은 20세기의 나머지와는 현저하게 다른 독특한 한 해였지만, 막 시작되고 있던 인터넷 시대와도 전혀 달랐다.

1990년대 초는 인간 역사상 중요한 시기로 기억될 것이다. 1992년에, 보수적인 논평가 조지 윌이 3여 년에 걸쳐 쓴 신문 칼럼들을 모아서 책으로 출간했다. 그 선집의 제목을 『갑자기』(Suddenly)로 지었는데, 이것은 당시의 시대적 특징을 잘 전해주었다. 갑자기, 혼란스럽게 모든 것이 변했다. 세상의 유행과 철학들이 어느 때보다 빨리 변하고 있었다. 그 변화는 세계적이며 심원했고, 예술로부터 동물학에 이르기까지 모든 것에 영향을 미쳤다. 이데올로기의 변화, 사회의 변화, 정치의 변화 그리고 도덕의 변화들이 그 당시의 일반적 풍조였다. 수많은 견해와 경계들의 갑작스런 변화는 대담하고 혼란스러웠다.

'모더니즘'(또는 현대주의)의 사상 위에 세워진 중요한 세계관이 철저히 불신의 대상으로 전락했다. 현대 세속 사회에서 참되고 확실한 것으로 주장되었던 가장 기본적인 전제들 중 일부가 완전히 누더기 취급을 당했다.

냉전의 종식

1989년 11월 9일은 중요한 전환점이었다. 그날 베를린 장벽이 하룻밤 만에 무너졌다. 이는 유럽 공산주의의 실패를 의미했다. 레닌 유산의 종말이 매우 빨리 찾아온 것이다. 또한 다른 기념비적인 변화들도 놀라운 속도로 일어났다. 고르바초프, 글라스노스트 그리고 걸프전이 90년대 초에 주요 뉴스거리였지만, 1991년 초에 걸프전은 끝났고, 그해 8월에 구소련이 붕괴되었다. 보리스 옐친은 쿠데타 세력을 대담하게 물리치고 러시아의 권력을 잡은 후에 구소련 제국의 공식적 해체를 시작했다.

1993년에 이르자, 세계는 냉전 시대의 가치들을 단호하게 폐기하였다. 우리는 부모 세대가 지켜 왔던 '현대성' 개념이 백미러 속에서 급히 사라져가는 것을 보았다. 포스트모더니즘이라는 말이 여기저기서 사용되기 시작했다. 대부분의 사람들이 자각하기도 전에 우리는 현대 시대의 종말을 목격했고, 포스트코던의 가치들은 진리에 대한 사고방식을 완전히 바꿔버렸다.

물론, 현대성의 종말에는 긍정적인 측면도 있었다. 많은 현대적인 전제들의 가면이 벗겨질 필요가 있었다. 과학과 인간 이성이 참과 거짓을 판별하는 권위라고 보는 개념이 그 전제들의 시작이었다.

초기의 옹호자들에 의해 '이성의 시대'라는 별명을 얻은 현대성은 성경 권위를 거부하고 인간의 지성을 높임으로써 시작되었다. 현대의 주요 이데올로기들이 모조리 몰락함으로써 그런 사고방식의 자만이 드러났다. 그것은 분명 좋은 발전이었다.

또한 전 세계에 걸친 정치적 동맹의 재편성은 새로운 사역 기회를 열어주었다. 나는 구소련 지역으로 여러 차례 여행하면서 목회자 그룹들을 가르쳤고 러시아와 우크라이나 교회들에서 설교도 했다. 그들과의 관계가 지금까지 꾸준히 이어지고 있다. 그 지역들을 방문하는 동안, 그곳에 세워진 복음주의 교회들의 힘과 활기에 매우 놀랐다. 그들의 예배는 매우 단순했다. 말씀 선포와 성찬식이 전부였고, 오락이나 파티 같은 허식적인 순서는 없었다. 그런 모습을 보면서, 나는 주께서 교회를 세우시는 방법에 대해 그리고 지혜로운 건축자에 대해 보다 깊이 생각하게 되었다(고전 3:10-15).

90년대 초에 이르러 미국의 복음주의는 세상의 거의 모든 유행을 부끄러워하지 않고 모방했다. 교회 지도자들과 교회성장 전략가들은 복음을 시장에서 파는 상품으로 공공연히 묘사했다. 그 결과 복음을 대다수의 구매자들이 원하는 상품으로 만들려는 광적인 시도가 뒤따랐다. 교회에 다니지 않는 많은 사람들에게 다가가는 방법은, 복음 선포보다는 세련된 마케팅 전략이 훨씬 더 효과적인 것으로 생각되었다. 그런 생각에 반대하는 사람은 아무도 없는 것 같았다. 그것은 수많은 여론 조사로 입증되었다. 그리고 오락적인 면을 중시함으로 '성공'을 거둔 몇몇 초대형교회들에 대해 누가 감히 논박할 수 있었겠는가?

수십 년 동안 서구 복음주의자들은 성경적인 설교와 교리 교육에 대해 점차 관심을 잃어갔다. 미국의 교회는 약해지고 세상적이며 인간중심적인 모습으로 변했다. 복음주의자들은 성경적인 설교보다는 오락적이며 유행에 민감한 것을 더 듣고 싶어했다(참조, 딤후 4:3). 그리고 사업 수완이 좋은 복음전도자들은 사람들이 원하는 것을 주지 않는 것은 어리석다고 단언했다. 실용적인 방법이 아니고는 수적인 성장이 불가능하다고 그들은 주장했다. 물론, 그런 실용주의가 영적 성장에는 해로울 수밖에 없다.

지나치게 오락에 치우치는 동안 교회들은 영적으로 굶주리고 있었다. 번성하는 듯이 보이는 몇몇 초대형교회들은 이 비극적인 현실을 엄청난 출석 인원으로 감추었다. 하지만 그 궤적을 찬찬히 살펴본 사람이라면 누구나 서구 복음주의가 심각한 문제에 처했음을 알 수 있었다.

내가 이 책을 쓰게 된 것도 바로 그런 추세 때문이었다.

이와는 대조적으로, 박해를 당하고 있는 철의 장막 속의 교회들은 성경적인 가르침을 갈망했기에, 꾸준히 영적인 힘을 얻었고, 담대한 복음 사역에 힘입어 수적으로도 성장했다. 그들은 오랫동안 공산주의의 압제를 당한 후에 마침내 그리스도를 자유롭게 전할 수 있게 되었고, 그 결과 번창해갔다.

대부분의 러시아 목회자들은 정식 훈련을 받지 못했다. 그래서 성경 해석과 교리 분야에서 서구의 도움을 구했다.(내가 그들을 만난 것도 그런 목적에서였다.) 하지만 철의 장막 안에 있는 교회의 성숙하고 분별력 있는 지도자들은 서구의 영향을 경계했다. 솔직히, 나는 그들의 염려와 경계에 공감했다. 이 지역의 가장 연약한 교회라도 미국의 복음주의자들에게 성경적인 교회성장에 대해 많은 것을 가르칠 수 있을 거라는 생각이 들었다. 교회성장 전략에는 요한복음 15:19-20 말씀이 반드시 적용되어야 함을 그들은 이해했다.

> 너희가 세상에 속하였으면 세상이 자기의 것을 사랑할 것이나 너희는 세상에 속한 자가 아니요 도리어 내가 너희를 세상에서 택하였기 때문에 세상이 너희를 미워하느니라 내가 너희에게 종이 주인보다 더 크지 못하다 한 말을 기억하라 사람들이 나를 박해하였은즉 너희도 박해할 것이요 내 말을 지켰은즉 너희 말도 지킬 것이라.

철의 장막이 무너졌을 때, 서구의 '선교사들'이 구소련 지역으로 밀려들었지만, 그들이 가지고 간 것은 복음에 기초한 자원들과 성경 공부 도구들보다는 매우 미심쩍은 전도 전략이었고, 서구의 복음주의를 그토록 피상적이며 세상적으로 만들었던 교회성장 철학이었다. 복음전도라는 명목으로 그토록 속된 주류가 서구로부터 밀려들자 러시아의 교회 지도자들은 경악했다. 나 역시 당황했다.

내가 처음 모스크바를 방문했을 당시에, 화려한 복장의 미국인 TV 복음전도자들이 우스꽝스런 헤어스타일을 하고서 건강과 부귀를 강조하는 메시지를 비롯한 그릇된 복음을 선전하고 있었다.[2] 그들은 러시아의

---

2) '상황화'의 중요성을 강조하는 미국의 복음주의자들이 많다는 사실에 나는 종종 놀라움을 느낀다. 그들은 정작 문화간 의사소통이 필요한 분야에는 별 관심을 기울이지 않는다. 머리에 쓰는 스카프와 정숙한 복장은 그곳 그리스도인 여성들의 복종을 상징하는 표였다(고린도에서의 경우처럼-고전 11:5-6 참조). 서구의 대중문화와 TV 복음전도자들의 머리치장으로 구소련 붕괴 이후

건강한 교회에는 거의 영향을 미치지 못했고, 단지 수많은 사람들에게 그릇된 복음을 주입하여 수백만 명을 혼란에 빠뜨렸다. 구소련인들은 그 동안 무신론을 주입받았고 성경 진리로부터 차단당했었다. 따라서 종교의 진리와 거짓을 분별할 방법이 없었다. TV에 나오는 그릇된 기독교 때문에 수많은 사람들이 참된 복음으로부터 멀어졌다.

또한 미국의 '학생 선교사들'이 키에프 광장에서 버라이어티쇼를 벌이는 것도 보았다. 그들은 저글링과 광대극과 팬터마임 그리고 댄스와 같은 서커스 기술을 모조리 활용했다. 언어 장벽을 넘어 복음을 전하기 위해서라는 주장이었다. 나는 솔직히 실제로 어떤 메시지인지 확신할 수가 없었다. 나는 성경에서 제시하는 복음을 꽤 잘 파악하고 있었기 때문에, 키에프 광장에서 팬터마임으로 전달된 메시지는 복음이 아니라는 것을 알 수 있었다. 그래서 다시 한번 서구 교회에 대해 당황할 수밖에 없었다.

하지만 미국에서는, 이 공연들을 진지한 복음전도 사역으로 보도하고 있었다. 회심한 것으로 여겨지는 사람들의 숫자를 근거로 판단하면, 철의 장막 안의 국가에 있는 교회들은 매월 두 배 혹은 네 배로 성장하는 것으로 예상할 수 있다.

러시아와 우크라이나의 교회들이 성장하고 있는 것은 사실이지만, 그것은 서양에서 온 공연자들이나 거리 예술가들과는 아무 상관이 없다. 이 교회들의 성장은 자유롭게 복음을 전파하게 된 러시아 그리스도

의 러시아에 파고드는 것은, 이제 막 철의 장막에서 나온 가난하고 억압받는 형제들에게 서구 그리스도인들이 행할 수 있는 문화적으로 가장 몰지각한 짓일 것이다.

인들이 죄에 대한 회개와 그리스도께 대한 믿음을 이웃에게 전했기 때문이었다. 그 반응은 주목할 만했다. 나는 몇 시간에 걸쳐 진행되는 러시아의 예배에 여러 번 참석했다. 회심자들의 공개적인 회개가 계속 이어졌다. 그들은 청중 앞에서 이전의 죄를 자백하고 그리스도께 대한 믿음을 선언했다. 그것은 미국 교회성장 전문가들이 주장하는 것과는 정반대였다. 마치 사도행전의 광경이 눈앞에 펼쳐지는 것 같았다.

사실, 공산주의가 몰락했을 때 구소련으로 밀려들어간 서구인들 중 대부분은 교회성장의 참된 징후들을 간과했다. 이는 이미 그곳에 있었던 교회들을 완전히 무시했기 때문이다. 그들은 파라처치 단체들을 시작했고, 대중매체 사역을 선호했으며, 공공 장소에서 '펀치와 주디' 인형극을 하도록 지원했다. 또 서구의 세상적인 스타일에 따라 새로운 교회들을 시작하려고 하기도 했다. 그런 식의 '복음전도'와 교회개척 활동은 대부분 얼마가지 않아 중단되었다.

물론 오래 지속된다고 해서 모두 좋은 것은 아니었다. 미국인들에 의해 주입된 세상적인 복음전도 방식은 현재 러시아어권 교회들 내에서 큰 매력을 발함과 아울러 혼란을 야기하고 있다. 수십 년 동안 정부의 괴롭힘과 대중의 조롱을 겪은 교회들이 이제 훨씬 더 교묘하고 수천 배나 더 악한 것, 즉 미국 복음전도자들이 전해 준 유행을 따르는 방법들과 싸워야 한다. 그것은 사람의 저열한 본능에 호소하는 것을 더 좋아하여 정말 중요한 것을 소홀히 하는 것이었다.

지금까지 들어온 서구의 영향들 중 가장 교묘하고 위험한 것은 교회성장 전문가와 선교학자 그리고 전문적인 여론조사자들을 통해 들어온 것이었다. TV 복음전도자나 거리 공연자들과는 달리, 이 학자들과 마케팅 전문가들은 러시아어권 교회 내에서 기반을 마련했다. 그들은 저자, 전문인 선교사, 자격증을 지닌 신학교 교수, 또는 대형교회 목사들이어서 신뢰를 받았다. 그들은 많은 책과 개념들을 들여왔는데 그 대부분은 매우 실용주의적인 사역 방식을 옹호하는 것으로서, 거의 한 세기 동안 공산주의의 박해 속에서 살아왔던 교회에게는 모든 면에서 생소한 것들이었다.

상황화 이론을 바탕으로 서구인들에 의해 러시아와 동유럽의 교회들에 주입되었던 실용주의보다 더 부정적인 것이 있을 거라고 생각하는 사람들도 있다. 하지만 90년대 초에 러시아에 유입된 얄팍한 복음주의는 빙산의 일각에 지나지 않았다. 즉각적이고 값싼 매스컴의 다양한 수단들 덕분에, 문제 많은 미국의 신앙이 전 세계로 확산되었다. 특히 인터넷이 갑자기 그 출로를 열어젖힘에 따라 그 터무니없는 신앙을 통제하는 일이 불가능해졌다. 불과 수년 내에, 그 교묘한 복음전도 수법이 전 세계에 걸쳐 가장 영향력 있고 가시적인 서구적 '영성'의 표현으로 자리매김했다.

종교적 실용주의라는 독은 이제 전 세계적으로 심각한 문제이다.

인터넷 시대의 시작

월드와이드웹은 구소련이 붕괴된 후 1년도 채 지나지 않은 시점에 조용히 등장했다. 본서의 초판이 출간된 1993년까지만 해도, 최초의 인터넷 전문가들 외에는 아무도 웹에 대해 들어보지도 못했다. 웹이 오늘날처럼 세상을 급속히 바꿔놓을 거라고 생각한 사람은 거의 없었다.

1996년의 한 전략기획 모임에서 나는 월드와이드웹이 마침내 주요 커뮤니케이션 수단이 될 거라는 말을 들은 적이 있었다.(당시에 오디오 콘텐츠를 듣기 위해 사용된 매체는 라디오와 카세트테이프뿐이었다.) '그레이스 투 유'(Grace to You)라는 라디오 프로그램에 출연한 신기술 전문가들이 20년 내에 카세트테이프가 쓸모없게 될 거라며 예고했을 때, 내 귀에는 그 말이 과장으로 들렸다. "자동차 안에서는 인터넷을 사용할 수 없어."라고 나는 지적했다. "설령 사용할 수 있다 해도, 무거운 컴퓨터를 누가 차 안에 싣고 다니겠는가? 카세트테이프를 얼른 넣는 게 훨씬 더 편리하지."

내가 기술에 대해 소질이 없는 것은 분명하다.

그 새로운 매체를 향해 나아가는 속도는 대단했다. 인터넷 커뮤니케이션의 편리성과 속도는 우리의 생활 방식을 거의 모든 면에서 바꿔놓았다. 너무나 많은 정보를 손쉽게 활용할 수 있게 됨으로써, 배우고 생각하며 결정을 내리는 방법이 현격하게 바뀌었다.

그런가 하면, 인터넷 출판의 용이성과 즉시성은 전문가와 비전문가의 간격을 없애주었다. 누구나 자유롭게 블로그를 시작할 수 있다. 컴퓨터(또는 휴대폰)와 인터넷 연결 장치를 지닌 사람이라면 누구나 자신의 의견을 전 세계에 곧바로 전할 수 있다. 문외한과 학자들이 동일한 매체를 똑같이 사용할 수 있다. 사람들을 잘 모으는 사람은 강연 자격을 잘 갖춘 사람이 아니라 자신의 메시지를 잘 전달하는 사람이다.

매우 빨리 움직이는 수많은 견해와 정보들이 세심하게 연구하며 만든 논문보다 더 큰 영향을 미칠 수 있다. 사실, 어떤 개념의 진위 여부보다는 그것의 전달 방법이 더 중요하게 여겨진다.(오늘날의 마케팅 전략은 이러한 가정에 기초하고 있다.) 대부분의 사람들은 주의 깊게 쓴 에세이보다 짤막한 우스개를 더 좋아한다. 그래서 거의 모든 분야에서 내용보다는 스타일이 더 중요시된다. 진지한 강론보다는 짤막한 영상이 더 잘 이해된다.

이 사실은 우리의 뉴스 시청 방식, 정치가들의 선거운동 방식 그리고 인간관계 방식에서도 여실히 드러난다. 개인들간의 가장 흔한 의사소통 형태는 문자 메시지일 것이다. 신중한 구애보다는 즉석 데이트를 선호한다. 부모 자녀간에 깊은 대화를 나누는 시간이 짧아졌다. 전형적인 라디오 토크쇼에서는 청취자의 참여를 환영하지만, 참여한 청취자가 몇 초 내에 요점을 이야기하지 못하면 사회자는 가차 없이 전화를 끊어 버린다. TV 방송에 초청된 토론자들의 경우도 마찬가지이다. 진행자는 신속하게 전개되는 쇼의 특성에 맞추어 토론자들의 전문적인 의견을 억제하기 일쑤이다. 중요한 것은 내용이 아니라 쇼이기 때문이다. 더 많은 시청자들을 확보하는 일이 최우선이다. 이것은 오늘날의 수많은 교회들을 몰아붙이고 있는 철학과 똑같지 않은가?

나도 여러 차례 TV 토론자로서 참석했다. 때로는 토론자들이 세계 도처에 흩어져 있어 서로 볼 수 없었고 다른 토론자의 말을 듣는 것도 쉽지 않았다. 하지만 그런 것은 중요하지 않았다. 카메라 조작을 통해 마치 서로 얼굴을 맞대고 토론하는 듯한 인상을 주기만 하면 목표가 달성되었다. 우리의 문화는 논리적인 강론과 깊이 있는 설명을 견디기 힘들어한다.

오늘날 인터넷에서 가장 인기 있는 커뮤니케이션 형태가 트위터라는 것은 의미심장한 사실이다. 트위터는 사용자로 하여금 자신의 생각을 간결한 문구로 온 세계에 보내도록 지원하는 네트워킹 서비스이다.

각각의 트위트(올린 글)는 140글자 이내로 제한된다. 매주 수백만 개의 트위트가 전송된다. 이것은 다음 단계의 새로운 미디어이다. 블로그는 이미 스포트라이트에서 벗어나기 시작했다.(블로그는 평균 세 단락으로 구성되어 있어 너무 장황하다.)

주의집중을 하는 시간이 점점 더 짧아지고 있다. 이 때문에 글 쓰기가 엄청나게 영향을 받고 있다. 종종 논리는 쓸데없이 현학적인 것으로 간주되어 배격된다. 웹은 생각보다 느낌을 더 중요시하는 문화에 잘 부합한다. 인터넷은 수백만 개의 토론회들을 주최한다. 여기서 사람들은 갖가지 의견들을 주고받는다. 인터넷 토론장에서는 무례하고 적대적인 글들이 난무한다. 인간의 부패성에 대한 생생한 증거를 보고 싶거든 아무 통제도 없는 인터넷 토론방을 어느 곳이든 들러보라. 신학 토론방도 마찬가지이다.

우리의 문화는 사소한 것과 중대한 것을 분별하는 능력을 상실했다. 이에 대한 증거도 온라인 토론장에서 여실히 드러난다.

인터넷은 포스트모더니즘을 확산시키기에 이상적인 환경을 조성해 왔다.

포스트모더니즘: 모든 것을 의심하다

나는 다른 책에서 포스트모더니즘을 검토하고 비판한 적이 있다.[3] 여기서는 포스트모던 사고방식을

---

3) *The Truth War*(Nashville: Thomas Nelson, 2007), 10-26.

모든 것에 대한 모호함이라고 요약하는 데서 그치고 싶다. 앞에서 보았듯이, 현대성(모더니즘)의 출발점은 성경 권위에 대한 거부였다. 초자연적인 것에 대한 믿음은 지지될 수 없고 부적절한 견해로 간주되었다. 대신에, 과학과 인간의 이성이 권위 있고 믿을 수 있는 것으로 우대받았다. 결국, 수많은 현대 이데올로기들이 실패하였고 이를 통해 현대 합리주의의 가면이 벗겨졌고 현대의 확실성은 치명상을 입었다. 따라서 포스트모더니즘은 모든 사상과 권위를 끝없이 의심한다.

현대성의 가장 기본적인 가정은 과학적 방법을 엄격하게 적용함으로써 흔들림 없는 확실성을 얻을 수 있다는 것이다. 실험실에서 검증될 수 있는 것, 즉 과학적 '사실들'로부터 논리적으로 추론되는 것은 무엇이든 참된 것으로 여겨졌다. 그렇지 않은 모든 것은 단지 미신으로 간주되었다. 현대인들은 확정된 과학적 지식의 기초가 신뢰할 만한 권위를 제시하며 이를 통해 모든 진리를 검증할 수 있다고 확신했다. 그 결과 삶과 인간 존재의 모든 근본적인 실재들에 대해 일치된 의견에 도달할 것이라고 생각했다.

하지만 수많은 냉엄한 현실에 의해 그런 기대가 결국 무산되었을 때, 모더니즘(현대주의)은 철저히 신뢰성을 잃었다. 모더니즘적 사고는 통일성과 확실성과 질서를 추구했었지만, 포스트모더니즘은 다양성, 의심, 저항과 같은 이와 정반대되는 가치들을 받들었다. '모든 것에 의문을 품으라.'가 포스트모더니즘의 선언이다.

그런 가치들이 인터넷 커뮤니케이션과 결합함에 따라, 지식과 무지, 권위와 무능, 전문성과 어리석음 사이의 구별이 사라졌다.

포스트모더니즘의 이 같은 개념이 어디서 비롯되었을까? 또한 그것이 어떻게 들어와 그토록 순식간에 온 세상에 퍼졌을까?

포스트모던이라는 말은 대부분의 사람들이 생각하는 것보다 훨씬 더 오래된 말이다. 대체로 이것은 제1차 세계대전 말엽에 생겨난 예술, 문학, 건축 양식에 적용되었던 말이다. 1960년 중반에 시작하여 1980년대를 지나면서, 이 용어는 진리와 언어해석에 관한 사고방식을 묘사하기 위해 자주 사용되었다. 1960년대에 포스트모던 해석학을 묘사하기 위해 '해체'라는 용어를 만들어낸 자크 데리다는 언어와 철학의 시사점에 대한 포스트모던적 관점을 글로 밝혔다. 1970년대에 미셸 푸코와 장 프랑수아 리오타르는 억압적인 언어와 메타 내러티브(meta-narrative)의 정치적 부산물들에 대해 연구했다. 1980년대에는, 리처드 로티와 장 보드리야르 같은 저자들이 자극에 힘입어 포스트모더니즘의 트레이드마크인 이성의 확실성에 대한 경멸 풍조가 학훈계를 지배했다. 1990년에 이르자 대부분의 대학 문학과 철학 강의실에서 포스트모더니즘은 이미 친숙한 전문용어가 되었다. 학생들은 진리에 대한 이런 식의 사고를 옹호했고, 철저히 현대적이었던 부모 세대는 몹시 당황했다.

1990년대 말에 이르러, 젊은 복음주의자들이 포스트모더니즘을 발견하기 시작했다. 그들은 이미 10년 이상 뒤처졌음을 알고서, 더 이상 낙오되지 않기로 결심했다. X세대로 알려진 이 포스트모더니즘화된 젊은이들은 대부분 기성세대로부터 분리된 '청년 사역'을 통해 생겨났다. 그들은 주로 게임과 활동에 초점을 맞추는 환경 속에서 교회 사역을 배웠다. 그들의 음악은 부모 세대의 입장에서 보면 완전히 새로운 스타일이었다. 그들은 가장 약삭빠른 구도자 중심의 교회(seeker-sensitive chruch)가 생각해낼 수 있는 것보다 훨씬 더 최첨단인 패션을 뽐냈다. 이 젊은이들과 그 리더들의 태도도 다같이 포스트모던 스타일에 적합하게, 즉 매우 냉소적으로 형성되었다.

이 청년들의 주된 문제는 부모 세대의 교회가 병적으로 천박하고 세상적이라는 것이었다. 이들 학생들은 영적인 자양분을 공급받기보다는 오히려 오락 위주의 양육을 받았다. 그들이 청년 그룹을 떠나 장년 세계로 들어서기 시작했을 때, 교회는 단순히 변화하는 스타일을 따라갈 수 없는 까닭에 그들을 외면했다. 사실, 유행의 첨단을 걷는 구도자 중심 교회들마저 포스트모던 세대보다는 모더니즘 세대의 취향과 신념에 여전히 집착하고 있었다.

이것은 교회가 세상의 추세를 선호하여 성경적인 사역을 포기할 때 불가피하게 일어나는 일이다. '시대의 정신과 결혼하는 자는 곧 미망인이 된다.' 이 말을 누가 처음 했는지 모르지만, 이것은 유행을 좇는 교회와 교단들에게 거듭 발생해온 일을 정확히 묘사한다. 1990년대 초에 이르러, 대부분의 주류 복음주의자들은 유행을 따르는 것이 가장 중요하다는 생각에 찬성했다. 하지만 그들은 시대를 따라잡기가 너무 힘들다는 것을 알았다. 심지어 문화에 집착하는 교회들도 대부분 80년대(혹은 그 이전)의 유행과 가치들을 붙들려고 노력하고 있는 실정이다. 문화적 적실성이 전부라고 배워온 젊은 복음주의자들은 이것이 주된 좌절과 당혹스러움의 원인이었다. 그들은 세상 변화에 대해 부모 세대보다 더 잘 이해했기에, 교회가 그 변화에 코조를 맞추지 못하고 있다는 것을 분명히 알 수 있었다.

교회성장을 위해 세상의 츠세를 포용하고 대중문화를 강화할 것을 부모들의 본을 통해 배웠기 때문에, 그들은 부모보다 더 열정적으로 실용적인 패턴을 추구했다. 그들의 '적실성' 개념은 부모 세대의 개념처럼 피상적이며 문화 중심적인 것이었다. 하지만 그들이 신앙과 혼합하려 했던 문화는 큰 문제가 있는 것이었다. 진리와 확신이라는 개념 자체에 대해 적대적이기 때문이었다. 물론, 마케팅 전략을 옹호했던 전문가들은 그럼에도 불구하고 실용주의를 계속 밀고 나갔다.

이 모든 양상들이 1990년대 초에 이미 모습을 드러냈고, 내가 이 책을 처음 쓰게 된 것도 바로 이 때문이었다. 갈수록 피상적으로 되는 복음주의, 거기에 이어지는 성경의 권위에 대한 확신의 상실, 끊임없이 이어지는 무분별한 세상 유행의 추구 그리고 역사적 복음주의의 확신으로부터의 지속적인 이탈이 이미 널리 퍼졌고 심각한 문제로 대두되었다. 이런 추세들은 모두 복음주의자들이 세상을 기쁘게 하는 일에 몰두한 데서 비롯된 것이었다. 복음전도와 교회성장에 대한 시장지향적 접근법이 재앙을 불러오고 있음을 눈이 있는 사람이라면 누구나 분명히 알 수 있었다.

구도자 중심의 청년 그룹에 속한 X세대가 포스트모더니즘을 발견함에 따라 본서에서 예고된 재앙에 그대로 직면했다. 그것은 완벽한 배교를 위한 레시피로, 수많은 젊은이들을 실용주의를 삶의 방식으로 받아들이도록 교육했고, '적실성'을 위해 예배가 교회 안 다니는 사람에게 맞춰져야 한다는 사상으로 양육했으며, 진리란 얻을 수 없는 것으로 여기도록 가르쳤다. 이제 그들은 그 모든 잘못들을 받아들여 하나로 혼합하여 새로운 종류의 기독교를 만들려 하고 있었다.

초기의 포스트모던 복음주의자들은 서로를 알아보고 네트워크를 구축했다. 존더반 출판사는 그 네트워크를 이끄는 사람들과 계약하고 자회사를 만들어 그들의 책을 출간하기 시작했다. 그 결과 이머징 교회 운동이 생겨났다. 이 운동의 핵심 인물들은 곧 '교회'니 '운동'이니 하는 용어를 버리고 자신들을 '이머징 대화' 참여자로 칭하기 시작했다. 그것은 전형적으로 포스트모던적이었고 인터넷 시대 '대화'로, 즉 핵심 없는 어구, 원칙 없는 열정 그리고 지식 없는 열심이었다. 아무 의미도 없는 소리와 흥분으로 가득한 운동이었다.

주로 복음주의 운동의 천박한 종말에서 나타난(이머즈한) 이 포스트-복음주의 문화는 간단히 말해서 굳건한 교리적 버팀목이 결여되어 있다. 이 '대화'를 주도하는 사람들은 역사적인 기독교 교의의 거의 모든 것에 대해 의문을 제기하고 공개적으로 반박한다. 이 대상에는 삼위일체 교리만큼 기본적인 진리와 성경의 권위만큼 중요한 진리, 대속 교리만큼 소중한 진리도 포함된다.

충분히 예측할 수 있듯이, 이머징 운동은 10년도 되지 않아 분열되었다. 이 네트워크의 가담자들 중 가장 왕성한 활동을 하는 저자들과 주도적인 인물들은 포스트모던에 대한 대화를 나누면서도 그들의 개념과 논리를 모더니즘 서적들에서 취한 듯했다. 신학적으로 보수주의자였던 소수의 초기 가담자들은 그런 신자유적인 신학의 위험을 인식하고서 결국 그 운동을 거부했다. 그런가 하면 원래의 이머징 운동 주창자들 중 몇몇 온건파들은 어디로 나아가야 할지를 놓고서 여전히 고심하고 있는 것 같다.

이 모든 진전 과정은 100여 년 전에 찰스 스펄전이 '내리막길'(the Down Grade)이라고 했던 교리적, 영적 쇠퇴의 패턴을 그대로 따르고 있다. 그것은 본서의 초판에서 내가 경고했던 '파멸로 가는 넓은 문'과 같다. 오늘날의 교회는 그 경고에 더욱 귀를 기울여야 한다. 이 사실만으로도 메시지의 '적실성'에 초점을 맞추는 복음전도 개념을 근절해야 할 충분한 이유가 된다.

필자는 원래의 내용을 가급적 적게 수정했으며 단지 여기저기의 문장을 다듬는 데 그쳤다. 원래의 일화, 예화 그리고 인용문들을 가능한 한 그대로 두기로 했다. 비록 그 내용 중에는 시대에 뒤떨어진 것처럼 보이는 것도 있고, 이들 모두를 보다 최근의 내용으로 쉽게 대체하거나 보강할 수도 있었다. 하지만 본서를 재발행하는 주요 목적 중 하나는 그 메시지가 시대에 뒤떨어지지 않는다는 사실을 강조하는 것이다. 스펄전 시대의 모더니스트들과 20세기의 구도자 중심 교회의 주창자들 그리고 포스트모더니즘의 후예인 현 세대를 연결시키는 철학적 연속선이 분명히 존재한다. '내리막길 논쟁'을 촉발시킨 논설들에서 스펄전과 그의 동료들이 지적했듯이, 영적 쇠퇴와 배교를 촉진시켰던 그와 같은 사고유형은 역사상 이전 시대에도 있었다.

이 점을 염두에 두고서, 나는 처음에 썼던 내용을 가급적 유지하려고 노력했으며 보다 상세한 설명을 덧붙이고 싶을 때에는 각주를 활용했다.

두 장(11, 12장)과 스펄전의 설교와 글들에서 인용한 자료로 구성한 부록 하나를 첨가했다. 초판에서는 10장의 제목이 '맺음말'이었는데 개정판에서는 '막간'으로 바꾸었다. 그것이 초판의 내용과 새 장들을 연결시켜주기 때문이다. 새 부록은 초판의 첫 번째 부록과 두 번째 부록 사이에 들어가는 것이 가장 적합할 것 같다.

1993년판 서문
Preface to the 1993 Edition

> 어느 곳에나 무관심이 팽배해 있다. 아무도 설교 내용이 참인지 거짓인지에 관심을 갖지 않는다. 주제가 무엇이든 설교면 그만이다. 단, 짧으면 짧을수록 좋다.
>
> 찰스 스펄전[1]

이 글은 1888년에 스펄전이 쓴 것이다. 그러나 이것은 마치 21세기를 맞는 복음주의 상태를 묘사하는 듯하다.

이 위대한 설교자가 죽은 지 정확히 100년이 되는 1992년, 나는 런던에 있는 그의 무덤을 찾았다. 그 무덤은 도로와 큰 빌딩 사이의 공동 묘지 가운데 섞여 있어 안내를 부탁하지 않았으면 찾지 못할 정도였다. 스펄전과 그의 아내의 이름이 돌 위에 새겨져 있었으나, 그가 어떤 사람이었는지에 관해서는 아무 언급이 없었다. 일반 관광객들은 이 돌 납골당을 그냥 지나쳐 버리거나(주변에는 더 크고 인상적인 묘들이 많이 있었다), 혹 우연히 볼

---

[1] "Preface," *The Sword and the Trowel* (1888 complete volume, 이하부터 『검과 흙손』으로 표기함), iii.

지라도 그곳이 당시 영국 수상보다 더 유명했고 더 영향력이 컸던 인물의 묘지라는 사실은 알아채지 못할 것이다.

스펄전의 무덤 곁에 서서, 나는 오늘날 교회가 그와 같은 인물을 얼마나 절실히 필요로 하는지를 생각하지 않을 수 없었다. 스펄전은 담대하게 진리의 편에 서기를 두려워하지 않았다. 그것이 자기 홀로 서는 것을 의미해도 말이다. 하나님의 말씀을 선포하는 것, 이것이 그의 유일한 소망이었다. 당시 상당수의 목사들이 시험적으로 새로운 접근 방식을 시도하고 설교를 짧게 할 때, 그는 설교에 대한 교회의 관용은 쇠락으로 접어드는 길이라고 믿었다. 그는 이러한 흐름 속에 감춰 있는 큰 위험을 간파했다. 그리고 이러한 우려 덕분에, 그는 결국 죽음으로까지 이어지는 전쟁에 말려들게 되었다. 그는 내가 방문하기 정확히 100년 전에 그 무덤 속으로 들어갔다.

설교에 대한 스펄전의 견해와 요즘 널리 퍼져 있는 견해를 대조해 보라. 사실, 스펄전의 개탄은 몇 년 전 이름 있는 기독교 잡지 칼럼란에 실렸던 시각과 정반대이다. 거기서 한 유명한 설교자는 긴 설교는 아주 질색이라고 말했다. 그는 1월 1일이 다가오자 새해에는 더 잘해 보자는 결심으로 이렇게 말했다. "이것은 긴 설교를 듣는 데 시간을 좀 덜 낭비하고 짧은 설교를 준비하는 데 훨씬 더 많은 시간을 보내야겠다는 뜻입니다." "나는 사람들이 정오 전에 자리를 뜰 수만 있다면 신학적으로 좀 빈약해도 너그럽게 용서해 준다는 것을 깨달았습니다."[2]

---

2) Jamie Buckingham, "Wasted Time," *Charisma*(December 1988), 98.

불행히도 이것은 요즘 목회 사역을 지배하고 있는 태도를 완벽하게 요약한 말이다. 그릇된 교리는 참을 수 있어도, 긴 설교는 결코 참을 수 없다. 일반 교인들은 설교의 내용보다 마지막 축도와 타이밍에 훨씬 더 관심이 많다. 주일 만찬과 배를 채우는 것이 주일 학교와 영혼을 살찌우는 것보다 더 중요하다. 장황한 설교는 이단보다 더 큰 죄악이 되었다.

교회는 그 동안 세상의 실용주의 철학을 흡수해 왔다. 그리하여 이제 우리는 그 쓴 열매를 거두고 있는 것이다.

실용주의란 무엇인가

실용주의(pragmatism)란 의미나 가치가 실제적인 결과에 의해 결정된다는 주의다. 이것은 공리주의(utilitarianism)와 매우 흡사하다. 공리주의는 유용성이 곧 선악의 기준이라는 사상이다. 실용주의자나 공리주의자는 어떤 행위의 기능이나 과정이 바라던 효과를 내면 선하고, 그렇지 않으면 악하다고 믿는다.

실용주의는 듀이(John Dewey)와 산타야나(George Santayana) 같은 저명한 지성인들 및 철학자요 심리학자인 제임스(William James)가 지난 세기 말 개발하고 널리 보급했던 철학이다. 이 새로운 철학에 이름과 윤곽을 제공했던 인물은 제임스였다. 그는 1907년에 자신의 강연집 *Pragmatism: A New Name for Some Old Ways of Thinking*을 출판하고, 여기서 진리와 삶에 접근하는 방식을 완전히 새롭게 규정했다.

실용주의는 진화론(Darwinism)과 세속 인본주의에 그 뿌리를 두고 있다. 이것은 본질적으로 상대주의로, 절대적인 선과 악, 정(正)과 사(邪), 진리와 거짓의 개념을 부정한다. 궁극적으로 실용주의는 진리를 쓸모 있는 것, 의미 있는 것, 도움이 되는 것으로 정의한다. 실제로 효과가 없거나 적용이 불가능한 개념은 거짓으로 배척한다.

실용주의는 무엇이 문제인가? 어쨌든, 어느 정도의 적당한 실용주의는 상식에 속하지 않는가? 예를 들어, 나사를 교체한 후에 물이 줄줄 흐르던 수도꼭지가 정상으로 돌아왔다면, 그 동안 나사에 문제가 있었다고 추측하는 것은 타당한 일이다. 의사가 처방한 약이 부작용을 일으키거나 전혀 도움이 되지 않는다면, 좀더 효과적인 치료 방법이 없는지 물을 필요가 있다. 일반적으로 이렇게 간단하고 실용적인 일들은 자명하다.

그러나 실용주의가 선악을 판단하는 데 사용되거나, 혹은 삶이나 신학이나 목회를 지도하는 철학이 될 때, 이것은 불가피하게 성경과 충돌하게 된다. 성경의 진리는 '효과적인가' 그렇지 않은가에 따라 결정되지 않는다. 예를 들어, 우리는 성경에서 복음이 긍정적인 반응을 이끌어내지 못했던 경우를 많이 본다(고전 1:22, 23; 2:14). 그리고 반대로 사탄의 속임수나 거짓이 매우 효과적일 수도 있다(마 24:23, 24; 고후 4:3, 4). 다수의 반응이 타당성의 시금석이 될 수 없고(참고. 마 7:13, 14), 성공도 진리의 척도가 될 수 없다(참고. 욥 12:6). 목회를 지도하는 철학으로서의 실용주의는 애초부터 그릇된 것이다. 진리의 척도로서의 실용주의도 지극히 사탄적이다.

그럼에도 불구하고, 실용주의의 거센 물결이 복음주의를 휩쓸고 있다. 전통적인 방법, 그 중에서도 특히 설교는 드라마, 댄스, 코미디, 버라이어티 쇼, 대중 심리학 같은 새로운 방법론을 선호하는 추세 때문에 무시를 당하거나 배척을 당하고 있다. 어쩌면, 이러한 새로운 방법들은 좀

더 '효과적'일 것이다. 다시 말해서, 사람들을 좀더 많이 끌어들일 것이다. 그리고 많은 사람들이 교회의 성공 여부를 출석인 수로 평가하기 때문에, 사람들을 끌어당기는 요인이 무엇이든지 별 검증을 하지 않고 선한 것으로 받아들인다. 이것이 바로 실용주의다.

아마도 실용주의의 가장 가시적인 표시는 지난 10년 동안 교회의 예배가 혁명적으로 바뀐 데서 찾아볼 수 있을 것이다. 규모와 영향력이 큰 몇몇 복음주의 교회들은 이게 의도적으로 짜 놓은 주일 예식이 경건하기보다는 신명을 돋군다고 자랑하고 있다.

그러나 이보다 더 심각한 것은, 신학이 방법론에 밀려났다는 사실이다. 어떤 저자는 이렇게 썼다. "이전에는 교리선언문이 한 교단의 존재 이유를 제공했다. 그러나 지금은 방법론이 교회들을 묶는 접착제 역할을 한다. 목회선언문이 교회들과 그들 교단의 존재를 규정한다."[3] 놀랍게도, 많은 사람들이 이것을 긍정적인 트렌드요, 현대 교회의 주요한 진보로 믿고 있다.

일부 교회 지도자들은 분명하게 초대 교회의 네 가지 우선순위, 즉 사도들의 가르침, 교제, 떡을 뗌, 기도(행 2:42)를 요즘 시대에 어울리지 않는 것으로 생각한다. 교회들은 드라마, 레크리에이션, 오락, 자조 프로그램, 성교육 세미나 등의 활동으로 하나님 중심적이고 성경에 바탕을 둔 주일 예배와 교제의 중요성을 퇴색시키고 있다. 사실, 성경적 설교를 제외하면 오늘날 교회에서 실시되고 있는 모든 것이 유행을 따르는 것 같다. 이 새로운 실용주의는 설교를, 그 중에서도 특별히 강해 설교를 구

---

3) Elmer L. Towns, *An Inside Look at 10 of Today's Most Innovative Churches*(Ventura, CA.: Regal, 1990), 249.

시대의 유물로 취급한다. 하나님 말씀의 진리를 분명하게 선포하는 것은 세련되지 못하고 공격적이며 전혀 비효과적인 것으로 취급된다. 지금 우리는 먼저 사람들을 즐겁게 하고 그들에게 대중 심리학을 전하거나 하이테크를 사용한 특수 조명 효과를 사용함으로 그들을 양의 우리 속으로 들어오도록 설득하는 것이 더 효과적인 결과를 얻을 수 있다는 소리를 많이 듣는다. 일단 호감과 편안함으로 느끼면, 그들은 조금씩 희석시켜 전하는 성경의 진리를 받아들이게 된다는 것이다.

목사들은 마케팅 방법에 관한 책들에서 목회 철학을 이끌어낸다. 젊은 사역자들도 교회성장을 위한 새로운 기법을 얻기 위해 그런 책들을 섭렵한다. 주요 신학교들도 목회 훈련의 주안점으로 성경 커리큘럼과 신학을 강조하던 데서 이제는 상담 기법과 교회성장 이론을 강조하는 것으로 바뀌었다. 이러한 흐름들은 모두 교회가 점점 실용주의로 치우쳐가고 있다는 사실을 반영하는 것이다.

마틴 로이드 존스는 한 세대 전에 이런 추세를 알고 대응했다. 그는 이런 흐름을 만들어내는 사상은 전혀 새로운 것이 아니라고 지적하면서, 전에도 이런 일이 있었으며 늘 재앙적인 결과를 가져왔다고 지적했다.

> 설교를 줄이고 다른 다양한 일들을 하라는 이러한 주장들은 물론, 전혀 새로운 것이 아니다. 사람들은 이 모든 것들이 아주 새로운 것이며, 설교를 평가 절하하거나 비난하면서 다른 일들을 강조하는 것이 현대성의 특징이라고 생각하는 것 같다. 이에 대한 간단한 대답은 이것이 조금도 새롭지 않다는 것이다. 겉으로 드러나는 모양은 새로울지 모르지만, 그 원리는 분명 조금도 새롭지 않다. 그러나 이것이 현(現) 세기에 유독

강조되고 있다는 점만은 틀림없는 사실이다.[4]

실용주의는 정말로 심각한 위협인가

나는 거의 한 세기 전에 모더니즘(modernism)이 그랬던 것처럼 우리 시대에는 실용주의가 교회에 아주 미묘한 위협이 되고 있다고 확신한다. 모더니즘은 기독교의 초자연적인 측면을 거의 모두 부인하는 고등 비평(성경은 하나님의 말씀이라는 신념을 부정하는 성경 접근 방법)과 자유주의 신학을 수용했던 운동이었다. 모더니즘은 한편으로는 자선과 선행의 중요성을 강조하면서, (불화를 일으키고 불필요하게 현학적이라고 생각되는) 교리의 중요성을 거부함으로써 복음주의자들 가운데 쉽게 뿌리를 내렸다. 그리스도의 신성과 육체적 부활과 같은 기독교의 핵심적인 진리들은 이웃을 사랑하고 선행을 해야 하는 의무에 비해서 상대적으로 덜 중요한 것, 이차적이고 선택적인 것으로 여겼다.

물론 그리스도의 사랑을 구현하기 위해 꼭 건전한 교리를 훼손할 필요는 없다. 그러나 빅토리아 시대에는 세상의 주도적인 세력들이 '정중함'이라는 인위적인 것을 우상으로 만들었다. 그리고 이 문화의 거짓된 미덕의 기준에 물든 그리스도인들은 교리적 차이에 대해 논박하는 것은 본질적으로 자비롭지 못하고 바람직하지 않은 것이라는 생각을 만들어냈다. 이런 분위기 가운데서 모더니스트들의 주장은 매우 설득력 있게 들렸다.

---

4) *Preaching and Preachers* (Grand Rapids: Zondervan, 1971), 33.

이처럼 모더니즘이 처음부터 정통 교리를 공개적으로 공격했던 것은 아니었다. 초기의 모더니스트들은 주로 각 교파간의 연합에 관심을 가진 것 같았다. 그들은 단순히 화목을 위해 교리를 가볍게 여겼다. 이들은 교리란 본질상 분리하는 것이라는 생각을 무비판적으로 받아들였다. 그래서 그들은 분열된 교회가 현시대에 적응하기 어렵게 될 것을 두려워하였다.

심지어 그들은 훨씬 오래 전부터 교회와 연관된 유일한 것이 복음 전파의 사명이라는 사실도 붙들지 않았다. 모더니스트들은 이미 복음의 능력과 건전한 교리의 중요성, 하나님의 말씀의 권위에 대한 확신을 포기하고 있었다. 그리하여 모더니스트들은 교회의 '적합성' (혹은 '적실성') 을 제고하려는 그릇된 시도의 일환으로 기독교의 가르침을 과학과 철학, 문학 비평에서 나온 통찰들과 혼합하려고 하였다.

이렇게 모더니즘은 방법론으로 시작했다가 곧 독특한 신학으로 변화해 갔다.

모더니스트들은 교리를 이차적인 문제로 생각했다는 것을 명심하기 바란다. 그리스도인의 사랑에서 나온 형제애와 선행만 유일하게 진정으로 일차적인 것이었다. 그 외의 것들은 모두 타협 가능한 것이었다. 특히 교리가 그랬다. 그들은 교리는 유동적이고 수정 가능해야 한다고 믿었다. 수호하기 위해 싸울 필요가 전혀 없는 것이었다. 1935년 존 머레이는 전형적인 모더니스트들을 이렇게 평했다.

> 모더니스트는 왕왕 자신이 삶에 관심을 기울인다고, 다시 말해서 행동 원리들 및 개인, 사회, 교회, 산업, 정치 같은 삶의 모든 방면에 예수님의

원칙들을 적용하는 데 관심을 기울인다고 자랑한다. 그의 슬로건은 줄곧 '기독교는 삶이지 교리가 아니다.'는 것이었다. 그는 정통 그리스도인이나 근본주의자(이것은 그가 즐겨 부르는 이름이다)는 단지 케케묵은 교리적인 신조를 수호하고 보존하는 데에만 관심을 기울일 뿐이며, 그리하여 결과적으로 이러한 관심은 스스로 정통이라고 생각하는 것을 차갑고 생기 없는 기독교 화석으로 만들 뿐이라고 평한다.[5]

1800년대 말 모더니즘의 선구자들이 등장하기 시작했을 때, 이를 염려하는 그리스도인들은 거의 없었다. 당시 가장 격한 논쟁은 찰스 스펄전과 같은 사람들, 곧 이러한 위협에 대하여 교회에 경종을 울리는 사람들에 대한 비교적 사소한 반격이었다. 대부분의 그리스도인들, 특히 교회 지도자들은 이러한 경고에 전혀 귀를 기울이지 않았다. 그리하여 특히 스펄전은 지나친 반응을 보인다는 비난을 받으며 그 동기를 의심받게 되었다. 결국, 모더니즘은 외부인들이 교회에 새로운 교훈을 강요하는 것으로 비치지 않았다. 왜냐하면 모더니스트들은 교단 내부의 사람들, 특히 그 속의 학자들이었기 때문이다. 이들은 분명 정통 신학의 핵심을 훼손하거나 기독교 자체의 중심을 공격하려는 의도가 없었다. 단지 분열과 분파를 배교보다 훨씬 더 위험스럽게 생각했을 뿐이다.

그러나 모더니스트들의 애초의 동기가 무엇으로 보였든지, 그들의 사상은 이후 역사가 입증하는 바와 같이 정통신앙에 대한 심각한 위협이 되었다. 이 운동은 20세기 초반에 모든 주류 교파들을 실제로 훼손했

---

[5] "The Sanctity of the Moral Law," *Collected Writings of John Murray*, 4 vols. (Edinburgh: Banner of Truth, 1976), 1:193.

던 수많은 가르침들을 양산했다. 교리의 중요성을 깎아내림으로써, 모더니즘은 신학적 자유주의, 도덕적 상대주의, 지독한 불신으로 나아가는 문을 열어주었다. 오늘날 대부분의 복음주의자들은 '모더니즘'이라는 말과 전적으로 믿음을 부정하는 것을 동일시하는 경향이 있다. 초기 모더니스트들의 목표가 단지 교회를 좀더 '현대적으로,' 좀더 통일되게, 좀더 적실성 있게, 좀더 회의적인 현대에 잘 받아들여질 수 있도록 만드는 것이었다는 사실은 종종 기억되지 않는다.

오늘날 실용주의자들도 이와 똑같다.

100년 전의 교회처럼, 우리는 과학, 기술, 세속 정치, 교육 등이 괄목할 만한 진보를 하는 급변하는 세계에 살고 있다. 이전 세대의 형제들처럼, 오늘날 그리스도인들도 교회의 변화에 개방적이고 심지어는 열광적이기까지 하다. 그들처럼 우리도 신자들간의 연합을 갈망한다. 그리고 그들처럼 우리도 불신 세계의 적대감에 민감하다.

불행하게도, 오늘날의 교회와 지난 19세기의 교회 사이에는 또 하나의 유사점이 있다. 그것은 많은 그리스도인들이 심각한 위험들이 내부로부터 교회를 위협하고 있다는 사실을 전혀 눈치 채지 못하고 있다는 점이다. 그러나 교회 역사가 교훈하는 바는 믿음을 가장 크게 황폐시켰던 공격들은 항상 내부에서 일어나는 부지불식간의 오류에서 시작되었다는 점이다.

교회는 불안정한 이 시대에 살고 있기에 머뭇거릴 여유가 없다. 우리는 필사적으로 답을 찾고 있는 사람들을 대상으로 사역하고 있다. 그러므로 우리는 진리를 희석시키거나 복음을 완화시켜서는 안 된다. 세상과 벗이 되고자 한다면 하나님과 원수가 된다. 세상의 수단을 의지한다면 자동적으로 성령님의 능력을 잃게 된다.

성경은 이러한 진리를 반복해서 확증한다.

- 간음한 여인들아 세상과 벗된 것이 하나님의 원수됨을 알지 못하느냐 그런즉 누구든지 세상과 벗이 되고자 하는 자는 스스로 하나님과 원수 되는 것이니라(약 4:4).
- 이 세상이나 세상에 있는 것들을 사랑하지 말라 누구든지 세상을 사랑하면 아버지의 사랑이 그 안에 있지 아니하니(요일 2:15).
- 많은 군대로 구원 얻은 왕이 없으며 용사가 힘이 세어도 스스로 구원하지 못하는도다 구원하는 데에 군마는 헛되며 군대가 많다 하여도 능히 구하지 못하는도다(시 33:16, 17).
- 도움을 구하러 애굽으로 내려가는 자들은 화 있을진저 그들은 말을 의지하며 병거의 많음과 마병의 심히 강함을 의지하고 이스라엘의 거룩하신 이를 앙모하지 아니하며 여호와를 구하지 아니하나니(사 31:1).
- 만군의 여호와께서 말씀하시되 이는 힘으로 되지 아니하며 능력으로 되지 아니하고 오직 나의 영으로 되느니라(슥 4:6).

이스라엘이 세상의 빛이 되어야 한다(사 42:6; 49:6)는 가르침의 주안점은, 그들은 달라야 한다는 것이었다. 이방의 의복, 치장, 음식, 신앙 그리고 여타의 문화 풍속을 모방하는 것은 그들에게 명백한 금기 사항이었다. 하나님은 그들에게 "너희는 너희가 거주하던 애굽 땅의 풍속을 따르지 말며 내가 너희를 인도할 가나안 땅의 풍속과 규례도 행하지 말고"(레 18:3)라고 명하셨다. 마틴 로이드 존스가 지적한 대로 "우리 주님은 죄인들을 끌어당기는 힘이 있었다. 주님은 달랐기 때문이다. 그들은 주님께 가까이 나아갔다. 주님께 무언가 다른 점이 있음을 감지했기 때문이다. 세상은 항상 우리에게 다르기를 기대한다. 당신이 결국 세상 사람들과 완전히 똑같은 모습을 보여줌으로써 그들을 기독교 신앙으로 인도하고자 했다면, 이것은 신학적으로나 심리학적으로나 큰 오류를 범한 것이다."[6]

세속화는 지금도 죄인가

세속화라는 말은 요즘 좀처럼 쓰지 않는 단어이며, 이것이 무엇인가 하는 것은 더 더욱 확인되지 않는다. 이제 이 말은 진귀하게 들리기까지 한다. 세속화는 자신의 취향이나 포부나 행동을 세상의 가치에 맞추는 죄를 말한다.

> 이는 세상에 있는 모든 것이 육신의 정욕과 안목의 정욕과 이생의 자랑이니 다 아버지께로부터 온 것이 아니요 세상으로부터 온 것이라 이 세상도, 그 정욕도 지나가되 오직 하나님의 뜻을 행하는 자는 영원히 거하느니라(요일 2:16, 17).

그러나 오늘날 우리는 분명히 의도적으로 육체적 욕구와 감각적인 취향과 인간적인 자만에 영합하는, 곧 '육신의 정욕과 안목의 정욕과

---

6) *Preaching and Preachers*, 140.

이생의 자랑'을 만족시키는 교회 프로그램들을 수없이 목격하고 있다. 이렇게 세속적인 미력에 호소하기 위해서 교회의 활동들은 종종 단순히 천박한 수준을 넘어서고 있다. 나의 동료 가운데 한 명은 지난 몇 년 동안 교회들이 예배를 지루하지 않게 하기 위해 어떤 혁신적인 방법을 동원하고 있는지를 보도한 기사들을 오려 모은 '공포 파일'을 만들었다. 70년대 후반기 이후로, 미국에서 가장 큰 몇몇 복음주의 교회들이 주일 집회의 흥을 돋구기 위해 익살맞은 활극이나 보드빌(vaudeville: 노래, 춤, 무언극, 만담, 묘기, 요술 등을 곁들인 쇼 – 역자 주), 레슬링 경기, 심지어는 모의 스트립 쇼와 같은 세속적인 방법을 도입하고 있다. 사람들은 이러한 야단법석을 성소 안으로 들이지 못할 불손한 행위로 생각지 않는다. 이런 어릿광대짓은 실용주의 교회의 예배 의식으로 급속히 퍼져나가고 있다.

게다가 많은 교인들은 이것을 세상에 다가가는 유일한 방법이라고 믿고 있다. 우리는 교회에 다니지 않는 사람들이 고전적 찬송이나 진지한 교리, 성경적 설교를 원치 않는다면 그들이 원하는 것을 제공해야 한다는 소리를 듣고 있다. 수많은 교회들이 이론을 따라서 불신자들을 교회에 출석시키려면 어떻게 해야 할지를 알기 위해 불신자들을 대상으로 조사를 하고 있다.

그리하여 문화 수용성과 출석자 수 증가가 거룩함과 참된 예배를 대신하여 교회 집회의 주된 목표로 슬그머니 바꾸어지고 있다. 말씀을 선포하는 것과 담대하게 죄를 지적하는 것은 세상 사람들을 구하는 방법으로는 너무 고지식하고 비효과적으로 여겨진다. 사실, 이런 방법들은 실제로 많은 사람들을 쫓아낸다. '어째서 그들이 원하는 것을 제공하고, 친근하고 편안한 분위기를 조성하며, 그들의 가장 강력한 충동을 일으키는 욕구에 부합함으로써 그들을 양의 우리 속으로 끌어들이지 않는가? 어떻게 하든 예수님을 좀더 호감가게 하거나 그 분의 메시지를 좀 덜 강경하게 함으로써 회심하지 않은 세상 사람들이 예수님을 영접하도록 하면 되는 것 아닌가?'

이러한 생각은 교회의 사역을 크게 빗나가게 한다. 지상명령(Great Commission)은 마케팅 선언이 아니다. 진정한 복음주의가 필요로 하는 것은 세일즈맨이 아니라 선지자다. 중생의 씨를 심는 것은 어떤 세속적인 미끼가 아니라 바로 하나님의 말씀이다(벧전 1:23). 우리가 십자가의 거치는 것을 제하려고 애쓴다면, 우리가 얻을 것은 하나님의 진노뿐이다(참고. 갈 5:11).

모든 혁신이 악한가

부디 나의 우려를 오해하지 말기 바란다. 내가 반대하는 것은 혁신 그 자체가 아니다. 나는 예배 형식이 끊임없이 변하는 것임을 알고 있다. 전형적인 17세기 청교도가 내가 목회하고 있는 그레이스 커뮤니티 교회에 들른다면, 그는 우리의 음악에 큰 충격을 받고, 남녀가 나란히 앉은 것을 보고 경악할 것이며, 우리의 확성 장치에 꽤 어리둥절해 할 것이다. 스펄전도 우리 오르간을 탐탁해 하지 않을지 모른다.

그러나 나는 정체되어 있는 교회를 좋아하지는 않는다. 나는 어떤 특정한 음악이나 예배 형식을 고집하지 않는다. 본질적으로 이런 것들은 성경이 문제삼는 논쟁점이 아니다. 나는 이런 일들에 대한 나 개인의 취향이 다른 사람들의 안목보다 반드시 우월하다고 생각지 않는다. 나는 교회 예식에서 허용할 수 있는 것과 그렇지 않은 것을 엄격히 구분하는 어떤 임의의 규정을 만들어낼 생각이 조금도 없다. 그런 것은 바로 율법주의이기 때문이다.

나의 불만은 교회에서 하나님과 그 말씀을 부수적인 것으로 강등시킨 철학에 있다. 나는 교회에서 설교보다 오락을, 예배보다 대외관계를 더 중시하는 것은 비성경적이라고 믿고 있다. 그리고 나는 사람들을 천국으로 인도하는 데 세일즈맨이 주권자 하나님보다 더 효과적일 수 있다고 믿는 사람들을 적극 반대한다. 바로 이러한 사상이 교회의 세속화에 길을 터준 것이다.

바울 사도는 "내가 복음을 부끄러워하지 아니하노니"(롬 1:16)라고 했다. 불행하게도, '복음을 부끄러워한다.'는 말은 우리 시대에서 가장 괄목할 만하고 영향력이 큰 일부 교회들에 대한 점점 더 적합한 설명이 되어 가고 있는 것 같다.

나는 오늘날 교회에서 발생하고 있는 일들과 100년 전 발생했던 일들 사이의 뚜렷한 유사성을 발견한다. 그 시대에 관한 기록들을 읽을수록, 역사가 반복되고 있다는 확신은 더 굳어진다. 이 책 전체에서, 나는 현 시대의 문제점들에 상응하는 지난 19세기의 복음주의 현상들을 상세하게 다룰 것이다. 특별히 '내리막길 논쟁'(The Down Grade Controversy)으로 널리 알려진 스펄전 생애의 중요한 에피소드에 초점을 맞추고 이러한 문제들에 대한 스펄전의 저술들을 자주 인용할 것이다.

나는 찰스 스펄전과 적어도 두 가지 면에서 공통점이 있다. 둘 다 6월 19일에 태어났고, 그도 나처럼 거의 모든 사역 기간 동안 한 교회에서 목회를 하였다. 그의 저술과 설교를 읽으면 읽을수록, 나는 그와 동질감을 더 느낀다.

그러나 나 자신을 그와 필적할 만한 인물로 여기려는 것은 절대 아니다. 영어권 역사상 스펄전만큼 능수능란한 말솜씨와 신령한 메시지의 권위를 전달하는 능력과 진리를 수호하는 열정과 신학 지식과 결부하여 설교하는 소질을 지닌 설교자는 없었다. 그는 또한 지도자로서의 천부적인 자질을 갖춘 탁월한 목사였다. 어수선한 시대에 목회를 했던 스펄전은 매주 몇 차례씩 5,500석을 가득 채웠다. 그가 죽을 때까지 회중의 존경심은 줄지 않았다. 나는 그의 옆이 아니라 발밑에 앉아 있다.

나아가 나는 결코 스펄전이 내리막길 논쟁에서 일으켰던 격론에 불을 붙일 생각은 없다. 스펄전 자신은 이 충돌을 지긋지긋하게 생각했다. 1891년 프랑스 리비에라로 휴식을 취하기 위해 떠나면서, 스펄전은 친구들에게 "이 싸움이 나를 죽이고 있어."[7] 하고 말했다. 그리고 나서 석 달 후에 프랑스에서 스펄전이 죽었다는 소식이 날아왔다. 그는 싸움을 원치 않았다. 그러나 자신의 성경적 신념을 타협하기를 거부했기 때문에 그는 논쟁을 피할 수 없었다.

논쟁은 솔직히 내 구미에 맞지 않는다. 나는 어떤 논쟁이든 싫어한다는 사실은 나를 잘 아는 사람이면 누구나 인정할 것이다. 그러나 성경적인 신념을 명백하게 밝히지 않을 수 없도록 만드는 불이 내 깊은 곳에서 타오르고 있다. 너무나 중요한 이때, 나는 침묵할 수 없다.

이런 각오로 이 책을 내놓는다. 어느 누구도 이 책이 특정인이나 특

---

[7] Iain Murray, *The Forgotten Spurgeon* (Edinburgh: Banner of Truth, 1966), 163.

정 사역에 대한 공격으로 받아들이지 않기를 바란다. 결코 그건 아니다. 이 책은 사람이 아니라 원칙 문제에 관하여 전 교회를 대상으로 드리는 탄원이다. 그리고 내 주장의 많은 부분에 대하여 광범위한 반대가 있을 것임을 예상하고, 되도록이면 불쾌감을 자극하지 않도록 노력하면서 이 책을 썼다.

이것은 많은 사람들의 신념에 관한 문제들이다. 이런 문제들이 표면으로 떠오를 때, 특히 상반되는 견해들이 노골적으로 개진될 때, 사람들은 때로 분노하게 된다. 그러나 분노로 이 책을 쓰지 않았다. 그러므로 독자들도 같은 마음으로 이 책의 내용을 받아들이기 바란다.

이 책이 여러분에게 도전을 주어 "이것이 그러한가 하여"(참고. 행 17:11) 성경으로 돌아가게 하기를 기도한다. 또한 나는 주께서 정확히 100년 전에 교회를 황폐시키고 또한 그 신령한 능력을 소진시켰던 모든 종류의 세속화와 불신의 내리막길로부터 그 분의 교회를 구원하여 주시기를 간절히 기도드린다.

복음을
부끄러워하는
교회

Ashamed
of the
Gospel

1.
내리막길에 서 있는 기독교

예수님이 가시 면류관을 쓰신 것은 거리낌없이 보면서 자신은 월계관을 쓰기를 갈망하는 사람이 주님을 사랑한다고 할 수 있겠습니까? 예수님은 십자가로 보좌에 오르셨는데 우리는 환호하는 군중의 무등을 타고 보좌에 오르기를 기대해서야 되겠습니까? 헛된 상상일랑 하지 마십시오. 어떤 희생이 따를지 계산해 보십시오. 그리고 그리스도의 십자가를 지지 않으려면 돌아가 당신의 농장과 사업을 의지하십시오. 다만 당신의 귀에 이 말을 속삭이고자 합니다. '사람이 만일 온 천하를 얻고도 제 목숨을 잃으면 무엇이 유익하리요?'

찰스 스펄전 [1]

찰스 스펄전의 생애를 잘 알고 있다면, 아마 '내리막길 논쟁'에 대하여 들어봤을 것이다. 스펄전은 생애 마지막 4년을 초기 모더니즘의 조류와 맞서 싸우는 데 보냈다. 스펄전은 모더니즘을 성경적 기독교에 대

---

[1] "Holding Fast the Faith," *The Metropolitan Tabernacle Pulpit*, Vol. 34(London: Passmore and Alabaster, 1888), 78. 이 설교는 스펄전이 침례교 연맹으로부터 징계를 받기 전, 1888년 2월 5일 내리막길 논쟁이 한창일 때 전한 것이다.(부록을 보라).

한 위협으로 올바르게 보았다.

역사에 남은 이 논쟁의 이름은 스펄전 자신이 출판한 월간지 『검과 흙손』지에 실은 시리즈 글 제목에서 따온 것이다('내리막길' 기사의 개괄과 이어지는 논쟁에 대한 좀더 자세한 내용을 알려면 부록을 참고하라). 스펄전은 성경적 기독교의 역사적 입장에서 멀어지는 위험을 자기 양들에게 충고하기 원했다. 스펄전은 성경의 진리가 가파르고 미끄러운 산봉우리와 같다고 말했다. 한걸음을 잘못 디디면 내리막길에 접어든다. 스펄전은, 일단 교회나 그리스도인이 내리막길에 접어들면 점점 미끌어져 내려가는 힘이 거세어진다고 했다. 회복은 쉽지 않고, 그리스도인이 영적 부흥을 통하여 '오르막길'에 접어들 때에만 회복된다.

이 논쟁이 벌어지고 나서, 스펄전은 침례교 연맹에서 물러났다. 후에 스펄전은 침례교 연맹으로부터 공식 징계를 받았다. 몇 년이 못 되어 침례교 연맹은 절망적으로 길을 잃고 신신학(新神學)에 빠졌고 스펄전은 죽었다. 1900년에 스펄전의 부인 수잔나는 이렇게 썼다.

> 침례교 연맹에 관한 한, 스펄전의 진리 증거와 탈퇴가 거의 아무것도 이루지 못했습니다. 그러나 다른 측면에서 저는 그 항거가 헛되지 않았다는 증거를 많이 갖고 있습니다. '내리막길'에서 멀리 내려가 버린 많은 사람이 위험천만한 걸음을 멈추고 하나님의 은혜로 다시 '오르막길'에 접어들게 되었습니다. 자신도 모르게 미끌어지고 있던 사람들은 반석(예수 그리스도) 위에 굳게 서게 되었습니다. 적어도 얼마 동안 모든 교회에서 오랫만에 복음적 교리가 명료하고 힘있게 전파되었습니다.[2]

수잔나는 남편이 "거짓 교훈과 세속화에 맞서 항거한 일"[3])이 참으로 옳았음을 결국 주님이 분명히 보여 주실 것으로 믿었다.

오늘날까지도 교회 역사가들은 스펄전이 침례교 연맹에서 탈퇴한 것이 옳았는지를 놓고 논쟁을 벌인다. 많은 사람은, 스펄전이 연맹에 머물러 있으면서 그 연맹이 정통 신앙을 지키도록 싸웠어야 했다고 믿는다. 스펄전도 그 방법을 고려했다. 하지만 그는 그래봤자 소용없을 것이라고 결론을 내렸다. 나는 스펄전이 물러선 것을 잘했다고 믿고 싶다. 그러나 그가 취한 행동에 동의하든 않든, 우리는 내리막길에 관한 스펄전의 경고가 옳았던 것을 역사가 옹호해 오고 있음을 인정해야 한다.

20세기 초반에, 불길처럼 퍼져가는 '거짓 교훈과 세속적 태도', 즉 자유주의 신학과 모더니즘 신학은 세계 도처의 기독교 교파들을 휩쓸었다. 주요 교파들 가운데 대부분이 이 영향을 받아 존립은 위태롭지 않다 해도 심하게 변질되었다.

스펄전의 조국 영국에 미친 결과는 유난히 컸다. 스펄전이 경고의 목소리를 울린 지 100년이 지난 오늘날, 영국의 신학 교육은 대부분 자유주의적이다. 교회 출석자 수는 스펄전 시대와 비교하면 터무니없이 적다. 복음주의자는 조그마한 소수파이며, 성경적 설교는 성경을 믿는다고 하는 교회에서조차 흔치 않고, 복음주의 운동은 미국에서 불어오는 신학의 거의 모든 우행으로부터 치명적인 영향을 받아 왔다. 간단히 말해서, 영국의 복음주의는 1세기 전에 시작된 모더니스트와 자유주의의

---

2) *The Autobiography of Charles H. Spurgeon*, 4 vols. (London: Passmore and Alabaster, 1897), 4:255.
3) Ibid., 4:257.

공격을 받고 전혀 회복되지 못했다.

그로부터 100년 후 우리는 역사가 되풀이되고 있는 것을 보고 있다. 복음주의 교회는 세속화했다. 세속적일 뿐만 아니라 세속적이려고 기를 쓰고 있다. 교리의 타협이라는 바람이 불기 시작하고 있다.

스펄전이 공격했던 바로 그 '거짓 교훈과 세속적 태도'라는 두 영향력은 세속적 태도를 인도자로 삼고 언제나 손을 맞잡고 간다. 오늘날 그리스도인들은 모더니즘이 신학적 의제가 아니라 방법론의 의제였음을 잊는 것 같다. 초기 모더니스트들은 성경적 신앙의 핵심을 건드리려고 하지 않았다. 그들은 그저 기독교를 냉소적인 세상의 입맛에 좀더 맞게 만들려고 하였다.

이와 동일한 정신이 오늘날 교회에 만연해 있다. 확신컨대, 이 정신을 따르는 사람들 가운데 대부분은 고의적으로 성경적 기독교를 훼손할 의도가 없다. 하지만 그들은 실용주의 철학과 세속화 정신을 교회에 끌어들였다. 만일 이를 억제하지 않고 내버려 두면, 100년 전 모더니즘이 거두었던 것과 동일한 비통한 열매를 결국 거두게 될 것이다.

시장 지향적 사역?

새 철학은 노골적이다. 교회는 세상과 경쟁하고 있다. 그리고 세상은 사람들의 관심과 애정을 얻는 데 능수능란하다. 한편 교회는 자신의 상품을 '파는' 데 너무 서투르다. 그러므로 복음전도는 마케팅으로 간주되어야 하고, 교회는 모든 현대 비즈니스가 자신의 상품을 파는 방식으로 복음을 팔아야 한다. 그러므로 근본적 변화가 있어야 한다. 모든 마케팅의 목적은 "생산자와 소비자를 모두 만족시키는 것"[4]이다. 그러므로 '소비자'에게 만족을 주지 못하는 경향이 있는 것은 무엇이든 내던져야 한다. 특히 죄와 의와 심판에 관한 설교는 지나치게 직설적이므로 만족을 주지 못한다. 교회는 사람을 즐겁게 하고 유쾌하게 하는 방식으로 진리를 소개하는 법을 배워야 한다.

한 베스트셀러 작가는 이렇게 썼다. "금세기의 남은 기간 동안 이 나라의 영적 건강에 변화를 일으키기 위하여 교회가 할 일은 바로 마케팅 오리엔테이션(marketing orientation)을 개발하는 것이라고 믿는다."[5] 그는 이렇게 덧붙인다. "미국 교회에 관한 자료와 활동을 꼼꼼히 연구한 것을 기초하여 내가 주장하는 바는, 교회를 괴롭히는 주된 문제는 교회가 마케팅 지향 환경에서 마케팅 지향을 수용하지 못한 데 있다는 것이다."[6]

이 모든 것이 아주 현대적이며 빈틈없이 들리지만, 성경적이지는 않다. 그리고 이것은 교회를 미끄러운 비탈길로 떠밀쳤다. 마케팅 원리가 교회의 메시지와 관심사의 심판이 되었다. 성경적 메시지에 속한 것이라도 홍보 계획에 맞지 않는 요소는 생략되어야 한다. 마케팅 전문가는 십자가의 거치는 것을 약화시켜야 한다고 요구한다. 세일즈 기법은 하나님의 진노와 같이 부정적인 주제를 피할 것을 요구한다. 소비자 만족이란, 의의 기준을 지나치게 높이 내세울 수 없다는 뜻이다. 그래서 물 탄 복음의 씨앗이 오늘날 많은 사역들을 이끌어가는 철학 속에 뿌려졌다. 그리고 일부 교회에서는 복음을 선포하는 것이 완전히 봉쇄되었다.

---

4) George Barna, *Marketing the Church* (Colorado Springs: NavPress, 1988), 41.
5) Ibid., 13.
6) Ibid., 23.

오판하지 말라. 비록 이 사상에 심취한 대부분의 사람들은 자신이 성경의 교리에 충실하다고 생각하지만 이 새 철학은 교회가 세상에 전달하는 메시지를 심히 변질시킨다.

기독교는 다시금 내리막길에 서 있다.

성경적 사역 철학을 향하여

시장 지향적 사역을 성경적 모델과 어떻게 비교하겠는가? 디모데가 20세기 기업가의 조언을 따랐다면, 어떻게 바울의 감독을 받으면서 살아갔겠는가?

바울이 디모데에게 쓴 두 서신에는 그 문제에 대한 충분한 대답이 있다. 바울은 젊은 이 목회자에게 몸소 조언해 주었다. 하지만 디모데가 직접 목회를 시작했을 때 호된 시험에 맞닥뜨렸다. 디모데는 두려움과 인간적인 연약함을 놓고 씨름했다. 분명 그는 박해를 앞에 두고 부드러운 설교를 전해야 한다는 유혹을 받았다. 때때로 디모데는 복음을 부끄러워했던 것 같다. 바울은 박해를 받더라도 담대하게 믿음을 지키라고 디모데에게 상기시켰다. "너는 내가 우리 주를 증언함과 또는 주를 위하여 갇힌 자 된 나를 부끄러워하지 말고 오직 하나님의 능력을 따라 복음과 함께 고난을 받으라"(딤후 1:8). 바울이 디모데에게 보낸 이 두 소중한 서신은 오늘날 널리 퍼져 있는 지혜에 이의를 제기하는 사역 철학을 요약하고 있다.

바울은 디모데에게 다음과 같이 하라고 교훈했다.

- 거짓된 교훈을 가르치는 자들을 바로잡고 그들에게 청결한 마음과 선한 양심과 거짓 없는 믿음을 가지라 하라(딤전 1:3–5).
- 믿음과 착한 양심을 가지고 하나님의 진리와 하나님의 뜻을 위하여 싸우라(1:18, 19).
- 잃은 자를 위하여 기도하고, 교인들도 그렇게 하도록 지도하라(2:1–8).
- 교회의 여인들에게 스스로 절제하여 믿음과 사랑과 거룩함의 모범이 되어 하나님이 주신 순종의 역할을 다하고 경건한 자녀를 양육하는 일을 하게 하라(2:9–15).
- 은사와 경건함과 덕을 바탕으로 교회의 영적 지도자를 신중하게 선발하라(3:1–13).
- 그릇된 진리의 근원과 그릇된 진리를 가르치는 사람을 찾아내고 그것을 형제들에게 알리라(4:1–6).
- 모든 신화와 그릇된 교훈을 피하고 성경 말씀과 성경의 선한 교훈으로 항상 양육을 받으라(4:6).
- 경건을 위하여 훈련하라(4:7–11).
- 하나님 말씀의 진리를 담대하게 명하고 가르치라(4:11).
- 모든 사람이 따를 수 있는 영적인 덕의 본이 되라(4:12).
- 모든 사람 앞에서 성경을 신실하게 읽고 설명하고 적용하라(4:13, 14).
- 삶에서 그리스도를 닮는 일에 발전하라(4:15, 16).
- 교인의 죄를 지적할 때 인정하고 온유하라(5:1, 2).
- 과부들에게 특별히 관심을 쏟고 돌보라(5:3–16).
- 열심히 일하는 신실한 교회 지도자들을 존경하라(5:17–21).
- 교회 지도자를 선발하는 데 주의하여 성숙되고 검증된 사람이 되도록 하라(5:22).
- 능력 있게 섬길 수 있도록 건강을 보살피라(5:23).

- 교인들이 참된 경건과 단순한 위선을 분별할 수 있도록, 참된 경건의 원리를 가르치고 전하라(5:24-6:6).
- 돈을 사랑하는 태도를 피하라(6:7-11).
- 의와 경건과 믿음과 사랑과 인내와 온유를 좇으라(6:11).
- 모든 원수와 모든 공격에 맞서서 믿음의 싸움을 싸우라(6:12).
- 주의 모든 계명을 지키라(6:13-16).
- 부자에게 선한 일을 행하고 선한 사업에 부하며 동정하는 자가 되라고 교훈하라(6:17-19).
- 주님이 맡기신 거룩한 보화인 하나님의 말씀을 지키라(6:20, 21).

두 번째 서신에서 바울은 디모데에게 목회자의 임무를 상기시켰다.

- 자기 안에 있는 하나님의 은사를 새롭고 사용가능하게 유지하라(딤후 1:6).
- 두려워하지 말고 강건하라(1:7).
- 그리스도나 그리스도를 섬기는 사람을 결코 부끄러워하지 말라(1:8-11).
- 진리를 굳게 붙잡고 지키라(1:12-14).
- 강한 품성을 가지라(2:1).
- 사도의 진리를 가르쳐서 그들도 충성된 사람을 가르칠 수 있게 하라(2:2).
- 그리스도를 위하여 최선을 다하면서 기꺼이 난관과 박해를 당하라(2:3-7).
- 언제나 그리스도를 바라보라(2:8-13).
- 권위 있게 지도하라(2:14).
- 성경을 정확하게 해석하고 적용하라(2:15).
- 경건치 아니함에 이를 뿐인 헛된 말을 피하라(2:16).
- 죄를 떠나고 주께 쓸모 있는, 귀히 쓰이는 그릇이 되라(2:20, 21).
- 청년의 정욕을 피하고 의와 믿음과 사랑을 좇으라(2:22).

- 철학과 신학의 논쟁에 빠지지 않도록 하라(2:22).
- 잘못한 사람에게도 다투는 자가 되지 말고 온유하고 가르치기를 잘하며 참는 자가 되라(2:24-26).
- 하나님의 말씀에 대한 깊은 지식을 갖고서 위험한 시대와 맞서라(3:1-17).
- 성경이 모든 합당한 사역의 기초요 내용임을 깨달으라(3:16, 17).
- 오래 참음과 가르침으로 책망하고 경계하며 권하면서 때를 얻든지 못 얻든지 말씀을 전하라(4:1, 2).
- 모든 일에 근신하라(4:5).
- 고난을 받으라(4:5).
- 전도인의 일을 하라(4:5).

이 목록에 나오는 그 어떤 것에도 시장 지향적 철학을 암시하는 것은 없다. 사실 이 명령들 가운데 일부는 오늘날 인기를 끌고 있는 이론과 도무지 조화될 수 없다. 이 모든 것을 다섯 가지로 요약하면, 바울은 디모데에게 다음과 같이 명령했다.

(1) 성경의 진리를 가르치는 일에 신실하고
(2) 오류를 드러내고 논박하는 데 담대하고
(3) 양무리에게 경건의 본이 되고
(4) 사역에 부지런히 힘써 일하고
(5) 주를 위하여 섬기면서 고난과 박해를 기꺼이 받으라

물론 이 명령은 목회자들에게만 그치지 않는다. 모든 그리스도인은 사역을 하도록 부르심을 받았다. 그러므로 바울이 디모데에게 주는 교

1. 내리막길에 서 있는 기독교 **51**

훈은 온갖 형태의 사역을 행하는 모든 신자에게 적용되는 원리를 담고 있다. 교회가 내리막길에 있다 함은, 많은 사람들이 영적으로 퇴보하고 있다는 뜻이다. 교회에 있는 '거짓 교훈과 세속적 태도'는 몸된 교회의 모든 지체에게 영향을 끼친다. 바울이 디모데에게 주는 교훈은 기독교 지도자 그룹이나 전문 사역을 맡는 '엘리트'만을 위한 것이 결코 아니다. 이 말은 이 책에서 언급하고 있는 주제인 사역 철학이 모든 그리스도인의 관심사가 되어야 한다는 뜻이다. 이 문제는 결코 전문 '성직자'만의 영역이 아니다.

최근에 나는 시간을 내어 사역과 교회성장에 관한 최신 서적을 여러 권 읽었다. 이 책 가운데 대부분은 사역 철학을 정의하는 일에 많은 부분을 할애했다. 이 책들 가운데 바울이 디모데에게 아주 세심하게 정리해 준 교훈을 언급하는 책은 단 한 권도 없었다. 사실상 그 책들 중에 신약의 목회 서신에서 사역 철학의 요소를 이끌어내는 것은 하나도 없었다. 대부분의 책이 현대 비즈니스, 마케팅 기법, 경영 이론, 심리학 등의 자료에서 원리를 끌어냈다. 어떤 책들은 성경의 일화를 사용하여 원리를 예증하려 했다. 그러나 성경에서 자신의 철학을 끌어낸 것은 하나도 없었다. 신약의 많은 내용이 이 문제에 관하여 교회와 목회자에게 교훈하려고 명시적으로 기록되어 있는데도 말이다.

귀가 가려운 시대에 사역하기

불행하게도 시장 지향적 사역 철학은 우리 시대의 가장 나쁜 풍조에 호소한다. 이 사역 철학은, 자신을 우선으로 사랑하고 자신의 이기적인 생활방식이 방해받지 않고 하나님을 모실 수 없다면 그 분을 좋아하지 않는 사람들에게 영합한다. 그런 사람들에게 물질주의와 이기적인 사랑 가운데 편안하게 지낼 수 있게 하는 종교를 약속해 보라. 그러면 그들은 떼지어 몰려들며 환영할 것이다.

바울은 그런 시대를 미리 내다보았다. 바울은 우리가 앞에서 열거한 원리를 개괄한 후에 디모데후서를 마치면서, 다음과 같이 유명한 구절로 자신의 충고를 간략하게 줄여 디모데에게 전했다.

> 너는 말씀을 전파하라 때를 얻든지 못 얻든지 항상 힘쓰라 범사에 오래 참음과 가르침으로 경책하며 경계하며 권하라(딤후 4:2).

그런 후에 바울 사도는 이런 예언적인 경고를 덧붙였다.

> 때가 이르리니 사람이 바른 교훈을 받지 아니하며 귀가 가려워서 자기의 사욕을 따를 스승을 많이 두고 또 그 귀를 진리에서 돌이켜 허탄한 이야기를 따르리라(4:3, 4).

분명히 바울의 사역 철학에는 오늘날 아주 널리 퍼져 있는 '사람들이 원하는 것을 주라.'는 이론이 들어설 여지가 없었다. 바울은 디모데에게 교인들이 원하는 것이 무엇인지 조사하라고 하지 않았다. 바울은, 인구 통계학 자료를 연구하거나 교인들의 '느끼는 필요'(felt needs)를 연구하라고 제안하지 않았다. 디모데가 청중의 요구에 영합했다면 바울은 절대로 동의하지 않았을 것이다. 반대로 바울은 디모데에게 말씀을 전파하며 그 시대의 정신에 정견으로 맞서라고 명령했다.

우리는 성공을 어떻게 정의하는가

바울이 디모데에게 사람들의 반응이 어떠할지에 대해 아무 말도 하지 않았다는 사실을 주목하라. 바울은 교인수가 얼마나 많은지, 돈이 얼마나 많은지 혹은 얼마나 영향력이 큰지에 대해 디모데에게 강의하지 않았다. 바울은 세상이 디모데를 존경하거나 높이 사거나 받아들일 것이라고 말하지 않았다. 사실상 바울은 외적인 성공에 관하여 아무 말도 하지 않았다. 바울은 헌신을 강조했지 성공을 강조하지 않았다.

오늘날 사역 철학은 세속의 성공 기준에 물들어 있다. 거의 대부분 '성공한 교회'란 크고 부유한 대형교회로 수백만 달러짜리 시설과 호텔과 핸드볼 구장과 탁아소 등을 갖춘 교회를 말한다. 그러나 그 범주에 해당하는 교회는 천 개에 하나도 안 된다. 이 말은, 대부분의 교회는 가엾게도 실패한 교회이거나 사역에서 성공의 잣대는 물질적 번영이 아닌 다른 것이어야 한다는 둘 중 하나를 의미한다.

성경을 아는 사람이라면 그 대답은 분명하다. 풍요나 사람 수나 돈이나 긍정적 반응과 같은 외적인 기준은 성경에서 말하는 성공 사역의 척도가 결코 아니다. 신실함과 경건과 영적 헌신이 하나님이 귀중히 여기시는 덕목이다. 그러므로 이런 자질이 사역 철학의 초석이어야 한다. 이것은 큰 교회든지 작은 교회든지 상관없다. 크기가 하나님의 복을 나타내는 것이 아니다. 인기가 성공의 지표가 아니다. 사실 그것은 정죄의 이유가 될 수 있다. 하나님은 예레미야에게 이렇게 말씀하셨다.

"이 땅에 무섭고 놀라운 일이 있도다 선지자들은 거짓을 예언하며 제사장들은 자기 권력으로 다스리며 내 백성은 그것을 좋게 여기니 마지막에는 너희가 어찌 하려느냐"(렘 5:30, 31).

다시 바울이 디모데에게 주는 교훈을 살펴보자. 바울은 디모데에게 세상으로부터 칭찬을 많이 들을 사역을 고안해 내라고 권하지 않고, 고난과 역경에 관하여 경고했다. 고난과 역경은 현대 교회성장 전문가들이 바라는 것과는 거리가 멀다. 성경에서 많은 예산과 부유한 교인들과 수많은 등록자는 좀대로 타당한 목표로 이야기된 적이 없다. 바울은 디모데에게 어떻게 '성공' 할 것인지 말하지 않았다. 출석자 수를 증가시키는 기법을 가르치지 않았다. 대신 하나님의 표준을 좇으라고 권하였다.

물론 이것이 참된 성공이다. 진정한 성공은 어떤 희생을 치르더라도 결과를 얻는 것이 아니다. 그것은 번영이나 힘이나 유명세나 인기나 그 어떤 세속적 성공 개념이 아니다. 진정한 성공은 결과에 아랑곳하지 않고 하나님의 뜻을 행하는 것이다.

혹은 세상 사람들이 종종 쓰는 말로 표현하면, 적합한 목표는 성공이 아니라 탁월함(excellence)이다.[7] 바울은 디모데에게 하나님이 부르시고 은사를 주시면서 의도하신 그런 모습이 되라고 하였다. 성공을 좇으라고 충고하지 않고, 탁월함을 좇으라고 했다.

탁월한 사역의 기초

디모데후서 4장 처음에 나오는 몇 구절을 좀

---

7) 성공과 탁월함에 대한 유익한 비교는 다음의 책에서 찾아볼 수 있다. Jon Johnston, *Christian Excellence: Alternative to Success*(Grand Rapids, MI: Baker, 1985).

더 꼼꼼히 살펴보자.

하나님 앞과 살아 있는 자와 죽은 자를 심판하실 그리스도 예수 앞에서 그가 나타나실 것과 그의 나라를 두고 엄히 명하노니 너는 말씀을 전파하라 때를 얻든지 못 얻든지 항상 힘쓰라 범사에 오래 참음과 가르침으로 경책하며 경계하며 권하라 때가 이르리니 사람이 바른 교훈을 받지 아니하며 귀가 가려워서 자기의 사욕을 따를 스승을 많이 두고 또 그 귀를 진리에서 돌이켜 허탄한 이야기를 따르리라 그러나 너는 모든 일에 신중하여 고난을 받으며 전도자의 일을 하며 네 직무를 다하라(1-5절).

이 짧은 본문은 성경적 사역을 정의한다. 이 구절에는 바울이 디모데에게 당부한 아홉 가지가 포함되어 있는데 어떤 사역자도 감히 무시해서는 안 된다. 이 의무를 게을리하는 사람들은 그 사실을 알든 모르든 내리막길에 있는 것이다.

너의 부르심을 기억하라

"하나님 앞과 살아 있는 자와 죽은 자를 심판하실 그리스도 예수 앞에서 그가 나타나실 것과 그의 나라를 두고 엄히 명하노니." 바울은 하나님의 영감을 받아 쓴 마지막 서신의 이 마지막 부분을 이렇게 시작한다. 생애 말엽에 바울은 사형 집행을 기다리는 죄수였다. 바울은 자신이 곧 하나님 앞에 서서 해명해야 할 것임을 알았다. 이런 생각이 그의 마음에 크게 자리잡고 있었다. 그래서 바울은 젊은 목회자 디모데에게 그가 맡은 일이 얼마나 엄숙한 것인지 상기시켰다.

바울은 임박한 심판을 생각하며 살고 일하라고 디모데에게 충고했다. 디모데는 사람들이 아니라 하나님이 자신의 사역에 대하여 생각하시는 바에 관심을 기울여야 했다. 바울은 "하나님 앞과 살아 있는 자와 죽은 자를 심판하실 그리스도 예수 앞"을 언급했다. 바울은 디모데가 자신을 심판하실 분 앞에서 사역하고 있다는 사실을 깨닫기를 바랐다. 하나님은 자신의 기준으로 심판하시지 사람들이 생각하는 바에 의해 심판하지 않으신다.

다른 곳에서 바울은 이렇게 말한다. "우리가 다 하나님의 심판대 앞에 서리라……이러므로 우리 각 사람이 자기 일을 하나님께 직고하리라"(롬 14:10, 12). 바울이 디모데에게 부탁하고 싶은 점은 바로 이것이었다. 분명 바울은 사람이 아니라 하나님을 기쁘시게 하려고 사역하는 것이다.

말씀을 전파하라

어떤 사역이 하나님을 기쁘시게 하는가? "말씀을 전파하라"(2절). 이 간단한 명령에 순종하는 것이 참으로 모든 성경적 사역 철학의 중심이 되어야 한다. 설교자의 임무는 성경을 선포하고 그 뜻을 알리는 것이다(참고. 느 8:8). 다른 모든 내용은 부차적인 것이다.

나의 아버지는 목사이다. 하나님이 나를 사역자의 삶으로 부르셨다고 믿는다고 처음 말씀드렸을 때, 아버지는 '사랑하는 조니, 말씀을 전파하라'(딤후 4:2)고 기록한 성경책을 주셨다. 그 단순한 말이 내 마음에 강력한 자극제가 되었다. 나는 아버지가 주신 그 간단한 성경 교훈을 결코 잊지 않았다. 말씀을 전파하라. 그 밖에 달리 무엇을 전하겠는가?

말씀을 전파하는 일이 언제나 쉬운 것은 아니다. 우리가 선포해야 할 메시지는 종종 사람들의 기분을 상하게 한다. 그리스도는 부딪히는 돌과 거치는 반석이다(롬 9:33; 벧전 2:8). 십자가의 메시지가 어떤 사람에게는 거리끼는 것이며(고전 1:23; 갈 5:11) 또 어떤 사람에게는 미련한 것이다(고전 1:23). "육에 속한 사람은 하나님의 성령의 일들을 받지 아니하나니 이는 그것들이 그에게는 어리석게 보임이요, 또 그는 그것들을 알 수도 없나니 그러한 일은 영적으로 분별되기 때문이라"(고전 2:14). 왜 바울이 "내가 복음을 부끄러워하지 아니한다"(롬 1:16)고 썼겠는가? 분명 선포하라고 명하신 그 메시지를 많은 그리스도인들이 실제로 부끄러워하고 있기 때문이다.

이미 말했듯이, 디모데는 틀림없이 복음을 부끄럽게 생각하는 유혹과 싸우고 있었다. 그는 '우리 주에 대해 증거하기를 부끄러워 했고' 심지어 바울에 대해서도 부끄러워했다(딤후 1:8). 디모데는 강하고 용기 있는 바울 사도와 달리 '두려워하는 마음'을 가진 소심한 사람이었던 것 같다. 젊은 디모데를 어떤 사람들은 얕잡아봤다(딤전 4:12). 디모데는 바울과 관계가 있는 것조차 위험함을 잘 알고 있었다. 공개적으로 하나님의 진리를 선포하게 되면 바울과 같이 감옥에 갇힐 수도 있었다. 최소한, 디모데는 복음을 적대시하는 유대인들에게 적의와 비판을 사게 될 것임을 확실히 알았다.

더욱이 디모데는 청년의 정욕으로 인한 충동과 싸우고 있었던 게 분명하다(2:22). 디모데는 자신이 마땅히 되어야 할 모습에 이르지 못한 것을 느꼈을 것이다.

이런 것들이 디모데로 하여금 말씀을 선포하지 못하게 만드는 강력한 이유였다. 그래서 바울은 디모데에게 말씀을 전파하라고 명령하면서, 마음에 일어나는 욕구와 억누르는 것과 맞서라고 요구하였다.

디모데가 전파해야 할 말씀은 무엇이었는가? 바울은 3장 끝에서 이 점을 분명히 드러냈다. "모든 성경은 하나님의 감동으로 된 것으로 교훈과 책망과 바르게 함과 의로 교육하기에 유익하니"(딤후 3:16). 이것이 전파해야 할 말씀, 즉 하나님의 모든 뜻(참고. 행 20:27)이다. 1장에서 바울은 디모데에게 이렇게 말했다. '내게 들은 바 바른 말을 본받아 지키고"(13절). 바울은 계시된 성경 말씀, 즉 그 모든 말씀에 대하여 말하고 있었다. 바울은 디모데에게 "네게 부탁한 아름다운 것을 지키라"(14절)고 간절히 권했다. 그런 후에 2장에서 바울은 디모데에게 말씀을 옳게 분별하여 정확하게 사용하라고 말했다(2:15). 이제 바울은 디모데에게 말씀을 전파하라고 말하고 있다. 그래서 신실한 사역자의 모든 일은 하나님의 말씀을 중심으로 한다. 즉 말씀을 지키고 옳게 분별하고 전파한다.

골로새서 1장에서 바울 사도는 자신의 사역 철학을 술회하면서 "내가 교회의 일꾼 된 것은 하나님이 너희를 위하여 내게 주신 직분을 따라 하나님의 말씀을 이루려 함이니라"(25절)고 한다. 고린도전서에서는 한걸음 더 나아가 이렇게 말한다. "형제들아 내가 너희에게 나아가 하나님의 증거를 전할 때에 말과 지혜의 아름다운 것으로 아니하였나니 내가 너희 중에서 예수 그리스도와 그가 십자가에 못박히신 것 외에는 아무것도 알지 아니하기로 작정하였음이라"(고전 2:1, 2). 다른 말로 하면 설교자로서 그의 목적은 수사학적 표현으로 사람을 유쾌하게 하거나 재치나 유머나 기발한 통찰이나 세련된 방법론으로 사람들을 즐겁게 하는 것이 아니었다. 그는 십자가에 못박힌 그리스도를 전할 뿐이었다.

말 잘하는 웅변가나 재미있는 이야기를 풀어 놓는 재담가나 사람을 즐겁게 해주는 연설가나 강력한 개성의 소유자나 빈틈없이 대중을 쥐락펴락하는 재주꾼이나 활기찬 연설가나 대중적인 정치가나 박식한 학자의 은사를 받았기 때문에 무리를 끌어 모으는 설교자는 늘 있었다. 그런 설교는 인기는 있을 수 있지만, 반드시 능력충만하지는 않다. 말씀을 전하지 않고는 능력 있는 설교를 할 수 없다. 그리고 신실한 설교자라면 하나님의 온전하신 뜻을 무시하거나 희석하지 않을 것이다.

그러므로 말씀을 전파하는 일은 반드시 우리의 사역 철학의 핵심이 되어야 한다. 그 밖의 모든 철학은 인간의 지혜로 하나님의 음성을 대신한다. 철학과 정치학과 유머와 심리학과 뻔한 조언과 인간의 의견은 하나님의 말씀이 하는 일을 결코 이룰 수 없다. 그런 일들은 재미있고 지식을 전해 주고 유쾌하게 하고 때로는 유익할 수도 있다. 그러나 그것은 교회가 할 일이 아니다. 설교자의 임무는 인간 지혜를 전하는 것이 아니다. 설교는 회중에게 말하는 하나님의 소리다. 인간의 메시지는 하나님의 권위라는 표를 갖지 못한다. 오직 하나님의 말씀만이 그 표를 갖는다. 솔직히 말해서 나는 이런 숭고한 권리를 내팽개치려는 설교자들이 이해되지 않는다. 도덕 강의나 동기부여 연설이 하나님의 말씀을 대신하지 못한다. 하나님의 말씀을 전파할 수 있는 특권을 갖고 있는 우리가 왜 사람의 지혜를 선포해야 하는가?

때를 얻든지 못 얻든지 신실하라

그 다음으로 바울은 결코 중단될 수 없는 임무로 부름받았음을 디모데에게 상기시킨다. 디모데는 말씀을 전파하되, 주위 여건과는 상관없이 그래야 했다. 디모데는 말씀을 전파하는 일이 용인될 때도 충성해야 하고 그러지 않을 때도 충성해야 했다.

상황을 직시하자. 지금은 말씀 전파가 쉬운 때가 아니다. 하나님께서 인류를 그들의 악한 선택에 대한 결과를 지도록 내버려두셨기에(롬 1:24, 26, 28) 인류는 하나님의 진노를, 즉 '자신들의 잘못에 합당한 형벌'을 당하고 있다. 오늘날 사회는 그 어느 때보다 이와 같은 하나님의 내어버려두심을 심하게 느끼고 있는지 모른다. 그리고 교회에서 벌어지는 설교의 쇠퇴는 실제로 사람들의 절망감을 더 깊게 만들 수 있다. 마틴 로이드 존스는 이렇게 주장했다. "여러 모로 보아 교회가 설교를 내버리고 떠난 일이 현대 사회를 이처럼 만든 큰 원인이다. 교회는 자신의 진정한 임무를 내팽개침으로써 인류가 자기 자신의 방법을 의지하도록 만들었다."[8]

분명 지금은 연약한 사람들과 연약한 메시지와 연약한 사역을 내버려둘 때가 아니다. 지금 필요한 것은 사람들을 자유케 할 수 있는 도덕적인 힘과 용기 그리고 타협 없는 진리 선포이다. "그러므로 나는, 설교를 덜 하고 다른 방법과 방편을 더 의지해야 한다고 생각하기는커녕 하늘이 내려준 설교의 기회가 우리에게 주어졌다고 말하는 바이다."[9]

그러나 현재 인기를 얻고 있는 시장 지향적 철학은, 성경의 진리를 분명하게 선포하는 것이 시대에 뒤처진 일이라고 말한다. 성경 강해와

---

[8] *Preaching and Preachers*(Grand Rapids: Zondervan, 1971), 35.
[9] Ibid., 42.

신학을 구태의연하고 시대에 맞지 않는 것으로 본다. 이 철학은 현대 교인들은 설교 듣는 것을 용납하지 않는다는 신념에 뿌리박고 있다. 요즘 사람들은 다른 사람은 앞에서 설교하고 자신은 그저 가만히 앉아 있는 것을 허락하지 않는다. 그들은 매스 미디어 지향 문화의 산물이므로, 그들에게는 그들의 방식으로 만족을 줄 교회 체험이 필요하다. '설교는 망했다.' 라는 말이 들린다. 그리고 설교를 포기한 데 따른 논리로 교회가 교인들이 원하는 것을 주어야 한다는 더 그럴싸하고 철학적인 괴변을 늘어놓는다. '교회는 포스트모더니즘의 문화 변동을 따라잡는 데 심각하게 실패했다. 오늘날의 문화에서……사람들은 갈수록 권위자들, 특히 설교자들이 세상이 어떻게 돌아가는가에 대해 훈계적으로 설명하는 것을 혐오한다.'

그러나 바울은, 탁월한 사역자라면 유행이 아닐지라도 말씀을 신실하게 전파해야 한다고 말한다. 바울은 '준비하다' (한글개역성경에는 이 말에 해당하는 말이 없고 준비된 마음을 암시적으로 표현한다 – 역자 주)는 표현을 쓴다. 이 말에 해당하는 헬라어(에피스테미)는 말 그대로 '옆에 선다.' 는 뜻이다. 이 말은 열심이라는 개념을 담고 있다. 종종 이 말은 군인이 임무를 수행할 준비를 갖추고 늘 자기 자리에 서 있는 경계 태세를 의미한다. 바울은 하나님의 말씀이 마음에 불 붙는 것같이 골수에 사무친다고 하는 예레미야처럼 말씀을 전파하고 싶어서 가슴이 터질 것 같은 상태를 말하고 있다. 바울이 디모데에게 요구한 것이 바로 이런 것이었다. 주저하지 말고 언제라도 할 태세를 가지라. 망설이지 말고 담대하라. 멋진 말이 아니라 하나님의 말씀을 전하라.

경책하며 경계하며 권하라

또한 바울은 말씀 선포의 성격에 관하여 디모데에게 교훈한다. 바울은 부정적인 뜻의 두 단어와 긍정적인 뜻의 한 단어를 사용한다. 경책하며 경계하며 권하라(딤후 4:2). 타당한 사역은 모두 긍정적인 면과 부정적인 면이 균형을 이루어야 한다. 경책하고 경계하지 못하는 설교자는 자신의 임무를 다한 것이 아니다.

최근에 한 라디오에서 긍정적 사고를 강조하는 것으로 유명한 한 설교자와 인터뷰하는 것을 들은 적이 있다. 이 설교자는 사람들이 죄책감을 너무 많이 지고 있다는 생각이 들어서 설교에서 죄를 전혀 언급하지 않으려고 애쓴다고 했다. 인터뷰 기자는 어떻게 그런 방침을 정당화할 수 있느냐고 질문했다. 그 목사는 사람들의 죄를 공격하지 않고 사람의 필요를 채워 주는 데 초점을 두기로 일찍부터 결심했노라고 대답했다.

그러나 사람들의 가장 깊은 필요는 죄를 고백하고 극복하는 것이다. 그래서 하나님의 말씀을 통해 죄를 직면하고 바로잡지 못하는 설교는 사람들의 필요를 채워 주지 못한다. 그런 설교가 사람들의 기분을 좋게 할 수는 있을 것이다. 사람들은 그 설교자에게 열정적으로 반응할 수도 있다. 그러나 진정한 필요를 채워 주는 것은 아니다.

경책하며 경계하며 권하는 일은 말씀을 전파하는 것이다. 왜냐하면 성경이 하는 일이 바로 그런 것이기 때문이다. "모든 성경은 하나님의 감동으로 된 것으로 교훈과 책망과 바르게 함과 의로 교육하기에 유익하니"(딤후 3:16). 긍정적 훈계와 부정적 훈계가 조화를 이루고 있는 사실을 주목하라. 책망과 바르게 함은 부정적인 것이며, 교훈과 의로 교육하는 일은 긍정적인 것이다.

하나님의 말씀의 책망은 필수적인 것으로 결코 소홀히 되어서는 안 되지만, 교훈의 긍정적인 부분에도 우리의 에너지의 많은 부분을 투입해야 한다. '권하다'(파라칼레오)는 말은 '격려하다'는 뜻이다. 탁월한 설교자는 죄를 직면한다. 그 다음 회개하는 죄인들에게 의롭게 행동하라고 격려한다. 탁월한 설교자는 '오래 참음과 가르침'(4:2)으로 이 일을 해야 한다. 데살로니가전서 2:11에서 바울은 "아버지가 자기 자녀에게 하듯 권면하고 위로하고 경계하는" 일에 관하여 말한다. 이런 일을 하자면 오래 참음과 많은 가르침이 필요하다. 그러나 탁월한 사역자는 자신의 소명의 이런 측면들을 무시할 수 없다.

어려울 때 타협하지 말라

바울이 젊은 디모데에게 명하는 말에는 절박함이 서려 있다. "때가 이르리니 사람이 바른 교훈을 받지 아니하며 귀가 가려워서 자기의 사욕을 따를 스승을 많이 두고"(딤후 4:3). 이는 디모데후서 3:1("너는 이것을 알라 말세에 고통하는 때가 이르러")과 디모데전서 4:1("그러나 성령이 밝히 말씀하시기를 후일에 어떤 사람들이 믿음에서 떠나 미혹하는 영과 귀신의 가르침을 따르리라")에 나오는 예언을 생각나게 하는 예언이다. 그러므로 이는 다가올 어려운 때에 대하여 디모데에게 세 번째로 예언하는 경고이다. 예언적 경고들의 진전을 주목하라. 첫 번째 경고는 사람들이 믿음에서 떠날 때가 올 것이라고 말했다. 두 번째는 교회에 위험한 때가 다가오고 있다고 경고했다. 이제 세 번째는 교회에 속한 사람들이 건전한 교훈을 받아들이지 않고 대신에 귀를 즐겁게 하고자 하는 때가 올 것이라고 말한다.

이처럼 위험한 때에는 두려움을 모르는 설교가 더욱 필요하다. 사람들이 진리를 용납하지 않으려 하는 바로 그때가 바로 진리를 말할 수 있는 용기 있고 진솔한 설교자가 절실하게 필요한 때다.

왜 사람들이 건전한 가르침을 듣지 않으려 하는가? 그들이 죄를 사랑하기 때문이다. 이미 보았듯이, 건전한 설교는 죄를 지적하고 경계하기에, 죄악된 생활을 좋아하는 사람들은 그런 가르침을 용납하지 않으려 한다. 그들은 귀가 가려워 듣기 좋은 말을 듣고자 한다(3절).

바울은 디모데전서 1장에서도 '바른 교훈'(sound teaching, 난외주에는 건전한 교훈으로 되어 있음 - 역자 주)이라는 표현을 사용한다. 디모데전서 1:9, 10에서 바울은 "불법한 자와 복종하지 아니하는 자와 경건하지 아니한 자와 죄인과 거룩하지 아니한 자와 망령된 자와 아버지를 죽이는 자와 어머니를 죽이는 자와 살인하는 자며 음행하는 자와 남색하는 자와 인신매매를 하는 자와 거짓말하는 자와 거짓 맹세하는 자와 기타 바른 교훈을 거스르는 자"를 언급한다. 거짓말하는 자와 거짓 맹세하는 자와 살인하는 자와 남색하는 자(동성애자)에게 영향을 받는 사회는 결코 바른 교훈을 용납하지 않는다.

바울이 그런 사람들이 편안하게 받아들일 수 있도록 메시지의 내용을 부드럽게 하는 것이 그런 사회와 접촉하는 길이라고 말하지 않는다는 점을 주목하라. 실은 정반대이다. 그처럼 귀가 가려운 것은 고약한 일이다. 바울은 진리를 위하여 기꺼이 고난받고 말씀을 계속 신실하게 전파하라고 간절히 권한다. 이것만이 진리를 용납하지 않으려 하는 사람들이 진리를 접할 수 있는 유일한 길이다. 진리만이 그들의 마음을 부드럽게 만들 수 있기 때문이다.

이 구절이 제기하는 한 가지 해석의 문제는 3절에 나오는 '사람' (they)이라는 말에 달려 있다. 이 낱말은 누구를 가리키는가? 세상 사람인가? 아니면 교회인가? 분명 이 말은 세상 사람들을 포함한다. 거듭나지 못한 사람들은 바른 교훈을 좀체 용납하지 않으려 한다. 그러나 여기서 바울은 디모데가 전하는 말씀을 듣는 사람에 대하여 말하고 있다. 이 말은 교인들을 가리키는 것으로 보인다. 이는 신앙을 고백하는 에베소 그리스도인이 바른 교훈을 용납하지 않는 때가 올 것임을 넌지시 나타낸다.

오늘날 우리 사회의 교회 상태가 정확히 그렇지 않은가? 사실상 이는 마케팅 전문가가 교회 지도자에게 지적해 주는 바로 그것이다. 그들의 철학을 떠받치는 모든 기초는, 사람들이 선포되는 진리를 듣지 않으려 한다는 것이다. 그들은 즐기기를 바란다. 마케팅 계획은 사람들에게 그들이 원하는 것을 주라고 말한다. 성경은 그렇게 말하지 않는다.

아마 세계의 복음주의 교회 중에 바른 교리를 소화할 수 없는 교회가 수천 군데는 될 것이다. 그 교회들은 자신들의 교리적 오류를 논박하고 자신들의 죄를 지적하고 죄를 각성하게 하고 진리에 순종하라고 하는 강력한 성경적 가르침을 2주도 용납하지 못할 것이다. 그들은 건강한 가르침을 듣기 원하지 않는다. 왜 그런가? 교회에 다니는 사람들이 죄악된 생활을 포기하지 않은 채 하나님을 모시기를 원하며, 그런 상태에 대해 하나님의 말씀이 지적하는 바를 일러줄 때 참지 않기 때문이다.

그들이 듣기 원하는 것은 무엇인가? "사람이……귀가 가려워서 자기의 사욕을 따를 스승을 많이 두고" (딤후 4:3). 아이러니컬하게 그들은 스승을 찾는다. 사실상 그들은 그런 스승을 많이 둔다. 그러나 건전한 스승이 아니다. 그들은 듣고 싶은 말을 해주는 스승을 택한다. 그들은 귀를 긁어서 즐겁게 하고 욕망을 채워 주기를 원한다. 그들은 자신들에 대해 좋게 평가해 주는 것을 원한다. 기분을 상하게 하는 설교자는 거부한다. 그들은 만족을 모르는 자신들의 이기적인 욕구를 채워 주는 선생을 많이 모신다. 그리고 그들에게 가장 필요한 메시지를 전달하는 설교자의 설교는 가장 듣기 싫어한다.

불행하게도 귀를 긁어주는 메시지를 전하는 설교자는 도처에 넘쳐난다. "흔들리는 믿음과 회의와 신앙 문제에 대하여 그저 호기심이 가득한 사변의 시대에, 온갖 스승들이 애굽의 파리떼처럼 날아든다. 수요는 공급을 낳는 법이다. 청중들은 자신들의 입맛에 맞는 설교자를 초청하고 만든다. 만일 사람들이 송아지를 경배하고자 한다면, 경배용 송아지를 만드는 사람을 쉽게 얻을 수 있다."[10]

이처럼 귀를 긁어주는 설교를 바라는 욕구는 무서운 결과를 낳는다. 디모데후서 4:4은, 이 사람들이 결국 "그 귀를 진리에서 돌이켜 허탄한 이야기를 따르리라"고 말한다. 그들은 진리를 듣지 않으려 하는 자신의 태도의 희생자가 된다. '그들이 돌이킬 것이다.' 라는 표현은 능동태로 되어 있다. 사람들은 자의로 이런 행동을 택한다. '돌이켜 허탄한 이야기를 따르리라.' 는 말은 수동태로 되어 있다. 이 말은 그들에게 어떤 일이 일어나는지를 서술한다. 그들은 진리에서 돌아선 후에 속임의 희생물이 된다. 그들은 진리에서 돌아서자마자, 사탄의 전당물이 된다.

이 일이 오늘날 교회에서 광범위하게 일어나고 있다. 복음주의는 지

---

10) Marvin R. Vincent, *Word Studies in the New Testament*, 4 vols. (New York: Scribner's, 1900), 4:321.

적하는 설교를 용인하지 않는다. 이제 교회는 수문을 열어 심각한 교리적 오류가 흘러들어오게 하고 있다. 그리스도인들은 예언과 꿈이라는 형태로 성경 외의 계시를 미친 듯이 추구한다. 설교자들은 지옥이 실제로 있다는 사실을 부인하거나 무시한다. 현대의 복음은 거룩함과 관계없는 천국을 약속한다. 교회는 여성의 역할과 동성연애와 그 밖의 정치적인 문제에 관한 성경의 가르침을 무시한다. 인간이 만든 방법이 하나님의 메시지를 이긴다. 그 결과는 엄청난 규모의 교리적 타협으로 나타난다. 스펄전이 말했던 것처럼 교회가 회개하여 오르막길을 다시 접어들지 않으면, 이 오류들과 같은 것들이 유행병처럼 번질 것이다.

다시 디모데후서 4:3의 핵심 어구 '귀가 가려워서'를 살펴보자. 왜 그들은 바른 교훈을 용납하지 않으려 하는가? 왜 그들은 스승을 많이 두는가? 왜 그들은 진리에서 돌이키는가? 그들 마음 깊은 곳에서 가려운 귀를 긁어주기를 원하기 때문이다. 그들은 지적당하는 것을 원하지 않는다. 죄를 지적받는 것을 원치 않는다. 즐겁게 해주기를 바란다. 감흥을 일으키는 설교를 원한다. 즐거운 기분을 원한다. 그들은 일화와 유머와 심리학과 동기부여 강의와 적극적 사고와 자기칭찬과 자아를 어루만져 주는 설교와 즐거운 잡담으로 귀를 즐겁게 해주기를 바란다. 성경적인 경책과 경계와 권고는 용납할 수 없다.

그러나 하나님의 진리는 우리의 귀를 즐겁게 하지 않는다. 오히려 귀를 친다. 하나님의 진리는 먼저 경책하고 경계하며 죄를 깨닫게 한다. 그런 다음에 권고하고 격려한다. 말씀을 전파하는 사람은 주의하여 이 균형을 유지해야 한다.

요한복음 6장은 예수님이 특별히 부담스러운 메시지를 전하신 후의 반응을 이렇게 말한다. "그때부터 그의 제자 중에서 많은 사람이 떠나가고 다시 그와 함께 다니지 아니하더라"(66절). 무리가 떠난 다음, 예수님은 제자들을 돌아보며 이렇게 물으셨다. "너희도 가려느냐"(67절). 베드로가 열두 제자를 대표하여 드린 대답은 의미심장하다. "주여 영생의 말씀이 주께 있사오니 우리가 누구에게로 가오리이까"(68절). 올바른 대답이었다. 이 대답은 참된 제자와 이득을 노리고 따라다니는 자의 차이를 보여주었다. 예수님은 이렇게 말씀하셨다. "너희가 내 말에 거하면 참으로 내 제자가 되고"(요 8:31). 유쾌해지고 만족 얻기를 구하는 사람들과 호기심을 찾는 사람들과 그저 무리를 따라다니는 사람들은 결코 참된 제자가 아니다. 말씀을 사랑하는 자가 참으로 그리스도를 따르는 자다. 그들은 귀를 긁어주는 설교자를 원하지 않는다.

모든 일에 신중하라

탁월한 사역자는 깊이 생각하며 신중한 태도를 가져야 한다. "모든 일에 신중하여"(5절)라는 말은 단순히 술 취하는 것을 금하는 경고가 아니다. 또 바울은 디모데에게 우울하고 즐거움이 없고 어둡고 시무룩해야 한다고 말하지 않는다. 신중이라는 말은 자신을 통제하고 한결같으며 주의 깊다는 뜻이다. 이것은 정신이 깨어 있고 자신의 능력을 통제하는 상태를 말한다.

탁월한 사역자는, 최고의 기록을 내기 위하여 자신의 모든 정열과 욕망과 관심을 완전히 통제하는 운동선수처럼 견고한 사람, 흔들리지 않는 사람이다. 이를 소극적으로 표현하면, 설교자는 별나지 않고 유행을 따르지 않고 일시적인 기분을 좇지 않아야 한다. 사역자는 변하는 세상과 흔들리는 교회 가운데서 그리고 흔들리고 휘청거리는 사회 속에서, 좀더 든든히 뿌리를 내리고 견고하고 흔들리지 않고 바위처럼 굳건해야 한다. 우리는 압박을 받아도 타협하면 안 된다. 교회에는 군중의 물결에 따라 출렁대는, 변덕스럽고 유행을 따르는 설교자가 충분히 많이 있다. 지금 가장 필요한 것은 불안정한 세상에서 전혀 흔들리지 않고 자신의 우선순위를 아는 영적인 사람이다. 우리에게는 속임수와 거짓된 가르침과 비정통적인 생각이 전혀 없는 사역자가 필요하다. 하나님의 온전하신 뜻을 담대하게 선포할 설교자가 필요하다. 강단으로부터 말씀 대신 맥빠지고 지루한 사상을 듣는 일이 하나님을 얼마나 피곤하게 하겠는가! 숭고한 설교자는 균형 잡히고 변함없고 견고하다. 그는 귀를 긁어달라는 사람들의 외침에 꿈쩍하지 않는다.

고난을 받으라

분명 탁월한 사역자는 세상의 칭찬을 열망하는 사람일 리 없다. 세상의 안락을 좋아하는 사람일 리도 없다. 사역의 삶은 한가로운 삶이 아니다. 디모데는 역경을 기꺼이 견뎌야 한다(5절). 기꺼이 고난을 받으려 하지 않는다면, 하나님이 바라시는 사역을 할 수 없다.

어떤 사역이든지 고통이 따른다. 사역하려는 젊은이들이 문제가 없는 교회, 도전이 없는 사역, 삶을 편안하게 해줄 회중을 찾는 것을 종종 본다. 말씀을 신실하게 선포하는 사람에게는 그런 곳이 없다. 효과적이면서 고통이 없는 사역이 있을 수 있다는 개념은 거짓말이다. 순수한 말씀을 전파하면 고난을 받게 된다. 그리고 역경이 닥칠 때 두 가지 중 하나를 선택해야 한다. 참고 흔들리지 않거나 타협하는 것이다. 신실한 사역자는 진리를 사수한다. 진리를 지키면서 고난을 피할 수는 없다. "무릇 그리스도 예수 안에서 경건하게 살고자 하는 자는 박해를 받으리라" (딤후 3:12). 이와 같이 신실함과 고난은 함께 한다.

이는 바울이 디모데에게 보낸 편지에서 반복되는 주제이다. 디모데후서 2:1, 3에서 이렇게 썼다. "내 아들아 그러므로 너는 그리스도 예수 안에 있는 은혜 가운데서 강하고……너는 그리스도 예수의 좋은 병사로 나와 함께 고난을 받으라." 이제 바울은 고난도 다른 것들과 마찬가지로 신실한 사역자의 의무 중 일부라고 상기시킨다.

디모데는 바울의 충고를 따랐을까? 분명 그의 충고를 따랐다. 조금 명확하지 않지만 히브리서 13:23은 이렇게 말한다. "우리 형제 디모데가 놓인 것을 너희가 알라 그가 속히 오면 내가 그와 함께 가서 너희를 보리라." 히브리서 기자는 분명히 디모데를 잘 알고 사랑했다. 그는 디모데가 '놓였다'고 말한다. 무엇에서 놓였는가? 여기에 쓰인 헬라어는, 디모데가 감옥에서 놓인 것을 암시한다. 우리는, 고난이 찾아왔을 때 디모데는 그것을 받았다고 추측할 수 있다. 타협하지 않았다. 신실함을 지키는 것이 투옥되는 것을 의미할지라도 그는 신실함을 지켰다. 그는 값싼 탈출구를 찾으려 하지 않았다.

전도자의 일을 하라

언뜻 보기에 '전도자의 일을 하라.'는 명령은 갑작스러운 방향 전환인 것 같다. 그러나 그렇지 않다. 바울은 디모데에게 자기 양무리의 편안한 상태에 만족하지 말고 불신자에게 말씀을 담대하게 선포하라고 권했다. 바울은 디모데의 임무가 전도자라고 말하는 것이 아니라 목회자의 의무 가운데 일부가 불신자에게 복음을 전하는 것이라고 말하는 것이다.

또 바울은 디모데에게 담대하게 진리를 선포하라고 명령했다. 디모데는 양 무리의 편안한 상태에 안착하고자 하는 유혹을 받았을 수 있다. 바울은 그러지 말고 전선에 나서서 사역을 펼치라고 한다. 바울은 디모데가 용기 있게 세상과 맞닥뜨리며 십자가에 달리신 그리스도를 전파하기 바랐다. 죄와 의와 심판과 하나님의 법을 선포하기를 바랐다. 인간의 존엄이 아니라 인간의 부패를 선언하기 바랐다. 그리스도의 재림을 알리고 영원한 심판에 대하여 경고하기를 바랐다. 십자가와 부활과 속죄와 은혜와 믿음을 크게 드러내기를 바랐다. 불신자를 향하여 엄중하고 설득력을 갖추라고 했다.

네 직무를 다하라

바울이 디모데에게 주는 짧은 명령은 "네 직무를 다하라"(5절)는 마지막 명령으로 끝난다. '다하다' 라는 말은 성취한다, 완전히 채운다, 모두 행한다는 뜻이다. 바울은 "반마음으로 하나님을 섬기지 말고 힘을 다하여 섬기라."는 뜻으로 말했을 것이다. 삶의 마지막에 이르러 바울은 이렇게 말할 수 있었다. "전제와 같이 내가 벌써 부어지고 나의 떠날 시각이 가까웠도다 나는 선한 싸움을 싸우고 나의 달려갈 길을 마치고 믿음을 지켰으니 이제 후로는 나를 위하여 의의 면류관이 예비되었으므로 주 곧 의로우신 재판장이 그 날에 내게 주실 것이며 내게만 아니라 주의 나타나심을 사모하는 모든 자에게도니라"(4:6-8). 바울은 디모데가 언젠가 그런 상태에 이르기를 바랐다.

바울이 디모데에게 한 이 명령이 모든 그리스도인에게 해당되는 것임을 기억하라. 우리는 어떤 영역에서 봉사하든지 모두 사역자가 되어야 한다. 자녀를 기르는 어머니든지 큰 교회의 목회자든지 상관없이, 이 원리가 적용된다. 타협의 여지가 없다. 겁먹을 틈이 없다. 지체할 시간이 없다. 두려워할 필요가 없다. 주께 대한 봉사를 다하라. 다 이루라. 사역을 바르게 할 때에만 이 일이 가능하다.

믿음을 굳게 잡음

내리닥길 논쟁이 절정에 이르렀을 때, 스펄전은 침례교 연맹으로부터 징계를 받았고 2주 후에, '믿음을 굳게 잡음'이라는 제목의 메시지를 전했다. 그 설교에서 스펄전은 이렇게 말했다.

우리는 우리의 색을 결코 숨겨서는 안 됩니다. 우리 대장께서 원하실 때, 즉 앞으로 달려나가 싸워야 할 때가 있습니다. 결코 부끄러워하거나 두려워하지 맙시다. 우리 주 예수님은, 그 분을 믿는 믿음을 지키기 위해 우리를 자원하는 제물로 드리기에 합당한 분입니다. 안락과 명성과 생명까지도 예수님의 이름과 그 분을 믿는 믿음을 위해 드려져야 합니다. 만일 격렬하게 싸워야 할 때 승리를 위하여 우리의 명성과 생명을 걸어야 한다면, 이렇게 말합시다. "이 전쟁에서 우리 가운데 더러는 쓰러질 것이다. 내가 쓰러진들 무슨 상관인가? 나는 내 주인의 편이 되어 운명을 함께 하며 그 분을 위하여 비난을 당하리라." 용감한 군인만이 우리의 위대한 주님께 합당한 사람입니다. 슬그머니 꽁무니를 빼는 사람은 편안할지는 모르지만 하나님 나라에는 합당치 못합니다.

형제들이여, 우리는 그리스도를 위하여 조롱을 기꺼이 참아야 합니다. '교양 있는 사람들'도 우리에게 퍼붓기 일쑤인 악의적인 조롱을 기꺼이 참아야 합니다. 예수님을 위하여 바보 취급도 기꺼이 받아야 합니다. 저는 사랑하는 주님과 주인을 위하여 수만 번이라도 기꺼이 바보가 되려 합니다. 그리고 내 마음에 쓰인 그 위대한 진리를 위하여 매순간 욕을 당하고 온갖 모욕을 당하며 모든 명예를 잃어버리고 내 마음에 쓰여 있는 위대한 옛 진리를 위해 순간순간 발가벗겨지고 온갖 비난을 받는 것을 최고의 명예로 여길 것입니다.

내가 부서져 가루가 되고 내 세포 하나하나가 모두 변화되기 전에는 내 믿음을 버리지 않을 것입니다.[11]

스펄전은 이렇게 끝을 맺었다.

모든 사람이 루터를 칭찬합니다. 물론 그래야죠. 그러나 여러분은 오늘날 그 누구도 그와 같은 일을 하기를 원하지 않습니다. 모두가 동물원에 있는 곰을 좋아합니다. 그러나 곰이 집에 들어오거나 거리를 나다니면 어떻게 하시겠습니까? 그런 일은 용납할 수 없다고 여러분은 말합니다.

---

11) "Holding Fast the Faith," 78, 83.

의심할 나위 없이 여러분의 말은 옳습니다.

이처럼 우리는 믿음에 굳건히 섰던 한 사람을 칭찬합니다. 400년 전 일입니다. 그 과거는 그에게 금을 잡는 함정이나 철로 된 우리와 같습니다. 오늘날 그런 사람은 귀찮은 존재, 말려야 할 사람입니다. 그를 속 좁고 완고한 사람이라고 하거나 그보다 더 나쁜 이름으로 부릅니다. 하지만 지난 그 시절에 루터와 츠빙글리와 칼빈과 그 동료들이 이렇게 말했다고 해보십시오. "세상은 열망이다. 그러나 우리가 세상을 바로잡으려 하면, 시끄러운 말다툼만 일으킬 것이며 수치스럽게 될 것이다. 우리의 방으로 들어가서 안대를 하고 어지러운 시기 동안 잠을 자자. 아마 우리가 깰 즈음이면 세상은 더 나아졌을 것이다."

그들이 이렇게 행동했다면 우리에게 오류의 유산을 남겼을 것입니다. 시대가 지날수록 지옥 같은 심연 속으로 빠져들고 해로운 오류의 수렁이 모두를 삼켰을 것입니다. 이 사람들은 예수를 믿는 믿음과 그 분의 이름을 사랑했기에 그 믿음과 이름이 짓밟히는 것을 차마 볼 수 없었습니다. 우리가 그들에게 지고 있는 빚을 생각하십시오. 그리고 우리가 선조에게 진 빚을 우리 자손들에게 갚읍시다.

오늘날은 종교개혁자의 시대와 다름이 없습니다. 결단이 필요합니다. 지금은 그런 사람들이 필요한 시대입니다. 이 시대에 필요한 사람은 어디 있습니까? 우리는 순교자들이 친히 전해 준 복음을 받았습니다. 이 복음을 소홀히 여기지 맙시다. 배신자가 복음을 부정하는 소리를 가만히 앉아 듣고만 있지 맙시다. 그들은 복음을 사랑하는 체하지만 속으로는 복음을 구구절절이 혐오합니다. 제가 주장하는 복음에는 선조들의 핏자국이 있습니다. 제가 그 믿음을 부인할 수 있겠습니까? 그들은 믿음을 위하여 그들의 고국을 떠나 이곳에서 나그네로 살았습니다. 감옥의 빗장을 통하여 우리에게 전해지고, 스미스필드(Smithfield: 런던 북쪽에 있는 곳으로 공개처형장이 있었던 곳)의 불길에 그슬린 채 우리에게 내려온 보화를 우리가 내동댕이쳐서야 되겠습니까?

개인적인 일을 말씀드리면, 류머티즘으로 뼈가 무척 아팠을 때 잡 스펄전(Job Spurgeon)이 생각났습니다. 틀림없이 그는 우리 가문 사람으로 첼름스퍼드 감옥에서 류머티즘으로 인한 고통 때문에 누울 수가 없어서 의자를 사용했습니다. 그 퀘이커 교도의 넓은 모자가 제 이마를 덮습니다. 아마 저는 그의 류머티즘을 이어받은 모양입니다. 그러나 그의 완고한 믿음을 가졌다고 해서 후회하지 않습니다. 그 믿음 때문에 저는 하나님의 진리를 한마디도 양보하지 않을 것이기 때문입니다.

다른 사람들이 믿음을 위하여 어떻게 고난을 당했는지 생각할 때, 사소한 경멸이나 불친절 따위는 하찮아 보이며 언급할 가치도 없습니다. 믿음을 사랑하는 조상들을 두었다는 사실 때문에 우리는 선조들의 주 하나님과 그들이 간직하고 살았던 믿음을 따르지 않으면 안 된다는 중대한 대의명분을 갖고 있음에 틀림없습니다. 저는 옛 복음을 붙잡을 수밖에 없습니다. 다른 길이 없습니다. 하나님이 저를 지켜주시므로, 저는 사람들이 저를 완고하다고 생각하고 행하는 (나쁜) 일들을 참아낼 것입니다.

자 여러분, 장차 올 시대들이 있습니다. 주님이 빨리 오시지 않으면 또 한 세대가 오고 또 한 세대가 올 것입니다. 그리고 오늘날 우리가 하나님과 그 분의 진리에 신실하지 않으면 이 모든 세대는 더러워지고 해를 입을 것입니다. 우리는 전환점에 이르렀습니다. 만일 우리가 오른편으로 돌면, 우리 자녀들과 우리 자녀들의 자녀들은 그 길로 갈 것입니다. 그러나 우리가 왼편으로 돌면, 아직 태어나지 않은 세대들은 우리가 하나님과 그 분의 말씀에 신실하지 못했다고 우리 이름에 저주를 퍼부을 것입니다. 여러분의 조상뿐만 아니라 여러분의 후손 때문에도 주님의 칭찬을 받기 위해 노력할 것을 간청합니다. 비록 사탄의 자리가 있는 곳에 살지라도 주의 이름을 굳게 붙잡고 주를 믿는 믿음을 부인하지 맙시다. 하나님, 우리 주위의 영혼들을 위하여 우리에게 신실함을 주옵소서. 교회가 주님께 신실하지 못하면 세상이 어떻게 구원을 얻을 수 있겠습니까? 우리의 받침대가 없어지면 어떻게 많은 사람을 들어올릴 수 있겠습니까? 우리의 복음이 확실하지 않다면, 비참함과 절망이 심해질 뿐 뭐가 남겠습니까? 사랑하는 여러분, 하나님의 이름으로 굳게 서십시오. 그리스도 안에 있는 여러분의 형제인 저는 여러분이 진리에 거하기를 간절히 부탁합니다. 대장부답게 행동하십시오. 강하십시오. 하나님께서 예수님 때문에 여러분을 붙들어 주십니다. 아멘.[12]

스펄전은 자신이 할 일을 했다. 스펄전은 다음 세대에 그 바통을 넘겨주었고, 그 세대는 그 다음 세대에 그 바통을 넘겨주었다. 그들은 믿음을 지키고 달려갈 길을 마쳤다. 이제 우리 차례다. 우리는 믿음을 지키려 하는가? 우리는 우리의 사역을 이루려 하는가? 우리는 신실하기 위해 기꺼이 고난을 받으려 하는가? 우리는 부끄러워하지 않고 말씀을 전파하는 성경적 사역에 헌신할 것인가?

교회가 세속적 태도와 타협의 내리막길로 속도를 내고 있는 동안, 주

---

12) Ibid., 83-84.

님과 주님의 교회를 사랑하는 우리는 앉아있기만 해서는 안 된다. 앞서 간 사람들은 우리에게 온전한 믿음을 전해 주기 위해 피를 흘렸다. 이제 우리 차례다. 그것은 타협이 아니라 용기를 요구하는 일이다. 그리고 그것은 흔들리지 않는 헌신을 요구하는 임무이다.

앞서 인용했던 설교에서 스펄전은 이런 조언을 했다.

> 친애하는 친구들이여, 이 이름, 이 믿음, 이것들이 우리의 메시지입니다. 여기 이 땅에서 우리가 할 일은 "어린양을 보라."고 소리치는 것뿐입니다. 다른 메시지를 전하라고 하나님으로부터 보냄받은 이가 있습니까? 있을 수 없습니다. 하나님이 자기 백성에게 선포하라고 주신 메시지는 어린양을 통하여 얻는 구원, 즉 예수의 피로 얻는 구원뿐입니다. 예수님에 대하여 말하는 것이 우리의 일입니다. 우리는 하나님이 예수 그리스도 안에서 우리에게 주신 계시에 들어 있지 않은 것은 말하지 않습니다. 우리의 위로이신 그 분이 우리의 유일한 주제입니다.[13]

이는 바울이 디모데에게 일러준 '말씀을 전파하라.'는 말을 되울린다. 이것 말고 말해야 할 가치가 있는 것은 없다. 다른 메시지는 없다. 달리 정당한 사역은 없다. 교회가 다시 이 진리를 회복하고 일편단심으로 우리의 소명에 헌신하기 전에는, 복음주의는 사정없이 내리막길로 계속 밀려 내려갈 것이다.

---

13) Ibid., 81.

2.
이용자에게 친절한 교회?

> 어떤 사역자와 교회 직원 집회에서, 이구동성으로 기도 모임의 가치에 대해 회의적인 말을 했다. 모두가 고백하는 말이 기도 모임에는 참석하는 사람이 얼마 되지 않는다고 했고, 서너 사람은 기도 모임을 아예 그만두었다고 거리낌없이 시인했다. 이는 무슨 뜻인가? 매주 기도회를 겨우 한 번 갖되 그것도 흉내만 낸다면 교회가 올바른 상태에 있다 하겠는가?
>
> 찰스 스펄전[1]

교회는 오늘날 프로테스탄트 종교개혁 이래 유례없는 예배형식 혁명을 겪고 있다. 사역은 마케팅 철학과 영합하여 그에 걸맞는 결과를 낳았다. 이것은 교회에 대한 세상의 인식을 바꾸기 위한 의식적인 노력이다. 교회 사역은 불신자에게 호소력을 갖기 위해 완전히 바뀌었다.

이제 전문가들은, 성공하기 원하는 목회자와 교회 지도자는 이 새로운 방향으로 온 힘을 쏟아야 한다고 말한다. 불신자들에게 즐겁고 기분

---

1) "Another Word Concerning the Down-Grade," *The Sword and the Trowel*(August 1887), 397–98.

상하게 하지 않는 상황을 제공하라. 그들에게 자유와 관용과 익명성을 주라. 언제나 긍정적이고 친절하라. 꼭 설교를 해야 한다면 짧고 재미있게 하라. 훈계적이거나 권위적이지 말라. 무엇보다도 늘 모든 사람이 즐거워하게 하라. 이 모범을 따르는 교회는 분명 수적 성장을 할 것이다. 이를 무시하는 교회는 쇠퇴하고 말 것이다.

지금 시도되고 있는 이 혁신들은 의외적이며 심지어 급진적이다. 예컨대, 오늘날 어떤 교회는 주일 아침이 아니라 금요일이나 토요일 오후에 대예배를 드린다. 이런 예배에는 종종 음악과 오락이 큰 비중을 차지하며, 극장이나 사교 모임을 대신하는 기회를 사람들에게 제공한다. 이제 교인들은 일찌감치 '교회를 파하고' 남은 주말을 원하는 대로 사용할 수 있다. 토요일에 예배 드리는 어떤 사람은, 왜 이런 대안적 예배가 중요한지를 다음과 같이 설명했다. "오전 9시에 주일 학교에 가고 11시에 예배를 드려서 오후 1시에 파하면, 일요일이 다 날아가버린 셈이죠."[2]

출석수로 판단해 보면, 많은 교인이 교회에서 주일을 보내는 것을 하루를 날리는 것과 진배없다고 느낀다. 몇몇 교회에서 평일에 대신 드리는 예배에는 전통적인 일요일 예배보다 훨씬 많은 사람이 참석한다.

그것으로 끝나지 않는다. 이런 예배에서는 많은 경우 설교가 없다. 대신에 음악과 풍자극과 멀티미디어와 기타 커뮤니케이션 수단을 통해 메시지를 전달한다. "이들은 텔레비전을 보고 자라난 세대다. 그들에게는 창의적이고 시각적인 방식으로 종교를 제시해야 한다."고 한 목사가 『타임』(Time) 지에서 말했다. 어떤 교회들은 그 철학을 한걸음 더 실천하

---

[2] John Dart, "Protestant Churches Join the Fold, Fill Pews with Saturday Services," *Los Angeles Times*(September 15, 1991), B3에서 인용함.

여 주일 아침에도 설교를 없앤다.

음악과 풍자극도 불신자를 편하게 하기 위해 주의하여 선택한다. 로큰롤, 디스코 멜로디, 헤비메탈, 랩, 댄스, 코미디, 마임, 무대 마술 등 거의 모든 것이 적합하지 않다고 할 것이 없다. 최근 들어서는 노골적인 성교육도 복음전도의 레퍼토리를 이룬다. 사실상 오늘날 교회에서 적합하지 않다고 판단받는 몇 가지 가운데 하나가 분명하고 강력한 설교이다.

요는 교회를 '이용자에게 친절하게' (user-friendly) 만들라는 것이다. 이 말은 컴퓨터 산업에서 빌려온 것이다. 처음에 이 말은 초보자가 작동하기 쉬운 소프트웨어와 하드웨어를 설명하는 데 사용되었다. 이 말이 교회에 적용되면서, 친절하고 아무 부담을 주지 않는 사역을 뜻하는 것이 되었다. 실제로 이 말은 그리스도인이 아닌 '구도자'나 '교회 다니지 않는 사람'의 육적인 관심에 호소함으로써 그들에게 매력을 주려고 교회에 세상 오락을 끌어들이는 구실이 되었다. 이처럼 교회에 다니지 않는 사람들에게 마음을 쏟은 결과, 참된 교회에 속하는 사람들에게 상대적으로 관심을 두지 않게 되었고, 신자들의 영적 필요를 소홀히 함으로 몸된 교회에 해를 끼치게 되었다.

강대상을 친다?

설교를 완전히 버린 것은 아니다. 이용자에게 친절한 교회 가운데 더러는 구두 메시지가 핵심을 이루는 예배를 일주에 적어도 한 번은 드린다(대체로 주중에 드린다). 그러나 그런 집회에서도 성경적인 형식이 아니라 심리학적이고 동기 부여적인 형식을 택하는 경우가 많다. 무엇보다도 강조점은 '이용자에게 친절'이다. 최근에 나는 이용자에게 친절이라는 현상에 관한 신문과 잡지 기사들을 읽었는데, 공통점이 드러나기 시작했다. 다음은 이용자에게 친절한 교회의 설교를 묘사하는 기사에서 인용한 것이다.

- 여기에는 불과 유황이 없다. 열광적인 전도도 없고, 다만 실제적이고 재미있는 메시지가 있을 따름이다.
- 기사에서 특집으로 다룬 교회의 예배는 격식이 없다는 느낌을 준다. 지옥으로 사람을 위협하고 사람을 죄인이라고 하는 말은 들리지 않는다. 목적은 사람들이 환영받는다는 느낌을 갖게 하는 것이지 내쫓는 것이 아니다.
- 다른 모든 성직자와 마찬가지로 이 목사의 대답도 하나님이다. 하지만 하나님을 마지막에 슬쩍 끼워 넣는다. 그것도 부담스럽지 않게 한다. 고함치는 일도 없고 호통도 없다. 불도 없고 유황도 없다. 하나님 '하' 자(字)도 사용하지 않는다. 이름하여 빛의 복음(Light Gospel)이다. 이 복음은 구약 시대의 종교와 같은 구원을 갖고 있지만, 죄책감은 1/3로 줄었다.
- 설교는 현실에 맞고 낙관적이며, 무엇보다도 짧은 것이 특징이다. 죄와 정죄와 지옥 불에 관한 설교는 그다지 많지 않다. 이곳의 설교는 설교같이 들리지 않는다. 세련되고 도시풍이 나고 우호적인 이야기이다. 설교에 대한 모든 고정관념을 무너뜨린다.
- 이 목사는 매우 즐거운 메시지를 전하고 있다. 구원주의자의 메시지다. 그러나 지옥 불에서 구원받는 것이 아니다. 오히려 이 세상 삶의 무의미와 무목적에서 구원받는 것이다. 조용한 설득에 의한 판매방

식이다.
- 이 목사는 요컨대 그 개념을, 사람을 정문으로 들어오게 한 다음 영원히 지옥에서 불타는 일에 관하여 고함을 치고 땀을 흘리며 넥타이를 풀어헤친 채 열광적으로 전도하는 설교자에 대한 고정 관념을 깨뜨리는 것이라고 말한다.

그러므로 이 새로운 규칙은 다음과 같이 요약할 수 있다. 영리하고 격식 없고 긍정적이고 간단하고 친절하라. 넥타이를 느슨하게 하지 말라. 땀 흘리는 모습을 결코 보이지 말라. 그리고 결단코 하나님의 '하' 자도 꺼내지 말라. (어쩌면 최근 들어 '문화'와 소통하기 위한 방법으로 설교에 약간의 신성모독적 요소를 가미하는 젊은 설교자들이 '하' 자가 들어가는 말을 사용하기 시작했다는 점을 지적해야 할 것이다.)

앞에서 인용한 글들은 이용자에게 친절한 교회들이 자신의 사역을 표현한 것이 아니라 외부 관찰자들이 말한 것이다. 이런 교회 가운데 대다수는 복음 교리 가운데 어떤 부분도 가볍게 말하거나 부인하지 않는다고 펄펄뛰며 부인할 것이다. 사실 조지 바나(George Barna)의 베스트셀러인 『이용자에게 친절한 교회』(User Friendly Churches)는 두 차례나 이런 반론을 싣고 있다. "이 책에서 설명된 성공적인 교회들 가운데 어느 교회도 이 세대와 친하게 되려고 교회의 복음이나 역사적 신앙을 타협할 만큼 이용자에게 친절하게 되려 하지 않는다."[3]

그러나 성경의 진리가 설교에서 각주로 전락할 때는 사실상 성경의

---

3) (Ventura, Calif.: Regal, 1991), 1, 15-16.

진리를 타협한 것이다. 세상과 친구가 되기 위해 부담스러운 진리를 피하고, 건전한 가르침 대신에 김빠지는 오락을 택하고 성경의 어려운 진리를 언급하지 않으려고 언어의 유희를 한다면, 역사적 신앙을 버린 것이다. 구도자를 편안하게 만들려는 의도라면, 죄와 심판과 지옥을 비롯한 몇 가지 중요한 주제에 대한 성경의 가르침과 상충되지 않는가? 그러면 성경의 메시지는 그런 사역 철학에 의하여 왜곡될 수밖에 없다. 그리고 성경의 메시지를 받아 먹어야 하는 신자들은 어떻게 할 것인가?

내가 하는 말은 설교자가 마땅히 땀을 흘리며 단정치 못하게 소리를 지르고 호통을 치며 강대상을 치고 성경을 쳐야 한다는 것이 아님을 이해해 주기 바란다. 그러나 오늘날 그런 설교자는 별로 없다는 것을 직시하자. 열광적으로 전도하는 사람의 이미지는, 진리를 솔직하게 선포하는 것이 '교회에 다니지 않는 사람들'을 편안하게 만드는 것보다 더 중요하다고 믿는 사람들을 공격하기 위해 종종 사용하는 손쉬운 고정관념이다.

오늘날 강단의 약점은 지옥에 대하여 열변을 토하는 광적인 괴짜가 원인이 아니다. 그것은 확신을 가지고 하나님의 말씀을 강력하게 말하기를 두려워하고 타협하는 사람들에게서 생긴 결과이다. 교회는 올곧은 설교자가 많아서가 아니라 사람을 즐겁게 하려는 사람이 너무 많아서 고난을 겪고 있는 것이다(참고 갈 1:10).

고객은 왕

시장 지향적이고 이용자에게 친절한 교회의 핵심에는 사

람들에게 그들이 원하는 것을 준다는 목적이 있다. 이 철학을 옹호하는 사람들은 이에 대해 솔직하다. 1장에서 나는 고객 만족이 새 철학의 공언된 목적이라고 지적했다. 시장 지향적 사역에 관한 한 중요한 자료는 이렇게 말한다. "사람들의 느끼는 필요에 대한 솔루션(해답)으로 우리의 상품(관계)을 제공하는 것, 이것이 바로 교회 마케팅이다."[4]

이처럼 '느끼는 필요'가 현대 교회의 마케팅 계획을 위한 로드맵을 결정한다. 사람들이 원하지 않는 것을 사도록 설득하려 하지 말고 이미 가지고 있는 욕구를 만족시켜라. 이것이 마케팅의 기본 원리이다.

그러므로 사람들의 느끼는 필요를 정확하게 파악하는 것이 현대 교회성장 이론의 열쇠 가운데 하나다. 교회 지도자는 잠재적 '고객'을 대상으로 여론조사를 하여 그들이 교회에 바라는 것을 알아내고 그 다음에 그것을 주라는 충고를 받는다. 인구 통계 정보, 지역 사회 조사, 호별 방문 여론 조사, 교인 설문 조사 등이 새로운 방법이다. 그런 자료들에서 끌어낸 정보는 효과적인 마케팅 계획을 수립하는 데 필수적인 것으로 간주된다. 오늘날 사역자들은, 이것 없이는 사람들에게 효과적으로 다가갈 수 없다는 말을 듣는다.

그중 가장 나쁜 것은, 성경에서 일관성 있게 강조하는 인간의 문제, 즉 느끼지 못하는 진정한 필요보다는 느끼는 필요를 더 심각하게 여기는 것이다. '느끼는 필요'에는 고독, 실패에 대한 두려움, 무력감, 내면적 속박, 초라한 자아상, 우울증, 분노, 증오 등과 같은 내면의 문제들이 포함된다. 이런 모든 감정들의 근원인 진정한 문제는 인간의 부패인데,

---

[4] George Barna, *Marketing the Church* (Colorado Springs: NavPress, 1988), 51.

전형적인 이용자에게 친절한 교회에서는 의도적으로 회피해버린다. 최근 들어서는 노골적으로 부인하기도 한다.

이제는 목회자들에게 하나님이 요구하시는 것을 선포하라고 가르치지 않는다. 대신에 사람들이 요구하는 것이 무엇인지 알아내고 그 다음 대중의 의견을 충족시키는 데 필요한 것은 무엇이든지 하라고 충고한다. 청중은 '왕'으로 간주되며 지혜로운 설교자는 "자신이 추구하는 호응을 얻기 위하여 그들의 필요에 따라 전달할 말을 구성한다."[5]

그런 철학의 결과는 자명하다. 사람을 기쁘게 하는 자들이 교회 강단을 가득 채우는 것이다. 나아가 성경은 권위 있는 사역 지침이 되지 못하고 마케팅 계획이 그 자리를 차지한다. 교회 마케팅에 관한 한 교재는 이런 말을 담고 있다. "마케팅 계획은 마케팅 게임의 성경이다. 상품의 생산판매 과정에서 일어나는 일은 모두 마케팅 계획이 원하므로 생긴다."[6]

이를 교회 사역에 적용하면, 하나님의 말씀이 아니라 인간의 전략이 모든 교회 활동의 원천과 사역 평가의 척도라는 것이다.

이와 같은 사역 접근법은 명백하게 뒤엉켜있고 심각하게 비성경적인데도 그렇게 많은 목회자들이 여기에 휘둘린다는 것은 놀라운 일이다. 그런데도 이 접근법은 극도로 영향을 미치는 철학이 되었다. 이제 수많은 교회가 사역 전체를 뜯어 고쳐서 대중의 입맛에 맞추려고 한다.

사실, 이용자에게 친절한 교회 운동은 매우 크게 되어서, 많은 세상 신문들은 이 경향을 주목하기 시작했다. 『로스앤젤레스 타임즈』(*Los Angeles Times*) 지의 한 기사는, 한 거대 교회가 교회 형태도 갖추지 못했을

---

5) Ibid., 33.
6) Ibid., 45.

때에 '마케팅 연구'를 위한 호별 조사부터 시작하여 성장한 과정을 소개했다. 이 기사의 제목은 '고객 여론 조사가 교회를 만든다.'인데, 적절한 표현이다. 이 이야기는 그 교회 목사가 "호별 조사에 응한 사람들의 필요와 고민에 교회 프로그램을 맞춘"[7] 방법을 서술했다. 이 기사에 따르면, 물론 이 목사의 메시지는 짧고 부담을 주지 않으며 즐거우며, '변화하는 아메리칸 드림'과 같은 제목을 가진 주제중심 메시지이다. 이 목사는 신문과 경제 잡지에서 따온 글을 짧은 설교에 곁들인다.

또 다른 서던 캘리포니아 신문은 '조물주 마케팅'(Marketing the Maker)이라는 제목의 기사를 실었다. 이 기사는 시장 지향적 철학을 채택하여 인기를 얻고 있는 듯이 보이는 몇몇 지역 교회를 소개한다. 한 교회는 "클래식 록 음악 전문 방송사의 시간을 사서, 교회에 오라는 초대보다는 오히려 사교 클럽에 적절한 분위기의 광고를 했다. 그리그 신문 광고는 종교면이 아니라 오락면에 실었다."[8]

물론 교회가 오락면에 광고를 싣는다고 잘못된 것은 아니다. 그러나 교회가 종교 형태의 오락에 불과한 '교회 예배'를 약속하고 제공하는 것은 분명 잘못이다. 그런데 이 교회들 가운데 다수가 바로 그런 일을 하고 있다. '축전'(celebration, 예배가 아니다)이 바로 이 특별한 교회가 극장에서 열리는 집회를 홍보하는 방법이다.

오늘날 많은 교회에서는 목사를 직접 볼 수가 없다. 예배는 멀리서 송출되어 대형 스크린에 비쳐진다. 원하면 자기 집의 컴퓨터로 볼 수도 있다. 잠자리에서 일어나지 않고 잠옷바람으로 예배에 참여할 수도 있다.

---

7) Russell Chandler(December 11, 1989), A1.
8) Mike McIntyre, *The San Diego Union*(November 6, 1988), D8.

놀랍게도 일부 교회에서는 그들의 인터넷 방송을 광고하면서 이런 것이 이점이라고 넌지시 알리는 것 같다. '정말로 어디서든 우리와 함께 예배드릴 수 있습니다. 이것은 새로운 류의 교회 공동체이며 연락을 유지하는 또 다른 방법입니다.'

물론 교회 예배를 텔레비전이나 인터넷으로 방송하는 것은 본질적으로 문제가 없다. 예배를 인터넷이나 텔레비전으로 방송하는 것은 직접 참석할 수 없는 사람들(아픈 사람이나 출장 때문에 출타 중인 사람들)에게 크게 도움이 된다. 우리는 고립되어 있으면서 고국의 일을 알고 싶어하는 해외 선교사들을 위해 예배 방송을 내보낸다. 이 외에도 오랫동안 라디오를 통해 녹음 설교 방송을 하고 있고 지금은 텔레비전 방송도 한다. 그러므로 나는 더 많은 사람들이 메시지를 접할 수 있도록 하기 위한 수단으로 인터넷과 매스미디어를 사용하는 것은 비판하지 않는다.

그러나 이런 커뮤니케이션 수단은 편리한 면도 있지만, 목사가 교제와 책임, 지역교회에의 참여가 중요함을 그 어느 때보다 더 강조해야 함을 의미한다. 인터넷으로 드리는 예배는 그리스도의 몸과 '연락을 유지하는' 적절한 방법이 아니다. 교회에 직접 출석하던 사람들이 지금은 인터넷으로 이것 저것을 섭렵하는 것으로 대치하고 있다. 그리하여 그들은 실제가 아니라 교회에 참여하는 것 같은 인상으로 양심을 달랠 수 있다.

그리하여 수많은 대안들을 통해 가장 뜨내기 고객이 최고의 왕이 되었다. 그는 자신이 보는 것이 맘에 들지 않으면 간단히 채널을 돌려버린다. 목사들은 그와 같은 떠돌이 청중들의 변덕과 짧은 주의집중 시간에 메시지를 맞추고 싶은 유혹과 싸우지 않을 수 없다. 그리하여 수시로 채널을 돌리는 시청자의 욕구에 맞추다보면 메시지에서 알맹이가 빠질 수밖에 없다.

교회성장 이론 뒤집기

성경은 초대 그리스도인이 '천하를 뒤집었다'("천하를 어지럽게"; 행 17:6)고 말한다. 그러나 우리 세대에는 세상이 교회를 뒤집고 있다. 성경적으로 말하면, 하나님이 왕이지 '교회에 다니지 않는 사람들'이 왕이 아니다. 마케팅 계획이 아니라 성경이 모든 교회 사역의 유일한 청사진이며 최종적 권위이다. 사역은 사람의 진정한 필요를 충족시켜야지 그들의 이기심을 달래 주어서는 안 된다. 무엇보다도 교회의 주는 그리스도시지 손에 리모콘을 쥐고 있는 텔레비전광이 아니라는 점을 명심해야 한다.

나는 '이용자에게 친절한 교회'라는 말을 들을 때마다 사도행전 5장과 아나니아와 삽비라를 생각하게 된다. 사도행전 5장에 일어난 사건은 현대의 거의 모든 교회성장 이론을 정면으로 공격한다. 예루살렘 교회는 분명 이용자에게 친절한 교회는 아니었다. 사실상 정반대였다. 누가는 "온 교회와 이 일을 듣는 사람들이 다 크게 두려워하니라"(11절)고 우리에게 말한다. 그 당시 교회 예배가 어찌나 불안하게 하던지 교회에 다니지 않는 사람들 가운데 '감히 그들과 상종하는' 사람이 없었다. '백성이 칭송하긴' 했지만, 그런 교회에 참석하려고 생각만 해도 마음에 두려움이 일어났다(행 5:13). 예루살렘 교회는 분명 죄인들이 편안할 수 있는 자리가 아니었다. 두렵게 하는 곳이었다.

이 구절을 주의 깊게 살펴보고 문맥에 맞추어 이해해 보자. 그러려면 사도행전 4장으로 돌아가야 한다. 이 교회는 초창기의 아름다움과 새로움과 생명력을 가진 갓 태어난 교회임을 기억하라. 이 교회는 추한 죄나 인간의 실패에 아직 오염되지 않았다. 사람들은 사도의 가르침을 열심히 연구했다. 교회사에서 이 시기는 사랑과 참된 교제가 충만한 밝고 행복한 시절이었다. 기쁨이 차고 넘쳤으며, 사랑이 깊고 속속들이 담겨 있었다. 따라서 그들의 증거는 우렁차고 분명했다. 그 결과, 불과 몇 주일 사이에 15,000 – 20,000명이 예수 그리스도를 믿게 되었다. 사탄은 이미 교회의 목적을 좌절시킬 요량으로 박해하며 시험했다. 그래도 교회는 아랑곳하지 않았다. 신자들은 더욱 담대해지게 해달라고 기도할 뿐이었다. 하나님이 그 기도에 응답하셨고, 더 많은 사람이 구원받았다. 하나님은 참으로 계셨다. 그리스도는 참으로 살아 계셨다. 그때 성령님은 큰 능력으로 나타나셨다.

그러나 사탄은 이미 훨씬 위험천만한 공격을 꾸미고 있었다. 외형적인 박해로 공격하여 교회를 파멸시킬 수 없다면, 사탄은 좀더 미묘하고 내면적인 방법으로 교회를 시험한다. 그리하여 바로 그런 일이 일어났다.

믿는 자의 진영에서 일어난 죄

이는 교회에서 일어난 죄에 대한 최초의 기록이다. 사도행전에 기록되어 있는 최초의 모든 일들 가운데 이 일이 가장 슬프다. 사탄이 교회에 침투하려는 전략이 이 시기에 시작되었고, 오늘날도 그 일은 계속되고 있다.

이 모든 이야기는 성경이 고집스러울 정도로 정직함을 보여 주는 고전적인 예이다. 하나님은 초대 교회의 모든 불완전한 모습은 숨기고 좋은 모습만 보여 주실 수 있었다. 그러나 쓰리고 추한 경우라도, 성경은 진실을 결코 빠뜨리지 않는다. 교회는 완전하지 않고 결코 완전한 적이 없었다. 어떤 사람들은 그것을 빌미로 교회를 떠나려 한다. '교회에 다니고 싶지만, 위선자가 너무 많아.' 그러면 나는 늘 이렇게 생각한다. 그래, 우리에겐 또 그럴 여지가 있다. 교회가 완전하지 않다고 해서 교회를 떠나려 하는 그 반대 자체가 위선이다. 물론 교회에는 위선자가 있다. 그것은 사도행전 5장의 기사에서 얻는 진실 가운데 하나이다.

그래서 어떤 의미에서 이 구절은 격려가 될 수 있다. 물론 우리는 죄를 통해 격려를 받지 않는다. 그러나 초대 교회가 오늘날 우리와 동일한 문제로 씨름했다는 것을 알던 힘이 된다.

바울 사도도 때때로 교회에서 부딪치는 문제 때문에 낙담하곤 했다. 고린도후서 11:24 – 27에서 바울은 자신이 당한 온갖 시험과 박해를 열거했다.

유대인들에게 사십에서 하나 감한 매를 다섯 번 맞았으며 세 번 태장으로 맞고 한 번 돌로 맞고 세 번 파선하고 일 주야를 깊은 바다에서 지냈으며 여러 번 여행하면서 강의 위험과 강도의 위험과 동족의 위험과 이방인의 위험과 시내의 위험과 광야의 위험과 바다의 위험과 거짓 형제 중의 위험을 당하고 또 수고하며 애쓰고 여러 번 자지 못하고 주리며 목마르고 여러 번 굶고 춥고 헐벗었노라.

그런 후에 그는 결론에서 모든 시험 가운데 가장 큰 것을 말한다. "이 외의 일은 고사하고 아직도 날마다 내 속에 눌리는 일이 있으니 곧 모든 교회를 위하여 염려하는 것이라"(28절). 바울이 말하는 것은 교회 행정이 아니다. 신자를 성숙에 이르게 하기 위한 전쟁에 대해 말하는 것이다.

사도행전 5장에 나오는 사건을 필두로, 성도의 죄는 늘 교회의 문제가 되었다. 바울이 쓴 모든 서신은 교회에서 일어나는 죄와 관련하여 생기는 중요한 결과를 담고 있다. 로마서 16:17, 18에서 바울은 이렇게 썼다. "형제들아 내가 너희를 권하노니 너희가 배운 교훈을 거슬러 분쟁을 일으키거나 거치게 하는 자들을 살피고 그들에게서 떠나라 이 같은 자들은 우리 주 그리스도를 섬기지 아니하고 다만 자기들의 배만 섬기나니 교활한 말과 아첨하는 말로 순진한 자들의 마음을 미혹하느니라." 고린도 교회에는 분열과 다툼과 부도덕과 영적 은사의 오용 등의 문제가 퍼져 있었다. 갈라디아 사람들은 거짓 가르침과 율법주의를 용납했다(참고. 갈 3:1-4). 바울은 부르심에 합당하게 행하여 겸손하고 온유하며 오래 참음으로 사랑 가운데 서로 용납하며 평안의 매는 줄로 성령의 하나 되게 하신 것을 힘써 지키라고 에베소 사람들에게 간절히 부탁해야 했다(엡 4:1-4). 바울은 빌립보 사람들에게 마음을 같이하고 평안 가운데 하나 되고 뜻을 합하라고 촉구해야 했다(2:1, 2). 심지어 바울은 유오디아와 순두게라는 여인을 언급했다. 바울은 이 여인들이 서로 사이좋게 지내기를 바랐다(4:2, 3). 골로새서 3장에서 바울은 영적 결핍을 모두 열거하고 골로새 사람들에게 깨끗하게 살라고 명령하며 편지를 매듭지었다. 바울은 굽히지 않고 교회에서 일어나는 죄와 맞서서 싸웠다.

함께 나누는 공동체

교회는 함께 나누는 공동체로 시작되었다. 사도행전 4:32–37은 이렇게 말한다.

믿는 무리가 한 마음과 한 뜻이 되어 모든 물건을 서로 통용하고 자기 재물을 조금이라도 자기 것이라 하는 이가 하나도 없더라 사도들이 큰 권능으로 주 예수의 부활을 증언하니 무리가 큰 은혜를 받아 그 중에 가난한 사람이 없으니 이는 밭과 집 있는 자는 팔아 그 판 것의 값을 가져다가 사도들의 발 앞에 두매 그들이 각 사람의 필요를 따라 나누어줌이라 구브로에서 난 레위 족 사람이 있으니 이름은 요셉이라 사도들이 일컬어 바나바(번역하면 위로의 아들이라) 하니 그가 밭이 있으매 팔아 그 값을 가지고 사도들의 발 앞에 두니라.

그들은 참된 영적 연합을 이루었다

그 교회는 이미 싹이 터서 수천 명의 사람을 받아들일 정도로 꽃을 피웠다. 그리고 계속 태가하고 있었다. 그런데도 그들은 '한 마음과 한 뜻이 되었다.' 이는 단순히 그들이 모두 동일한 조직에 속했다는 말이 아니라 그들이 참된 영적 연합을 이루었다는 말이다. 그들은 하나라고 믿었다. 그들은 하나라고 생각했다. 그들은 참으로 한 몸이었고, 한 마음과 한 뜻을 가진 살아 있는 하나의 유기체였다(참고. 빌 1:27). 그들은 서로를 생각하고 세상 사람을 예수님께 돌아오게 하는 일에 골몰했다. 그들은 이런 우선적인 일에 어찌나 분주했던지 자신에 대해 걱정할 수 없었다. 각 사람이 다른 모든 사람을 위했고, 그래서 모든 사람의 필요가 충족되었다. 그러므로 이기심은 불필요한 것이 되었다. 얼마나 아름다운 열심인가! 그들의 교제가 얼마나 풍성하고 달콤했겠는가!

그들은 자신의 모든 소유를 나누었다

많은 사람이 이 구절을 오해한다. '모든 물건을 서로 통용하고'라는 구절은 이 사람들이 집단 공동체로 살았다는 뜻이 아니다. 오순절 날 예루살렘에는 절기를 지키기 위해 온 순례자들로 가득 찼던 사실을 기억하라. 종교적 절기 동안 백만 명 정도의 사람이 예루살렘에 오곤 했다. 그들은 집과 음식이 필요했고, 그 모든 사람을 수용할 만한 여관이 없었다. 그래서 신자들이 자기 집을 개방하여 그들과 함께 생활하는 것이 관례였다. 갑자기 오순절 날에 많은 사람이 그리스도를 받아들였고 또 자기 친구와 식구들을 그리스도께로 인도했다. 분명 그들 가운데 많은 사람들은 사도의 가르침을 받기 위해 예루살렘에 남았을 것이다.

이 사람들과 그들이 거하는 집의 주인들은 경제적인 압박이 매우 컸을 것이다. 게다가 예루살렘에는 가난한 사람이 많았다. 그리고 일부 신자들은 그리스도를 믿는 믿음을 증거했을 때 수입이 줄어들었을 것이다. 이런 일을 해결하기 위하여 모든 신자는 갖고 있는 것을 기꺼이 나누었다.

이것은 집단 공동체가 아니었다. 사람들은 사회에서 떨어져 나오고 직장을 그만두고 돈을 공동으로 사용하고 공동 건물에서 살지 않았다. 사도행전 2장은 그들이 하는 일을 서술한다.

믿는 사람이 다 함께 있어 모든 물건을 서로 통용하고 또 재산과 소유를 팔아 각 사람의 필요를 따라 나눠주며 날마다 마음을 같이하여 성전에 모이기를 힘쓰고 집에서 떡을 떼며 기쁨과 순전한 마음으로 음식을 먹고 하나님을 찬미하며 또 온 백성에게 칭송을 받으니 주께서 구원받는 사람을 날마다 더하게 하시니라(44-47절).

이것은 영적 공동체지 수도원이 아니었다. 그리스도인들은 여전히 자기 집을 소유했고, 계속 "집에서 떡을 떼었다"(46절). 즉 그들은 개인 집에서 떡을 뗐고 교제를 나누었다. 45절에 나오는 '팔고', '나눈다'는 말은 완료시제 동사로, 팔고 나누어 주는 일이 늘 이루어지고 있음을 뜻한다. 신자의 공동체가 자신들이 갖고 있는 모든 것을 팔고 자금을 함께 썼던 때는 없었다. 가진 사람들이 가지지 못한 신자들과 나누는 일이 지속적으로 이루어졌다. 그들은 공동체에 살거나 모든 사람을 수용하는 막사를 세우지 않았다. 그렇게 했다면 하나님이 정하신 우선순위인 가족을 훼손하게 되었을 것이다. 하나님은 가족을 독립적 집단이 되게 하시고 사회를 이루는 초석이 되며 진리와 의를 대대로 전달하는 수단이 되도록 계획하셨다.

사람들은 다른 사람들이 궁핍한 것을 알았을 때 자신의 소유, 곧 부동산과 동산을 팔아 나누어 주었다. 바울은 이런 정신으로 주라고 명령했다. 바울은 마게도냐의 성도들의 필요를 채우기 위해 고린도 사람들에게 구제하는 일에 후하라고 촉구했다. "이제 너희의 넉넉한 것으로 그들의 부족한 것을 보충함은 후에 그들의 넉넉한 것으로 너희의 부족한 것을 보충하여 균등하게 하려 함이라"(고후 8:14). 오늘날 우리가 하는 일과 무엇이 다른가? 우리의 교회가 건강하다면 다를 것이 없을 것이다. 형제나 자매가 어려움에 처한 것을 보는 그리스도인은 그 필요를 충족시켜주려는 자연스러운 바람을 갖는다(참고. 요일 3:16). 초대 그리스도인들은 바로 그런 일을 하고 있었다. 소유를 판 사람들은 온전히 자발적으로 그렇게 했다. 아나니아와 삽비라의 죄를 살필 때 이 점이 핵심이 된다.

그들은 강력한 설교로 양육받았다

"사도들이 큰 권능으로 주 예수의 부활을 증언하니"(행 4:33). 설교는 담대하고 강력했다. 그 당시에 큰 박해가 있었지만 그들은 복음을 부끄러워하지 않았다. 사실 성경은 그들이 부활에 관하여 전하고 있었다고 특별히 말한다. 이는 그들을 가장 곤란하게 만드는 진리이다. 4장 서두에서 우리는 제사장과 성전 맡은 자와 사두개인이 "예수 안에 죽은 자의 부활이 있다고 백성을 가르치고 전함을 싫어하여"(2절) 베드로와 요한을 잡아 옥에 던져 넣었다는 것을 배웠다. 베드로와 요한은 사두개인과 제사장이 듣기 좋아하는 메시지를 전함으로써 그들의 인정을 받으려 하지 않았다. 그들은 사두개인과 제사장의 기분을 가장 상하게 하는 것을 담대하게 선포했다. 베드로와 요한은 그들의 기분을 상하게 하지 않으려고 하나님 말씀의 큰 가르침을 줄여 말하기를 거부했다.

사도의 선포 사역에는 복음전도는 물론 가르치는 일도 포함되었다. 사도행전 2:42은 믿는 자들이 "사도의 가르침받기를 전혀 힘썼다."고 말한다. 사도들은 잘 먹였고 그들은 잘 먹었다.

예루살렘 교회는 놀라운 교제 장소였을 것이다. 그들은 현대의 이용자에게 친절한 마케팅 기법을 전혀 따르지 않았지만, 그들의 교제는 따스했고 진실했다. 그들은 사랑으로 서로의 실제적인 필요를 채웠다. 그들은 풍부하고 풍성한 가르침을 받았다. 사도행전 2:42은 이렇게 말한다. "그들이 사도의 가르침을 받아 서로 교제하고 떡을 떼며 오로지 기도하기를 힘쓰니라" 여기에는 불신자들의 관심을 끌도록 의도된 것이 전혀 없었다. 그런데도 새로운 사람이 계속 찾아왔다. 왜냐하면 주께서 구원받는 사람을 날마다 더하시기 때문이었다 (47절).

긍정적 역할 모델

누가는 궁핍한 신자들이 어떻게 재물을 분배받았는지 기록한다. 재산이 있는 사람들은 그것을 팔아 사도들의 발 앞에 두었다(4:34, 35). 사도들은 궁핍한 사람들에게 그 돈을 나누어 주었다. 그런 간단한 시스템을 통하여 모든 필요가 채워졌다(34절). 오늘날 우리가 교회에 헌금할 때도 본질적으로 이와 같은 시스템을 사용한다. 돈은 공동기금으로 들어가고, 교회의 지도자들은 이 돈을 관리할 책임을 진다.

누가는 좋은 역할 모델을 보여 주기 위해 바나바를 특별히 택했다. 바나바라는 말은 '위로의 아들'이라는 뜻을 가진 별명이었다. 분명 '구브로에서 난 레위족으로 이름이 요셉인' 이 사람은 권면의 은사를 갖고 있었다. 그래서 그는 거기에 걸맞는 별명을 얻었다. 후에 바나바는 제1차 전도여행 때 바울 사도를 따라갔다.

바나바는 레위 사람, 즉 이스라엘의 제사장 지파 사람이었다. 제사장인 그가 매우 부유한 사람이었을 리는 없다. 그러나 아무튼 그는 약간의 재산을 소유하고 있었다. 그는 그 재산을 팔았다. 그런 후에 그 돈을 나누어 주기 위해 사도에게 가져왔다. 그는 인정받으려고 하지 않았다. 그는 그 돈을 어떻게 사용할지 주장하려 하지 않았다. 그저 그 돈을 (사도에게) 건네주었다.

사도행전 4장에서 분명히 드러나는 사실은, 바나바가 순수한 마음에서 우러나오는 사랑으로, 즉 구제가 복된 일이기 때문에 냈다는 것이다. 그리고 우리는 예루살렘 교회의 다른 사람들도 대부분 그렇게 했다고 생각해 볼 수 있다.

부정적 역할 모델

그러나 모든 사람이 그런 것은 아니었다. 다음에 나오는 이야기는 사도행전 4장의 분위기와 놀랍게 대조된다. 이런 교회에 죄가 있다니 충격이다. 아나니아와 삽비라가 공모한 뻔뻔스러운 거짓말을 보면 두렵다. 무엇보다도 주께서 그들의 죄를 매우 엄중하게 다루신 것은 놀랍기 그지없다.

아나니아라 하는 사람이 그의 아내 삽비라와 더불어 소유를 팔아 그 값에서 얼마를 감추매 그 아내도 알더라 얼마만 가져다가 사도들의 발 앞에 두니 베드로가 이르되 아나니아야 어찌하여 사탄이 네 마음에 가득하여 네가 성령을 속이고 땅값 얼마를 감추었느냐 땅이 그대로 있을 때에는 네 땅이 아니며 판 후에도 네 마음대로 할 수가 없더냐 어찌하여 이 일을 네 마음에 두었느냐 사람에게 거짓말한 것이 아니요 하나님께로다 아나니아가 이 말을 들고 엎드러져 혼이 떠나니 이 일을 듣는 사람이 다 크게 두려워하더라 젊은 사람들이 일어나 시신을 싸서 메고 나가 장사하니라 세 시간쯤 지나 그의 아내가 그 일어난 일을 알지 못하고 들어오니 베드로가 이르되 그 땅 판 값이 이것뿐이냐 내게 말하라 하니 이르되 예 이것뿐이라 하더라 베드로가 이르되 너희가 어찌 함께 꾀하여 주의 영을 시험하려 하느냐 보라 네 남편을 장사하고 오는 사람들의 발이 문 앞에 이르렀으니 또 너를 메어 내가리라 하니 곧 그가 베드로의 발 앞에 엎드러져 혼이 떠나는지라 젊은 사람들이 들어와 죽은 것을 보고 메어다가 그의 남편 곁에 장사하니 온 교회와 이 일을 듣는 사람들이 다 크게 두려워하니라(행 5:1 – 11).

예루살렘 성도들이 너그럽고 희생적이며 이기심이 없었지만, 예외가 있었다. 아나니아의 죄는 탐욕과 속임의 씨앗에서 싹이 텄다. 사도행전에 나오는 이 죄는 여호수아서에 나오는 아간의 죄와 마찬가지다. 둘은 승승장구하는 하나님의 백성의 행진에 끼어들어 위대한 승리의 절정에 있는 그들에게 죄를 끌어들인, 기만적이고 비참하며 이기적인 행위였다.

예루살렘의 성도들은 성령 충만한 마음으로 바쳤다. 아나니아의 죄는 사탄이 가득한 마음을 드러내었다(3절). 4장 끝 부분과 5장 처음 부분의 대조만큼 드라마틱한 것은 없을 것이다.

아나니아라는 이름은 '주는 은혜로우시다.' 라는 뜻이고, 삽비라는 '아름다운' 이라는 뜻이다. 그들의 행위는 은혜롭지도, 아름답지도 않았다. 다른 사람들이 재산을 팔아 사도들에게 드리는 것을 보고 그들도 그렇게 하기로 약속했다. 하지만 2절을 보면, 돈을 낼 때에 그들은 '판 값에서 얼마를 감추었다.' 그 둘이 함께 음모를 꾸몄던 것이 분명하다.

바리새인의 누룩

그들의 동기는 무엇이었는가? 그들은 약간의 영적인 특권을 원했다. 그들은 희생적으로 헌금하는 것처럼 보이기를 바랐지만, 자신을 위해 돈 얼마를 감추었다. 이는 그들이 돈을 사랑했음을 암시한다. "돈을 사랑함이 일만 악의 뿌리가 되나니 이것을 탐내는 자들은 미혹을 받아 믿음에서 떠나 많은 근심으로써 자기를 찔렀도다"(딤전 6:10)라고 바울은 디모데에게 썼다. 이 말은 분명 아나니아와 삽비라에게 해당되는 것이었다. 히브리서는 이렇게 말한다. "돈을 사랑하지 말고 있는 바를 족한 줄로 알라 그가 친히 말씀하시기를 내가 결코 너희를 버리지 아니하고 너희를 떠나지 아니하리라 하셨느니라"(히 13:5).

여기 이 두 사람은 돈을 사랑하는 마음에 물들어서 심한 위선을 공모했다. 그들은 땅을 팔았지만, 약속한 대로 전액을 주께 드리지 아니하고 일부를 드리면서 전부인 체했다. 그들은 영적인 존경도 얻고 돈도 얻을 수 있다고 생각했던 것이 틀림없다.

그들의 죄는 모든 것을 드리지 않았다는 것이 아니다. 하나님이 모든 것을 드리라고 한 것이 아니었다. 그들은 원하는 대로 가지거나 드릴 수 있었다. 재산을 팔 필요도 없었다. 신약에서 말하는 모든 헌금처럼, 전적으로 자발적으로 할 일이었다.

그들의 죄는 거짓말이었다. 그들은 회중들 앞에서 드러내놓고 성령께 맹세했다. 그들은 모든 회중에게 거짓말했고 설상가상으로 하나님께 거짓말했다(행 5:4). 아마 그들은 이것이 은밀한 죄라고 생각했지만, 그 죄는 얼마 되지 않아 탄로났다. 하나님은 모든 회중에게 그 죄를 드러내셨다.

솔직히 말해 보자. 이런 스의 위선은 특별히 희귀한 죄가 아니다. 이것은 우리가 가증하다고 생각하는 악도 아니다. 많은 사람이 거짓으로 위장하며 헌금을 한다. 이는 큰 돈 뭉치를 헌금함에 넣는 것처럼 보이게 하기 위해 몇 달러 지폐를 둘둘 말아서 내는 사람과 도덕적으로 매한가지다. 혹은 겨우 25센트를 내면서 큰 돈을 내는 것처럼 보이는 헌금봉투를 사용하는 사람과 같다. 구제할 때 회당과 거리에서 나팔을 불어 모든 사람이 보도록 하는 바리새인과 진배없다(마 6:2).

예수님은 그런 사람에 대하여 "그들은 자기 상을 이미 받았느니라"(마 6:2, 5, 16)고 말씀하신다. 그들은 사람들이 자신의 선행을 보기를 바란다. 그리고 사람들은 그것을 본다. 그것이 그들의 상이다. 그들은 하나님께 영광을 구하지 아니하고 사람들에게 영광을 구한다. 그래서 사람의 인정이 그들이 받을 유일한 상이다. "너는 구제할 때에 오른손이 하는 것을 왼손이 모르게 하여 네 구제함을 은밀하게 하라 은밀한 중에 보시는 너의 아버지께서 갚으시리라"(마 6:3, 4). 이 죄는 우리에게는 사소해 보일지 모르지만 하나님께는 사소하지 않다. 하나님은 위선과 가장된 거룩을 싫어하신다. 예수님은 이를 '바리새인의 누룩'(눅 12:1)이라고 하셨다.

그런데 이 누룩이 유아기의 교회를 위협하고 있었다. 하나님은 이를 엄격하게 다루심으로 모든 사람들에게 교회 생활을 진지하게 하라는 표를 보이셨다.

베드로의 반응

하나님의 영의 영감을 받은 베드로는 그들의 위선을

꿰뚫어 보았다. 아나니아가 받는 충격을 상상해 보라. 그는 사도들 앞에 나와 그 발 앞에 돈을 놓고 우쭐대며 재산을 판 돈이라고 말했다. 아마 아나니아는 인정받을 것을 생각하고 기분 좋은 상태로 잠시 거기 서 있었을 것이다. 아나니아는 틀림없이 그들이 자신을 영적인 거인이며 너그럽고 경건한 사람으로 보고 있다고 생각했을 것이다.

그러나 갑자기 베드로가 그의 눈을 보며 말했다. "아나니아야 어찌하여 사탄이 네 마음에 가득하여 네가 성령을 속이고 땅값 얼마를 감추었느냐"(행 5:3).

많은 교회들에서 아나니아는 그 동기와는 상관없이 자신이 구하던 인정을 받는다. 현실에 밝은 교회 지도자라면 이런 논리를 폈을 것이다. '어찌되었든 이건 큰 돈이야. 좋아, 이 사람의 동기는 순수하지 않지만 나쁜 친구는 아니니 우리는 이 돈을 쓸 수 있어. 우리는 모든 사람 앞에서 이 사람을 곤혹스럽게 하면 안 돼. 그러면 이 사람에게서 다시는 한 푼도 받지 못할 거야.'

베드로는 그렇게 생각하지 않았다. 베드로는 죄를 직접 지적했다. "어찌하여 사탄이 네 마음에 가득하여" 베드로가 사탄이 아니라 아나니아를 책망하는 것을 주목하라. 그는 '어찌하여?'라고 물었다. 그리고 4절에서도 "어찌하여 이 일을 네 마음에 두었느냐"고 물었다.

베드로는 아나니아의 위선이 죄라고 했지 돈 일부를 남긴 것이 죄라고 하지 않았다. "땅이 그대로 있을 때에는 네 땅이 아니며 판 후에도 네 마음대로 할 수가 없더냐"(4절). 아나니아는 그 돈으로 원하는 대로 할 수 있었다. 땅을 그대로 둘 수도 있었다. 전혀 어떤 요구가 없었다. 아나니아가 "재산을 팔았고 이것은 그 일부입니다." 하고 말했다면 죄가 되지 않았을 것이다. 아나니아는 얼마든지 자신이 원하는 만큼 낼 권리가 있었다. 그러나 그는 일부를 감추어 두고서 전부를 낸다고 주장함으로써 죄를 범했다. 그리고 그는 사람이 아니라 하나님께 거짓말한 것이다. 좀 더 구체적으로, 이는 성령께 한 뻔뻔스러운 거짓말이었다.[9]

어떻게 그가 성령께 거짓말을 했는가? 그는 자기 재산을 판 돈 전부를 내겠다고 맹세하고서 그렇게 하지 않았다. 구약의 지혜자는 이렇게 썼다. "네가 하나님께 서원하였거든 갚기를 더디게 하지 말라 하나님은 우매자들을 기뻐하지 아니하시나니 서원한 것을 갚으라 서원하고 갚지 아니하는 것보다 서원하지 아니하는 것이 더 나으니"(전 5:4, 5). 모세의 율법에도 비슷한 경고가 있다. "네 하나님 여호와께 서원하거든 갚기를 더디하지 말라 네 하나님 여호와께서 반드시 그것을 네게 요구하시리니 더디면 그것이 네게 죄가 될 것이라 네가 서원하지 아니하였으면 무죄하리라 그러나 네 입으로 말한 것은 그대로 실행하도록 유의하라 무릇 자원한 예물은 네 하나님 여호와께 네가 서원하여 입으로 언약한 대로 행할지니라"(신 23:21-23).

하나님의 심판

이 상황에 대한 하나님의 반응은 즉각적이고 엄하며 최종적이었다. 하나님은 아나니아를 즉석에서 치셨다. "아나니아가 이

---

[9] 이 구절은 성령의 신성과 인격성을 증명하는 것 가운데 하나이다. 3절에서 베드로는 아나니아가 성령을 거슬러 거짓말했다고 말했다. 4절에서 베드로는 아나니아에게 이렇게 말한다. "사람에게 거짓말한 것이 아니요 하나님께로다." 성령은 하나님이시다. 아나니아는 자신이 하고 있는 일에 관하여 사도들에게 거짓말함으로써 성령을 거슬러 훨씬 큰 죄를 범했다.

말을 듣고 엎드러져 혼이 떠나니"(행 5:5). 이는 지극히 거룩하신 하나님의 심판이었다. 아마 아나니아의 심장은 말 그대로 공포에 의해 멈추었을 것이다. 바로 온 교회 앞에서 말이다.

이용자에게 친절했는가? 그렇지 않다. 구도자에게 민감했는가? 조금도 그렇지 않다. 사실상 그 결과로, "이 일을 듣는 사람이 다 크게 두려워했다"(5절). 하나님은 아나니아를 들어, 하나님을 경홀히 여기고 교회의 순수함을 더럽히려는 유혹을 받을 다른 사람들에게 본보기가 되게 하셨다.

하나님은 언제나 죄를 이런 식으로 심판하시는가? 명백하게 그렇지 않다. 그러나 일단 하나님이 행하시면 두렵기 그지없다. 나답과 아비후(레 10장), 고라(민 16장), 아간(수 7장), 헤롯(행 12장) 그리고 성경 도처에 나오는 다른 사람들처럼 아나니아는 죄로 인해 즉각적으로 심판을 받고 생명으로 그 값을 치렀다.

간단하게 말해서 하나님은 주권적으로 그를 쳐죽이기로 결정하셨다. 그래서 아나니아는 모든 사람에게 본보기가 되었다. 사실, 하나님은 모든 죄를 이렇게 심판하실 수 있다. "죄의 삯은 사망이다"(롬 6:23). 우리가 모두 진멸되지 않는 것은 오직 여호와의 자비와 긍휼이 무궁하시기 때문이다(애 3:22). 때때로 하나님은 신체적인 죽음으로 죄를 심판하신다.

바울은 성찬을 혼란하게 하고 더럽힌 고린도 사람들에게 이렇게 썼다. "주의 몸을 분별하지 못하고 먹고 마시는 자는 자기의 죄를 먹고 마시는 것이니라 그러므로 너희 중에 약한 자와 병든 자가 많고 잠자는 자도 적지 아니하니"(고전 11:29, 30). 이 구절에서 '잔다'라는 말은 신체적인 죽음을 가리킨다. 하나님은 불경한 고린도 사람들을 신체적으로 병들게 함으로써 그들을 실제로 심판하고 계셨고, 그 사람들 가운데 더러는 죽었다.

하지만 아나니아의 경우에는 병들지 않고 바로 죽었다. 그는 현장에서 죽고 말았다. 하나님의 심판은 빠르고 두려웠다.

삽비라의 죄

성경은 "젊은 사람들이 일어나 시신을 싸서 메고 나가 장사하니라"(행 5:6)고 말한다. 삽비라는 남편이 죽을 때 거기 없었다. "세 시간쯤 지나 그의 아내가 그 일어난 일을 알지 못하고 들어오니"(7절). 삽비라는 남편의 운명에 대해 깜깜 무소식이었고, 아마 모든 사람이 자신과 남편 아나니아의 매우 너그러운 행위를 칭찬하는 가운데 대대적인 환영을 받으며 들어가게 되리라고 생각했을 것이다.

베드로는 즉시 삽비라를 직면했다. "그 땅 판 값이 이것뿐이냐 내게 말하라." 그러자 삽비라는 "예 이것뿐이라"(8절) 하고 말했다. 이는 고의적인 거짓말로, 삽비라와 그의 남편이 사전에 위선을 공모했음을 입증한다.

베드로는 아나니아에게 했던 것처럼 직설적으로 책망했다. "너희가 어찌 함께 꾀하여 주의 영을 시험하려 하느냐 보라 네 남편을 장사하고 오는 사람들의 발이 문 앞에 이르렀으니 또 너를 메어 내가리라"(9절). 삽비라는 대답할 기회도 갖지 못했다. "곧 그가 베드로의 발 앞에 엎드러져 혼이 떠나는지라 젊은 사람들이 들어와 죽은 것을 보고 메어다가 그의 남편 곁에 장사하니"(10절).

심판은 하나님의 집에서 시작되어야 한다

하나님은 교회의 순결에 관해 깊은 관심을 갖고 계신다. 이 사건은 하나님이 신자의 교제 가운데 나타나는 죄를 어떻게 보시는가에 관한 초기의 잊을 수 없는 교훈이다. 본질적으로 하나님은 이렇게 말씀하신다. "나는 교회와 장난치고 있지 않다. 나는 죄인을 가볍게 여기지 않는다. 나는 이용자에게 친절한 태도에 관심이 없다. 나는 의와 진리와 진지한 마음을 원한다." 그래서 하나님은 자신이 매우 진지하다는 사실을 주지시키셨다. 교회는 사교 파티장이 아니다.

이 사건의 결과는 무엇이었는가? 이번에도 "온 교회와 이 일을 듣는 사람들이 다 크게 두려워했다"(행 5:11). 우리는 그 당시 예루살렘 교회가 깊은 자기 성찰을 했다고 확신할 수 있다. 그리고 바로 그것이 요점이었다. 하나님은 자신의 교회를 순결하게 하신다. 하나님은 자기 백성이 죄를 심각하게 대하기를 원하셨다. 하나님은 얄팍한 헌신을 만류하기 바라셨다. 하나님은 자기 백성이 자신을 경외하기를 바라셨다. 교회는 하나님을 경배하기 위해 모인다. 그러려면 죄를 직면해야 한다. 여기서 주께서는 교회의 모임을 위한 아주 기본적인 모델을 우리에게 제시하신다. 즉, 죄는 엄하게 다루라는 것이다. 문제는 이러한 가혹함에 대해 불신자가 어떻게 생각하느냐가 아니라 하나님이 그런 죄악을 어떻게 생각하시는가이다.

분명 1세기 예루살렘에는 아나니아와 삽비라보다 더 가증스러운 죄인이 많았다. 헤롯은 어떤가? 왜 하나님은 헤롯을 쳐죽이지 않으셨는가? 사실상 헤롯은 죽고 말았다(참고, 행 12:18-23). 그러나 베드로가 썼듯이, "하나님의 집에서 심판을 시작할 때가 되었다"(벧전 4:17). 하나님은 이교도에게 진노를 내리시기 전에 자기 백성을 먼저 심판하신다.

교회는 하나님의 심판을 피할 수 있는가? 그렇다. 자신을 순결하게 하면 된다. 바울은 하나님이 범죄하는 교인을 질병과 죽음으로 심판하신다고 고린도 사람들에게 경고한 후에, "우리가 우리를 살폈으면 판단을 받지 아니하려니와"(고전 11:31)라고 썼다. 다른 말로 하면, 교회의 순결을 유지하는 것은 신실한 교인의 일이다. 솔직하게 말해서, 불신자들이 환영받고 영접받는다고 느끼게 만들려고 부드럽고 가볍게 말하기보다는, 교회의 권징을 주의 깊고 일관성 있게 실천하는 것이 불신자에게 훨씬 강력한 인상을 준다. 이렇게 하면 불신자는 교회는 거룩한 백성이며 회개하지 않은 죄인을 위한 것이 아니라 의를 사랑하는 구속받은 자들을 위한 것임을 알게 된다.

우리는 예수님이 마태복음 18장에서 개괄하신 과정을 따라서 그렇게 해야 한다. "네 형제가 죄를 범하거든 가서 너와 그 사람과만 상대하여 권고하라 만일 들으면 네가 네 형제를 얻은 것이요 만일 듣지 않거든 한두 사람을 데리고 가서 두세 증인의 입으로 말마다 확증하게 하라 만일 그들의 말도 듣지 않거든 교회에 말하고 교회의 말도 듣지 않거든 이방인과 세리와 같이 여기라"(15-17절). 우리는 이 과정을 '교회의 권징'이라 한다. 이것은 이용자에게 친절함이라는 개념과 달라 보이지만, 하나님이 명령하시는 것이다. 하나님의 계획은 교회를 순결하게 하고 그것을 통해 자기 백성을 심판받지 않도록 보호하는 것이다. 바울은 이렇게 썼다. "우리가 판단을 받는 것은 주께 징계를 받는 것이니 이는 우리로 세상과 함께 정죄함을 받지 않게 하려 하심이라"(고전 11:32).

예수님은 이어서 이렇게 말씀하셨다. "진실로 너희에게 이르노니 무엇이든지 너희가 땅에서 매면 하늘에서도 매일 것이요 무엇이든지 땅에서 풀면 하늘에서도 풀리리라 진실로 다시 너희에게 이르노니 너희 중의 두 사람이 땅에서 합심하여 무엇이든지 구하면 하늘에 계신 내 아버지께서 그들을 위하여 이루게 하시리라 두세 사람이 내 이름으로 모인 곳에는 나도 그들 중에 있느니라"(마 18:18-20). 여기서 우리 주님께서 교회 가운데 나타나는 죄를 어떻게 다루라고 하시는지 기억하라. 요점은 그리스도께서 권징의 절차를 통해 교회에서 자신의 뜻을 이루시겠다는 것이다. '나도 그들 중에 있느니라.' 는 말씀은, 그리스도께서는 자신이 개괄한 절차를 신자들이 따를 때 자신의 교회를 순결하게 하려고 신자들 속에서 그리고 그들을 통해 친히 일하시겠다는 뜻이다. 그 결과, 회개하는 신자는 회복되며(그들의 죄는 그들로부터 '풀렸다') 마음이 굳은 죄인들은 잘못이 폭로되고 교제에서 쫓겨난다(그들의 죄는 그들에게 '매였다'). 만일 우리가 이 절차를 따르고 교회를 순결하게 하지 않으면, 그리스도께서 개입하여 심판하실 것이다(고전 11:30).

주의 두려우심을 알므로 우리는 사람들을 권한다

이것이 이 책의 중요한 요점이다. 아나니아와 삽비라에 대한 하나님의 심판은 신자들의 교제 밖에까지 영향을 미쳤다. "이 일을 듣는 사람들이 다 크게 두려워하니라"(행 5:11). 13절은 불신자들이 그들과 감히 상종하지 못했다고 말한다. 이는 오늘날 크게 유행하는 이용자에게 친절한 철학과 정반대이다. 하나님은 편안하고 안전하게 느끼게 만듦으로써 사람들을 교회로 끌어들이려 하지 않으셨다. 오히려 두려움을 사용하여 불신자로 하여금 거리를 두게 하셨다.

하나님 경외는 초대 교회에서 중요한 가르침이었다. 불신자와 신자 모두 하나님을 경외하도록 가르쳤다. 천치 바보가 아닌 바에야 하나님을 경박하게 대하지는 않을 것이다. 바로 이 두려움 때문에 사람들은 구원을 바라고 다가왔으며 순종했다. 성령께서 어떤 사람을 구원으로 이끄실 때에는 반드시 그 사람은 죄로부터 구출받기 위해 진심으로 부르짖게 된다. 복음의 초청은 감정적 고통에서 벗어나 즐거움으로 들어오라는 초청이 아니다.

이 시대의 이용자에게 친절한 운동은 그 중요한 점을 놓치고 있는 것 같다. 이 운동은 하나님을 두려워하게 하기보다는, 하나님을 재미있고 유쾌하고 태평하고 관대하고 심지어 방임적인 분으로 묘사하려 한다. 두려움 가운데 하나님께 나아와야 할 오만한 죄인이 오히려 대담해져서 하나님의 은혜를 주장한다(참고. 눅 18:13). 죄인이 하나님의 진노에 대해서 듣지 못한다. 이는 지독한 이단을 전하는 것만큼 잘못이다.

우리가 아나니아와 삽비라의 이야기에서 배우듯이, 하나님의 진노를 가볍게 여겨서는 안 된다. 베드로는 이렇게 썼다. "만일 우리에게 먼저 하면 하나님의 복음을 순종하지 아니하는 자들의 그 마지막은 어떠하며"(벧전 4:17). 바울은 복음전도의 첫째 동기 가운데 하나로 하나님의 심판을 말했다. "우리는 주의 두려우심을 알므로 사람들을 권면하거니와"(고후 5:11).

이용자에게 친절한 태도는 어디서 교회를 공격하는가

이용자에게 친절한 철학은 교회가 심각하게 잘못된 길로 들어서게 한다. 확신컨대 예배와 성경과 신학을 소홀히 하면 결국 심각한 교리 타협으로 이어진다. 사실상 이런 일이 이미 일어나고 있는지도 모른다. 자신을 복음주의라고 생각하는 기독교 지도자들이 지옥과 인간의 타락과 같은 중추적인 가르침을 의심하기 시작하고 있다.

오늘날 가장 인기를 얻고 있는 운동 가운데 하나는 영혼 멸절설(annihilationism)과 비슷한 '조건적 불멸성'(conditional immorality)으로 알려져 있는 교리를 받아들인다.[10] 이것은 구속받지 못한 죄인들이 지옥에서 영원을 보내지 않고 단순히 제거된다는 것이다. 이용자에게 친절한 철학에 꼭 맞는 이 견해는, 자비하신 하나님이 창조한 존재를 영원한 고통에 넘겨주실 수 없다고 가르친다. 대신에 하나님은 그들을 완전히 말살하신다.

조건적 불멸과 영혼 멸절설은 새로운 생각이 아니다. 하지만 역사는, 영혼 멸절설을 택하는 사람과 운동이 대부분 결국 정통 신앙을 버린다는 것을 보여 준다. 지옥의 영원성을 부인하는 것은 내리막길로 달음박질하는 출발점과 같다. 그러나 최근에 이르러, 특히 일부 이머징 교회 운동에서 조건적 불멸을 주장하고 지옥을 부정하는 행위가 꽤 흔하게 일어나고 있다. 불행히도 지옥을 믿는다는 사람들조차도 지옥을 부인

---

10) '조건적 불멸성'은 인간의 영혼이 본래 불멸적이지 않다고 가르친다. 그러므로 심판으로 정죄를 받은 자들은 망각으로 들어가고, 반면에 의로운 사람들은 불멸성을 얻는다. '영혼 멸절설'은 모든 영혼이 불멸적이나 불의한 자는 심판에서 불멸성을 잃는다는 견해이다.

하는 사람들과 연합하는 일을 일치와 사랑이라는 미명하에 흔쾌히 하고 있다. 그들은 복음 메시지의 중대함과 긴박함이 감소될 정도로 교리가 훼손되어도 개의치 않는 것 같다. 근래에는 대부분의 복음주의자들이 성경적 정통교리가 변질되어도 별 신경을 쓰지 않고 있다.

스펄전은 조건적 불멸을 19세기 내리막길 운동의 큰 오류들 가운데 하나라고 공격했다. 스펄전은 지옥의 영원성을 부인하는 사람들은 "우리가 줄곧 기대해 오던 천국에 대한 소망을 거의 없애버렸다. 물론 의인이 받을 상도 악인이 받을 벌처럼 계속되지 않을 것이다. 이 두 가지 다 같은 구절(마 25:46)에서 거룩하신 분(주님)의 입술을 통해 '영원하다'고 ('영벌'과 '영생'으로 표기됨-편집자 주) 설명되었다(마 25:46). 그러므로 '벌'이 '일시적'으로 되면 '생명'도 그렇게 될 수밖에 없다."[11]

성경은 이렇게 말한다. "그들을 미혹하는 마귀가 불과 유황 못에 던져지니 거기는 그 짐승과 거짓 선지자도 있어 세세토록 밤낮 괴로움을 받으리라"(계 20:10). 예수님은 부자에 대하여 이렇게 말씀하셨다. "그가 음부에서 고통 중에 눈을 들어 멀리 아브라함과 그의 품에 있는 나사로를 보고 불러 이르되 아버지 아브라함이여 나를 긍휼히 여기사 나사로를 보내어 그 손가락 끝에 물을 찍어 내 혀를 서늘하게 하소서 내가 이 불꽃 가운데서 괴로워하나이다"(눅 16:23, 24).

역시 예수님은 이렇게 말씀하셨다. "만일 네 눈이 너를 범죄하게 하거든 빼버리라 한 눈으로 하나님의 나라에 들어가는 것이 두 눈을 가지고 지옥에 던져지는 것보다 나으니라 거기에서는 구더기도 죽지 않고 불

---

11) "Progressive Theology," *The Sword and the Trowel* (1888), 158.

도 꺼지지 아니하느니라"(막 9:47, 48). 그리고 요한계시록 14:11은 대심판 때 적그리스도를 따르는 자들의 영원한 상태를 서술한다. "그 고난의 연기가 세세토록 올라가리로다 짐승과 그의 우상에게 경배하고 그의 이름 표를 받는 자는 누구든지 밤낮 쉼을 얻지 못하리라." 성경 전체에서 지옥에 대해 가장 많이 가르친 분은 주 예수님이셨다. 예수님은 성경의 모든 사도와 선지자와 복음전도자보다 이 주제에 대하여 더 많이 가르치셨다.

하나님의 진노를 가볍게 여기는 설교는 복음전도를 진보시키지 않고 오히려 방해한다. 설교자가 영원한 형벌의 실재와 혹독함을 부인할 때 복음의 엄중성과 하나님께 대한 경외는 짓뭉개진다. 성경의 권위를 타협하면 동시에 그리스도의 분명한 메시지 대부분을 부정하고 교묘하게 설명하여 빠져나가는 일이 생길 수밖에 없다. 이런 가르침은 죄의 심각함을 평가 절하한다. 그러므로 복음 자체가 파괴된다.

지옥을 부인하려는 경향이 복음주의에 얼마나 깊이 스며들었는가? 복음주의 신학대학원 학생들을 대상으로 한 조사에 따르면, 거의 절반 (46%)은 불신자에게 지옥을 전하는 일을 '품위 없는 일'로 생각한다고 했다.[12] 더 나쁜 것은 스스로 '거듭났다.'고 하는 사람들 열 명 가운데 세 명이, '선한' 사람은 그리스도를 결코 의지하지 않더라도 죽을 때 천국에 간다고 답했다.[13] 열 명의 복음주의자 가운데 한 사람은 죄라는 개념이 시대에 뒤떨어지는 것이라고 믿는다고 한다. 2002년 『로스앤젤레

---

12) James Davison Hunter, *Evangelicalism:The Coming Generation*(Chicago: University of Chicago, 1987), 40.
13) George Barna, *The Barna Report*(Ventura, Calif.: Regal, 1992), 52.

스 타임즈』지 첫면에 이런 글이 실렸다.

> 미국 전역의 교회에서 성직자들이 지옥이라는 주제에 대해 설교하기를 갈수록 더 많이 주저함에 따라 지옥이 냉대를 받아 축출되고 있다. …… 지옥이 유행에서 탈락하는 것은 기독교 신학의 핵심이 되는 부분들이 권위보다 개인주의를, 도덕적 절대 기준보다 인간의 심리를 강조하는 세속 사회의 영향을 얼마나 많이 받는지를 보여준다. 심리학과 실존주의 철학과 소비자중심 문화의 등장은 지옥에 물을 퍼부었다. …… "이것은 지나치게 부정적입니다."라고 한 교회사 교수는 말했다. …… "교회는 소비자 중심으로 되는 압력을 엄청나게 받고 있다. 오늘날의 교회는 명령하기보다는 호소해야 할 필요를 느끼고 있다."

이 기사는 현대교회에서 지옥이 사라진 이유에 대해 "그것은 이제 더 이상 섹시하지 않아요."라고 자기 생각을 말한 한 목사의 말도 인용하고 있었다.

이용자에게 친절한 경향을 받아들인 너무나 많은 사람들은 어째서 이용자에게 친절한 태도가 참된 성경적 신학과 양립할 수 없는지 세심하게 숙고하지 않았다. 이 경향의 핵심에는 성경적이 아닌 실용적 관점이 자리잡고 있다. 이것은 정확히 정통 교리의 핵심을 잠식하는 사고방식에 근거를 두고 있는 것으로, 복음주의를 이끌어 신모더니즘으로 이끌어가고 교회를 내리막길로 달려가게 한다.

물론 해결책은 친절하지 않은 교회가 아니라, 사도행전 4장의 교회처럼 서로 섬기지만 죄를 피하고, 서로 책임을 지고, 성경의 모든 진리를 담대히 선포하는, 활기차고 사랑하며 정직하고 헌신하며 예배드리는 신자의 교제이다. 하나님의 일을 사랑하지 않는 사람들은 그와 같은 곳을 이용자에게 친절한 곳으로 여기지 않을 것이다. 그러나 하나님의 복은 그런 교제에 임할 것이다. 왜냐하면 하나님께서 명하신 교회의 모습이 바로 그런 것이기 때문이다. 그리고 하나님은 약속하신 대로 교회에 수가 더하게 하실 것이다.

3. 쇼와 같은 종교

사실 많은 사람이 교회와 무대, 카드놀이와 기도, 춤과 성례를 결합시키려 할 것이다. 우리가 이 급류를 막을 힘이 없다 해도, 적어도 격류의 존재를 사람들에게 경고하여 거기서 빠져나오라고 간청할 수는 있다. 옛 믿음이 사라지고 복음에 대한 열정이 사라진다면, 사람들이 다른 데서 쾌락을 추구한다 해도 전혀 놀랄 일이 아니다. 떡이 없으므로 그들은 재를 먹는다. 마찬가지로 주의 길을 버렸으므로 탐욕스럽게 어리석음의 길로 달린다.

찰스 스펄전[1]

"19세기 말에 이르러 설명의 시대가 지나가기 시작했고, 그것이 다른 것으로 바뀌는 조짐이 일찌감치 눈에 띄었다. 이제 쇼 비즈니스(Show Business)의 시대로 바뀔 참이었다."[2]

찰스 스펄전이 내리막길 논쟁을 치열하게 벌이고 있는 동안, 20세기 전체의 인간사의 흐름을 규정하게 될 범세계적인 동향이 나타나고 있

---

[1] "Another Word Concerning the Down-Grade," *The Sword and the Trowel*(August 1887), 398.
[2] Neil Postman, *Amusing Ourselves to Death*(New York: Penguin, 1985), 63.

었다. 이는 가정과 문화생활의 중심에 오락이 등장한 것이다. 이 동향과 더불어 닐 포스트먼(Neil Postman)이 말한 바 '설명의 시대'가 쇠퇴했다. 이 설명의 시대는 인쇄물과 언어 수단(설교, 논쟁, 강의)을 통해 사상을 사려 깊게 교환하는 것이 특징이었다. 이젠 '쇼 비즈니스의 시대'가 왔다. 이 시대는 유흥과 오락이 사람의 대화에서 가장 중요하고 시간을 많이 빼앗는 것이 되었다. 드라마, 영화 그리고 마침내 텔레비전이 쇼 비즈니스를 삶의 중심으로, 궁극적으로는 우리 가정의 안방으로 끌어들였다.

쇼 비즈니스에서 진리는 아무 상관이 없다. 참으로 중요한 것은 우리를 즐겁게 하느냐 하는 것이다. 내용은 중요하지 않다. 스타일(style)이 모든 것이다. 마샬 맥루한(Marshall McLuhan)의 말로 하면, 매체가 곧 메시지이다. 불행하게도 이런 사고방식이 이제 세상은 물론이고 교회도 지배한다.

토저(A. W. Tozer)는 1955년에 이렇게 썼다.

수세기 동안 교회는 세속적 오락의 핵심을 간파하고 온갖 형태의 세속적 오락을 강하게 반대했다. 즉, 교회는 세속적 오락을 시간 낭비 장치, 마음을 괴롭게 하는 양심의 소리로부터 피하는 도피처, 도덕적 책임으로부터 관심을 돌리게 하는 도구로 보았다. 그래서 교회는 이 세상 사람들에게 우회적으로 모욕을 당했다. 그러나 요즈음 교회는 그 모욕에 넌더리나서 세상과 싸우는 싸움을 포기했다. 교회는, 위대한 신(神)인 오락을 정복할 수 없다면 오락 신과 연대하여 그 신의 능력을 사용하는 편이 낫다고 결정을 내린 듯하다. 그래서 오늘날 우리는 소위 하늘나라의 아들들에게 이 땅의 오락을 제공하는 거룩하지 못한 일에 수백만 달러를 쏟아 붓는 놀라운 광경을 보고 있다. 많은 곳에서 종교적 오락이 하나님의 엄숙한 일들을 급속히 내쫓고 있다. 오늘날 많은 교회는, 3류 '제작자'가 만든 어수룩한 영화를 만들어 상영하는 형편없는 극장과 별반 다르지 않다. 이 제작자는, 자신들의 범죄를 변호하기 위하여 거룩한 말씀까지도 원용할 수 있는 복음주의 지도자들의 전폭적인 찬성을 받는다. 그리고 이 일에 반대하여 감히 목소리를 높일 사람은 거의 없다.[3]

오늘날의 기준에 따르면, 토저의 열정이 불타게 했던 문제들이 시시하게 보인다. 예컨대 교회는 기독교 영화를 보여 줌으로써 사람들을 주일 저녁 예배에 끌어 모았다. 청년 집회의 특징은 경쾌한 음악과 유머를 장기로 하는 강사가 있다는 점이었다. 아주 열정적인 게임과 활동이 교회 청년 활동에서 중요한 역할을 하기 시작했다. 돌이켜 보건대, 토저의 고민을 이해하기는 힘들 듯싶다. 이 시대에는 50년대의 매우 혁신적으로 보였던 방법에 충격을 받거나 우려할 사람이 거의 없다. 오늘날은 이 방법 대부분을 관례적인 것으로 본다.

하지만 토저는 게임이나 음악 양식이나 영화 자체를 비난한 것이 아니었다. 그는 교회에서 일어나고 있는 일 배후에 있는 철학을 염려했다. 토저는 초점이 치명적으로 변하는 일에 관하여 경종을 울린 것이었다. 그는 복음주의자들이 오락을 교회성장의 도구로 사용하는 것을 보았고, 그것은 교회의 우선순위를 뒤집는 것이라고 믿었다. 토저는 교회에 나타나는 경박한 탈선과 육적인 오락이 결국 참된 예배와 하나님 말씀

---

[3] *The Root of the Righteous*(Harrisburg, PA: Christian Publications, 1955), 32-33.

선포를 향한 사람들의 욕구를 파괴할 것을 두려워했다.

그런 점에서 토저는 옳았다. 사실 토저의 책망은 그 어떤 때보다 현 세대의 교회에 더 적절하다. 토저와 토저 앞서 살았던 스펄전은 지금 만개한 동향이 싹틀 때 이미 알아보았다. 백 년 전에는 교회가 장난으로 하던 것이 토저 시대에 와서는 흠뻑 빠져버렸다. 이제는 사로잡힌 것이다.

『월스트리트 저널』(The Wall Street Journal) 지의 한 기사는 '주일 저녁 예배 때 즐겁게 참석하시라.'고 쓴 어떤 유명한 교회의 초대의 글을 적어 놓았다. 이 교회는 "교회 직원을 선수로 출연시켜서 레슬링 경기를 보여준다. 이 이벤트에 대비하여 훈련하려고 10명의 게임 전담 직원이 전(前) 프로 레슬링 선수 터그보트 테일러에게서 머리털을 뽑고 정강이를 차고 실제로 해를 가하지 않고서 몸을 던지는 기술에 관하여 레슨을 받았다."[4] 직원들에게야 해가 없겠지만, 그것이 교회의 메시지에 주는 결과는 무엇일까? 복음이 그런 어릿광대짓에 가려지고 보기 흉하게 희화화되지 않을까? 스펄전이나 토저가 어떻게 생각했을지 상상이나 할 수 있는가?

그런 레슬링 경기는 미약한 몇몇 괴상한 교회에서 나온 대수롭지 않은 실례가 아니다. 이 일은 미국의 5대 교회 가운데 한 교회의 주일 저녁 예배에서 벌어진 것이다. 복음주의 정통 신앙의 주류라고 하는 대표적인 교회들에서도 이와 비슷한 예를 찾아볼 수 있다.

어떤 사람들은, 성경적 원리가 제시되기만 하면 매체는 무엇이든 상

---

4) R. Gustav Niebuhr, "Mighty Fortresses: Megachurches Strive to Be All Things to All Parishioners," *The Wall Street Journal* (May 13, 1991), A6.

관이 없다고 주장할 것이다. 그것은 말도 안 된다. 오락 매체가 사람을 끄는 핵심이라면, 그런 데 전력투구하지 않겠는가? 카니발을 개최하지 않겠는가? 몸에 문신을 새긴 곡예사가 높은 줄을 타고 쇠사슬 톱으로 기교를 부리고 머리에 속임수 개를 올려놓고 중심을 잡으면서 성경 구절을 외칠 수 있다. 그렇게 하면 사람들이 몰릴 것이다. 그래도 메시지의 내용은 여전히 성경적일 것이다. 이것은 괴상한 시나리오지만, 매체가 어떻게 메시지를 값싸게 만들고 오염시킬 수 있는지를 예증한다.

그리고 애석하게도 이는 몇몇 교회에서 실제로 하고 있는 일과 다르지 않다. 현대 교회 지도자들이 예배와 설교에 관심이 없는 사람들을 끌어들이기 위해 할 수 있는 일에는 한계가 거의 없는 듯하다. 너무 많은 사람들이 교회가 오락을 제공함으로써 사람들을 얻어야 한다는 생각을 받아들였다.

교회가 할리우드와 경쟁하는 일에는 한계가 없는 듯하다. 일부 교회는 주일 아침 예배의 불꽃 놀이를 위해 특수효과 감독을 직원으로 채용했다. 미국 남서부의 어떤 큰 교회는 강당에 연기와 불과 불꽃과 레이저 광선을 만들 수 있는 50만 달러짜리 특수 효과 장치를 설치했다. 이 교회는 직원을 라스베가스 밸리 카지노에 보내 라이브 특수 효과를 배우게 했다. 이 교회 목사는 성가대와 오케스트라가 연기와 불과 광선 쇼에 맞추어 음악을 곁들이는 가운데 보이지 않는 와이어를 이용해 '하늘'로 올라감으로써 예배를 마쳤다.[5] 그 목사에게는 이것이 주일에 전형적으로 하는 쇼에 불과했다. "그는 전기톱 돌리기와 나무 쓰러뜨리기, 독

---

5) Robert Johnson, "Heavenly Gifts: Preaching a Gospel of Acquisitiveness, a Showy Sect Prospers," *The Wall Street Journal* (December 11, 1990), A1-8.

립기념일에 번화가에서 불꽃놀이 하기, 코끼리와 캥거루와 얼룩말을 임대하여 크리스마스 예배드리기 등 그런 특수 효과로 교회를 장식한다. 크리스마스 쇼에는 100명의 광대가 출연하여 교회 아이들에게 선물을 나누어 준다."6)

이런 것들은 21세기의 기준으로 보면 아무 것도 아니다. 불꽃놀이와 컴퓨터를 이용한 애니메이션 등은 아주 흔한 것이 되었고, 교회는 이런 장비를 위해 수백만 달러를 쓰고 있다.

그와 같은 속임수 기법을 보았더라면, 스펄전은 지독한 악몽으로 여겼을 것이다. 그리고 토저도 복음주의자들이 큰 오락의 신(神)에게 충성하려고 그처럼 극단적인 데까지 갈 것이라고 예측하지 못했을 것이다.

실용주의에 이끌려 가는 교회

이 괴기한 일들이 효과를 드러내는 듯이 보이는 것, 즉 사람들을 끌어들이는 것은 부인할 수 없다. 그런 방법을 실험한 많은 교회가 교회 출석자 수가 늘고 있다고 보고한다. 그리고 소수의 초대형교회들은 일류 제작진과 효과와 설비를 갖출 수 있었기에 엄청난 수적 성장을 누릴 수 있었다. 그 교회들 일부는 매주 여러 번씩 큰 강당에 수천 명씩 모인다.

이 대형교회들 가운데 몇몇은 우아한 컨트리 클럽이나 휴양 호텔과 비슷하다. 이 교회들은 볼링장, 영화관, 헬스 스파, 레스토랑, 무도장, 롤

---

6) Ibid., A8.

러스케이트장, 다목적 체육관과 같은 탁월한 시설을 갖추고 있다. 레크리에이션과 엔터테인먼트는 필연적으로 이 기업들의 가장 돋보이는 측면이다. 그런 교회들은 교회성장 연구가의 메카가 되었다.

이제 도처의 복음주의자들이 사람을 끌어 모으기 위해 새로운 오락 기법과 형태를 광적으로 추구하고 있다. 오늘날 일반 교회 지도자들은 방법이 성경적인가 성경적이지 않은가를 중요하게 보지 않는다. 효과가 있는가? 바로 이것이 새로운 합법성의 기준이다. 그래서 어설픈 실용주의가 신앙을 고백하는 많은 교회를 이끌어가는 힘이 되었다.

예배인가 쇼인가

찰스 스펄전이 '교회와 연극, 카드놀이와 기도, 춤과 성례를 결합하려 하는' 사람들에게 경고했을 때, 그는 소란 피우는 사람으로 무시당했다. 그러나 스펄전의 예언은 우리 가운데서 성취되었다. 현대의 교회 건물은 극장처럼 지어졌다(스펄전은 이런 교회 건물을 '극장'이라고 했다). 강단 대신 무대가 관심의 초점이다. 교회는 전담 매체 전문가, 프로그램 컨설턴트, 연출가, 연기 지도자, 특수 효과 전문가, 안무가를 고용하고 있다.

이는 모두 시장 지향적 교회 철학의 자연스러운 결과이다. 교회가 상품 판매를 촉진하는 사업에만 골몰한다면, 교회 지도자는 매디슨 가(Madison Avenue)의 방법들에 관심을 기울이는 것이 더 낫다. 결국 교회의 주요 경쟁자는 세속 오락으로 가득 찬 세상과 세상의 재화와 서비스이다. 그러므로 마케팅 전문가는, 우리가 효과적인 오락 형태를 대안으로 개발하기 전에는 세상이 제공하는 것들로부터 사람들의 관심과 충성심을 결코 빼앗지 못할 것이라고 말한다. 그래서 이런 목표가 마케팅 운동의 본질을 이룬다.

이런 것에 무슨 잘못이 있는가? 한 가지 예를 들면, 교회는 세속 오락에 대한 대안으로 자신의 사역을 파는 사업을 하는 것이 아니다(살전 3:2-6). 그렇게 되면 교회의 진정한 사명이 타락하고 값싸게 된다. 우리는 경매인이나 중개인, 중고 자동차 세일즈맨이 아니다. 우리는 그리스도의 사신(使臣)이다(고후 5:20). 주의 두려우심을 알고(11절), 그리스도의 사랑으로 강권함을 받고(14절), 그리스도에 의하여 새로운 피조물이 되었으므로(17절), 우리는 죄인들에게 하나님과 화목하라고 간청한다(20절).

더욱이 시장 지향적인 거대 교회는 그리스도의 진리로 세상과 맞서기는커녕, 열정적으로 세속 문화의 가장 나쁜 물결들을 장려하고 있다. 오락을 바라는 사람들의 욕구를 충족시키면, 지성이 빠진 감정, 무감각, 물질주의의 문제가 악화될 뿐이다. 아주 솔직하게 말해서, 우리 주께서 우리에게 주신 모범에 이보다 더 모순되는 사역 철학은 없을 것이다.

죄인들을 위해 구속의 메시지를 전하고 신자의 성숙과 거룩을 위하여 말씀을 가르치는 일은 모든 교회 사역의 핵심이 되어야 한다. 만일 세상이 교회를 보고 오락센터나 컨트리 클럽임을 알게 된다면, 우리는 잘못된 메시지를 전하고 있는 것이다. 그리스도인이 교회를 오락실로 여긴다면, 교회는 사라질 것이다.

성경 어디서도, 교회는 기독교를 매력적인 대안으로 제시함으로써 사람을 홀려 그리스도께로 데려와야 한다고 하지 않는다. 첫째, 복음에 관한 어떤 것도 선택 사항이 아니다. "다른 이로써는 구원을 받을 수 없나니 천하 사람 중에 구원을 받을 만한 다른 이름을 우리에게 주신 일이 없음이라"(행 4:12). 둘째, 복음은 현대 마케팅의 의미에서 매력적으로 되도록 의도된 것이 아니다. 이미 지적했듯이, 복음의 메시지는 종종 '부딪히는 돌과 거치는 반석'(롬 9:33; 벧전 2:8)이다. 복음은 괴롭게 하고, 뒤집어엎고 죄를 지적하고 죄를 깨닫게 하고 인간의 교만을 공격한다. 그것을 '판매' 할 방법은 없다. 복음을, 사람을 즐겁게 하는 것으로 만들어서 사람들의 공격성을 감소시키려는 자들은 필연적으로 메시지의 핵심을 곡해하고 흐리게 만든다. 교회는, 자신의 사명이 홍보 활동이나 판매가 결코 아니었음을 기억해야 한다. 우리는 거룩한 삶을 살고 하나님의 순전한 진리를 믿지 않는 세상에 사랑으로 그러나 타협하지 않고 선포하라고 부르심을 받았다.

수적 성장이 합당한 목표인가

나는 큰 교회나 교회성장을 반대하지 않는다는 점을 밝혀 두어야겠다. 그레이스 커뮤니티 교회(Grace Community Church)는 1950년에 설립되었고. 내가 오기 전인 첫 10년 동안에 기하급수적으로 성장했다. 하나님의 은혜로 우리 교회는 그 동안 끊임없이 성장을 계속했다. 대개 주일이면 1만 명 이상이 예배에 참석한다. 우리 교회는 몇 년에 걸쳐 성장과 정체를 거듭하는 주기를 경험했다. 그러다가 주차장과 시설이 한계에 이른다. 그 때까지 우리의 출석률과 열심은 조금도 줄지 않았다. 사실상 우리는 지속되는 성장을 수용할 수 있는 새로운 방법을 계속 찾고 있다. 우리는 사역을 위해 사람들을 내보낸다. 이처럼 변화가 심한 사회이기에 우리는 직장 변화와 생활 변화로 인해 교인들을 잃는다.

그래도 우리 교회는 매월 100명 이상이 등록한다. 또 거의 매주 새로 회심한 사람들에게 세례를 준다. 이처럼 우리는 지금도 여전히 지속적이며 강력한 성장을 하고 있다. 물론 우리는 이것이 좋고 건강한 성장이라고 생각한다.

내가 반대하는 것은, 수적 성장을 영적 성장보다 중요하게 여기고, 지금 당장 효과를 낼 수 있는 것이면 무엇이든지 따름으로써 수적 성장을 유도할 수 있다고 믿는 교회성장 전문가들이 종종 옹호하는 실용주의다. 이런 철학에 힘입어 자란 유행주의는 점점 제어하기 힘들어지고 있다. 이 유행주의는 몇몇 거대 교회를 양산해낸 반면 사람들을 성경적 교회로부터 벗어나게 하고 교회들을 성경적 우선순위에서 벗어나게 하고 있다. 이 거대 교회는 앞으로의 문화적 동향을 내다보고 그 동향에 대응할 수 있는 능력에 달려 있다고 한다. 교회는 참된 부흥에서 물러나서 기독교의 대중화를 옹호하는 사람들의 꼬임에 빠졌다. 비극적이게도 대부분의 그리스도인은 유행이 번드레하게 드러나는 기독교에 만족하고 이 문제를 잊어버린 듯하다.

수적 성장은 교회 사역의 합당한 목표인가? 자격 있는 교회 지도자라면 수적 증가가 본질적으로 바람직한 것이 아니라고 진지하게 주장하지 않을 것이다. 그리고 정체나 수적 감소를 추구해야 한다고 믿는 사람은 아무도 없다. 그러나 수적 성장이 언제나 교회의 건강을 가늠하는 최선의 방법인가?

나는 조지 피터스(George Peters)의 다음 의견에 동의한다.

양적 성장은 우리를 속일 수 있다. 그것은 기계적으로 드입된 심리적 혹은 사회적 운동의 급증, 숫자적 계산, 개인이나 집단의 덩어리, 근육이나 중요한 기관의 발전이 없는 몸통의 증가에 불과할 수 있다. 그것은 기독 종교인을 만들지는 모르지만 기독교 신앙을 전파하는 것은 아니다. 과거의 많은 대중 운동과 지역사회와 종족 운동이 그러했다. 한 가지 예가 유럽, 특히 프랑스와 러시아의 교회성장이다. 당시 많은 사람이 세례를 받고 교회에 들어왔지만 그 결과는 기독교인임을 주장하는 사람들의 무리였지 예수 그리스도의 역동적이고 약동하며 장성하고 책임있는 교회는 아니었다. 대처로 기독교인이라는 외형과 주장과 이름의 이런 확대가 신약에서 정의하는 기독교와 사도행전이 묘사하는 교회와 닮은 점이 거의 없음을 인정해야 한다.

많은 점에서 기독 종교의 확장은 복음의 순결성과 참된 기독교적 질서와 삶을 희생했다. 교회는 이교 신앙과 관행에 물들게 되었고 신학은 혼합주의가 되었다. 큰 교파들이 기독교적 이교가 되었다.[7]

성경 어디에도 교회 지도자가 교회성장을 위해 수치적 목표를 세워야 한다고 한 데는 없다.[8] 바울은 교회성장 과정을 이렇게 서술했다. "나는 심었고 아볼로는 물을 주었으되 오직 하나님은 자라나게 하셨나

---

7) *A Theology of Church Growth* (Grand Rapids, Mich.: Zondervan, 1981), 23-24.
8) 참고. C. Peter Wagner, in *Understanding Church Growth* ed., Donald A. McGavran, third ed. (Grand Rapids, Mich.:Eerdmans, 1990). 265-281. 여기서 와그너와 맥가브런은, 수적 목표 설정이 교회성장에 대한 성경적 접근법의 본질적인 부분이라고 주장한다. "교인 수를 목적으로 설정하는 것은 하나님의 영원한 목적과 일치한다. 지상 명령을 수행하면서 행하는 목적 설정은 하나님을 기쁘시게 한다. 성경은 교회성장을 위한 주의 깊은 계획을 굳게 지지한다"(p. 270). 하지만 그들이 이 진술을 지지하기 위하여 인용하는 성경 구절은 사도행전 18:4, 5, 9뿐이다. 이 구절은 수적인 목표나 다른 목표의 설정에 대하여 아무 말도 하지 않는다.

니 그런즉 심는 이나 물 주는 이는 아무것도 아니로되 오직 자라나게 하시는 하나님뿐이니라"(고전 3:6, 7).

우리가 우리 사역의 깊이에 관심을 가지면, 하나님은 우리 사역의 넓이를 보살피실 것이다. 우리가 영적 성장을 목적으로 사역하면, 수적 성장은 저절로 이루어질 것이다.

그리스도의 주재권에 대한 헌신에 기초를 두지 않는 수적 확장이 무슨 유익이 있겠는가? 사람들이 주로 교회가 즐거운 곳이기 때문에 교회에 온다면, 그들은 유쾌하지 않거나 즐겁게 하는 것이 사라지면 즉시 떠날 것이다. 그러면 교회는 끊임없이 더 크고 더 나은 것으로 눈을 가리려고 한없이 애를 써야 하는 절망적인 악순환에 빠지게 되고 만다.

교회성장 운동의 실용주의적 뿌리

사역 철학으로서 실용주의는 지난 50여 년에 걸쳐 번창했던 교회성장 운동으로부터 추진력을 얻었다. 현대 교회성장 운동의 아버지 도널드 맥가브런(Donald McGavran)은 대담한 실용주의자였다.

우리는 선교 방법과 정책을 하나님이 복 주신 것과 하나님이 분명하게 복 주시지 않은 것에 비추어 만들었다. 산업에서는 이를 '피드백에 비추어 운영을 수정하는 것'이라고 한다. 사람을 그리스도께로 인도해야 하는데 그러지 못하고, 교회를 배가해야 하는데 그러지 못하는, 방법과 제도와 정책을 계속하는 것만큼 해외 선교에 해가 되는 것은 없다. 우리는 방법에 관하여 물불을 가리지 말라고 가르친다. 어떤 방법이 하나님의 영광과 그리스도 교회의 확장에 효과적이지 못하면, 그 방법을 내던져 버리고 효과적인 것을 채택하라. 방법에 관하여 우리는 지독한 실용주의자이다. 교리는 별개의 것이다.[9]

젊은 인도 선교사이며 선고사 부모를 둔 맥가브런은, 선교 단체가 수년 동안 인도에서 일하고서도 내놓을 만한 열매를 거의 혹은 전혀 얻지 못한 것이 이상한 일이 아님을 목격했다. 맥가브런이 속한 기관은 수십 년 동안 선교 활동을 하여 겨우 20, 30개 정도의 작은 교회를 세웠을 따름이다.[10] 맥가브런은 효과를 낼 수 있는 방법과 그렇지 못한 방법에 주목하는 선교 전략을 만들어 내기로 결심했다. "1930년대에 공저한 책의 서문에서 천명했듯이, 그는 '효과적이지 못한 교회성장 이론을 내버리고 생산적인 방식을 배워 실천하는 데 전념했다.'"[11]

맥가브런의 실용주의는 처음에 청지기직에 대한 합당한 관심에서 생겼던 것 같다. 그는 "그들이 지원하는 프로그램이 하나님 나라를 확장하는지 그러지 못하는지 점검도 하지 않고 무작정 하나님의 자원(사람과 돈)을 사용하고 있는 것을 보고 놀랐다."[12] 그러나 실용주의는 맥가브런이 가르치는 거의 모든 것의 철학적 기초가 되었고, 다음에는 교회성장

---

9) "For Such a Time as This" (unpublished address, 1970), cited in C. Peter Wagner, "Pragmatic Strategy for Tomorrow's Mission," in A. R. Tippett, God, Man and Chruch Growth(Grand Rapids, Mich.: Eerdmans, 1973), 147.
10) Wagner, ed., Understanding Church Growth, viii—ix.
11) Ibid., ix.
12) Ibid.

운동 전체의 지침을 결정했다.

맥가브런은 교회성장 연구소(Institute of Church Growth)를 설립했는데, 이 연구소는 1965년에 풀러 세계선교학교(Fuller School of World Mission)와 연합했다. 이때부터 교회성장 운동의 실용주의적 교훈은 거의 전 세계의 선교 현장에 미쳤다.

풀러 세계선교학교의 교회성장학 교수인 피터 와그너(C. Peter Wagner)는 도널드 맥가브런의 가장 유명한 제자이다. 와그너는 오늘날 교회성장 운동의 가장 영향력 있는 대변인은 아니라 해도 가장 책을 많이 쓴 사람이다. 그는 교회성장 운동에 내재하는 실용주의에 대하여 이렇게 썼다.

> 교회성장 운동은 항상 실용주의를 강조해 왔고, 많은 사람의 비판에도 불구하고 여전히 실용주의를 강조한다. 우리가 강조하는 실용주의는 교리나 윤리를 타협하지 않으며, 목적을 이루는 수단으로 실용주의를 사용한다 해서 인간을 비인간화하지 않는다. 하지만 이 성별된 실용주의는 단호한 질문을 통해 전통적인 방법과 프로그램을 가차없이 검증한다. 만일 교회의 어떤 사역이 의도한 목적에 이르지 못하고 있으면, 성별된 실용주의는 그 사역에 고쳐야 할 문제가 있다고 말한다.[13]

교회성장 운동에 속한 대부분의 사람처럼 와그너는, 자신이 옹호하는 '성별된 실용주의'가 교리나 윤리의 타협을 허용하지 않는다고 주장한다. "성경은 우리가 은혜를 넘치게 하려고 죄를 짓는다든가 하나님

---

13) *Leading Your Church to Growth* (Ventura, Calif.: Regal, 1984), 201.

이 권장하신 목적을 이루기 위하여 하나님이 금하신 어떤 수단이라도 사용하는 일을 허용하지 않는다."[14]고 와그너는 올바르게 지적한다.

와그너는 이렇게 말을 잇는다. "그러나 이런 단서 하에, 우리는 목적이 수단을 정당화한다는 사실을 분명하게 보아야 한다. 그 밖에 무엇이 수단을 정당화할 수 있는가? 만일 내가 사용하는 수단이 내가 목적하고 있는 목표를 이룬다면, 이 수단은 바로 그런 이유로 좋은 방법이다. 반면에 나의 방법이 목표를 이루지 못하면, 어떻게 그 방법을 계속 사용하는 것을 정당화할 수 있는가?"[15]

이는 참된가? 분명히 그렇지 않다. '내가 목적하고 있는 목표'가 성경적인 근거가 없는 숫자적 목적이라면 혹은 '목표를 이루지 못하는 나의 수단'이 하나님 말씀을 분명히 전하는 것이라면, 특히 그렇다. 바로 그것이 성경적인 강해를 기독고 사역에서 빼버리고 대신 버라이어티 쇼를 채택하는 사고 방식이다.

최근에 한 베스트셀러 작가는 심지어 이런 말까지 했다.

기독교 커뮤니케이션의 근본 원리를 기억하는 일은 매우 중요하다. 즉 메시지가 아니라 청중이 왕이다. 우리의 광고가 사람들로 분주한 일정을 멈추고 우리가 하는 말을 생각하게 하려면, 우리의 메시지는 청중의 필요에 맞추어져야 한다. 우리가 사람들의 필요에 민감하게 반응하는 데 기초를 둔 광고를 만들지 않고 '받아들이든지 아니면 내팽개치든지' 식의 광고를 만들면, 필연적으로 사람들은 우리의 메시지를 거부할

---

14) *Your Church Can Grow* (Ventura, Calif.: Regal, 1976), 160–61.
15) Ibid., 161.

것이다.[16)]

구약 선지자가 그런 철학에 동의했다면 어떻게 되었겠는가? 예를 들면, 예레미야는 40년 동안 외쳤는데도 그다지 긍정적인 반응을 얻지 못했다. 오히려 그의 동족은 예언을 멈추지 않으면 죽이겠다고 협박했다(렘 11:19-23). 가족과 친구들은 그를 해칠 음모를 꾸몄다(12:6). 그는 혼인을 허락받지 못하여 고독을 겪어야 했다(16:2). 그를 죽이려는 음모가 은밀히 이루어졌다(18:20-23). 그는 매를 맞고 차꼬에 채였다(20:1, 2). 그는 복수하려는 친구에게 염탐을 당했다(10절). 그는 슬픔과 부끄러움으로 소진하여, 자신이 태어난 날까지도 저주했다(14-18절). 급기야는 나라를 판 매국노라는 억울한 비난을 받았고(37:13, 14), 매를 맞고 구덩이에 던져져서 여러 날을 굶주렸다(15-21절). 만일 한 구스인이 그를 도와주지 않았다면, 예레미야는 거기서 죽었을 것이다. 전승에 따르면, 결국 예레미야는 애굽으로 추방당해, 거기서 동족들에게 돌에 맞아 죽었다. 예레미야는 사실 전생애를 바쳐 사역했지만 회심자를 하나도 얻지 못했다.

예레미야가 교회성장 세미나에 참석하여 실용주의적 사역 철학을 배웠다고 해보자. 그가 직설적으로 지적하는 사역 방식을 바꾸었을 것 같은가? 사람들의 호감을 얻기 위해 버라이어티 쇼를 상연하거나 코미디를 사용하는 것을 상상할 수 있는가? 예레미야는 군중을 모으는 법은 배웠겠지만, 분명 하나님이 하라고 부르신 사역을 배우지는 못했을 것이다.

사도 바울 역시 판촉기술에 근거한 시스템을 사용하지 않았다. 물론

---

16) Barna, *Marketing the Church*, 145.

몇몇 자칭 전문가가 바울을 새 실용주의의 모델로 만들려고 하긴 했다. 마케팅 기법을 옹호하는 어떤 사람은 이렇게 주장한다. "바울은 모든 시대를 통틀어 위대한 전술가 가운데 하나였다. 그는 아주 많은 '유망한 사람'의 관심을 끌고 최그의 회심자를 얻을 수 있게 할 전략과 전술을 알아내기 위해 전략과 전술을 끊임없이 연구했다."[17] 물론 성경은 이런 것에 대해 전혀 달하지 않는다. 반대로 사도 바울은 육신적인 설득으로 개종자들로 그릇되게 회심하게 할 수 있는 교묘한 방법과 비밀 장치를 배격했다. 바울은 이렇게 썼다.

> 형제들아 내가 너희에게 나아가 하나님의 증거를 전할 때에 말과 지혜의 아름다운 것으로 아니하였나니 내가 너희 중에서 예수 그리스도와 그가 십자가에 못박히신 것 외에는 아무것도 알지 아니하기로 작정하였음이라 내가 너희 가운데 거할 때에 약하고 두려워하고 심히 떨었노라 내 말과 내 전도함이 설득력 있는 지혜의 말로 하지 아니하고 다만 성령의 나타나심과 능력으로 하여 너희 믿음이 사람의 지혜에 있지 아니하고 다만 하나님의 능력에 있게 하려 하였노라(고전 2:1-5).

바울은 데살로니가 교회에 이렇게 상기시켰다.

> 우리의 권면은 간사함이나 부정에서 난 것이 아니요 속임수로 하는 것도 아니라 오직 하나님께 옳게 여기심을 입어 복음을 위탁받았으니 우리가 이와 같이 말함은 사람을 기쁘게 하려 함이 아니요 오직 우리 마음을 감찰하시는

---

17) Ibid., 31-32.

하나님을 기쁘시게 하려 함이라 너희도 알거니와 우리가 아무 때에도 아첨하는 말이나 탐심의 탈을 쓰지 아니한 것을 하나님이 증언하시느니라 또한 우리는 너희에게서든지 다른 이에게서든지 사람에게는 영광을 구하지 아니하였노라(살전 2:3-6).

성경의 올바름이 모든 사역 방법을 판단하는 유일한 준거틀이다.

목적이 수단을 정당화한다는 사역 철학은 그러지 않는다는 조건을 달아도 필연적으로 교리를 타협하게 된다. 만일 우리가 효과성을 옳고 그름의 기준으로 삼는다면, 그것이 어떻게 우리의 교리를 물들이지 않을 수 있겠는가? 궁극적으로 실용주의자의 진리관은 효과적으로 보이는 것에 의하여 형성되지, 성경의 객관적 계시에 의하여 형성되지 않는다.

교회성장 운동의 방법론을 한번 보면, 이런 일이 어떻게 일어나는지 드러난다. 이 운동은 성장하는 교회를 모두, 심지어 그릇된 교리를 핵심적 가르침으로 갖고 있는 교회도 연구한다. 자유주의 교파 교회, 극단적인 성령 은사 종파, 전투적인 극단적 근본주의 독재 체제 등 모두가 교회성장 전문가의 탐구 대상이 된다. 때때로 성장 원리는 몰몬 교회와 여호와 증인의 왕국 회관에서도 끌어온다. 교회성장 전문가는 성장하는 모든 교회의 공통적인 특색을 찾고 효과 있는 방법이면 무엇이든지 옹호한다.

우리는 비기독교 교회의 성장이 하나님이 일하시는 증거라고 믿을 수 있는가? 왜 우리는 복음을 부정하는 종교 집단의 방법론을 복사하려고 하는가? 육적인 수단에 이끌려 계획된 그런 방법에서 생겨난 성장이 정당한지 그렇지 않은지 질문하는 것이 공정하지 않은가? 결국 어떤 방법이 하나님의 백성에게 효과를 내는 것처럼 이교도에게도 효과를 낸다면, 긍정적인 결과가 하나님의 복 주심을 나타낸다고 추정할 근거가 없다.

대부분의 교회성장 문헌에는 현대 교회성장이 기초하고 있는 그릇된 교리적 기반에 대한 비판적 분석이 완전히 빠져 있다. 한 저자는 피터 와그너에 대하여 이렇게 말했다.

> 와그너는 어느 누구에게도 부정적인 평가를 내리지 않는다. 그는 성장하고 있는 교회에서 좋은 것을 발견하고 그다지 비판적인 질문을 던지지 않고 그것을 확언함으로써 성공을 거두었다. 이리하여 와그너는 윔버의 빈야드 운동뿐만 아니라 슐러의 크리스털 교회와 남침례교단 전체를 비롯하여 성장하고 있는 다른 어떤 교회도 교회 생활의 모델로 제시할 수 있게 된다.[18]

사람들은 교회가 성장한다는 사실을 종종 하나님이 인정하신 것으로 오해한다. 결국 사람들은 '왜 하나님이 수적 성장으로 복 주신다는 가르침에 비판적인가?'라고 추론한다. 성장과 연합을 위해서라면 교리상의 결함과 정통 신앙의 이탈을 용납하는 것이 더 낫지 않은가? 실용주의는 이렇게 한 사람의 교리적 시각을 형성하고 만든다.

예를 들어, 피터 와그너는 대체로 실용적이라는 이유로 제3의 물결 운동(Third Wave movement)의 표적과 기사를 수용했다. 그는 이 점에 관하여

---

18) Tim Stafford, "Testing the Wine from John Wimber's Vineyard," *Christianity Today* (August 8, 1986), 18.

아주 솔직하다.

> 능력 전도(power evangelism)를 우리 시대에 지상 명령을 성취하는 중요한 도구로 옹호하는 사람들 가운데 속한 것이 나는 자랑스럽다. 내가 그토록 열정적인 이유 가운데 하나는, 이것이 통한다는 것이다. 전반적으로 오늘날 세계에서 가장 효과적인 전도에는 초자연적 능력이 나타나는 일이 수반된다.[19]

그러므로 분명 와그너의 실용주의적 시각이 그의 교리를 형성했지, 그의 교리가 그의 실용주의적 시각을 형성한 것은 아니다.

와그너는 실제로 이 점에 동의한다. 그는 교회성장 운동의 방법론이 '현상학적'이지 신학적이지 않다고 말한다. 이 접근법이 "많은 전통적 신학자들에게는 지나치게 주관적으로 보일 수 있다."[20]고 그는 인정한다. 그는 이어서 이렇게 말한다. "교회성장은 출발점으로서 종종 '당위성'보다는 '현상'에 관심을 둔다. 그리스도인이 세상과 자신의 삶에서 하나님의 역사를 체험하는 것이 항상 신중한 신학적 합리화를 뒤따르지 않는다. 많은 경우 그 순서는 정반대이다. 즉 신학은 그리스도인의 체험에 의하여 형성된다."[21]

사정이 이렇다면, 자신의 실용주의가 "교리에 대하여 타협하는 그런 것이 아니라는"[22] 와그너의 주장은 무의미하게 되지 않는가? 결국 표적

---

19) *The Third Wave of the Holy Spirit*(Ann Arbor, MI: Vine, 1988), 87.
20) *Church Growth: State of the Art*(Wheaton, IL: Tyndale, 1986), 33.
21) Ibid.
22) *Leading Your Church to Growth*, 201.

과 기사가 교회성장에 효과적인 수단이 됨을 경험이 보여준다면, 그리고 우리의 체험이 신학을 형성하도록 허용하는 것이 정당하다면, 실용주의적이며 스스로 발견케 하는 관찰을 수용하기 위하여 와그너처럼 자신의 교리를 수정하는 것은 당연한 일이다. 그러므로 간단히 말해 실용주의가 명령하는 것처럼 보이는 교리적 구도에 적합하게 하기 위해 성경을 재해석하거나 각색하는 방법을 찾아야 한다.

실용적이면서 동시에 성경적일 수 있다고 생각하는 것은 어리석은 짓이다. 실용주의자는 지금 무엇이 효과적인지를 알기 원한다. 성경적 사상가는 오직 성경이 명령하는 것에 관심을 쓴다. 두 철학은 가장 근본적인 차원에서 대립한다.

실용주의 시대

그런데도 오늘날처럼 실용주의 철학이 복음주의 교회에서 호응을 받은 적이 없다. 수년 동안 세계 선교 활동의 주요인이었던 교회성장 운동은 이제 서양 복음주의의 뒤뜰에서 엄청난 영향력을 발휘하고 있다. 실용주의의 풋내기들은 휴식을 취하려고 본국으로 오고 있다. 수백 개의 북미 교회는 실용주의적 방법론으로 실험을 하고 있고, 그 결과 혁신적인 교회성장 기법에 대한 관심이 폭발적이다. 교회성장 운동은 복음전도가 일차적으로 마케팅 활동이라고 믿는 사람들과 비공식적으로 연대를 형성했다.

교회 안의 실용주의는 우리 시대의 정신을 반영한다. 『사역 마케팅』(Marketing Your Ministry), 『교회 마케팅』(Marketing the Church), 『교회를 위한 효과적 마케팅과 커뮤니케이션 전략 개발』(The Development of Effective Marketing and Communication Strategies for Churches) 등의 제목을 가진 책들이 이제 20년 동안 사역의 기조를 결정지었다. 교회 마케팅을 전문으로 하는 수십 개의 웹사이트들이 온라인으로 목사들의 관심을 끌려고 경쟁하고 있다. 기독교 출판사들은 주석, 성경공부 참고서, 성경 주제에 관한 책보다는 세속 연구 분야, 즉 심리학, 마케팅, 경영학, 정치학, 오락, 비즈니스 등에서 이끌어낸 자문 서적을 더 많이 출판하고 있다.

현대 목회자를 위한 역할 모델은 선지자나 목자가 아니라, 회사 경영자나 정치인 또는 토크 쇼 사회자이다. 현대의 교회는 청중 참석률, 인기투표, 집단 이미지, 통계사의 성장, 재정 수익, 여론 조사, 인구 통계표, 인구 조사 수치, 유행, 유명도, 상위 10위 목록 등의 실용적 사안들에 사로잡혀 있다. 반면에 순결과 진리를 향한 교회의 열정은 사라져버렸다. 반응만 열정적이면 아무도 개의치 않는 듯하다.

토저도 실용주의가 자기 시대의 교회에 기어들어온 것을 알았다. 그는 이렇게 썼다. "나는 오늘날 복음주의 진영에서 이루어지는 활동의 일부, 큰 부분이 실용주의의 영향을 받을 뿐만 아니라 실용주의에 거의 완전히 통제되고 있다고 주저하지 않고 말한다."[23] 토저는 소위 '성별된' 실용주의가 교회에 심어 놓은 위험을 이렇게 서술했다.

> 실용주의 철학은 우리가 지금 하고 있는 것에 관한 지식이나 심지어 그것의 도덕성에 관하여 당혹스러운 질문을 던지지 않는다. 이 철학은 우

---

[23] *God Tells the Man Who Cares* (Harrisburg, PA: Christian Publications, 1970), 71.

리가 선택한 목적을 옳고 선한 것으로 받아들이고 이 목적을 성취하기 위한 효과적 수단과 방법을 궁리한다. 이 철학은 효과를 내는 것을 발견할 때, 그것을 정당화할 본문을 곧 찾고, 그것을 주님께 '성별'하고서 앞으로 돌진한다. 그 다음에 그 수단에 관하여 잡지 기사를 쓰고 책을 쓰고 마침내 그 방법의 창안자는 명예 학위를 받는다. 그 후에, 그 일이 성경적인가 혹은 도덕적으로 타당한가에 관한 질문은 모두 깡그리 제거된다. 아무리 논리를 펼쳐도 소용없다. 그 방법이 효과를 내면, 그래서 그것은 분명 좋은 것이다.[24]

파산한 철학

어떻게 이 새 철학이 필연적으로 건전한 가르침을 침해하는지 아는가? 이 새 철학은 사역의 일차적인 수단으로 예수님이 친히 사용하신 방법, 즉 설교와 가르침을 버린다. 그 대신에 알맹이가 완전히 빠진 방법론을 채택한다. 신조나 정경과는 별개로 존재한다. 사실 교의나 강력한 신념을 분파적이거나 어울리지 않거나 부적합하다고 보고 회피한다. 교리를 학문적이거나, 추상적이거나, 메마르고 위협적이거나 단순히 실제적이지 못하다고 내동댕이친다. 이 철학은 오류를 가르치거나 진리를 부인하기보다는 훨씬 미묘한 일을 한다. 그러나 적의 관점에서 보면 효과적이다. 이 철학은 내용을 완전히 내동댕이친다. 정통 신앙을 정면으로 공격하지 않고 입으로만 진리를 말하면서 조용히 교리의 기초를 허문다. 하나님을 높이지 않고 하나님께 고귀한 것을 더

---

24) Ibid., 70.

럽힌다. 그런 점에서 실용주의는 금세기 초반에 교회를 위협했던 자유주의보다 훨씬 미묘한 위험을 심어 놓는다.

자유주의는 성경적 설교를 공격했다. 20세기 초 미국에서 가장 악명 높은 자유주의자 가운데 한 사람으로 해리 에머슨 포스딕(Harry Emerson Fosdick)이 있는데, 그는 이렇게 썼다. "성경에서 본문을 끄집어내어 본문의 역사적 배경, 문맥 속에서의 논리적 의미, 성경 기자의 신학에서 본문이 차지하는 위치 그리고 아울러서 몇 가지 실제적인 의견을 붙이는 설교자는 성경을 크게 잘못 사용하고 있다."[25] 포스딕은 오늘날 복음주의를 공격해 온 그 동일한 실용주의적 관심으로 인해 성경 강해를 혐오하게 되었다.

> 어떤 절차가 그보다 더 단조롭고 메마르게 될 수 있겠는가? 사실상 백 명의 교인 가운데 한 사람이라도 처음부터 이사야나 바울이나 요한이 어떤 특별한 구절에서 뜻했던 바에 신경을 쓰거나 그 뜻에 관하여 깊은 관심을 갖고 교회에 왔다고 진지하게 생각할 사람이 누가 있겠는가? 대중에게 이야기하는 사람치고 사람들의 중요한 관심사가 2천 년 전에 언급된 말의 의미에 있다고 가정하는 사람은 없다.[26]

포스딕의 제안은, 설교자가 청중의 느끼는 필요에서 시작해야 한다는 것이었다. "(설교자로) 하여금 청중의 매우 중요한 필요를 마지막이 아니라 처음부터 생각하게 하라. 그 다음에는 그 필요를 충족시키기 위

---

25) "What Is the Matter with Preaching?" *Harpers Magazine* (July 1928), 135.
26) Ibid.

한 설교자의 건설적인 노력을 중심으로 전체 설교를 구성하게 하라."[27]

포스딕은 실용주의를 근거로 호소하면서 이렇게 썼다. "이 모든 것이 지각 있는 일이며 심리학적으로도 좋은 일이다. 일류 설교자로부터 일류 광고업자에 이르기까지 다른 모든 사람이 이것을 사용하고 있다. 어째서 많은 설교자가 이를 무시하고 그토록 시대에 뒤떨어진 형태를 계속하는가?"[28]

이것은 바로 이용자에게 친절하고 시장 지향적인 철학의 전통적인 지혜이다. 이것은 느끼는 필요로부터 시작하여 이 필요를 주제 중심 메시지로 다룬다. 성경을 사용하는 경우는, 고작 예증 목적으로만 사용한다. 이는 포스딕이 옹호한 것과 정확히 일치한다. 이는 오락에 빠져 있는 사회에 순응하는 것이다. 다만 지금은 이 충고가 복음주의 안에서 나올 따름이다. 이 충고는 유행하고 있기는 하지만 참된 것에 관해서는 별로 관심을 보이지 않는다. 자유주의에서 생긴 이 충고는 자유주의에 꼭 맞는다. 그러나 성경이 하나님의 영감으로 된 말씀이라고 믿는다고 고백하는 그리스도인들에게는 전혀 어울리지 않는다.

최근에 베스트셀러가 된 한 복음주의 서적은 독자들에게 성경을 적용하는 것보다 해석하는 데 강조점을 두는 설교자를 조심하라고 경고한다. 잠깐! 이것이 지혜로운 권고인가? 그렇지 않다. 고리가 현실에 적합하지 않다고 해서 위험한 것은 아니다. 진정한 위험은 현실에 적합한 비교리적인 시도이다. 참으로 실제적인 모든 것의 핵심은 성경의 가르침에 들어있다. 우리는 성경을 현실에 적합하게 만들지 않는다. 성경은

---

27) Ibid.
28) Ibid., 136.

본래부터 현실에 적합하다. 하나님의 말씀이기 때문이다. 그렇다면, 하나님이 말씀하신 것이 현실에 적합하지 않은 것이 있을 수 있는가(딤후 3:16, 17)?

선술집인 교회

'이용자에게 친절한' 파의 급진적인 실용주의는 교회의 선지자적 역할을 제거한다. 이 실용주의는 교회를 대중적인 조직으로 만들어, 먹고 마시고 즐길 수 있는 따뜻하고 우호적인 분위기를 제공함으로써 교인들을 모으도록 한다. 교회는 예배 처소보다 살롱에 더 가깝다.

이는 과장된 말이 아니다. 실용주의적 교회성장을 옹호하는 최근의 한 베스트셀러는 이런 제안을 담았다.

> 모퉁이 선술집이, 이웃 사람들이 월드 시리즈나 복싱 챔피언전 같은 중요한 스포츠 경기를 보려고 모이는 곳이 되곤 했던 것을 기억하는가? 시대는 변했지만, 지금도 이와 동일한 개념을 활용함으로 교회가 큰 영향을 미칠 수 있다. 대부분의 교회는 큰 홀이나 강당을 가지고 있는데, 이곳은 중요한 대중 매체 이벤트, 즉 스포츠와 정치 토론과 특별 오락 프로 등을 위한 특별 집회를 위해 사용될 수 있다.[29]

---

29) George Barna, *The Frog in the Kettle*(Ventura, Calif.: Regal, 1990), 94–95.

최근 들어 많은 교회 지도자들은 개혁에 열심을 가지고 이 제안을 문자 그대로 받아들였다. 일부 교회의 남성 집회는 포커와 담배를 수용한다. 교회가 술을 마시며 하는 남성 모임('맥주 한 잔 하며 당신의 견해를 나눕시다.' 등과 같은 것)을 후원하는 일이 지금 아주 유행이다.

이 모든 시나리오는 명백하게 비성경적인 전제에 기초를 두고 있다. 교회는 회원을 모으는 집이 아니다. 이웃 사람을 위한 선술집도 아니다. 가입 등록을 받는 공제 조합이 아니다. 파티를 여는 커뮤니티 센터가 아니다. 대중을 위한 컨트리 클럽이 아니다. 지역 사회의 문제를 다루는 시 관할 지역 모임이 아니다. 사회의 불의를 바로잡는 법정이 아니다. 열린 포럼이나 정치 집회나 심지어 복음전도 집회를 위한 곳도 아니다.

교회는 그리스도의 몸(고전 12:27)이며 교회 집회는 공동체의 예배와 교훈을 위한 것이다. 교회의 유일하게 합당한 목적은 "성도를 온전하게 하여 봉사의 일을 하게 하며 그리스도의 몸을 세우려 함"(엡 4:12)이다. 즉 단순한 숫자적 확장이 아니라 생명의 성장이다.

교회 모임은 불신자의 관심을 끄는 것이어야 한다는 생각은 상대적으로 최근에 발전된 것이다. 이와 같은 생각은 성경에서 찾아볼 수 없다. 사실 바울 사도는 모임에 불신자가 들어오는 일을 예외적인 사건으로 말한다(고전 14:23). 히브리서 10:24, 25은 예배는 불신자의 유익이 아니라 신자의 유익을 위한 것임을 지적한다. "서로 돌아보아 사랑과 선행을 격려하며 모이기를 폐하는 어떤 사람들의 습관과 같이 하지 말고 오직 권하여 그 날이 가까움을 볼수록 더욱 그리하자."

사도행전 2:42은 초대 교회가 모일 때 따랐던 모범을 우리에게 보여준다. "그들이 사도의 가르침을 받아 서로 교제하고 떡을 떼며 오로지 기도하기를 힘쓰니라." 초대 교회의 우선순위가 분명 하나님을 경배하고 형제를 세우는 것임을 주목하라. 교회는 예배와 건덕을 위하여 모였다. 교회는 세상에 복음을 전하기 위하여 흩어졌다.

우리 주님은 제자들에게 이런 식으로 복음전도의 사명을 주셨다. "그러므로 너희는 가서 모든 민족을 제자로 삼아"(마 28:19). 그리스도께서는, 교회가 세상 사람을 기다리거나 초대할 것이 아니라 세상으로 가야 한다고 분명히 밝히신다. 그것은 모든 신자의 책임이다. 교회의 벽 안에서 즐거운 복음을 제시할 것을 강조하는 접근법은 신자 각자에게서 세상에서 빛이 되라는 의무를 면하게 하지 않을까 두렵다(마 5:16).

또 우리는 하나님 말씀의 선포가 교회에서 가장 중요하다는 것을 강조한다(고전 1:23, 9:16; 고후 4:5; 딤전 6:2; 딤후 4:2). "때를 얻든지 못 얻든지" "오래 참음과 가르침으로 경책하며 경계하며 권하는" 것은 하나님의 사역자가 맡은 일이다(딤후 4:2). 강력하고 성경적인 설교보다 오락을 높이 치는 목회자는 장로의 일차적인 의무를 내버린다. "미쁜 말씀의 가르침을 그대로 지켜야 하리니 이는 능히 바른 교훈으로 권면하고 거슬러 말하는 자들을 책망하게 하려 함이라"(딛 1:9).

교회의 전략은 세상의 방식으로 세상에 호소하는 것이 결코 아니었다. 교회는 맥주회사나 텔레비전 방송과 같은 선상에 서서 고객 쟁탈전을 벌여서는 안 된다. 똑똑한 설득이나 기발한 기법으로는 진정한 성장을 자극할 수 없다(행 2:47). 인간의 방법론은 하나님의 과정을 빠르게 하거나 추월할 수 없다. 인간의 방법론이 만드는 그 어떤 성장도 쓸모없는 모방이다.

생물학 분야에서 볼 때 인공적 성장이나 부자연적 성장은 외관을 상하게 하고 심지어는 암을 일으킬 수 있다. 영적 영역의 혼합적 성장은 하나에서 열까지 건전하지 못하다.

멋진 기술이 아니라 나쁜 신학이다

마케팅 기법과 교회성장 이론을 결합하는 철학은 나쁜 신학의 결과이다. 이 신학은, 복음을 제대로 포장하면 사람들이 구원받게 될 것이라고 가정한다. 이 신학은 회심을 인간의 의지적 행위에 불과한 것으로 보는 알미니우스주의에 뿌리를 박고 있다. 이 신학의 목적은 인간의 결단이지, 죄를 깨닫게 하시는 성령의 역사와 하나님의 말씀의 진리를 통해 전능하신 하나님이 역사하시는 마음의 근본적인 변화가 아니다. 구원에 있어서 하나님의 주권을 정직하게 믿으면, 교회에서 진행하고 있는 말도 안 되는 일이 많이 중단될 것이다.

나아가 이런 광고 대행사식 접근법은 모두 기독교를 부패시키고 이 세상 시스템 곳곳에 들어있는 육적인 정욕과 영합한다(요일 2:16). 우리 사회에는 원하는 것을 원할 때 가지기를 원하는 사람들로 가득 차 있다. 그들은 자신의 생활양식과 오락과 연예에 집착한다. 교회가 그런 이기적 욕망에 호소할 때, 교회는 참된 경건을 가로막는 둑에 기름을 부을 따름이다.

교회는 자기 십자가를 지는 것이 선택 사항이 되거나 어울리지 않는 것으로 만드는 기독교 브랜드를 만들어서 우리 문화를 수용했다. 실로 서양의 많은 교인들은 자신들의 세계와 가능한 한 대립하지 않음으로써 하나님을 가장 잘 섬길 수 있다고 생각한다.

우리 사회의 기독교는 세상의 가치들을 받아들였기 때문에 이제 죽어가고 있다. 미묘하긴 하지만 분명히, 세속적 태도와 자기 탐닉적 태도가 교회의 심장을 먹어 치우고 있다. 오늘날 종종 선포되는 복음은 심히 오염되어서, 그리스도를 믿는 일을 만족과 번영에 이르는 수단으로 제시한다. 복음의 메시지를 불신자들이 쉽게 받아들이게 하려고 십자가의 거치게 하는 것(참고, 갈 5:11)을 계획적으로 제거하였다. 아무튼 교회는 하나님의 원수와 평화를 선포할 수 있다는 생각을 갖게 되었다.

프로 레슬링 선수, 보디빌더, 코미디언, 마술사, 랩 음악가, 배우, 쇼 비즈니스의 명사들이 설교자를 대신할 때, 복음의 메시지는 참혹한 재난을 맞는다. "전파하는 자가 없이 어찌 들으리오"(롬 10:14).

복음을 제시하는 방법에서 혁신적이고 창의적일 수 있지만, 전달하려고 하는 심오한 영적 진리와 전달 방법을 조화시키는 데 조심해야 한다고 나는 확신한다. 거룩한 메시지를 하찮은 것으로 만들기는 매우 쉽다. 그리고 청중에게 전달하고자 하는 것의 핵심은 메시지여야지 매체여서는 안 된다.

하이테크 거대 교회의 동향을 서둘러 받아들이지 말라. 그리고 전통적인 예배와 설교를 조소하지 말라. 사람을 구원하는 데는 교묘한 접근법이 필요하지 않다(고전 1:21). 우리는 진리를 선포하고 씨를 뿌리는 것으로 돌아가야 한다. 우리가 그 일에 충실하면, 하나님이 준비하신 땅이 열매를 맺을 것이다.

그러나 미국 교회가 성경적 기독교로 돌아가지 않으면, 우리는 곧 그리스도를 위하여 더 이상 영향력을 발휘하지 못하게 될 것이다. 모든 사람이 현대 세계의 얼굴이 얼마나 빨리 변하는지를 보고 놀란다. 그러나 이와 동시에 교회가 내리막길로 얼마나 무섭게 내닫고 있는지를 깨닫는 그리스도인은 별로 없는 것 같다. 우리는 미국의 성경적 복음주의의 종말을 목격하고 있는지 모른다. 아프리카, 아시아, 동유럽의 선교사들이 미국을 복음화하려고 하는 날이 곧 올 것이라는 생각은 전혀 터무니없는 것이 아니다. (사실, 그 일은 이미 시작되고 있다.)

한 때 영적으로 활발하여 프로테스탄트 종교개혁을 주도했던 유럽의 일부 지역이 이제는 거의 완전히 영적 불모지가 되었다. 그 생각을 하면서 나는 놀란다. 나는 영국과 미국을 비롯한 세계의 여러 지역에서 같은 일이 일어나고 있음을 본다. 이 지역에서는 복음이 쇠퇴하고 천박한 종교 연예가 그 자리를 대신하고 있다. 진리를 알고 사랑하는 우리는 하나님의 선지자의 목소리가 되어 그 이름의 거룩함을 확언해야 한다. 우리는 주님의 이름으로 행하는 그 어떤 활동이든지 주님의 완전함을 드러내라고 요구해야 한다. 하나님은 '거룩하다 거룩하다 거룩하다'(사 6:3). 그러므로 그렇게 드러내야 한다. 거기에 미치지 못하는 것은 무엇이든 하나님의 이름에 합당치 못하다.

나병이 발생했다

스펄전은 19세기 말에 오락을 교회에 끌어들이는 이와 같은 경향을 보았다. 1889년에 내리막길 논쟁을 벌일 때, 스펄전의 건강은 크게 약해지고 있었으므로 여러 주일 강단에 서지 못했다. 그러나 4월 어느 목요일 저녁, 스펄전은 태버너클 교회에서 이런 메시지를 전했다.

확신컨대 나는 흠이 없는데 흠을 잡으려고 골몰하지 않습니다. 그러나 눈을 뜨면 30년 전에는 꿈도 꾸지 못했던 일이 우리 교회들에서 이루어지는 것이 보입니다. 오락의 문제에 대하여 교수들은 긴가민가한 태도를 취한 지 오랩니다. 더 나쁜 것은 교회들은 이제 사람들을 즐겁게 하는 것이 자신의 의무라고 생각하게 된 것입니다. 극장에 가는 것을 반대하던 비국교도들은 이제 극장더러 오라고 손짓을 합니다. 많은 교회 건물을 연극 공연을 위해 내주어야 할까요? 법을 엄격하게 지키려 한다면, 연극 공연 허가를 내주지 말아야 하지 않을까요?

바자회에서 하는 일은 개의치 않습니다. 만일 고상한 세상 사람들이 이런 일들을 준비했다면 그 이상 하지 않았을까요? 해보지 않은 바보짓이 있습니까? 세상이 아니라 하나님의 자녀라고 고백하고 구별된 생활을 하며 하나님과 동행하도록 부르심을 받은 사람들의 양심으로 볼 때 그처럼 어리석은 일이 있을까요?

세상은 그런 사람의 뽐내는 태도를 위선으로 봅니다. 그리고 나도 그들을 달리 불러줄 이름이 없습니다. 의상을 차려 입고 바보짓을 하면서 하나님과 교제를 즐기는 사람을 생각해 보십시오. 그들은 은밀한 기도로 하나님과 씨름하고 있다고 말하지만, 숨어서 노름을 하면서 세상을 속입니다. 이것이 옳을까요? 옳고 그름이 이랬다저랬다 합니까? 분명 진지한 행동은 은혜가 마음에 역사할 때 나오고, 경망스런 행동은 악의 영이 지배할 때 나오는 것입니다.

아, 여러분! 그리스도인이 지나치게 엄격하던 때가 있었을지 모릅니다만, 오늘날은 그렇지 못합니다. 청교도의 엄격함과 같은 그런 두려운 일이 있었을지 모릅니다만, 오늘날 나는 그런 것을 결코 보지 못했습니다. 그런 엄격함이 남아 있다면 우리는 지금 악에서 아주 벗어나 있을 겁니다. 우리는 자유에서 벗어나 방종에 이르렀습니다. 우리는 의심하던 것을 넘어서 위험한 데 이르렀습니다. 누구도 우리가 어디서 멈출지 예언할 수 없습니다. 오늘날 하나님의 교회의 거룩함은 어디 있습니까? 이제 교회는 연기나는 삼처럼 어슴푸레하며, 존경의 대상이 아니라 조롱의 대상입니다.

교회의 영향력은 그 거룩함으로 측정되지 않겠습니까? 신앙을 고백하는 많은 그리스도인이 가정에서나 사업에서 성령의 인정을 받으면, 교회는 세상에서 큰 힘이 될 것입니다. 하나님의 성도는 영성과 거룩함이 썰물처럼 낮아지는 것을 볼 때 자연히 예루살렘과 더불어 울어야 합니다. 다른 사람들은 이 일을 대수롭지 않게 볼 것입니다만 우리는 이 일을 나병이 발생한 것으로 봅니다.[30]

그리스도의 교회가 해야 할 일은 이렇다. "사랑하는 자들아 이 약속을 가진 우리는 하나님을 두려워하는 가운데서 거룩함을 온전히 이루어 육과 영의 온갖 더러운 것에서 자신을 깨끗하게 하자"(고후 7:1). 우리의 증거가 능력 있게 하는 것은, 영리한 방법이나 사역 기법이나 재치 있는 설교가 아니다. 그것은 일상생활에서 거룩한 하나님께 순종하고 그의 의로운 표준에 충실할 것이다.

우리는 깨어야 한다. 내리막길은 위험한 곳이다. 무관심할 수가 없다.

---

30) "A Dirge for the Down-Grade, and A Song for Faith," *The Metropolitan Tabernacle Pulpit*, Vol. 35(London: Passmore and Alabaster, 1889), 267–68.

우리는 쾌락과 자기만족을 미친 듯이 추구하는 일을 계속해서는 안 된다. 우리는 신령한 전쟁을 싸우도록 부르심을 받았으므로, 적을 달램으로써 승리를 거둘 수 없다. 궁지에 처한 세상을 구원의 메시지로 맞서야 한다. 남은 시간이 별로 없다. 바울이 로마 교회에 편지했듯이, "너희가 이 시기를 알거니와 자다가 깰 때가 벌써 되었으니 이는 이제 우리의 구원이 처음 믿을 때보다 가까웠음이라 밤이 깊고 낮이 가까웠으니 그러므로 우리가 어둠의 일을 벗고 빛의 갑옷을 입자"(롬 13:11, 12).

4.
여러 사람에게 여러 모습이 된 것은

일부 예배 처소에서 이루어지는 참으로 경박한 태도와 완전히 정신나간 오락은 믿기 어려울 정도가 되곤 했다. 무대 연극과 거의 비슷한 온갖 오락이 예배 처소에서 이루어져 왔고 또 지금은 상당한 호응을 받고 있다. 이런 것이 거룩함을 증진시키거나 하나님과의 교제에 도움이 되겠는가? 사람들이 그런 일에서 벗어나 죄인의 구원과 신자의 성화를 위해 하나님께 간절히 구할 수 있는가? 우리는 거룩하지 않은 주제를 다루기가 몹시 싫다. 그런 주제는 믿음의 행보와 하늘의 교제의 길과는 아주 먼 것 같다. 때로 불평의 대상이 되는 어리석은 것들은 심지어 인간의 존엄성 이하의 것들이고 사려 깊은 사람보다 백치에게 더 어울린다.

찰스 스펄전[1]

기독교 역사 전체를 통하여 시스터 파울라와 같은 사람이 있었을까 의심스럽다. 그녀는 자신을 이렇게 표현했다. "복음을 전파하는 공개적 성전환 그리스도인······5시 해질녘 그림자를 달고 오는 태미 페이."[2] 시스터 파울라는 태어날 때 이름이 래리 닐슨(Larry Nielsen)이었고 아마

---

1) "Restoration of Truth and Revival," *The Sword and the Trowel*(December 1887), 606.
2) *People*(March 16, 1992), 68.

'1950년, 12살 먹은 천성적으로 여자 같은 소년으로' 그리스도인이 되었던 것 같다. 래리가 성전환 수술로 파울라가 되고 몇 년 후에, 오순절파 여성 텔레비전 전도자인 한 친구가 래리/파울라에게 텔레비전 사역을 시작해 보라고 부추겼다. 1992년『피플』(People) 지는 시스터 파울라를 53세로 키 185센티미터에 "라인배커(linebacker) 같이 생겼다."[3]고 서술했다. 지금까지도 파울라는 인터넷으로 사역을 하고 있다. 그녀는 자신을 '진정한 개척자'라고 설명한다.

성전환 복음전도자보다 모순되고 신성모독적인 사람을 생각할 수 있을까? 하지만 시스터 파울라는 자신이 오직 복음만 사용하는 우리 시대의 전형적인 '철저한' 그리스도인보다 사람들에게 더 효과적인 사역을 펼치고 있다고 믿는다. 파울라의 사역 철학은 근본적으로 교회 마케팅 전문가들이 옹호하는 것과 동일한 전략이다. 안타깝게도 갈수록 많은 교인들이 실용주의를 그런 극단으로, 아니 그 이상으로 실행하는 것을 보려고 한다.

교회가 세상을 얻기 위해 세상처럼 되어야 한다는 생각은 이제 복음주의 세계에서 논란거리도 되지 않는다. 현대 세계에서 매력적인 것은 거의 모두 기독교에서도 도입하고 있다. 기독교 모터사이클 패거리, 기독교 보디빌딩 팀, 기독교 댄스 클럽, 기독교 오락 공원 등이 있고, 심지어 기독교 나체주의자 집단촌도 있다.

그리스도인들은 세상을 흉내냄으로 세상을 얻을 수 있다는 생각을 어디서 얻었는가? 그런 사고 방식을 정당화해 줄 성경적 근거가 조금이나

---

3) Ibid.

마 있는가? 많은 교회 마케팅 전문가들은 그런 근거가 있다고 확언하며, 수많은 목회자들이 믿게 했다. 아이러니컬하게도 그들은 복음을 청중의 취향과 생활방식에 맞게 고치는 일을 옹호한 사람으로 바울 사도를 종종 인용한다. 시장지향적 사역의 길을 닦아준 초기 복음주의 저자 중 한 사람은 이렇게 썼다. "바울은 내가 생각하기에 마케팅 커뮤니케이션에 대한 가장 통찰력 있는 시각을 제공했는데, 우리는 그 원칙을 일러 상황화(contextualization, 고전 9:19–23)라고 한다. 바울은 자신이 추구했던 반응을 얻기 위해 사람들의 필요에 따라 전할 말을 기꺼이 만들었다."[4] 그 분야의 다른 한 사람은 "최초의 시장 상인은 바울이었다."[5]고 말한다.

사도 바울은 실제로 이렇게 썼다. "약한 자들에게 내가 약한 자와 같이 된 것은 약한 자들을 얻고자 함이요 여러 사람에게 여러 모습이 된 것은 아무쪼록 몇 사람이라도 구원하고자 함이니 내가 복음을 위하여 모든 것을 행함은 복음에 참여하고자 함이라"(고전 9:22, 23). 이것이 실용주의 사역을 하라는 명령인가? 바울 사도는, 복음 메시지가 오락에 대한 사람들의 흥미를 수용하거나 그들이 좋아하는 악을 실컷 채워 줌으로써 호소력을 가질 수 있다고 말하고 있는가? 바울이 기꺼이 '상황화'의 원리에 얼마나 동조했으리라고 보는가?

타협 불가능한 것

이것만큼은 매우 분명하다. 바울 사도는 사람을

---

4) George Barna, *Marketing the Church*(Colorado Springs: NavPress, 1988), 33.
5) Cited in Mike McIntyre, "Marketing the Maker," *The San Diego Union*(November 6, 1988), D8.

즐겁게 하는 사람이 아니었다. 바울은 이렇게 썼다. "이제 내가 사람들에게 좋게 하랴 하나님께 좋게 하랴 사람들에게 기쁨을 구하랴 내가 지금까지 사람들의 기쁨을 구하였다면 그리스도의 종이 아니니라"(갈 1:10). 바울은 사람들을 즐겁게 하려고 자신의 메시지를 바꾸거나 줄이지 않았다. 바울은 복음으로부터 거치는 일을 제거하려는 일을 전혀 하지 않으려 했다(갈 5:11). 바울은 듣는 자들의 욕망에 영합하는 방법론을 사용하지 않았다. 확실히 그는 현대 시장 지향적 사역자들의 실용주의 철학을 따르지 않았다.

바울의 사역이 효과를 거두게 한 것은 마케팅 지식이 아니라 진리에 대한 확고한 헌신이었다. 바울은 그리스도의 사신이었지 그의 언론 담당 비서가 아니었다. 진리는 선포해야 할 것이지 협상할 것이 아니었다. 바울은 복음을 부끄러워하지 않았다(롬 1:16). 그는 기꺼이 진리를 위해 고난을 받았다(고후 11:23-28). 그는 반대나 거부에 맞서고 물러나지 않았다. 바울은 불신자와 타협하거나 하나님의 원수와 친구 맺지 않았다.

바울의 메시지는 언제나 타협 불가능한 것이었다. 여러 사람에게 여러 모습이 되는 일에 관하여 말한 그 장에서 바울은 이렇게 썼다. "내가 복음을 전할지라도 자랑할 것이 없음은 내가 부득불 할 일임이라 만일 복음을 전하지 아니하면 내게 화가 있을 것이로다"(고전 9:16). 바울은 하나님의 명령에 응답하여 사역했다. 하나님은 바울을 불러 그에게 사명을 주셨다. 바울은 주께 직접 받은 그대로 복음을 전했고 언제나 '가장 중요한 것으로' 그 메시지를 전했다(고전 15:3). 바울은 세일즈맨이나 시장 상인이 아니라 하나님의 사자였다. 그는 듣는 사람을 수용하거나 바라던 반응을 만들어 내기 위해 '자신이 전할 말을 만들려' 하지 않았다.

그가 돌에 맞고 죽은 자로 여김을 받고 내버림을 당하고(행 14:19) 매를 맞고 감옥에 갇히고 마침내 진리를 위해 죽음을 당한 사실은 그가 듣는 사람을 즐겁게 하려고 그들에 맞게 메시지를 고치지 않았음을 증명함에 틀림없다. 그리고 그가 자신의 사역 때문에 친히 당한 고난은 그의 접근법에 잘못이 있다는 것을 보여 주는 것이 아니라 모든 것이 옳았음을 보여 준다.

그렇다면 바울이 "내가 여러 사람에게 여러 모습이 된 것은 아무쪼록 몇 사람이라도 구원하고자 함이니 내가 복음을 위하여 모든 것을 행함은 복음에 참여하고자 함이라"고 쓴 것은 무슨 뜻이었을까? 언제나 그렇듯이 그 문맥이 그의 뜻을 분명하게 드러낸다.

얻기 위하여 포기함

바울이 다음 구절에서 실제로 무엇을 말하는지 다시 한번 보라.

내가 모든 사람에게서 자유로우나 스스로 모든 사람에게 종이 된 것은 더 많은 사람을 얻고자 함이라 유대인들에게 내가 유대인과 같이 된 것은 유대인들을 얻고자 함이요 율법 아래에 있는 자들에게는 내가 율법 아래에 있지 아니하나 율법 아래에 있는 자같이 된 것은 율법 아래에 있는 자들을 얻고자 함이요 율법 없는 자에게는 내가 하나님께는 율법 없는 자가 아니요 도리어 그리스도의 율법 아래에 있는 자이나 율법 없는 자와 같이 된 것은 율법 없는 자들을 얻고자 함이라 약한 자들에게 내가 약한 자와 같이 된 것은 약한 자들을 얻고자 함이요 내가 여러 사람에게 여러 모습이 된 것은 아무쪼록 몇 사람이라도 구원하고자 함이니 내가 복음을 위하여 모든 것을 행함은 복음에 참여하고자 함이라(고전 9:19-23).

이 인용문의 첫 문장은 바울이 무엇에 관하여 말하고 있었는지 분명히 보여 준다. 바울은 자신이 메시지를 희생시키려 하는 것이 아니라 사람들을 그리스도께로 인도하기 위해 자신을 희생시키려 한다고 말하였다. 만일 순전한 복음 전파를 장려하는 일이라면 바울은 모든 것을 포기할 것이다. 심지어 '모든 사람의 종'이 될 것이다. 영혼을 구하고자 하는 바울의 바람이 이 본문의 핵심이다. 그리고 바울은 이 점을 서너 번 반복한다. '더 많은 사람을 얻고자 함이라', '유대인들을 얻고자 함이요', '율법 아래에 있는 자들을 얻고자 함이요', '율법 없는 자들을 얻고자 함이라', '약한 자들을 얻고자 함이요,' '아무쪼록 몇 사람이라도 구원하고자 함이니.' 이와 같이 사람들을 그리스도께로 인도하는 일이 그의 유일한 목적이었다. 이 일을 하기 위해 바울은 자신의 권리와 특권, 지위, 신분, 생계, 자유를 모두 포기하려 했다. 만일 이런 일이 복음을 더 널리 전하게 한다면, 바울은 아무 권리도 내세우지 않고 아무 요구도 하지 않고 아무 특권도 고집하지 않을 것이다.

바울은 바로 그렇게 살고 사역했다. 그는 세상에 맞도록 메시지를 수정하지 않고, 누구든 그리스도의 메시지를 듣고 이해하는 일에 자신이 방해가 되지 않도록 행동했다. 바울이 말한 것은 자기의 희생하는 태도였지 타협이 아니었다. 그는 회개하고 믿으라는 분명하고 직면적인 부름을 결코 바꾸지 않으려 했다.

달리 말해, 바울은 그리스도인의 자유가 사랑에 의해 억제되어야 한다고 말했다. 바로 이것이 고린도전서 8-10장의 전체 주제이다. 앞에서 인용한 본문은 이 문맥 가운데 있다. 고린도 사람들은 그리스도인의 자유에 관하여 논쟁하고 있었던 것이 분명하다. 어떤 사람들은 자신이 바라는 것은 무엇이든지 하는 데 자유를 사용하고자 했다. 또 어떤 사람들은 그리스도 안에서 자유를 누리는 사람들을 시기하며 율법주의로 기울었다. 바울은 두 집단에게 그리스도인의 자유는 하나님을 영화롭게 하고 다른 사람을 섬기기 위해 사용하는 것이지 이기적인 목적을 위해 사용하는 것이 아님을 상기시켰다.

일부 고린도 사람들이 우상에 드린 고기를 먹어도 되는지 바울에게 물었던 것이 분명하다(8:1). 종종 이교 성전에서 그런 고기를 모아 싼 가격으로 시장에서 팔곤 했다. 바울은, 그런 음식을 먹는 것이 본래 나쁜 것이 아니지만 그런 음식을 먹는 것이 다른 사람에게 걸림이 된다면, 다른 사람에게 거치는 그런 일은 잘못이라고 말해 주었다. 바울은 이런 말로 자신의 대답을 간략하게 갈했다. "그런즉 너희가 먹든지 마시든지 무엇을 하든지 다 하나님의 영광을 위하여 하라 유대인에게나 헬라인에게나 하나님의 교회에나 거치는 자가 되지 말고 나와 같이 모든 일에 모든 사람을 기쁘게 하여 자신의 유익을 구하지 아니하고 많은 사람의 유익을 구하여 그들로 구원을 받게 하라"(고전 10:31-33).

바울은 그리스도 안에 있는 자신의 자유를 어떻게 사용했는가? "내가 모든 사람에게서 자유로우나 스스로 모든 사람에게 종이 된 것은 더 많은 사람을 얻고자 함이라"(고전 9:19). 바울은 자신의 자유와 인간적인 권리를 자신의 즐거움이 아니라 하나님의 영광을 위해 사용해야 할 것으로 보았다. 만일 그가 복음 전할 기회와 자신의 자유를 바꿈으로 다른 사람을 자유케 할 수 있다면, 그는 즐겁게 그렇게 했을 것이다.

그리스도 안에 있는 자유

그리스도인의 자유의 본질을 이해하는 일은 매우 중요하다. 우리는 율법 아래 있지 아니하고 은혜 아래 있다(롬 6:14). 분명 율법으로부터 자유한다는 것은, 율법에 계시된 의의 원리가 이제 무효하게 되었음을 뜻하지 않는다. 또 이 자유는 십계명이 우리의 실제 생활에 전혀 적용되지 않음을 뜻하지 않는다. 또 우리 하나님의 거룩한 기준을 개인의 선호하는 것에 굴복시킬 수 있음을 뜻하지 않는다. 또 도덕적으로 요구되는 일들을 하지 않아도 됨을 뜻하지 않는다.

이 자유는 무엇을 뜻하는가? 이는 그리스도인이 구약의 의식을 지켜야 할 필요가 없음을 뜻한다. 우리는 동물로 제사를 드리거나 정결 의식법을 지키거나 월삭과 절기와 희생 제사를 지킬 필요가 없다. 모세를 통해 이스라엘에게 주신 음식에 대한 율법도 따를 필요가 없다. 우리는 그 모든 것에서 자유롭다.

마찬가지로 우리는 모든 이방 종교 의식과 미신을 따를 필요가 없다. 우리의 종교적 배경이 무엇이든 상관없이, 그리스도 안에서 우리는 그와 관련된 모든 얽매는 것에서 자유롭다. 우리는 이제 하나님의 은혜로 산다. 이 은혜 안에는 참된 의의 원리가 있다.

다른 말로 하면 우리의 영적 생활은 외적인 법전이 아니라 하나님의 은혜의 지배를 받는다. 이 은혜는 율법의 의로운 요구를 성취하기 위해 우리 안에서 활동한다(롬 8:4). 은혜는 경건치 않은 것과 세상적 정욕을 다

버리고 신중하고 의롭고 경건하게 살라고 가르친다(딛 2:12). 그리고 은혜는 우리가 거룩한 생활을 할 수 있도록 힘을 준다.

이 엄청난 자유는 그리스도인의 삶이 갖는 가장 주목할 만한 측면 가운데 하나이다. 우리는 관습이나 의식이나 인간의 의견에 굴복할 필요가 없다. 우리와 하나님 사이를 중보할 이 땅의 제사장은 없다. "하나님은 한 분이시요 또 하나님과 사람 사이에 중보자도 한 분이시니 곧 사람이신 그리스도 예수라"(딤전 2:5). 우리는 예배드리기 위해 어떤 곳에 있는 성전으로 순례할 필요가 없다. 우리의 몸이 성령의 성전이다(고전 6:19). 우리는 언제 어디서나 영과 진리로 하나님을 예배할 수 있다(요 4:23, 24). 우리가 예수님의 이름으로 무엇을 구하든지 하나님은 행하실 것이다(요 14:13, 14). 성령님은 우리의 보혜사로 우리에게 주신 바 되셨다(16, 26절). 모든 것이 우리의 것이고, 우리는 그리스도의 것이고, 그리스도는 하나님의 것이다(고전 3:21–23).

새 언약의 종

하지만 이 진리를 균형 있게 하는 역설이 하나 있다. 모든 그리스도인은 자유롭지만 종이다. 이는 새로운 속박이다. "새 언약의 일꾼 되기에 만족하게 하셨으니 율법과 조문으로 하지 아니하고 오직 영으로 함이니 율법의 조문은 죽이는 것이요 영은 살리는 것이니라"(고후 3:6). 자원하는 종으로서 우리는 다른 사람들을 위해 자신의 자유를 자발적으로 제한해야 한다. 예수님이 바로 이것을 가르치시지 않았는가? "누구든지 첫째가 되고자 하면 뭇사람의 끝이 되며 뭇사람을 섬기는 자가 되어야 하리라"(막 9:35). 바울은 자원하여 종이 되는 원리를 복음전도에 적용했다. 그는 스스로 모든 사람의 종이 되었다. 아무리 거칠고 모욕적이고 싫은 이교도에게도 종이 되었다. 바울은 자유가 있지만 복음을 위해 즐거이 종이 되었다.

자원하여 종 되는 이 원리는 구약 율법에 생생하게 그려져 있었다. 출애굽기 21:5, 6은 자신을 다른 사람의 종이 되기로 하는 절차를 서술한다. "만일 종이 분명히 말하기를 내가 상전과 내 처자를 사랑하니 나가서 자유인이 되지 않겠노라 하면 상전이 그를 데리고 재판장에게로 갈 것이요 또 그를 문이나 문설주 앞으로 데리고 가서 그것에다가 송곳으로 그의 귀를 뚫을 것이라 그는 종신토록 그 상전을 섬기리라." 이스라엘 민족은 동료 유대인을 6년 동안만 종으로 삼을 수 있었다. 7년이 되면 풀어주어야 했다. 그러나 한 사람이 계속 종으로 섬기기로 결정하면, 그의 상전은 실제로 그의 귀를 문설주에 대고 송곳으로 그 귀를 뚫는다. 종의 귀에 뚫린 구멍은 어쩔 수 없어서가 아니라 사랑에서 우러나와 섬기기로 한다는 표가 되었다. 바울은 모든 사람을 섬기기 위해 자신의 자유를 자발적으로 포기했다고 말했다. 영적인 의미에서 바울은 구원받지 못한 사람을 위하여 자신의 귀에 구멍을 뚫었다. "내가 모든 사람에게서 자유로우나 스스로 모든 사람에게 종이 된 것은 더 많은 사람을 얻고자 함이라"(고전 9:19).

'종이 되었다.'는 말로 번역된 헬라어 동사는 '둘로오'(*douloō*, 종이 되게 하다)이다. 이 말은 강한 표현이다. 고린도전서 7:15에서 결혼을 통한 결합과 관련하여 이 말이 사용되었다. 그리고 동일한 낱말이 로마서 6:18, 22에서 우리와 그리스도의 연합에 관하여 사용되었다. 이 말은 지극히 확고한 유대를 말한다. 바울은 그렇게 자신을 다른 모든 사람과 묶음으로써 진정으로 자신을 부인했다.

'더 많은 사람을 얻고자 흠이라'는 구절은 세상 혹은 하늘의 상급을 얻는 것을 말하는 것이 아니다. 바울은 잃어버린 자를 그리스도께로 인도하는 일을 말한다. 잃어버린 자들에게 그토록 관심을 가졌으므로, 자신이 그리스도 안에서 자유롭지만 복음을 전할 기회를 위해서라면 기꺼이 사람들의 종이 되려고 했다. 바울은 디모데후서 2:10에서도 이와 같은 헌신을 표현했다. "내가 택함받은 자들을 위하여 모든 것을 참음은 그들도 그리스도 예수 안에 있는 구원을 영원한 영광과 함께 받게 하려 함이라."

바울이 복음을 위해 고난받은 사실에 대해 모두 살펴보라. 바울은 죄수가 되었다. 감옥에 갇혔다. 매 맞고 채찍질당하고 파선당하고 돌에 맞았다. 늘 자신의 목숨을 제쳐두었다. 결국 그는 복음 증거를 위해 죽음을 당했다. 할 수만 있다면 바울은 그 이상 했을 것이다. 바울은 이런 놀라운 말을 썼다. "나에게 큰 근심이 있는 것과 마음에 그치지 않는 고통이 있는 것을 내 양심이 성령 안에서 나로 더불어 증언하노니 나의 형제 곧 골육의 친척을 위하여 내 자신이 저주를 받아 그리스도에게서 끊어질지라도 원하는 바로라"(롬 9:1, 2). 다른 말로 하면 바울은 동족 유대인이 구원받을 수만 있다면 자신의 구원이라도 포기했을 것이라고 생각했다.

반대로 고린도 사람들은 자신의 권리를 내세우고 있었다. 그들은 다른 사람을 희생시키면서 자신의 자유를 잘못 사용하였다. 연약한 형제들이 걸려 넘어졌다. 그리고 고린도전서에 주의 깊게 기록되어 있듯이, 고린도 교회의 교제에 도사리고 있던 이기심과 싸움은 불신자들을 멀리 쫓아냈을 가능성이 높다.

바울은 그들이 자신의 모범을 따르기를 바랐다. "내가 그리스도를 본받는 자가 된 것같이 너희는 나를 본받는 자가 되라"(고전 11:1). 그러면 그의 모범은 무엇이었는가? 바로 그 앞 절인 고린도전서 10장 마지막 절을 보라. "나와 같이 모든 일에 모든 사람을 기쁘게 하여 자신의 유익을 구하지 아니하고 많은 사람의 유익을 구하여 그들로 구원을 받게 하라."

요점은 바로 이것이다. 바울은 마케팅 계획을 옹호하지 않았다. 바울은 '상황화'를 호소하지 않았다. 그는 메시지를 좀더 받아들이기 쉽게 하거나 설교가 할 일을 심리학과 풍자극이나 세속 연예로 대신하라고 하지 않았다. 바울은 그리스도를 알지 못하는 자들을 위해 자기 부인과 희생을 요구하였다.

유대인들에게 내가 유대인과 같이 된 것은

바울은 이 원리를 어떻게 적용했는가? 고린도전서 9:20에서 바울은 자기 부인을 실제로 실천하는 모습을 서술한다. "유대인들에게 내가 유대인과 같이 된 것은 유대인들을 얻고자 함이요 율법 아래에 있는 자들에게는 내가 율법 아래에 있지 아니하나 율법 아래에 있는 자같이 된 것은." 이 구절은 바울이 남을 위해 자신의 자유를 희생한 사실을 서술한다. 바울은 '율법 아래에 있지 아니하나' 율법 아래에 있는 자들을 얻기 위해 자발적으로 율법의 의식 요구 조건을 따랐다. 다른 말로 하면 바울은 그들의 관습을 받아들였다. 그들의 의식법이 무엇을 명령하든지 바울은 기꺼이 행했다. 만일 돼지고기를 먹지 않는 것이 그들에게 중요하면, 바울은 먹지 않았다. 만일 어떤 절기를 지키는 일에 민감하면, 그 절기를 지켰다. 왜 그렇게 했는가? 그들의 자존심을 달래거나 그들의 종교가 참되다고 말하기 위함이 아니라 그들을 예수 그리스도께로 인도할 기회를 얻기 위함이었다.

존 칼빈은 이 구절을 이렇게 이해했다.

바울은 유대인 집단 속에서 유대인의 생활양식을 택하긴 했어도 모든 유대인 앞에서 그렇게 하지는 않았다. 많은 유대인은 완고하여 바리새주의나 자존심이나 악의(惡意)의 영향을 받아 그리스도인의 자유가 완전히 억눌리는 것을 보고자 했기 때문이다. 바울은 그와 같은 사람들에게는 결코 그와 같이 하지 않았을 것이다. 왜냐하면 그리스도께서는 우리가 그런 사람들 때문에 고생하기를 원하지 않으시기 때문이다. 우리 주님은 말씀하신다. "그냥 두라 그들이 맹인이 되어 맹인을 인도하는 자로다"(마 15:14). 그러므로 우리는 연약한 사람들에게는 연약한 사람처럼 되어야 하지만 완고한 자에게는 그럴 필요가 없다. 바울의 목적은 그들을 그리스도께로 인도하는 것이었지, 자신의 이익을 추구하거나 그들의 선의를 유지하려는 것이 아니었다.

이런 사람들은 잘못하고 있다. 그들의 주된 관심은 괴롭지 않게 사는 것이며 이런 이유로 그들은 사람들, 즉 연약한 사람들보다는 불의한 사람들의 기분을 상하게 하지 않으려고 주의를 기울인다. 나아가 중립적인 것과 금지된 것을 구별하지 않는 사람은 이중적으로 잘못되어 있다. 왜냐하면 그렇게 구별하지 않기 때문에 그들은 사람들을 즐겁게 하려고 하나님이 금하신 일들을 서슴없이 행하기 때문이다. 그러나 그들의 가장 나쁜 죄는 자신의 사악한 위선을 변명하기 위해 바울의 이 말을 잘못 사용하는 것이다.[6]

바울은 타협하기 위해 자신을 굽히지 않았다. 바울은 자기 개인의 자유를 희생시켜 불필요한 변명이나 발뺌을 하지 못하게 함으로써, 능력 있고 구원을 주는 복음을 사람들에게 명백하게 선포할 기회를 확보했다.

바울은 복음을 특정 문화적 맥락에 맞게 고침으로써 더 강력하게 만들 수 있다고 말하지 않았다. 메시지를 고치는 것에 관해 말한 것이 아니라 불필요하게 사람들의 기분을 상하게 함으로써 메시지를 전할 능력을 위태롭게 하지 않으려 한다는 말이다. 만일 전하는 메시지가 거치는 것이라면, 그렇게 되어도 좋다. "우리는 십자가에 못박힌 그리스도를 전하니 유대인에게는 거리끼는 것이요 이방인에게는 미련한 것으로 되"(고전 1:23). 그러나 바울은 자신이 불신자에게 거치는 것이 되기를 원치 않았다. "유대인에게나 헬라인에게나 하나님의 교회에나 거치는 자가 되지 말고"(고전 10:32).

신약에서 이 사실을 입증하는 서너 가지 예를 이끌어낼 수 있다. 사도행전 15장에 보면 최초의 교회 공의회인 예루살렘 공의회는 이방인 회심자들을 어떻게 동화시킬지를 결정하려고 모였다. 다수의 유대인 신자들은 유대 전통에 지나치게 빠져서 그리스도께로 돌아온 이방인에 대하여 회의를 품었다. 그 와중에 어떤 사람들이 유대로부터 내려와 그

---

6) *The First Epistle of Paul to the Corinthians*, trans., John W. Fraser(Grand Rapids, Mich.: Eerdmans, 1960), 196.

리스도인들에게 이렇게 전하기 시작했다. "너희가 모세의 법대로 할례를 받지 아니하면 능히 구원을 받지 못하리라"(행 15:1). 다른 말로 하면, 먼저 유대인이 되지 않으면 그리스도인이 될 수 없다고 주장한 것이다. 교회는 혼란에 빠졌다.

이 문제를 토의하기 위해 예루살렘 공의회가 소집되었다(6절). 성경에 따르면 많은 변론이 있었다(7절). 그 과정에서 베드로는 이방인이 최초로 성령을 받았을 때 자신이 거기 있었고 모든 증거를 보면 하나님이 거기에 계셨음이 분명하다고 증거했다(7-11절). 마지막으로, 지도자인 야고보가 이런 판결을 내렸다. "내 의견에는 이방인 중에서 하나님께로 돌아오는 자들을 괴롭게 하지 말고"(19절).

그리하여 문제가 해결되었다. 교회는 이방인에게 유대 의식법을 강요하지 않고 이방인을 있는 그대로 받아들이기로 했다.

그러나 20절을 주목하라. 야고보는 이 말을 덧붙였다. "다만 우상의 더러운 것과 음행과 목매어 죽인 것과 피를 멀리하라고 편지하는 것이 옳으니." 야고보는 이방인이 멀리해야 할 일 네 가지를 열거했다.

첫째로, '우상의 더러운 것'은 우상에게 드린 음식을 뜻했다. 이는 고린도 사람들을 괴롭게 한 바로 그 문제였다. 이교 우상에게 드린 음식을 먹는 것은 유대인들에게는 지극히 잘못된 것이었다. 그들은 이교의 우상 숭배를 멸시했다. 그러나 바울이 말한 것처럼, 우상에게 드린 음식을 먹는 것이 본질적으로 나쁜 것은 아니다. 우상이 무엇인가? "우상의 제물을 먹는 일에 대하여는 우리가 우상은 세상에 아무것도 아니며 또한 하나님은 한 분밖에 없는 줄 아노라"(고전 8:4). 그런데도 예루살렘 공의회는 우상으로 더러워진 것들을 멀리하여 필요없이 유대인을 자극하지 않도록 하라는 이 주의를 덧붙였다.

둘째로, 이방인 신자는 음행을 멀리해야 했다. 이 말은 단순히 음행을 범하지 말아야 한다는 뜻이 아니다. 물론 그것은 마땅한 일이다. 해도 되고 안 해도 되는 회색 지대가 아니다. 사도의 가르침에는 온갖 음행 즉 성적인 범죄를 금하는 것이 많다. 그래서 '음행을 멀리하는 것'은 음행하지 말라는 명령 이상의 뜻을 담고 있다. 이방인 종교는 성적 의식과 성전 매춘과 난교 제의를 중심으로 이루어지므로, 야고보는 이방인 신자들이 그들의 이전 예배 방식과 관계를 끊어야 한다고 말한 것이다. 이방인 신자들은 이런 일들이 벌어지는 의식에 참석해서는 안 된다. 그들은 유대인이 몹시 불쾌하게 여긴 이교적 예배 형식과 완전히 단절해야 했다.

셋째로, 이방인 신자는 목매어 죽인 동물의 고기를 멀리해야 했다.

넷째로, 그들은 피를 멀리해야 했다. 목매어 죽인 고기에는 피가 많다. 유대인 율법은 어떤 동물이든 먹을 때는 피를 완전히 뺄 것을 요구했다. 피를 먹는 것은 유대인들에게 이방인의 모든 관행 가운데 가장 거치는 것 가운데 하나였다. 어떤 이교 종교 의식에는 동물의 피를 마시는 일이 있었다. 그러므로 이방인 신자들에게 이 모든 관행을 멀리하라고 명령한 것이다.

이 일의 의의를 이해해야 한다. 공의회의 결정은 율법주의를 분명히 정죄하는 것이었다. 이 공의회는 이방인을 모세의 율법에 얽매이게 하기를 거부했다. 그러면 왜 이방인 신자들에게 이 네 가지 금지 규정을 부가했는가? 그 이유는 사도행전 15:21에 분명히 나타난다. "이는 예로부터 각 성에서 모세를 전하는 자가 있어 안식일마다 회당에서 그 글을 읽음이라."

다른 말로 하면 이방인 신자는 유대인 불신자를 자극하지 않도록 이 네 가지 일을 멀리해야 했다. 만일 그리스도인이 모든 이방인 의식 가운데서 가장 자극적인 이 네 가지를 행하면, 믿지 않는 유대인이 복음을 듣기도 전에 돌아서버릴 수도 있었다.

사도행전 16장에도 이와 비슷한 예가 있다. 여기서 우리는 성경에서 처음으로 디모데를 만난다. 누가는 디모데의 "어머니는 믿는 유대 여자요 아버지는 헬라인"(1절)이라고 기록한다. 유대인은 그를 이방인으로 여겼을 것이다. 아버지가 이방인이기 때문이다. 게다가 디모데의 어머니는 이방인과 혼인했으므로 사실상 배신자로 간주되었을 것이다.

하지만 디모데는 "루스드라와 이고니온에 있는 형제들에게 칭찬받는 자"로 바울은 그를 데리고 떠나려 할 때 그 지경에 있는 유대인으로 인해 그를 데려다가 할례를 행했다(2, 3절).

잠깐만, 왜 바울은 그렇게 했는가? 분명 바울은 이방인이 할례받지 않아도 구원받는다고 믿었다. 사실 바울은 예루살렘 율법주의자들이 디도가 할례를 받아야 한다고 요구했을 때 거절했다(갈 2:1-5). 더욱이 베드로가 율법주의자들과 타협했기 때문에 바울은 베드로를 정면으로 책망했다(갈 2:11-14). 바울은 베드로에게 이렇게 물었다. "네가 유대인으로서 이방인을 따르고 유대인답게 살지 아니하면서 어찌하여 억지로 이방인을 유대인답게 살게 하려느냐"(14절). 그런데 왜 바울은 디모데에게 할례를 받게 했는가? 그는 일관성 없이 이 문제(이방인 신자의 할례 문제)를 타협했는가?

그렇지 않다. 디모데는 구원을 위하여 할례를 받는 것이 아니었다. 디모데는 구원받았을 때 할례를 받지 않았다. 그리고 디모데는 마음이 강퍅한 율법주의자를 기쁘게 하거나 복음을 덜 거치는 것이 되게 하려고 할례를 받은 것이 아니었다. 유대인들에게 복음을 전파할 기회를 얻기 위해 그들과 같이 되려고 했을 따름이다. 바울과 디모데는 사이비 기독교 율법주의자들과 화평하게 지내거나 위선을 행하거나 아무튼 복음을 누그러뜨리기를 바라지 않았다. 그들은 자신들이 말씀을 전하려고 하는 유대인들과 소통할 수 있는 길을 유지하기를 바랐을 따름이다. 이는 타협이나 사람을 기쁘게 하는 행위가 아니었다. 이는 잃어버린 자를 위한 자기희생이었다.

한 민족의 강력한 종교적 전통을 인정하고 그들의 민감한 감정을 상하지 않게 할 수 있는 일이라면 바울은 기꺼이 그렇게 했다. 물론 그때 하나님의 말씀을 어기거나 복음과 충돌하지 않았다. 그러나 바울 사도는 결코 세속적 욕망이나 악한 이기심에 영합하기 위해 사역을 수정하지 않았다.

이방인들에게 내가 이방인과 같이 되고

고린도전서 9장으로 돌아가 21절을 읽어 보자. "율법 없는 자에게는 내가 하나님께는 율법 없는 자가 아니요 도리어 그리스도의 율법 아래에 있는 자이나 율법 없는 자와 같이 된 것은 율법 없는 자들을 얻고자 함이라." '율법 없는 자'는 이방인이다. 바울이 삽입한 한정구를 주목하라. 바울은 자신이 '하나님께는 율법 없는 자가 아니요 도리어 그리스도의 율법 아래에 있는 자'라고 특별히 말했다. 분명 바울은 자신이 참된 의를 무시하는 자들을 기쁘게 하려고 도덕적으로 율법 없는 자가 되었다고 말하지 않았다.

바울은 의식 면에서 '율법 없는 자'가 되었지만, 방종하게 살거나 불의하게 살지 않았다. 바울은 반율법주의자(antinomians), 즉 그리스도인에게는 모든 율법이 폐지되었다고 믿는 사람들과 뜻을 달리했다. '율법 없는'이라는 말은 도덕법을 뜻하지 않는다. 바울은 이방인들이 자신을 칭송하게 하려고 율법을 지켰다고 암시하지 않았다. 바울은 그리스도인이 되어서도 세속적 생활양식을 고수할 수 있다고 생각하라고 부추기지 않았다. 다시 말하지만 바울은 구약의 의식법에 관하여 말했다. 바울은 이방인 사역을 하면서, 도덕과 무관한 유대인의 전통을 모두 버렸다. 바울은 이방인과 함께 있을 때 그리스도의 법에 충돌하지 않는 한 이방인의 관습과 문화를 따랐다. 바울은 필요없이 이방인의 기분을 상하게 하는 일을 피했다.

예를 들어, 바울은 예루살렘에 있을 때 유대인의 종교 관습을 따랐다. 그는 절기와 안식일을 지켰고 유대인의 식사법을 따랐다. 하지만 안디옥에 갔을 때는 이방인과 더불어 먹었다. 물론 이방인과 더불어 식사하는 것은 자신의 전통과 교육을 범하는 것이었다. 베드로도 안디옥에 왔을 때 유대주의자들이 나타나기 전에 역시 이방인과 함께 먹고 있었다. 그런데 유대주의자들이 나타나자 베드로와 다른 사람들은 물러나서 멀리 떨어져 있었다(갈 2:12). 바울은 "바나바도 그들의 외식에 유혹되었느니라"(13절) 하고 말한다. 그때 바울은 다른 사람 앞에서 베드로를 정면으로 꾸짖었다.

바울이 베드로를 책망하는 이유를 보라. "나는 그들이 복음의 진리를 따라 바르게 행하지 아니함을 보고"(14절). 바울이 여러 사람에게 여러 모습이 된 이유는 복음을 비켜가기 위함이 아니었다. 반대로 그 이유는 어느 때보다 방해받지 않고 복음의 진리를 좀더 직접적으로 선포하기 위함이었다. 바울은 개인적으로 거치게 하는 것을 모두 제거하여 복음의 거치게 하는 것만 있게 되기를 바랐다. 바울은 베드로의 타협을 복음의 분명함과 능력을 해치는 것으로 보았다. 그래서 베드로를 책망했던 것이다.

약한 자들에게 내가 약한 자와 같이 되고

고린도전서 9장으로 돌아와 바울이 세 번째 집단을 언급하는 것을 주목하자. "약한 자들에게 내가 약한 자와 같이 된 것은 약한 자들을 얻고자 함이요"(22절). 약한 자는 누구인가? 바울 신학에서 이 표현은 너무 소심한 그리스도인, 즉 자신의 자유를 이해하지 못하는 미성숙한 신자를 가리킨다. 예를 들어, 유대인 공동체에서 몇몇 새 신자는 여전히 안식일을 지키고 회당에 참석하고 식사법을 따르고 구약 율법의 모든 절기와 의식을 지키려 했다. 거기에는 도덕적으로 잘못된 것이 없었지만 기독교 공동체에 속한 일부 사람들은 양심이 여려서 여전히 그런 일들을 꼭 지켜야 할 것으로 생각했다. 그들은 유대주의에서 벗어났으나, 습관이 된 그 일을 해야 한다는 양심의 소리를 듣고 유대주의를 고수하면서 그것을 참된 하나님 및 구약성경과 연관지었다.

반면에 이방인 가운데는 구원받아 우상숭배에서 벗어났지만 여전히 우상에게 드린 고기와 관련된 것은 무엇이나 두려워하는 사람이 있었다. 아마 어떤 사람들은 옛적의 미신에 매달려서 악마적인 우상을 두려워하거나 단순히 이전 이교도적 생활을 생각나게 하는 것은 무엇이든 원하지 않았을 수도 있다.

물론 바울은 이런 두려움과 미신으로부터 자유했다. 그리고 구약의 의식법으로부터도 자유했다. 그리스도의 율법이 그를 다스렸다. 바울은 다른 사람들의 양심이 허용하는 만큼 할 수 있을 정도로 자유로움을 느꼈지만, 좀더 연약한 형제들과 함께 있을 때는 그들의 감수성을 자극하지 않도록 주의했다. 바울은 그들을 자극하지 않기 위해 자신의 행동을 그들에게 맞추었다. 바울은 더 연약한 형제에게 거치는 것이 되지 않으려고 사랑으로 양보했다.

어떻게 바울은 그런 일을 했는가? 한번은 바울이 모세의 율법을 어기는 설교를 하고 자녀에게 할례를 주지 말라고 유대인을 부추긴다는 그릇된 소문이 예루살렘에 있는 유대인에게 떠도는 것을 가라앉히기 위해 나실인 맹세를 했다(행 21:17-26). 아이러니컬하게도 이런 맹세를 한 것 때문에 결국 바울은 체포되어 감옥에 갇히게 되었다. 믿지 않는 유대인은 복음의 메시지를 증오했고, 그래서 그 메시지를 전하는 사람을 해치려고 했다. 그러나 그들은 바울 개인을 합법적으로 고소할 수 없었다. 왜냐하면 바울은 유대인에게는 유대인과 같이 되고 이방인에게는 이방인과 같이 되고 연약한 형제에게는 연약한 형제와 같이 되었기 때문이다.

또다시 '왜 바울은 이 모든 것을 따랐는가?'라는 의문이 제기된다. 첫째, 고린도전서 9:22, 23은 이렇게 말한다. "여러 사람에게 여러 모습이 된 것은 아무쪼록 몇 사람이라도 구원하고자 함이니." '아무쪼록'(모든 수단을 동원하여)이라는 말은 우선 실용주의같이 들릴 수 있으나, 지금 말하는 것은 타협이 아니라 자기비하(condescension)임을 기억하라. 그 차이는 무엇인가? 자기비하는 개인적이며 선택적인 자유는 포기함으로써 사람들의 종교적 양심에 불필요하게 거치는 것을 제거하는 것이다. 타협은 본질적인 진리를 포기하는 것으로 그로 인해 복음 메시지를 바꾸거나 약화시키는 것이다.

바울은 고린도후서 2:17에서 타협하는 자 및 마케팅하는 자들과 자신을 대비시켰다. "우리는 많은 사람들처럼 하나님의 말씀을 혼잡하게 하지 아니하고 곧 순전함으로 하나님께 받은 것같이 하나님 앞에서와 그리스도 안에서 말하노라." 타협하는 사람은 값싼 복음을 팔고 그리스도의 거치게 하는 것을 벗겨 없앰으로써 그 복음이 호소력을 갖게 하려고 한다. 바울은 순전한 메시지가 마음을 꿰뚫고 들어가 할 일을 할 수 있도록 하기 위해 자신이 방해물이나 거치게 하는 것이 되는 것을 피하려 했다. 사람들이 복음 메시지에 기분이 상한다 해도 바울은 복음의 거치게 하는 것을 제거하지 않았고 또 그렇게 하려는 사람도 용납하지 않으려 했다(참고, 갈 5:11). 그러나 바울은 말씀을 전파할 기회가 생긴다면 자기 부인과 복종을 기꺼이 실천하려 했다.

'상황화'와 교회의 부패

분명한 것은 현대 교회 마케팅 담당자들은 그들의 방법론이 바울의 인정받기를 기대할 수 없고 또 바울을 그들의 철학의 아버지로 주장할 수 없다는 사실이다. 바울이 로마 세계에서 가장 사악한 이교도들에게 사역했지만, 그는 결코 교회를 세속 사회의 입맛에 맞게 고치지 않았다. 바울은 교회의 메시지나 본질을 바꿀 생각이 추호도 없었다. 그가 세운 교회들은 나름대로 개성도 있고 문제도 있었지만, 바울의 가르침과 전략 그리고 무엇보다도 메시지는 시종일관 동일했다. 5장에서 살펴보았지만 그의 사역 방법은 언제나 말씀 전파, 곧 성경 진리의 직설적 선포였다.

반대로 오늘날 복음의 '상황화'는 교회를 시대정신으로 오염시켰다. 복음의 상황화는 교회의 문을 열고 세속적 태도와 천박함과, 때로는 어리석은 파티 분위기를 받아들였다. 이제는 세상이 교회의 행동 지침을 제시한다.

이것은 버지니아 대학 사회학 교수인 제임스 헌터(James Davison Hunter)가 쓴 책에서 분명하게 나타난다. 헌터는 복음주의 대학과 신학대학원 학생들을 대상으로 조사를 실시한 후, 복음주의 기독교가 지난 30년 동안 극적으로 변했다고 결론내렸다. 그는 1980년대 말에 이르자 젊은 복음주의자들이 흡연과 마리화나 사용과 R등급 영화 관람과 혼전 성행위와 같이 한때 세속적이거나 부도덕한 것으로 여겨졌던 행위들을 상당히 용납하게 되었음을 발견했다. 헌터는 이렇게 썼다.

> 전에 보수적 프로테스탄티즘의 도덕 예법을 규정했던 상징적 경계선들이 분명한 잣대를 잃어버렸다. 기독교적 행동과 '세속적' 행동을 구별하는 많은 차이점들이 완전히는 허물어지지 않았다 해도 상당히 희미해졌다. 심지어 세속적으로, 세속적 태도라는 말들조차 한 세대도 안 되는 사이에 전통적 의미를 대부분 잃어버렸다. 세속적 태도의 전통적 의

미는 차세대 복음주의자들에게 적절하지 못한 것이 되어버렸다.[7]

헌터는 복음주의 교회 전체에서 일어난 일이 복음주의 학생들에게 반영된 것을 주목했다. 최근 들어 상황이 굉장히 악화되었다. 성적 부도덕, 심지어 동성애와 같은 도착적 행위까지도 포함하는 세속적 행위 가운데 그리스도인이라 고백하는 학생들이 어느 정도 받아들여 인정하지 않는 것은 없다. 복음주의 젊은이들은 하나님을 위해 하는 일보다 세상의 견해에 훨씬 더 관심이 많은 듯하다. 교회는 불신자들을 기쁘게 하는 데 정신이 팔린 나머지, 자신의 첫째 의무가 하나님을 기쁘시게 하는 것임을 거의 잊어버렸다(고후 5:9). 교회는 지나치게 상황화하여, 세상에 의해 부패하게 되었다.

아무쪼록 몇 사람을 구원함

바울이 스스로 모든 사람의 종이 된 한 가지 목적은, 그들이 구원을 받게 하려는 것이다. 바울은 인기 경쟁을 하지 않았다. 바울은 자신이나 복음이 사람들에게 호소력을 갖게 하려고 애쓰지 않았다. 그의 모든 목적은 복음전도였다. 스펄전은 이 구절에 대해 설교하면서 이렇게 말했다.

사람들을 즐겁게 하려고 설교하는 사람이 있을까 두렵습니다. 그리고

---

7) *Evangelicalism: The Coming Generation*(Chicago: University of Chicago, 1987), 63.

사람들을 많이 모을 수 있고 모인 사람들의 귀를 즐겁게 할 수 있고 그들이 들은 말로 인하여 즐거워하며 돌아갈 수 있는 한, 그 설교자는 팔짱을 끼고 스스로 만족하며 갈 것입니다. 그러나 바울은 대중을 기쁘게 하고 군중을 모으려고 애쓰지 않았습니다. 바울은 사람들을 구원하지 못한다면 그들의 관심을 끄는 것이 쓸데없다고 느꼈습니다. 진리가 사람들의 마음을 꿰뚫고 그들의 생활에 영향을 주고 그들을 새사람으로 만들지 못한다면, 바울은 이렇게 소리치며 돌아갔을 것입니다. "주여 우리에게서 들은 바를 누가 믿었으며 주의 팔이 누구에게 나타났나이까……"

형제들이여, 이제 저나 여러분이나 우리 중에 누구라도 그저 사람을 즐겁게 하거나 사람을 교육하거나 사람을 도덕적이게 만드는 일에 삶을 허비한다면, 마지막 날 심판받을 때에 우리는 매우 안타까운 형편에 처할 것이며 매우 죄송스러운 보고밖에 하지 못할 것입니다. 정죄받을 사람을 교육해 본들 무슨 소용이 있겠습니까? 나팔 소리가 울리고 하늘과 땅이 흔들리고 지옥이 입 벌려 불을 내놓고 구원받지 못한 영혼을 삼킬텐데 사람을 즐겁게 한 것이 무슨 도움이 되겠습니까? 여전히 재판장의 왼편에 서게 되고 '나를 떠나라. 너희 저주받은 자들아.' 하는 말이 그의 분깃이 된다면, 사람을 도덕적이게 만든 일이 무슨 소용이 있겠습니까?[8]

오늘날의 실용주의 교회성장 전략에 대한 나의 우려가 바로 이것이다. 이 전략의 목적은 교인 아닌 사람을 끌어당기는 것이다. 무엇을 위

---

[8] "Soul Saving Our One Business," *The Metropolitan Tabernacle Pulpit*, Vol. 25(London: Passmore and Alabaster, 1879), 674−76.

해서인가? 그들을 즐겁게 하려고 그러는가? 그들로 빠지지 말고 교회 모임에 참석하게 하려고 그러는가? 단순히 교인 아닌 사람을 '교인이 되게 하는 것'은 영원한 가치를 이루지 못한다. 하지만 이 전략은 그런 수준에 머무는 경우가 허다하다. 그렇지 않으면 이 전략은 그리스도를 위한 긍정적 '결단'이 참된 회심과 같다는 그릇된 확신을 죄인들에게 심어주는 물탄 복음과 결합한다. 이제 진정한 그리스도인이 아닌 많은 사람들이 자신과 교회를 동일시한다. 그래서 교회는 세상의 가치관과 세상의 관심과 세상의 시민들의 침노를 당하고 있다.

아무쪼록 우리는 잃어버린 자의 구원을 추구해야 한다. 우리는 모든 사람에게 복종하며 모든 사람의 종이 되어야 한다. 유대인에게는 우리가 유대인같이 되고, 이방인에게는 이방인같이 되고, 어린아이에게는 어린아이같이 되어, 모든 사람에게 모든 모습이 되어야 한다. 그러나 우리는 복음전도의 일차적 수단을 간과해서는 안 된다. 그 수단은 하나님의 순전한 말씀을 그대로 선포하는 것이다. 말씀을 오락과 바꾼 사람들은 그리스도의 진리로 사람들에게 다가가는 효과적인 수단을 갖지 못한 것을 알게 될 것이다.

5.
하나님의 미련한 것

> 쉬지 말고 기도하라. 그리고 이전보다 더 분명한 말로 신실한 말씀을 전파하라. 그런 행동은 가만히 서 있고 아무것도 하지 않는 것처럼 보이지만, 실로 이것이 하나님을 전투에 끌어들이는 것이다. 그리고 하나님이 당신의 언약의 싸움에 신원하러 오실 때 그 싸움을 척척 해치우실 것이다. '하나님이여 일어나사 주의 뜻을 이루소서!'
>
> 찰스 스펄전[1]

내리막길 경향은 교회사 내내 계속되었고 끊이지 않았다. 성경적 기독교가 세속적 태도와 거짓 교리로 위협받지 않은 때는 결코 없었다. 현시대의 복음주의는 특별히 이 사실의 통렬한 본보기를 보여 준다. 지난 한 세기 반 동안에 걸쳐 복음주의 운동의 역사는 자유주의 신학과 세속적 타협의 영향에 맞서는 지루하고 힘든 싸움이었다. 복음주의는 스펄전과 내리막길 논쟁으로 시작하여, 스펄전을 괴롭게 했던 바로 그 문제들 때문에 찢기고 갈리기를 거듭했다.

모더니즘과 내리막길 현상에 대한 스펄전의 초창기 경고는 사람들의

---

1) "Restoration of Truth and Revival," *The Sword and the Trowel*(December 1887), 607.

관심을 거의 끌지 못했다. 그러나 20세기 처음 10년까지는 정통 프로테스탄티즘이 자유주의와의 싸움에서 지고 있는 것이 분명했다. 1909년부터 성경적 진리에 헌신한 한 국제적 기독교 지도자 집단이 『근본적인 것들』(The Fundamentals)이라고 알려진 일련의 논문을 출판하기 시작했다. 시카고 무디 메모리얼 교회(Moody Memorial Church)의 목사 딕슨(A. C. Dixon)이 이 시리즈의 편집장이 되었고, 토레이(R. A. Torrey)와 루이스 마이어(Louis Meyer)가 그를 도왔다. 1911년 딕슨은 스펄전이 사역하는 런던의 메트로폴리탄 태버너클의 목사로 부름받았다. 그래서 내리막길 현상에 맞서 싸우는 전쟁의 본부는 결국 이 전쟁을 시작했던 곳으로 되돌아갔다.

『근본적인 것들』은 12권으로 모아졌고, 1915년에 이르러 완결되었다. 캘리포니아의 기독교 사업가 두 사람의 재정 지원을 받아, 거의 300만 부가 세계 도처의 기독교 사역자들에게 무료로 공급되었다. 이 책은 자유주의자들의 공격을 받고 있던 모든 본질적 교리를 건전하고 성경적으로 변호했다. 이 논문들은 '고등비평'을 비난했다(고등비평은 인본주의 전제를 성경 연구에 주입하여 종종 지독한 불신을 낳았다). 그리고 성경의 무오성과 권위, 성경의 역사성, 축자 영감, 그리스도의 신성, 대속 교리를 비롯한 몇몇 결정적으로 중요한 성경의 특성을 옹호했다. 이 시리즈의 유명한 기고자로는 워필드(B. B. Warfield), 라일(J. C. Ryle), 캠벨 몰간(G. Campbell Morgan), 스코필드(C. I. Scofield), 제임스 그레이(James M. Gray, 무디성경학교장), 피어슨(A. T. Pierson, 태버너클 교회의 스펄전 후임 목사), 찰스 스펄전의 아들 토머스 스펄전(Thomas Spurgeon) 등이 있다.

이 책들은 '근본주의'라고 알려진 운동을 일으켰다. 1919년에 이르자 이 운동은 괄목할 만한 세력이 되었다. 그 해 5월에 기독교 근본주의 세계 대회가 필라델피아에서 개최되었고 여러 교파의 그리스도인이 6천 명 이상 참석했다. 근본주의는 밝은 미래를 갖고 있는 듯이 보였다. 그러나 필라델피아 집회가 근본주의 운동의 절정이었다. 20세기가 끝나기도 전에 '근본주의자'라는 말은 격이 떨어지는 말이 되었고 하나님의 사람들보다는 무자비한 이슬람 아야톨라(Ayatollah)들에게 더 자주 사용되었다. 이제 근본주의자 운동은 쪼개져 작은 부분으로 나누어졌다. 그리고 우리가 보았듯이 새로운 모더니즘이 그리스도인들을 내리막길로 밀어 붙이고 있다.

어떤 일이 일어났는가? 왜 현대의 성경적 기독교가 고리적 타협과 세속적 영향에 그토록 쉽사리 공격을 받았는가?

근본주의자/복음주의 운동을 흥미진진하게 역사적으로 설명하는 내용이 조지 마스던이 쓴 『근본주의를 개혁함: 풀러 신학교와 새 복음주의』[2]에 나온다. 마스던은 한 영향력 있는 기관의 역사를 추적하면서, 어떻게 풀러 신학교가 성경의 무오성을 타협하고 결국 포기했는지를 자세히 설명한다. 본래 이 학교는 교단 신학교들이 자유주의를 받아들이거나 신앙을 버리자 보수적이고 성경적인 훈련을 제공한다는 이유로 설립되었다. 그러나 몇 십 년도 안 되어, 풀러 신학교는 성경의 무오성이라는 사안에 대해 항복했다. 왜 그랬는가? 마스던의 서술에서 풀러 창립자들과 초창기 교수들 가운데 많은 사람이 지적, 학문적 명망에 마음이 사로잡혔던 사실이 드러난다. 그들은 풀러 신학교가 자유주의 교파 신학교와 동등한 평가를 받는 엘리트 학문 공동체로 이름나기를 바

---

[2] *Reforming Fundamentalism: Fuller Seminary and the New Evangelicalism* (Grand Rapids, MI: Eerdmans, 1987).

랐다. 불행하게도 그 시대의 지적 분위기는 회의주의와 자유주의와 인본주의와 저급한 기독교 합리주의에 거의 하나같이 동조하고 있었다. 풀러 신학교 사람들이 인정을 받으려 했던 바로 그 공동체는 풀러 신학교가 설립되어 지지하려고 했던 그 신학과 전쟁을 벌이고 있었다. 풀러 신학교 교수들은 그들이 추구하던 명망을 얻기 위해 기꺼이 타협하려 했다. 그러므로 풀러 신학교의 역사는 논쟁과 교리적 쇠퇴의 슬픈 연대기이다.

미련한 것이 지혜로운 때

지적, 학문적 명망이 가치 있는 목표인가? 받아들일 만한 것과 그렇지 못한 것을 결정하는 기준을 세상이 정한다면 그것은 가치 있는 목표가 아니다. "아무도 자신을 속이지 말라 너희 중에 누구든지 이 세상에서 지혜 있는 줄로 생각하거든 어리석은 자가 되라 그리하여야 지혜로운 자가 되리라 이 세상 지혜는 하나님께 어리석은 것이니"(고전 3:18, 19). 인간의 지혜의 인정을 받으려 하는 것은 어리석은 짓이다. 그 목표는 성경의 완전함과 양립할 수 없다.

바울 사도는 고린도전서에서 이 문제를 상세히 다루었다. 바울은 세상이 종종 성경의 진리를 완전히 미련한 것으로 보는 것을 깨닫고서 이렇게 썼다. "하나님의 어리석음이 사람보다 지혜롭고 하나님의 약하심이 사람보다 강하니라"(고전 1:25). '하나님의 미련한 것'이라고 말한다는 사실이 놀랍지만, 바울은 인간의 철학과 성경의 진리 사이의 갈등을 분명하게 보여 주기 위해 이 표현을 사용했다. 하나님의 지혜는 인간이 평가하기에 항상 지혜롭게 보이지 않을 수 있다. 오늘날과 같은 실용주의 시대에는, 참된 것이 효과적인 것과 대립할 수 있다. 그리고 옳은 것은 세상의 판단으로 받아들일 만한 것과 근본적으로 다를 수 있다. 사실상 그런 경우가 많다. 그러나 이것이 복음에 무슨 결함이 있다는 것을 보여 주는 것은 아니다. 오히려 인간 지혜의 결함을 강조하는 것이다.

바울은 복음이 세상의 지혜보다 못하다는 비난에 맞서서 복음을 옹호했다. 바울은 그리스도의 메시지가 지적으로 넓고 깊다고 주장하지 않고, 세상에서 소위 학자라 하는 사람들로부터 평가와 존경을 구하지도 않았다. 대신에 바울은 복음이 사람의 지혜로 보기에 완전히 미련한 것이라는 점에 동의했다. 바울은 이렇게 썼다.

그리스도께서 나를 보내심은 세례를 베풀게 하려 하심이 아니요 오직 복음을 전하게 하려 하심이로되 말의 지혜로 하지 아니함은 그리스도의 십자가가 헛되지 않게 하려 함이라 십자가의 도가 멸망하는 자들에게는 미련한 것이요 구원을 받는 우리에게는 하나님의 능력이라 기록된 바 내가 지혜 있는 자들의 지혜를 멸하고 총명한 자들의 총명을 폐하리라 하였으니 지혜 있는 자가 어디 있느냐 선비가 어디 있느냐 이 세대에 변론가가 어디 있느냐 하나님께서 이 세상의 지혜를 미련하게 하신 것이 아니냐 하나님의 지혜에 있어서는 이 세상이 자기 지혜로 하나님을 알지 못하므로 하나님께서 전도의 미련한 것으로 믿는 자들을 구원하시기를 기뻐하셨도다 유대인은 표적을 구하고 헬라인은 지혜를 찾으나 우리는 십자가에 못박힌 그리스도를 전하니 유대인에게는 거리끼는 것이요 이방인에게는 미련한 것이로되 오직 부르심을 받은 자들에게는 유대인이나 헬라인이나 그리스도는 하나님의 능력이요 하나님의 지혜니라 하나님의 어리석음이 사람보다 지혜롭고 하나님의 약하심이 사람보다 강하니라 형제들아 너희를 부르심을 보라 육체를 따라 지혜로운 자가 많지 아니하며 능한 자가 많지 아니하며 문벌 좋은 자가 많지 아니하도다 그러나 하나님께서 세상의 미련한 것들을 택하사 지혜 있는 자들을 부끄럽게 하려 하시고 세상의 약한 것들을 택하사 강한 것들을 부끄럽게 하려 하시며 하나님께서 세상의 천한 것들과 멸시받는 것들과 없는 것들을 택하사 있는 것들을 폐하려 하시나니 이는 아무 육체도 하나님 앞에서 자랑하지 못하게 하려 하심이라 너희는 하나님으로부터 나서 그리스도 예수 안에 있고 예수는 하나님으로부터 나와서 우리에게 지혜와 의로움과 거룩함과 구속함이 되셨으니 기록된 바 자랑하는 자는 주 안에서 자랑하라 함과 같게 하려 함이라 형제들아 내가 너희에게 나아가 하나님의 증거를 전할 때에 말과 지혜의 아름다운 것으로 아니하였나니 내가 너희 중에서 예수 그리스도와 그가 십자가에 못박히신 것 외에는 아무것도 알지 아니하기로 작정하였음이라 내가 너희 가운데 거할 때에 약하고 두려워하고 심히 떨었노라 내 말과 내 전도함이 설득력 있는 지혜의 말로 하지 아니하고 다만 성령의 나타나심과 능력으로 하여 너희 믿음이 사람의 지혜에 있지 아니하고 다만 하나님의 능력에 있게 하려 하였노라 (고전 1:17 – 2:5).

인간 지혜의 열등함

바울이 사역하고 있는 곳은 헬라 제국의 통치 하에서 영광의 절정에 이르렀고 이제 로마 정부의 통치 하에서 문화의 부흥을 누리고 있는 한 문명임을 기억하라. 고대 헬라인은 철학을 인간이 이룰 수 있는 최고의 것으로 보고서, 철학을 중심으로 전체 사회를 세웠다. 교육받은 헬라인은 자신의 철학을 매우 중시했다. 서로 영향을 주고받으며 경쟁하는 뚜렷한 철학 체계가 적어도 48개가 있었다. 그 중 많은 것은 종교적인 것으로, 인간의 기원과 도덕과 사회관계와 운명을 이교 신들의 만신전과 연관지어 설명했다. 이 헬라 철학들은 매우 정치(精緻)했고 사회, 경제, 정치, 교육 관계 전체의 기초를 이루고 있었다. 전부는 아니지만 대부분의 철학이 성경의 계시된 진리와 전적으로 대립했다.

간단히 말해서 헬라 사회는 인간의 지혜를 숭배했다. 철학이라는 말은 '지혜에 대한 사랑'을 뜻한다. 불행하게도 고린도의 회심자 가운데 일부는 인간 지혜를 여전히 사랑하여 그것을 교회로 가지고 들어오려고 했다. 분명 그들은 인간의 지혜가 하나님의 계시를 증진시킬 수 있거나 자신들이 그리스도 안에서 갖고 있는 것에 무엇을 더할 수 있다고 생각했다. 이 본문에서 바울은 그들을 바로잡으려 했다.

바울은 골로새서에 비슷한 권면을 담았다. "누가 철학과 헛된 속임수로 너희를 사로잡을까 주의하라 이것은 사람의 전통과 세상의 초등 학문을 따름이요 그리스도를 따름이 아니니라"(골 2:8). 바울의 요점은 그리스도인이 세상의 지혜를 추구할 이유가 없다는 것이다. 세상의 지혜는 구원받지 못한 자들에게 영적으로 유익하지 못하며, 신자에게도 전혀 도움이 될 수 없다. 사실상 인간의 지혜는 혼란과 분열을 일으킬 뿐이다.

바울의 주장이 자연적 사실이나 합리적 진리를 반대한 것이 아님을 주목해야 한다. 바울은 생각 없는 반지성적 입장을 취하지 않았다. 반대로 바울은 종종 제자들의 지성(한글개역성경은 대개 '마음'으로 번역한다)에 호소했다. "오직 마음을 새롭게 함으로 변화를 받아"(롬 12:2), "오직 너희의 심령이 새롭게 되어"(엡 4:23), "위의 것을 생각하고"(골 3:2), "너희로 하여금 모든 신령한 지혜와 총명에 하나님의 뜻을 아는 것으로 채우게 하시고"(골 1:9). 바울은 반지성적이지 않았다. 바울에게는 모든 진리가 하나님이 자신의 말씀으로 오류 없이 계시하신 객관적이며 확고한 것이었다. 그 진리를 알기 위해서는 연구와 노력이 필요했다(딤후 2:15). 그것은 이해의 문제였지 느낌의 문제가 아니었다(고전 14:14-20). 바울이 강조했듯이, 진리는 신비적 직관으로 분간하는 것이 아니라 이성적으로 이해해야 하는 것이었다(참고, 욥 38:36; 눅 24:45). 바울이 지성의 중요성을 낮게 보았다고 생각하지 말라.

바울은 기술과 학문도 반대하지 않았다. 바울 시대에는 의학과 건축학과 공학과 수학을 비롯한 학문들이 오늘날처럼 큰 진보를 이루었다. 바울은 이런 지식 분야 자체를 비난하지 않았다. 바울은 하나님이 주신 학문의 유익을 배우고 적용하는 데 반대하지 않았다. 또 그는 전기나 자동차 공학 같은 새로운 학문도 반대하지 않았을 것이다. 그리스도인은 이런 학문을 누리는 복에 관하여 하나님께 감사할 수 있고 또 감사해야 한다. 이 학문들이 적절하게 사용되는 한, 즉 이 학문들이 하나님이나 옳고 그름이나 선하고 악함이나 삶의 의미에 대한 사변의 기초가 되지 않는 한, 참된 학문들은 복음의 진리에 위협이 되지 않는다.

바울이 반대했던 것은 세속적 철학 뒤에 도사리고 있는 인간의 지혜였다. "하나님께서 이 세상의 지혜를 미련하게 하신 것이 아니냐"(고전 1:20). 다른 곳에서는 이렇게 썼다. "우리가 세상에서 특별히 너희에 대하여 하나님의 거룩함과 진실함으로 행하되 육체의 지혜로 하지 아니하고 하나님의 은혜로 행함은 우리 양심이 증언하는 바니 이것이 우리의 자랑이라"(고후 1:12).

　바울과 반대로 현대의 복음주의는 인간의 견해와 세속적, 육체적 지혜를 합당하지 못한 수준으로 높였다. 지난 세기 거의 내내 복음주의 신학은 학문이라는 신전 앞에 머리를 숙이고, 신학과 철학과 정치학과 심리학과 도덕적 상대주의와 진화론과 다른 모든 학문적 유행을 동화하려고 했다. 이런 것들이 성경과 복음의 단순성에 양립하지 않음을 발견하자, 그리스도인들은 이것들을 적합하게 하려고 하나님의 진리를 기꺼이 왜곡하고 고쳤다. 그리하여 많은 사람들이 인간의 지혜를 받아들이기 위해 성경의 가르침에 대한 온전한 헌신으로부터 멀어졌다.

　분명 지적으로 수용되기 원하는 욕망은 기독교 지도자들과 기관들이 내리막길로 치닫는 데 그 어떤 세력보다 강하게 작용했다. 이런 잘못된 목표를 추구할 때 세속적 교회는 방법이나 생각 면에서 언제나 한두 걸음 뒤처져서 세상을 따랐다. 그러므로 성경을 믿는 복음주의자는 세상에 퍼져 있는 인간의 견해에 맞서서 끊임없이 전쟁을 벌여야 한다.

　세상을 따라가는 교회가 많으면 많을수록 그런 전쟁을 수행하려는 의지는 약해질 것이다. 이제 핵심적 복음주의자들이 세상의 심리학과 방법론을 빌리는 것은 으레 있는 일이다. 어떤 사람들은 단순히 인간의 통찰력을 성경에 더할 수 있다고 생각하고 세상의 지혜에 세례를 주어 '기독교적'인 것으로 만든다.

　반대로 바울은 인간의 지혜를 교회에 통합하기를 철저하게 거부했다. 대신에 바울은 이 인간의 지혜를 원수로 여기고 정면으로 공격했다. "그리스도께서 나를 보내심은 세례를 베풀게 하려 하심이 아니요 오직 복음을 전하게 하려 하심이로되 말의 지혜로 하지 아니함은 그리스도의 십자가가 헛되지 않게 하려 함이라"(고전 1:17). 바울의 임무는 사람의 지혜가 아니라 하나님의 말씀을 전파하는 것이었다.

이 시점에서 복음을 전하는 상황에서조차 인간의 지혜에 호소하는 것이 언제나 잘못인지 물어봐야 공정할 것이다. 우리의 임무가 복음을 세상에 전하는 것이라면, 인간의 지성에 호소할 수 있는 방법으로 표현하려고 해야 하지 않는가? 바울은 이런 접근법이 그리스도의 십자가를 헛되게 하는 것이라고 말함으로써 그 질문에 답한다. 그 이유는 두 가지다. 첫째, 십자가의 메시지는 "멸망하는 자들에게는 미련한 것"(18절)이다. 달리 메시지에 충실할 수 있는 길은 없다. 그리고 둘째로 인간의 지혜를 높이면 반드시 하나님의 진리를 낮추게 된다. 인간의 지혜는 자기 의지와 인간의 자부심과 육체의 정욕과 하나님으로부터 독립하려는 욕망에 영합한다. 그러므로 인간의 지혜와 복음은 체질적으로 양립할 수 없다. 둘을 결합하려고 해보라. 그러면 복음을 하찮은 것, 헛된 것으로 만든다고 바울은 말한다.

사람들이 세련된 종교와 지적인 도덕을 사랑하는 이유는, 바로 이런 것들이 인간 자아에 호소하기 때문이다. 동시에 세상의 지혜는 복음을 비웃는다. 복음이 인간의 자부심과 정면으로 충돌하기 때문이다. 복음은 인간이 자기 죄와 영적 무능력을 인정할 것을 요구한다. 복음은 인간을 비참하게 만들고 죄를 자각하게 만들고 죄인이라 부른다. 게다가 복음은 구원을 인간 스스로의 힘으로 성취할 수 있는 것이 아니라 하나님의 은혜로운 행위로 제시한다. 모든 면에서 십자가는 인간의 자부심을 짓뭉개는 것이다.

하나님의 지혜의 우월함

인간의 지혜는 하나님의 진리를 "미련한 것"(18절)이라고 무시한다. 이 세상의 기준으로 볼 대 지혜로운 사람들은 복음을 설명할 때 '단순한', '현실에 안 맞는', '순진한', '세련되지 못한' 심지어 '어리석은' 과 같은 말을 종종 사용한다. 사실 그들에게는 그렇게 보인다. 무엇보다도 아주 오래전 세상의 삭막한 외진 언덕에서 예수님이 한 조각 나무에 못박힌 일이 현대의 인간이나 영원한 운명에 무슨 소용이 있겠는가? 개인의 업적이나 인간의 선함이나 타고난 자비심이나 종교적 공로가 정말로 아무 소용이 없는가? 참으로 하나님은 죄인을 벌주실 정도로 가혹한가? 그리고 우리는 그토록 나쁜 죄인인가? 타락한 지성은 이렇게 추론한다.

그래서 십자가의 도는 멸망하는 자에게 미련한 것이다(18절).

바울이 '십자가의 도' 에 관하여 말할 때 염두에 둔 것은 물론 복음 메시지이다. 십자가는 우리가 믿고 선포하는 모든 것의 중심이다. 사람들이 십자가를 보석으로 만들어 장식용으로 달고 다니기 전에 경멸받는 사형 집행 도구였음을 기억하라. 그것은 가장 비천한 죄수가 고문받아 죽는 곳이었다. 그보다 모욕적인 것이 있을 수 있는가? 그러나 바울이 주장하는 핵심은 그저 메시지 가운데 십자가를 다루는 부분단 아니라 구원을 주는 하나님의 모든 진리도 포함한다. 하나님의 계시의 중심이 되는 십자가는 인간이 경멸하는 주된 목표물이며, 하나님이 계시한 진리는 세상에서 '미련한 것' 으로 간주되고 이 세상 지혜의 조롱을 받는다.

바울은 고린도에 이르기 바로 전에 아덴의 아레오바고에서 인간의 지혜와 대결했다(행 17:18-21) 아덴의 지성인들은 부활에 관하여 그를 조소했다(32절). 바울은 고린도에서도 같은 일을 더 심하게 만날 것을 알았다. 고린도는 세속 철학과 세상 쾌락과 육체적 욕구에 골몰하던 곳으로 유명한 도시였다. 마케팅 전문가라면, 바울이 접근법을 바꾸고 메시지를 고치고 사람들의 기분을 상하게 할 부분을 약하게 만들고 사람들의 생활과 관심사와 관계 있는 것들에 관하여 좀더 말하라고 바울에게 제안했을 것이다. 그러나 바울은 "예수 그리스도와 그가 십자가에 못박히신 것 외에는 아무것도 알지 아니하기로 작정하였다"(고전 2:2). 바울은 고린도 사람들에게 맞도록 메시지를 바꾸려 하지 않았다. 그들은 사람들의 견해와 이 세상 철학을 충분히 갖고 있어서 바울이 자신의 인간적 견해와 철학을 더해 주지 않아도 되었다. 그들에게 필요한 것은 십자가의 매우 간단하지만 아주 심오한 메시지였다.

인간의 지혜 vs. 하나님의 미련한 것

자연적 지성은 십자가를 거치는 것과 미련한 것으로 보지만, "구원을 받는 우리에게는 하나님의 능력이다"(고전 1:18). 십자가는 하나님의 지혜의 절정이며 그 지혜의 우월성을 보여주는 것이다. 하나님의 지혜는 서너 가지 방법으로 인간의 지혜를 뒤엎는다.

인간의 지혜는 일시적이고 하나님의 지혜는 영원하다

"내가 지혜 있는 자들의 지혜를 멸하고 총명한 자들의 총명을 폐하리라"(19절)는 말씀은 이사야 29 14을 인용한 것이다. 그 후에 바울은 인간의 지혜를 조롱하는 질문을 잇따라 쏟아낸다. "지혜 있는 자가 어디 있느냐 선비가 어디 있느냐 이 세대에 변론가가 어디 있느냐 하나님께서 이 세상의 지혜를 미련하게 하신 것이 아니냐"(20절). 본질적으로 바울은 "자신의 지혜가 하나님보다 우월하다고 주장할 수 있는 사람이 어디 있느냐?"라고 묻고 있는 것이다. 인간의 지혜가 전쟁이나 기아나 범죄나 가난이나 부도덕을 없앴느냐? 모든 똑똑한 주장과 인상적인 수사학이 인간을 어디로 이끌었는가? 사람들이 그런 것들 때문에 더 잘 사는가? 아니면 좀더 자신에게 만족하고 있을 뿐인가? 인간의 지혜는 아무것도 바꾸지 못했다. 삶은 지금도 여전히 인류를 항상 괴롭혀 왔던 같은 문제와 같은 딜레마로 가득 차 있다.

인간의 견해는 종종 모순되며, 항상 변하고 때로는 유행되지 않다가 다시 다른 세대에 나타날 뿐이다. 이 세상의 지혜는 하나님의 권위를 거부했으므로 그것을 굳게 붙들어 줄 닻이 없다.

인간의 지혜는 무력하고 하나님의 지혜는 강력하다

바울은 21-25절에서 이 세상의 지혜가 영적으로 효과가 없다고 지적한다. 이 세상의 지혜는 인간 본성을 개선하거나 사람을 하나님께 더 가까이 데리고 갈 수 없다.

현대 교회는 반드시 이 진리를 알아야 한다. 모든 철학자와 지성인과 사회학자와 인류학자와 심리학자와 정치가와 그 외의 지혜로운 사람들을 다 모아도, 죄의 문제에 대한 해결책을 발견하거나 인류를 하나님께로 한걸음 더 가까이 이끌지 못했다. 사실상 인류는 영적으로 그 어느 때보다 나쁜 상태이며, 높은 자살률과 핵전쟁의 위협과 유행병처럼 번지는 좌절과 혼돈과 낙담과 퇴폐를 안고 있다. 우리 시대에 인간의 지혜는 고대 고린도의 모든 철학마냥 붕괴되었다. 어쩌면 그보다 더할지 모른다.

사실 인간의 지혜와 인간의 철학은 인간의 상태를 더 낫게 하기는커녕 더 나쁘게 하는 경향이 있다. 전쟁과 민족 우월주의와 알콜중독과 범죄와 이혼과 약물 문제와 빈곤 등의 현대의 문제가 모두 이 사실을 입증한다. 이런 일들을 누구나 악으로 진단하지만, 치료책은 발견되지 않고 계속해서 더 널리 번지고 더 심각해지고 있다. 그리고 세상이 인간의 지혜에 의존하면 할수록 이런 문제들은 더 나빠질 것이다.

해결책이 있는가? 분명 해결책은 있다. "하나님께서 전도의 미련한 것으로 믿는 자들을 구원하시기를 기뻐하셨도다"(21절). '전도'(설교)는 헬라어로는 '케뤼그마'(Kērugma)이다. 이 말은 하나님이 사람을 구원하는 일차적 수단으로 정하신 메시지와 방법을 모두 강조한다. 킹제임스역(KJV)은 이렇게 되어 있다. "전도의 미련한 것으로 믿는 자들을 구원하는 것이 하나님을 기쁘시게 했다." 전도/설교를 드라마와 음악과 좀 더 교묘한 수단으로 바꾸고자 하는 사람들은 다음을 살펴보는 것이 좋을 것이다: 하나님은 의도적으로 세상의 지혜가 미련하다고 여기는 메시지와 방법을 택하셨다. '미련한 것'으로 번역된 헬라어는 '모리아'(mōria)인데, 이 말에서 '모로닉'(moronic, 저능한)이라는 말이 나온다. 하나님의 구원 수단은 말 그대로 인간의 지혜가 보기에 저능한 것이다. 그러나 그것은 하나님이 메시지를 말하게 하시는 유일한 전략이다.

"구원을 받는 우리에게는 하나님의 능력이라"(18절). 하나님의 미련한 것을 위해 사람의 지혜를 포기하는 사람은 영생을 얻는다. 이 '미련한 것'은 모든 사람의 유일한 희망이다. 그래서 이 단순한 복음이 복잡한 인간 지혜가 추구해 온 모든 것을 준다. "아무도……세상에서 지혜 있는 줄로 생각하거든 어리석은 자가 되라 그리하여야 지혜로운 자가 되리라"(고전 3:18).

하나님은 사람들이 인간의 재능으로 진리를 아는 지식에 이르기를 기대하지 않으심을 주목하라. 하나님은 전도의 미련한 것을 택하셨다. 사람들은 하나님께 이를 길을 추론할 수 없다. 그러나 하나님은 "전도의 미련한 것으로 믿는 자들을 구원하시기를 기뻐하셨다"(21절). 이것이 '하나님의 지혜'로 정하신 하나님의 계획이다.

바울은 미련한 전도를 옹호하지 않았다. 그저 복음을 전하는 것이 이 세상의 지혜에 따르건 미련한 것임을 지적할 따름이었다. 교회 사역에서 마케팅 원리를 장려하는 사람들은, 사람들이 설교를 원하지 않으면 우리는 그들이 원하는 것을 주어야 한다고 한다. 바울은 이를 어떻게 보았는가?

바울은 명확한 태도를 취했다. "유대인은 표적을 구하고 헬라인은 지혜를 찾으나 우리는 십자가에 못박힌 그리스도를 전하니 유대인에게는 거리끼는 것이요 이방인에게는 미련한 것이로되"(22, 23절). 유대인은 표적을 원한다. 그런데 왜 그들에게 표적을 주지 않는가? 헬라인은 철학을 사랑한다. 그런데 왜 철학적인 대화로 메시지를 구성하지 않는가? 결국 이는 "내가 여러 사람에게 여러 모습이 되었다."고 말한 이 사도의 생각과 동일한 것이 아닌가? 그러나 여기서 다시 우리는, 바울이 모든 사람에게 기꺼이 종이 되려 했지만 복음을 수정하거나 복음을 전파하는 하나님의 계획을 바꾸려 하지 않았음을 본다. 바울은 세상을 떠들썩하게 하는 것을 원하는 사람들의 요구에 부응하여 표적을 행하거나 좀 더 사색적인 데 취향이 있는 사람들을 위해 철학적인 용어로 메시지를 구성하여 인간의 지혜의 입맛에 맞추려 하지 않았다. 대신 바울은 십자가에 못박히신 그리스도를 전파했다. 이는 믿지 않는 유대인에게는 거리끼는 것이요 철학적인 헬라인에게는 미련한 것이었다.

유대인들은 능력을 보기 원했다. 헬라인은 지혜를 듣기 원했다. 전도의 미련한 것에 응하는 사람들만 이 둘을 얻었다. "오직 부르심을 받은 자들에게는 유대인이나 헬라인이나 그리스도는 하나님의 능력이요 하나님의 지혜니라"(24절). 아이러니컬하게도 그리고 비극적이게도 인간의 지혜는 미련하고 약하다고 간주하는 것이 하나님의 능력과 지혜를 가장 분명하게 나타낼 수 있다. "하나님의 어리석음이 사람보다 지혜롭고 하나님의 약하심이 사람보다 강하니라"(25절).

인간의 지혜는 엘리트를 위한 것이고 하나님의 지혜는 모두를 위한 것이다

바울은 고린도 교인들을 매우 잘 알고 있었다. 그래서 바울은 그들 가운데 세상에서 높은 지위를 가진 사람이 거의 없다는 사실을 상기시켰다. "형제들아 너희를 부르심을 보라 육체를 따라 지혜로운 자가 많지 아니하며 능한 자가 많지 아니하며 문벌 좋은 자가 많지 아니하도다 그러나 하나님께서 세상의 미련한 것들을 택하사 지혜 있는 자들을 부끄럽게 하려 하시고 세상의 약한 것들을 택하사 강한 것들을 부끄럽게 하려 하시며"(26, 27절). 바울은 미련한 것과 지혜 있는 것, 약한 것과 강한 것이라는 이중적인 대조를 언급하며, 고린도 그리스도인 가운데 많이 교육받았거나 힘 있거나 부유하거나 유명한 사람이 거의 없음을 지적했다. 그리고 물론 높은 지위에 있는 사람들이 있다 해도 그리스도인이 될 때 거의 지위를 잃어버렸을 것이다.

하나님의 능력은 사람의 연약함에서 온전해진다(고후 12:9). 하나님의 지혜는 인간의 기준에 비추어 보면 미련하게 보인다. 하지만 하나님은 이 세상의 미련한 것들을 쓰셔서 지혜로운 자들을 부끄럽게 하신다. 약한 것들을 쓰셔서 강한 자들을 부끄럽게 하신다. 낮은 것들을 쓰셔서 교만한 자들을 부끄럽게 하신다. 멸시받는 자들을 쓰셔서 이름 있는 자들을 부끄럽게 하신다(고전 1:27, 28). 우리는 하나님이 지성인을 쓰셔서 다른 지성인을 인도해야 한다고 생각하는 경향이 있다. 그러나 사실 지적인 훌륭함으로는 한 사람이라도 그리스도께로 인도하지 못한다. 지적으로 감명을 받고자 하는 자들은 그 메시지가 미련한 것을 발견할 것이다. 반면에 세속 지혜의 깊이를 헤아려 보고 그것이 허황된 것임을 발견한 사람들에게 복음을 확신시키기 위해서는 인상적인 논리가 필요하지 않다. 나는 경비원이나 막노동자들에게 설복되어 그리스도께로 온 박사와 대학 교수들을 안다. 주님은 "아무 육체도 하나님 앞에서 자랑하지 못하게 하려고"(29절) 그 방법을 정하셨다.

인간의 지혜는 사람을 높이고 하나님의 지혜는 하나님을 영화롭게 한다

"너희는 하나님으로부터 나서 그리스도 예수 안에 있고 예수는 하나님으로부터 나와서 우리에게 지혜와 의로움과 거룩함과 구원함이 되셨으니 기록된 바 자랑하는 자는 주 안에서 자랑하라 함과 같게 하려 함이라"(1:30, 31). 구원은 전적으로 하나님이 하시는 일이다. "너희는 그 은혜에 의하여 믿음으로 말미암아 구원을 받았으니 이것은 너희에게서 난 것이 아니요 하나님의 선물이라 행위에서 난 것이 아니니 이는 누구든지 자랑하지 못하게 함이라 우리는 그가 만드신 바라 그리스도 예수 안에서 선한 일을 위하여 지으심을 받은 자니 이 일은 하나님이 전에 예비하사 우리로 그 가운데서 행하게 하려 하심이니라"(엡 2:8-10). "그런즉 자랑할 데가 어디냐 있을 수가 없느니라 무슨 법으로냐 행위로냐 아니라 오직 믿음의 법으로니라 그러므로 사람이 의롭다 하심을 얻는 것은 율법의 행위에 있지 않고 믿음으로 되는 줄 우리가 인정하노라"(롬 3:27, 28). "자랑하는 자는 주 안에서 자랑할지니라"(고후 10:17).

인간의 지혜는 사람들이 공을 쌓는 구원 방법을 만들기 원한다. 만일 모든 공로를 얻을 수 없다면 조금의 공로로 만족할 것이다. 그러나 하나님의 계획에서는, 구원받은 사람은 도무지 자랑할 것이 없다. 왜냐하면 하나님이 모든 것을 하시기 때문이다. 그들은 기여하는 것이 없다. 하나님이 그들을 택하시고 부르시고 이끄시고 믿게 하신다. 사람의 결심이나 결단이 아니라 하나님의 주권적 뜻이 누가 구원받을지조차 결정하신다. 모든 것이 '하나님으로부터 나온다.' 구원의 어느 측면도 신자에게 있는 선한 것에 의존하지 않는다. 그러나 "예수는……우리에게 지혜와 의로움과 거룩함과 구원함이 되셨다"(고전 1:30).

구원에 있어서 하나님의 주권적 역할은 뒤에서 자세하게 살필 것이다. 하지만 여기서 하나님의 구원 사역의 본질은 우리와 그리스도의 연합에 나타남을 주목하라. 하나님은 단순히 우리에게 지혜와 의로움과 거룩함과 구속함을 주시지 않는다. 오히려 하나님은 '우리에게 지혜와 의로움과 거룩함과 구원함이 되시는 예수 그리스도 안에' 우리를 두신다(30절). 하나님은 우리를 그리스도와 주권적으로 연합시키는데, 이는 하나님의 모든 것이 우리의 것이 되게 하려 하심이다.

하나님의 구원 사역의 완전한 충족성을 주목하라. 그리스도 안에서 우리에게 주신 지혜와 의로움과 거룩함과 구속, 이것들 외에 우리에게 더 필요한 것이 있는가? 분명 없다. 하나님이 우리를 위해 하신 일을 늘이려 하면 하나님의 은혜를 폐할 뿐이다(참고. 갈 2:21). 하나님의 완전한 은사에 무엇을 더하려 하면 그 은사를 줄일 따름이다(약 1:17). 이 세상의 통찰력으로 하나님의 지혜를 늘이려고 시도하면, 하나님의 지혜의 전적인 완전함을 손상할 따름이다. 어떻게 우리가 그리스도와 그 말씀을 개선할 수 있는가?

죄인을 높이는 인간의 지혜와 달리 하나님의 지혜는 하나님을 영화롭게 한다. "기록된 바 자랑하는 자는 주 안에서 자랑하라 함과 같게 하려 함이라"(고전 1:31). 다른 곳에서 바울은 이렇게 썼다. '내게는 우리 주 예수 그리스도의 십자가 외에 결코 자랑할 것이 없으니 그리스도로 말미암아 세상이 나를 대하여 십자가에 못박히고 내가 또한 세상을 대하여 그러하니라"(갈 6:14).

바울이 십자가에 못박히신 예수 그리스도 외에는 아무것도 알지 않기로 결심한 것은 놀랄 일이 아니다(고전 2:2). 철학이나 인간의 통찰력을 논의해야 할 이유가 어디 있는가? 그런 것들은 아무것도 주지 않는다. 그러나 예수 그리스도, 즉 십자가에 못박히시고 부활하시고 구원하시는 구주는 세상에 유일하게 참된 소망을 주신다. 신실한 설교자, 즉 실로 참된 제자는 믿지 않는 세상에 예수 그리스도를 유일한 길과 유일한 진리와 유일한 참 생명으로 드러내야 한다(참고. 요 14:6). 만일 우리가 오락이나 영리한 주장이나 학문적 신망이나 세속적 지혜로 그들을 얻으려 한다면 실패할 것이며 결국 그들을 그릇 인도할 것이다.

바울은 고린도인들에게 이렇게 말했다. "내 말과 내 전도함이 설득력 있는 지혜의 말로 하지 아니하고 다만 성령의 나타나심과 능력으로 하여 너희 믿음이 사람의 지혜에 있지 아니하고 다만 하나님의 능력에 있게 하려 하였노라"(고전 2:4-5). 만일 바울이 박식함이나 교묘한 말이나 힘 있는 연설로 그들을 얻으려 했다면, 그들은 그릇된 것을 믿었을 것이다.

바울이 빌립보에서 매 맞고 옥에 갇히고 데살로니가와 베뢰아에서 도망하고 아덴에서 조롱을 당한 후에 고린도에 왔던 사실을 기억하라(행 16:22-24; 17:10, 13, 14, 32). 바울은 고린도가 도덕적으로 부패한 도시, 즉 방탕한 생활과 매춘의 중심지임을 알았다. 이 도시는 이교 생활양식을 대표적으로 보여 주었다. 바울은 좀 덜 대결적이고 사역을 달리 꾸미고 십자가의 거치게 하는 것을 부드럽게 하고자 하는 유혹을 받았을 수 있다. 그러나 바울은 그러한 일을 하지 않기로 굳게 작정했다고 분명히 말했다. "내 말과 내 전도함이 설득력 있는 지혜의 말로 하지 아니하고"(고전 2:4). 바울은 사람의 마음을 바꾸는 데 관심이 없었다. 그는 하나님이 그들의 삶을 바꾸어 주시기를 바랐다. 바울은 자신의 말을 전파하지 않았다. 그는 복음을 선포하라고 부르심을 받았다. 그리고 이것이 그의 사역을 그토록 힘 있게 만들었다.

1871년, 한 설교에서 찰스 스펄전은 이렇게 말했다.

예수 그리스도는 하나님에게서 와서 우리의 지혜가 되셨습니다. 우리는 인간 지성에서 나오는 생각으로부터 지혜를 바라지 아니하고 다만 그리스도를 바라봅니다. 우리는 사람에게 속한 문화를 통하여 지혜가 오기를 기대하지 않고 우리 주인의 발에 앉아 그를 하나님께로부터 오는 지혜로 받아들임으로써 지혜롭게 되기를 바랍니다.

그런 후에 스펄전은 비뚤어진 상황들을 다음과 같이 말했다. 이는 내리막길 논쟁에서 후에 그가 어떤 태도를 취할 것인지 미리 보여 주었다.

그런데 오늘날의 형편은 사도 시대와 거의 마찬가지입니다. 존 번연이나 휘트필드나 웨슬리나 다른 사람들이 전했을 그런 복음, 즉 단순한 복음이 많은 사람들에게 그리고 그들이 사는 어두운 시대에 매우 유익한 것이었고 그래서 많은 사람이 그 복음의 도움을 받고 나아질 것이라고 주장하는 사람이 있습니다. 그러나 휘황찬란한 이 세기의 지식인인 체하는 사람들에 따르면 지금 널리 조롱당하는 복음주의보다 아주 많이 발전된 복음, 좀더 진보한 신학이 필요합니다. 지성인, 즉 심오한 사상을 갖고 있는 신사들이 우리 조상들이 몰랐던 교리를 우리에게 가르쳐야 한다는 것입니다. 우리는 베드로와 바울과 옛적의 다른 교의학자들을 저 멀리 뒤에 내팽개칠 때까지 하나님의 진리에 대한 지식을 계속 발전시켜야 한다는 것입니다. 우리가 얼마나 지혜롭게 될지 아무도 모릅니다.

형제 여러분, 우리의 생각은 이것을 몹시 싫어합니다. 우리는 진보와 깊은 사유에 대한 이런 가련한 말을 증오합니다. 우리는 옛 설교자들만큼 그리스도에 관하여 많이 알 수 있기를 바랄 뿐입니다. 우리는, 오늘날이나 옛날 선배의 사변과 명상, 지성인과 절충주의자들의 발견이 사람들의 사고방식을 통해 좀더 큰 빛에 들어가는 대신 흑암을 더 심하게 하고 세상에 있던 빛을 꺼버리는 것이 아닌지 두렵습니다. 또 이런 말씀이 성취되었습니다. "내가 지혜 있는 자들의 지혜를 멸하고 총명한 자들의 총명을 폐하리라 하였으니, 지혜 있는 자가 어디 있느냐 선비가 어디 있느냐 이 세대에 변론자가 어디 있느냐 하나님께서 이 세상의 지혜를 미련하게 하신 것이 아니냐."[3]

하나님은 이 세상의 지혜를 거듭 미련하게 하셨다. 하지만 교회는, 이 세상의 지혜가 가치 있거나 유익한 것이며, 따라서 우리가 효과적으로 사역하기 위해 그 지혜를 완전히 알아야 한다는 생각으로 거듭 착각에 빠졌다. 바울은 그렇게 알지 않았다. 모든 시대를 통하여 하나님의 사람들은 언제나 그렇게 알지 않았다. 우리의 믿음은 사람의 지혜에 있지 아니하고 하나님의 능력에 있다(고전 2:5).

---

3) "The fourfold Treasure," *The Metropolitan Tabernacle Pulpit*, Vol. 17(London:Passmore and Alabaster, 1871), 281.

6.
구원에 이르게 하는 하나님의 능력

> 복음이 온전히 그리고 능력 있게 선포되고 하늘에서 성령님이 임하실 때, 우리의 교회는 교인들을 붙들어 둘 뿐 아니라 회심자를 얻는다. 그러나 교회의 능력을 구성하는 것이 사라질 때—즉 복음이 감추어지고 기도 생활이 무시당할 때—모든 것은 단순한 형식과 허구가 된다. 우리의 마음은 이런 일을 몹시 슬퍼한다.
>
> 찰스 스펄전[1]

'이용자에게 친절한' 장르에 속하는 한 책에는 '시대가 다르면 메시지가 달라야 한다.'는 제목이 붙은 대목이 있다. 이 제목에 시선이 끌려 읽기 시작했다. 이용자에게 친절한 큰 교회에서 목회하는 저자는, 현대 시대는 사람들의 자존감을 너무 황폐하게 하므로 오늘날 사람들은 실제로 백 년 전에 적절하던 메시지와는 다른 메시지를 들어야 한다고 말한다. 그는 이렇게 쓴다.

---

1) "Another Word Concerning the Down-Grade," *The Sword and the Trowel*(August 1887), 398–99.

과거에 사람의 영은 오늘날보다 훨씬 강인했다. 아메리칸 드림이 큰 대가를 치렀던 것처럼 현대성은 인간 영혼을 상당히 희생시켰다. 현대 생활의 스트레스는 현대인의 자존감에 매우 부정적인 영향을 미쳤다.

그러므로 현대인의 자아는 매우 부서지기 쉬운 상태다. 특히 베이비 붐 세대는 현대의 빠른 발전에 산산조각 났다. 그래서 우리의 베이비 붐 세대는 매우 부서지기 쉬운 상태이다.

19세기의 몇몇 위대한 설교자가 전한 메시지를 읽어본 적이 있는가? 그랬다면 그 시대 사람들이 오늘날과 아주 다른 사람들에게 말씀을 전했고 아주 다른 방식으로 전했음을 주목하게 될 것이다. 그리고 그런 차이점 때문에 나는 그런 메시지가 우리 시대에도 적합하다고 말하는 사람들과 의견을 달리한다.

알다시피, 우리 문화의 사람들은 참으로 마음이 상했고 깊은 상처를 입었다. 그들은 반드시 치유를 받고 회복해야 한다. 그러나 치유 과정은 시대마다 세대마다 다르다. 이 세대도 마찬가지다.

그렇다. 시대가 다르면 메시지가 달라야 한다.[2]

저자는 자신의 관점을 유달리 솔직하게 말하고 있다. 그는 설교가 시대정신을 수용해야 한다고 믿는다고 거리낌 없이 시인한다. (그의 책도 이용자에게 친절한 운동, 교회 마케팅 운동, 교회성장 운동을 주도하는 인물들의 절대적인 추천을 받았다.) 이 목사는 우리 시대에 적절한 메시지가 무엇인지 어떻게 결정해야 한다고 생각하는가? 그는 설교자에게 다음과 같이 제안한다.

---

2) Doug Murren, *The Baby Boomerang*(Ventura, Calif.: Regal, 1990), 217-18.

1. 인근 서점의 방법론 서적 코너를 살펴보라.
2. 정기적으로 소그룹에게 집에서나 직장에서 당하는 가장 큰 도전들을 적어 제출하게 하라.
3. 그처럼, 지역사회의 안 믿는 사람들의 욕구(필요) 조사를 하라.
4. 정기적으로 『타임』(Time) 지, 『뉴스위크』(Newsweek) 지, 『유에스에이 투데이』(USA Today) 지를 살피라. 왜냐하면 이들은 사람들이 당면하고 있는, 느끼는 필요와 두려움을 가장 앞서서 다루기 때문이다.
5. 교회에서 실행하는 모든 음부와 메시지와 프로그램이 실제적인 목적을 가지게 하라.
6. 여러 성경 본문을 사용해서 메시지(설교)에 실제적이고 매력 있는 제목을 붙이라.
7. 약 20분 정도로 설교를 줄이라. 베이비 붐 세대는 시간이 별로 없기 때문이다. 그리고 자유롭게 유머와 개인사를 곁들이면서 항상 메시지를 가볍고 부담 없이 할 것을 잊지 말라.[3]

이 목록은 약하고 김빠진 설교에 대한 처방이다. 이것 역시 성경적 사역과 완전히 반대된다.

더글러스 웹스터(Douglas D. Webster)는 교회 마케팅 운동을 훌륭하게 비평하면서 성경적 설교와 이용자에게 친절한 방법을 이렇게 대조한다.

성경적 설교는 하나님 중심이며 죄를 폭로하고 스스로 죄를 자각하게 하며 삶을 변화시킨다. 그러나 오늘날의 설교는 정반대로 가볍고 편안

---

3) Ibid., 102-103.

하며, 스스로 해결하는 것을 기독교로 만들고 죄를 자각하게 하기보다 즐겁게 만든다.

오늘날 마케팅에 민감한 설교에는 예화가 어찌 많은지 청중은 예화를 통해 제시되는 성경의 진리를 잊어버린다. 개인 이야기가 어찌 많은지 청중은 그리스도보다 목회자를 더 잘 안다. 인간적 관심사가 어찌 많은지 설교를 듣는 것이 일요 신문을 읽는 것보다 더 쉽다. 지나치게 실제적이라서 실천할 만한 것이 거의 없다.

이름뿐인 그리스도인들이 즐거운 마음으로 교회를 떠나는 것은 놀라운 일이 아니다. 그들의 자존감은 본래 그대로 있게 된다. 그들의 지성과 마음은 사운드 바이트(sound-bite: 뉴스를 보도할 때 중간에 삽입하는 정치가의 짤막한 진술 등-역자 주) 신학, 기독교 격언, 자존감이나 아이나 일을 다루는 몇몇 실제적인 지침으로 고무되고 위로받는다. 그러나 이런 의문은 여전히 남는다. 하나님의 말씀이 효과적이고 충실하게 선포되어 예수 그리스도의 진리가 안전지대와 자기만족의 벽을 꿰뚫고 들어가는가?[4]

간단하게 말해서, 시장 지향 전략을 따르면서 동시에 성경에 충실할 수는 없다. 이용자에게 친절한 태도에 관심을 갖는 설교자는 하나님의 모든 뜻을 두려움 없이 선포할 수 없다. 시류에 맞는 설교를 하고자 하는 설교자는 성경의 시류를 초월한 진리와 갈등을 일으킬 것이다. 하나님 말씀보다는 『유에스에이 투데이』지에서 아이디어를 얻는 사역자는 지난 주에 적절해 보였던 메시지가 이제 어제의 뉴스라는 것을 빨리 알게

---

4) *Selling Jesus: What's Wrong with Marketing the Church*(Downers Grove, IL: InterVarsity, 1992), 83-84.

될 것이다. 변하지 않는 복음을 우리 시대의 지나가 버리는 문제 뒤에 숨기는 설교는 좋은 설교를 참으로 강력하게 만드는 힘을 숨긴다. "구원을 주시는 하나님의 능력"(롬 1:16)은 우리의 일화나 적용이나 방법이나 농담이나 외우기 쉬운 제목이나 적절한 요약 등이 아니라 복음이다.

복음을 위하여 택정함을 입었으니

바울의 로마서는 거의 한 항목 한 항목씩 다루는 방식으로 복음을 철저하게 강해한다. 이 서신의 첫 절에서 바울은 자신을 '복음을 위하여 택정함을 입은' 사람으로 기술한다. 복음은 바울의 사역을 떠받치는 토대였다. 그리고 바울은 로마서에서 복음을 분명하고 철저하게 제시한다.

바울은 하나님의 진노와 인간의 죄(1-3장), 칭의와 전가된 의(3-5장), 성화와 실제적 의(6-8장), 선택과 이스라엘의 그리스도 배척(9-11장)에 관하여 쓰고, 그런 후에 이 서신의 12장에서 끝까지에서는 다양한 복음 진리를 현실에 적용한다. 복음이 시종일관 그의 주제이고, 바울이 로마서를 쓰는 이유 가운데 하나는 모든 그리스도인의 생활과 사역에 복음이 중심됨을 보여 주려는 것 같다.

우리가 '복음'에 관하여 말할 때, 복음전도의 메시지를 생각하는 경향이 있다. 그리고 확실히 복음이라 하면 복음전도의 메시지이다. 그러나 복음은 단순히 구원 진리에 대한 네다섯 가지의 요점이 아니다. 바울과 사도들이 뜻했던 복음은 그리스도에 관한 모든 진리를 포함한다(참고 롬 1:1-6).

복음은 회개와 칭의에 머무르지 않고 성화로부터 영화에 이르기까지 구원의 다른 모든 측면을 포함한다. 그러므로 복음의 의의는 신생(新生)이 일어나는 시점에서 중단하지 않는다. 복음의 의의는 그리스도인의 전(全)체험에 적용된다. 그리고 바울과 다른 신약 기자들이 '복음을 전파함'에 관하여 말했을 때, 그들은 불신자에게만 전파하는 것에 관해 말하는 것이 아니었다(참고. 15절).

초대 교회에 나타나는 모든 사역은 복음을 중심으로 이루어졌다. 누구도 교회 출석자를 늘리는 수단으로 세속 정치에 관한 논쟁이나 몸무게 줄이기 프로그램이나 코미디 연기나 무대 공연이나 어린 아이들을 위한 화장실 훈련 세미나나 사업을 위한 시간 관리 교실을 제안하지 않았을 것이다. 교회와 그 모든 사역은 세상에서 복음을 더 널리 퍼뜨리기 위해 신자를 힘 있게 하는 한 가지 과제에 오로지 집중되었다.

바울이 복음을 모든 사역의 핵심으로 여기고 헌신한 것은 로마서 첫 장에 분명하게 나타난다. 여기서 바울은 로마에 가서 그곳 성도들에게 사역하고자 하는 소망을 표현한다. 바울은 로마에 가기를 간절히 원했다. 그는 옛적에 맺은 사적인 관계를 새롭게 하고자 가기 원했던 것이 아니다. 물론 바울은 그곳 교회에 친한 친구가 많았다. 또 바울은 자기 교회 가운데 한 교회에서 사역하는 데 관심이 있었던 것이 아니었다. 왜냐하면 바울은 로마에 교회를 세우지 않았기 때문이다. 그리고 다른 곳에서 박해당하는 것을 피하려는 것도 아니었다. 왜냐하면 바울은 기독교를 호전적으로 대적하는 도시에서는 자신이 과녁이 될 것을 확신했기 때문이다. 바울의 열정은 복음을 전파하는 것이었다. 그리고 바울은 문명 세계의 중심인 로마에서 복음 전파하는 일을 지체할 수 없었다.

나는 복음을 전함으로써 하나님을 섬긴다

바울은 이렇게 쓴다. "먼저 내가 예수 그리스도로 말미암아 너희 모든 사람에 관하여 내 하나님께 감사함은 너희 믿음이 온 세상에 전파됨이로다 내가 그의 아들의 복음 안에서 내 심령으로 섬기는 하나님이 나의 증인이 되시거니와 항상 내 기도에 쉬지 않고 너희를 말하며 어떻게 하든지 이제 하나님의 뜻 안에서 너희에게로 나아갈 좋은 길 얻기를 구하느라"(롬 1:8-10). 이 짧은 구절에는 성경적 사역에 관한 영적 진리가 풍성하게 담겨 있다. 나는 다른 곳에서 이 구절을 깊이 있게 주석했다.[5] 여기서는 먼저 9절에 나오는 '그의 아들의 복음 안에서 내 심령으로 섬기는 하나님'이라는 짧은 표현에 초점을 두고자 한다.

바울에게는 복음을 전하는 일이 영적 예배의 행위였다. '섬기다'(serve)는 말로 번역된 헬라어는 '라트류오'(latreuō)인데, 이 말은 빌립보서 3:3에서 '예배'(worship, 개역개정에는 봉사)로 번역되었다. "하나님의 성령으로 봉사하며 그리스도 예수로 자랑하고 육체를 신뢰하지 아니하는 우리가 곧 할례파라." 바울은 복음을 전파함으로써 전심으로 하나님을 '섬겼다'(예배했다). 다른 말로 하면 바울은 자기 사역을, 높고 거룩한 의무를 하나님 앞에서 행하는 제사장의 사역과 같은 것으로 보았다. "내가 복음을 전할지라도 자랑할 것이 없음은 내가 부득불 할 일임이라 만일 복음을 전하지 아니하면 내게 화가 있을 것이로다"(고전 9:16) 하지만 그것은 단순히 의무가 아니라 엄청난 특권이었다. "나는 할 수 있는 대로 로마

---

5) *Romans 1-8*(Chicago: Moody, 1991).

에 있는 너희에게도 복음 전하기를 원하노라"(롬 1:15).

바울이 하나님을 섬기기를 바라는 간절함은 구원받은 순간부터 그의 영혼에서 솟구쳤다. 그가 그리스도인으로서 처음 질문한 것은 "주님 무엇을 하리이까"(행 22:10)였다. 그의 마음과 정력은 복음 전파에 고정되었고 목숨을 다해 그 일을 했다.

바울의 관심은 자신이 사역했던 사람들의 영적 복지에 있었음을 주목하라. "내가 너희 보기를 간절히 원하는 것은 어떤 신령한 은사를 너희에게 나누어 주어 너희를 견고하게 하려 함이니"(롬 1:11). 바울은 여행객으로 로마를 방문하기를 원하지 않았다. 그는 그저 로마의 신자들을 즐겁게 하거나 얼마나 많은 불신자를 로마 교회의 모임에 이끌 수 있는지에 관심을 갖지 않았다. 바울은 보수나 명성이나 보상에 대해 생각하지 않았다. 그는 로마 신자의 영적 유익을 위하여 자신을 주고 싶었다.

바울은 로마 사람들에게 어떤 '신령한 은사'를 나눠 주려고 했는가? 물론 바울이 나눠주려는 것은 고린도전서 12장과 로마서 12장에 열거된 그런 신령한 은사들은 아니다. 그런 은사는 성령님이 신자에게 나눠 주시는 것이지(고전 12:7–11) 사람이 사람에게 주는 것이 아니다. 바울은 신령한 가치를 가진 은사, 즉 신자들을 '견고케' 하는 데 도움을 줄 무엇에 관하여 말했다. 바울이 염두에 두었던 것으로는 그들에게 말씀을 전파하는 일과 관계있었다(참고. 롬 1:15). 바울은 복음 진리의 충만한 부요로 그들을 격려하고 대신에 그 진리를 믿는 그들의 믿음을 보고 자신이 힘을 얻기를 바랐다. "이는 곧 내가 너희 가운데서 너희와 나의 믿음으로 말미암아 피차 안위함을 얻으려 함이라"(12절).

그래서 바울이 로마 교회에 대해 지고 있는 짐은 그가 말씀 전파와 복음 사역으로 그들을 섬기고 싶은 바울의 바람과 밀접하게 연결되어 있었다. 궁극적으로 바울은 로마에 갔지만 값비싼 대가를 치렀다. 바울은 사슬에 묶이고 로마 호위병에게 매여서 로마로 가게 되었다. 바울이 이 서신을 쓸 때 로마에 가는 것이 어떤 대가를 치러야 할지 알았지만, 로마에서 복음을 전파하고자 하는 바람은 조금도 줄어들지 않았다. 결국 바울은 옥에 갇힐 줄 알았지만 예루살렘으로 갔다(참고. 행 21:10-15). 형제들이 필사적으로 예루살렘으로 가지 말라고 말렸을 때, 바울은 이렇게 대답했다. "여러분이 어찌하여 울어 내 마음을 상하게 하느냐 나는 주 예수의 이름을 위하여 결박당할 뿐 아니라 예루살렘에서 죽을 것도 각오하였노라"(행 21:13). 바울은 동일한 상황에서 로마에 가기를 원했다. 그리고 결국 로마에 갔다. 바울은 로마에서 빌립보 사람들에게 이렇게 썼다. "모든 성도들이 너희에게 문안하되 특히 가이사의 집 사람들 중 몇이니라"(빌 4:22). 바울은 제국 법정의 판결을 기다리며 이런 글을 쓸 때 가택 연금 상태였다. 그처럼 견디기 어려운 상황에서 바울은 복음을 신실하게 전파하고 있었다. 분명 그는 가이사의 집 사람들을 그리스도의 구원받는 지식으로 인도하곤 했다.

분명히 복음을 선포하는 것이 바울에게는 꼭 해야 할 일이었다. 그래서 바울은 자신을 '복음을 위하여 택정함을 입은' 사람이라고 말했다(롬 1:1). 그는 다른 유의 사역은 알지 못했다.

나는 모든 잃어버린 사람들에게 빚진 자라

바울은 "헬라인이

나 야만인이나 지혜 있는 자나 어리석은 자에게 다 내가 빚진 자라"(롬 1:14)고 썼다 바울은 개인적인 이유가 있거나 그 소명이 매력적으로 보였기 때문에 복음을 전파한 것이 아니다. 자신에게 의무가 있다고 생각했다.

바울은 회심하기 전에 매우 단호하게 교회를 대적했다. 그는 그리스도와 모든 그리스도인을 미워했다. 최초의 순교자 스데반이 죽을 때 바울은 "그가 죽임당함을 마땅히 여겼다"(행 8:1). 구원받은 후 그리스도를 향한 바울의 열심은 전에 그리스도인을 핍박할 때의 열정보다 훨씬 컸다. 이 구절은 그 이유에 대해 잘 알 수 있도록 해준다. 바울의 관점은, 하나님이 자신과 같은 원수, 곧 "죄인 중 괴수"(딤전 1:15)를 택하여 부르셨으므로 자신은 다른 죄인들에게 복음을 전할 의무가 있다는 것이다. 바울은 하나님이 주권적으로 자신에게 이 역할을 맡기셨음을 알았고 그래서 그 일을 수행해야 했다.

복음을 믿은 우리 모두에게는 같은 의무가 있다. 첫째로, 앞에서 지적했듯이 그리스도께서 우리에게 복음을 전하라고 명령하신다(막 16:15). 둘째로, 영생의 길을 아는 우리는 불타는 집의 주인에게 불에 타고 있다고 알려 주고 혹은 갈증으로 죽어가는 사람에게 물을 주어야 할 도덕적인 의무를 갖는 것과 같은 의미로 불신자에게 복음을 전할 의무가 있다.

바울은 유대인이나 이방인, 배운 사람이나 야만인에게 똑같이 의무를 지고 있었다. 그는 젊고 사회적 지위가 높고 배운 사람을 대상으로 하고 노예와 찌꺼기 같은 사람은 무시하는 일을 하지 않았다. 바울은 모든 사람에게 복음을 전했다. 모든 사람에게 복음을 전할 의무가 있었기 때문이다. "이는 하나님께서 외모로 사람을 취하지 아니하심이라"(롬

2:11). 그래서 바울은 사람을 차별하지 않았다.

반대로 '이용자에게 친절한 교회 운동'의 핵심 개념은 '목표 마케팅'이이다. 조지 바나는 이렇게 썼다.

> 상품을 성공적으로 마케팅하려면, 전망 있는 시장을 찾아야 한다. 때때로 '목표 마케팅'이라고 언급되는 시장 확인의 핵심은 상품을 팔 청중들을 선별할 때 가능한 한 구체적이어야 한다는 것이다. 상품을 특정 인구의 관심과 필요에 호소력을 갖게 함으로써 그 상품이 필요나 관심이 없는 사람들에게 자원을 낭비하지 않고서 가장 적합한 단골에게 집중할 수 있다. 상품 시장을 앎으로써 그 집단의 특수한 필요를 알고 해결하기 위해 상품을 개발할 수 있다. 그래서 모든 마케팅 효과를 최대로 효율적이게 계획할 수 있다.[6]

다른 말로 하면 누구에게 사역할 것인지 결정하고 청중에게 맞도록 '상품'을 만들고 대상 집단 외의 사람들에게 '자원을 낭비하지' 않도록 하라는 것이다.

왜 거의 모든 이용자에게 친절한 교회들이 '목표 시장'을 도시 근교의 젊은 전문 직업인과 돈 많은 사람들로 삼는 줄 아는가? 왜 도심에 사는 가난한 사람이나 온갖 계층과 유형의 사람들이 뒤섞인 곳을 목표로 삼는 교회는 그토록 적은가? 이 운동을 주도하는 한 목사는 이렇게 말한다. "목사는 휴가나 오후 여가를 함께 하고 싶은 사람을 결정함으로써 적절한 목표 청중을 결정할 수 있다." 이것보다 하나님의 말씀과 상

---

6) *Marketing the Church* (Colorado Springs: NavPress, 1988), 42-43.

반되는 사역 철학을 생각하기 어려울 것이다. 성경은 이렇게 말하지 않는가? "내 형제들아 영광의 주 곧 우리 주 예수 그리스도에 대한 믿음을 너희가 가졌으니 사람을 차별하여 대하지 말라"(약 2:1). "하나님이 세상에서 가난한 자를 택하사 믿음에 부요하게 하시고 또 자기를 사랑하는 자들에게 약속하신 나라를 상속으로 받게 하지 아니하셨느냐"(5절). "만일 너희가 사람을 차별하여 대하면 죄를 짓는 것이니 율법이 너희를 범법자로 정죄하리라"(9절).

자신의 사역을 선택된 '목표 청중'에 국한하는 자들은 바울의 정신으로 사역하지 않는 것이다. 왜냐하면 바울은 자신을 모든 사람에게 빚진 자로 보고 모든 사람을 동일하게 섬겼기 때문이다.

나는 복음 전하기를 원한다

자신을 복음을 전해야 하는 '빚진 자'라고 말한 것은, 그리스도를 마지못해 전한다고 말하는 것이 절대 아니다. 바울은 로마서에서 이를 분명히 밝힌다. "나는 할 수 있는 대로 로마에 있는 너희에게도 복음 전하기를 원하노라"(롬 1:15). 바울은 복음을 전파하도록 정해졌지만 그 일을 자원할 뿐만 아니라 간절히 바랐다.

킹제임스역은 15절을 이렇게 번역한다. "그러므로 내 마음 속에서도 그런 것처럼, 나는 복음을 전파할 준비가 되어 있다." 이것은 바울의 간절한 마음을 훨씬 더 잘 드러낸다. 바울은 자신의 모든 것으로 로마에서 복음 전하기를 바랐다. 바울은, 복음 전파의 특권을 받고서도 오히려 사람을 즐겁게 하거나 일화를 말하거나 자존감에 관하여 강의하는 설교자들을 이해할 수 없을 것이다. 바울은 복음을 전파할 특권을 위해 박해 당하고 매 맞고 감옥에 가고 죽음까지 당할 준비가 되어 있었다.

스펄전은 이렇게 갈했다.

> 바울 사도는 복음을 들고 어디로든 가려고 했지만, 다른 복음을 전하려고는 하지 않았습니다. 누구도 그를 그렇게 할 수 없었습니다. 그는 복음을 숨기려 하지 않았습니다. 복음을 부드럽게 하려고 하지 않았습니다. 복음을 확대하거나 축소하려 하지 않았습니다. 그는 말했습니다. "내가 복음을 부끄러워하지 아니하노니 이 복음은 모든 믿는 자에게 구원을 주시는 하나님의 능력이 됨이라 먼저는 유대인에게요 그리고 헬라인에게로다"(롬 1:16). 복음을 전파하는 일에 관하여, 바울은 언제나 준비가 되어 있었습니다. 바울은 복음의 진리 가운데 어느 하나도, 복음의 가르침 가운데 어느 부분도 숨겨 두지 않았습니다. 그렇게 하면 조롱을 당하고 모욕을 당하며 유대인에게는 거치게 하는 것이요 헬라인에게는 미련한 것이지만, 바울은 그 모든 사람에게 "내 마음 속에서도 그러는 것처럼 나는 복음을 전할 준비가 되어 있다."고 말했습니다. 바울은 언제나 그 일에 변함없이 적합하다고 생각하지 않았습니다. 언제나 동일하게 사람들의 호응을 받은 것도 아니고 자유롭게 말할 수 있었던 것도 아닙니다. 그러나 바울은 주께서 기회를 주시면 어느 때고 항상 말씀을 전할 준비가 되어 있었습니다.[7]

죽음을 앞두고 바울은 이렇게 말할 수 있었다. "나는 선한 싸움을 싸

---

7) "Paul the Ready," *The Metropolitan Tabernacle Pulpit*, Vol. 38(London: Passmore and Alabaster, 1892), 578.

우고 나의 달려갈 길을 마치고 믿음을 지켰으니"(딤후 4:7). 바울은 자신의 소명에서 결코 후퇴하지 않으려 했다. 그는 인기를 얻으려는 유혹에 결코 빠지지 않았다. 복음의 원수들과 결코 타협하지 않았다. 세상의 모습을 따라 결코 사역하지 않았다. 결코 무리의 귀를 즐겁게 하지 않았다.

겉보기에 바울은 세상 사람들에게 실패한 듯 보였을 것이다. 바울은 붙잡히고 여러 해 동안 감옥에 갇히고 결국은 로마 관리에게 죽음을 당했다. 하지만 그렇게 어두운 때에도 바울은 계속 말씀을 전하고 있었다. 바울은 무리에게 말씀을 전할 수 없었을 때, 자신을 감시하는 일을 맡은 군인에게 증거했다. 바울은 교회에서 사역할 수 없었을 때 감옥에서 사역했다. 바울은 언제나 복음을 전할 준비가 되어 있었다. 하지만 결코 타협은 하지 않았다.

복음을 부끄러워하지 않는다

바울의 다음 말은 이 서신의 주제라고 할 수 있다. "내가 복음을 부끄러워하지 아니하노니 이 복음은 모든 믿는 자에게 구원을 주시는 하나님의 능력이 됨이라"(롬 1:16). 신약을 통틀어서 이 구절은 가장 강력하고 통찰력 있는 진술 가운데 하나이다. 바울은 복음을 하나님의 전능한 능력과 같다고 한다. 그러니 복음을 부끄러워하지 않는다고 말하는 것은 당연하다.

로마서의 나머지는 이 한 문장에 대한 설명으로, 복음의 진리를 자세하게 열어 보이고 왜 그토록 강력한지를 보여 준다. 그래서 로마서가 바울 서신 가운데서 중요한 위치를 차지하는 것이다. 바울은 가끔씩 복음을 '내 복음'(롬 2:16; 16:25; 딤후 2:8)이라고 할 정도로 복음에 헌신되어 있었다. 복음을 부끄러워하기는커녕, 자신의 소중한 재산처럼 말했다.

그러나 바울이 잘 알고 있었듯이, 복음을 위해 굳게 서는 값은 매우 클 수 있다. 그래서 그토록 많은 그리스도인이 복음을 부끄러워하는 것처럼 행동했다.

기독교의 초창기 원수들은 조롱을 중요한 무기로 사용했다. 로마 사람들은 특별히 기독교를 조잡하고 교양 없는 종교로 깔보는 경향이 있었다. 로마 사회에는 그리스도인이 식인종이라는 소문이 떠돌았다. 왜냐하면 그리스도인들이 성찬에 참여했기 때문이다. 그리스도인은 선동과 살인과 그 밖의 반역죄로 고소당했다. 복음을 반대하는 어떤 사람들은 그리스도인이 주신제(酒神祭)를 행한다고 주장했다. 신자들이 모든 신화의 신들을 거부했기 때문에 이교도들은 신자들을 무신론자라고까지 공격했다. 그리스도를 따르는 데 치르는 값은 지극히 컸다.

거듭 지적한 것처럼, 복음은 원래 세상에서 환영받지 못하고 흥미를 끌지 못하고 거리끼는 것이며 놀라게 하는 것이다. 복음은 죄를 폭로하고 교만을 정죄하고 불신 마음에 죄를 깨닫게 하고 인간의 의는 아무리 선하고 매력적이어도 쓸모없고 더럽고 추한 옷임을 보여 준다(참고. 사 64:6). 복음은 인생의 진정한 문제가 바로 우리 자신에게 있음을 확언한다. 우리는 속이는 마음과 악한 동기와 그릇된 교만을 가진 타락한 죄인이다. 우리는 우리의 잘못과 비참한 처지를 다른 사람의 탓으로 돌릴 수 없다. 이런 견해는 특히 오늘날 같은 심리학적인 분위기에서는 그다지 받아들여지지 않는다. 복음은 죄를 사랑하는 사람들에게 나쁜 소식으로 들린다. 그래서 처음으로 복음을 듣는 많은 사람은 복음을 전하는 사람들을 경멸하는 반응을 보인다.

복음을 위해 굳게 서고 부끄러워하지 않는 것은 쉽지 않다. 우리 대부분은 예수님이 십자가에 달리시던 밤에 자신이 예수님의 제자임을 알아본 여종 앞에서 두려워 떨며 주님을 세 번 부인한 베드로와 같은 연약한 모습이 많이 있음을 고백한다(눅 22:56-62).

하지만 바울의 생애에는 그런 사건에 대한 기록이 없다. 바울은 회심할 때부터 사명을 가진 사람이었고 자신의 유일한 목적인 복음 전하는 일에서 결코 흔들리지 않았다. 바울은 삶을 변화시키는 복음의 놀라운 능력을 알았고 그 복음을 전파하는 전령이 되기를 간절히 바랐다. 그러니 어떻게 복음을 부끄러워할 수 있겠는가? 바울은 부활하신 주님으로부터 복음을 직접 받았으므로(행 20:24; 고전 11:23; 15:23), 두려워하거나 부끄러워하지 않고 모든 사람에게 복음을 선포하려고 했다.

복음은 하나님의 능력

복음의 능력을 진정으로 이해하는 사람이 복음 선포를 부끄러워하는 것은 상상하기 어렵다. "복음은……하나님의 능력이 됨이라"(1:16). '능력'으로 번역된 헬라어는 '뒤나미스'(*dunamis*)다. 이 헬라어에서 다이너마이트(dynamite)라는 말이 파생되었다. 그런데 이 다이너마이트는 바울이 여기서 말하고 있는 것을 표현하기에 그리 강력한 말이 아니다.

복음의 메시지에는 전능하신 하나님의 능력이 들어 있다. 그 능력만이 가장 악한 죄인을 구원하고 가장 완고한 마음을 변화시킬 수 있다.

예레미야 선지자는 이렇게 썼다. "구스인이 그의 피부를, 표범이 그의 반점을 변하게 할 수 있느냐 할 수 있을진대 악에 익숙한 너희도 선을 행할 수 있으리라"(렘 13:23). 사실 사람들은 자기 죄를 정복하는 데 완전히 무능하다. 표범의 반점처럼 죄는 우리 본성의 일부이다. 우리는 자신을 변화시킬 수 없다. 자조(自助) 기법과 회복 프로그램은 일시적으로 조금 나아졌다고 느끼게 할 뿐이며, 죄를 제거하거나 인간의 마음을 바꿀 능력은 없다.

오직 복음만이 그 일을 할 수 있다. 복음은 구원에 이르게 하는 하나님의 능력이다. 다른 말로 하면 복음의 객관적 진리는 삶을 변화시키는 능력이 있다. 베드로는 하나님의 말씀이 새 생명을 낳고 신생을 일으키는 씨라고 말했다. "너희가 거듭난 것은 썩어질 씨로 된 것이 아니요 썩지 아니할 씨로 된 것이니 살아 있고 항상 있는 하나님의 말씀으로 되었느니라"(벧전 1:23). 두 사도는 본질적으로 같은 말을 하고 있는 것이다. 하나님의 말씀, 곧 복음의 메시지는 하나님의 변화시키시는 능력이 한 생명에 들어와 신생을 일으키게 하는 수단이다.

앞 장에서 바울이 고린도 신자에게 비슷한 말을 하는 것을 보았다. "십자가의 도가 멸망하는 자들에게는 미련한 것이요 구원을 받는 우리에게는 하나님의 능력이라"(고전 1:18). "우리는 십자가에 못박힌 그리스도를 전하니 유대인에게는 거리끼는 것이요 이방인에게는 미련한 것이로되 오직 부르심을 받은 자들에게는 유대인이나 헬라인이나 그리스도는 하나님의 능력이요 하나님의 지혜니라"(23, 24절). 복음은 하나님이 구원을 위해 쓰시는 유일한 메시지이다. 설득과 생생한 예증과 적절한 적용을 할 여지가 있다. 분명 합당한 설교자나 복음전도자라면 누구나 언제나 사람들의 관심을 자극할 방법을 찾을 것이나, 이는 오직 복음을 듣게 할 기회를 얻기 위함이다. 만일 복음의 명백한 진리가 마음을 꿰뚫지 않는다면, 복음전도자가 아무리 그럴 듯한 말로 설득한다 해도 구원에 이르게 하지 못할 것이다.

복음이 "모든 믿는 자에게 구원을 주시는 하나님의 능력"(롬 1:16)임을 주목하라. 어떤 사람들은 복음을 듣고도 전혀 감화를 받지 않는다. 메시지가 아무리 강력해도, 믿지 않고 돌아서는 사람에게는 긍정적인 결과를 초래할 수 없다. 물론 바울은 복음을 거부하는 자들에게 많이 버림당하고 조롱당했다. 그런데도 바울은 자신의 방법을 바꾸려 하거나 그들의 입맛에 맞게 메시지를 고치지 않았다. 바울은 불신자가 거부하는 것이 복음에 능력이 없기 때문이라고 생각하지 않았다. 바울은 '모든 믿는 자'를 변화시키는 복음의 능력을 잘 알고 있었다.

복음을 '구원을 주시는 하나님의 능력'으로 언급한 것은, 또한 복음이 구원의 유일한 길을 드러낸다고 확언한 것이다. 예수님은 말씀하셨다. "내가 곧 길이요 진리요 생명이니 나로 말미암지 않고는 아버지께로 올 자가 없느니라"(요 14:6). 사도행전 4:12은 "다른 이로써는 구원을 받을 수 없나니 천하 사람 중에 구원을 받을 만한 다른 이름을 우리에게 주신 일이 없음이라"고 기록되어 있다. 성경적 설교란 예수 그리스도를 전파하는 것이다(고후 4:5). 즉 예수 그리스도의 인격과 사역을 전파하는 것이다. 아마 오늘날 시장을 의식하는 설교의 가장 심각한 문제는 그리스도가 없다는 점일 것이다. 그리스도의 이름이나 그리스도에 관한 어떤 사실이 마지막에 들어갈지 모르지만, 그리스도가 중심이 되는 일은 거의 없다.

복음은 하나님의 의를 드러낸다

'복음'이라는 말이 오늘날 심하게 남용되고 있다. 다른 곳에서 나는 복음에 관한 오늘날의 몇몇 오류를 자세히 설명했다.[3] 여기서는 많은 복음주의자들이 인간 중심적 용어로 복음을 다시 정의했다는 사실을 지적하는 것으로 충분하다. 그들은 십자가에 못박힌 그리스도를 선포하고 하나님의 의에 집중하는 대신 인간의 필요에 대해 말한다. 그러나 복음은 무엇보다도 하나님의 의에 관한 메시지이다. "복음에는 하나님의 의가 나타나서 믿음으로 믿음에 이르게 하나니 기록된 바 오직 의인은 믿음으로 말미암아 살리라 함과 같으니라"(롬 1:17).

의라는 낱말과 그 파생어는 로마서에 35회 이상 나온다. 하나님의 의가 복음 메시지의 출발점이며 주제이다. 죄 짓는 인간들이 거부하는 하나님의 의는 성육신하신 그리스도께서 완전히 성취하셨다. 이 의는 회개하고 주 예수를 믿는 죄인에게 전가되었고, 그리스도인의 생활에서 실제적인 방법으로 나타날 것이다. 이것이 바울이 로마서에서 전개하는 복음의 요점이다.

'하나님의 의'에는 두 가지 의미가 함축되어 있다. 첫째 뜻으로, 하나님의 의는 죄에 대한 하나님의 거룩한 증오를 말한다. 1500년대 초, 마르틴 루터는 비텐베르크 블랙 수도원에서 이 구절을 읽고 있었다. 훗날 루터는 이렇게 말했다. "'하나님의 의'라는 표현은 내 마음에 천둥 번개와 같았다. 나는 하나님의 의가 복음에 계시되었다는 것을 읽었을 때 온 마음으로 바울을 미워했다."[9] 루터는 하나님의 의가 영생을 가로막

---

8) *The Gospel According to Jesus*, second ed.(Grand Rapids, Mich.: Zondervan, 1994); *Faith Works: The Gospel According to the Apostles*(Dallas: Word, 1993).

는 난공불락의 방해물이라고 보았다. 루터는 자신의 죄악을 뼈저리게 깨달았고 그것 때문에 의로우신 하나님의 받아 주심을 얻을 수 없음을 알았다. 그러므로 루터는 이 구절을 읽을 때 절망에 사로잡혔다.

그러나 17절에는 의(義)의 두 번째 함축 의미가 있다. "기록된 바 오직 의인은 믿음으로 말미암아 살리라 함과 같으니라." 이 구절은 그리스도의 완전한 의를 말한다. 이 의는 믿는 죄인의 것으로 전가된다(롬 4:24). 마침내 루터가 의라는 낱말이 담고 있는 이 뜻을 이해했을 때, 그는 복음의 참된 의미를 알았다. 그리고 그 발견은 프로테스탄트 종교개혁을 초래했다.

이 교리는 칭의로 알려져 있다. 이는, 하나님이 신자의 원장의 자산 부분에 그리스도의 완전한 의 전부를 공짜로 넣어 주시고 부채 부분에 있는 모든 죄를 없애 주신다는 뜻이다. 하나님이 믿는 자를 보실 때, 그 사람이 그리스도처럼 온전히 의로운 것처럼 보신다. 그와 같이 하나님은 "경건하지 아니한 자를 의롭다 하신다"(롬 4:5). 그리스도께서 죽으심과 부활하심으로 완전한 속죄를 이루셨으므로, 하나님은 자신의 의를 타협하지 않고 죄인을 의롭다 하실 수 있다. "자기도 의로우시며 또한 예수 믿는 자를 의롭다 하려 하심이라"(롬 3:26). 이것이 바로 복음의 핵심이다. 이것이 바로 그 메시지가 복된 소식인 이유이다.

복음은 하나님의 진노를 계시한다

그러나 복음이 모두 복된 소식은 아니다. 사실상 그리스도로부터 돌

---

9) *Table Talk*, ed. Theodore G. Tappert, in Helmut T. Lehmann, gen. ed. *Luther's Works*, 55 vols.(Philadelphia: Fortress, 1967), 54:308-9.

이키는 자들에게는 전혀 복된 소식이 아니다. 바울의 복음이 시작되는 출발점이 죄에 대한 하나님의 진노임을 주목하라. "하나님의 진노가 불의로 진리를 막는 사람들의 모든 경건하지 않음과 불의에 대하여 하늘로부터 나타나나니"(롬 1:18). 그런 후에 바울은 모든 인간이 죄를 지어 하나님의 진노 아래 있음을 체계적으로 입증하는 데 꼬박 2장 이상을 할애한다.

하나님의 진노는 현대의 복음 제시에서 거의 완전히 빠져 있다. 죄에 대한 하나님의 진노를 말하거나 사람들에게 하나님을 두려워해야 한다고 말하는 것은 시류에 맞지 않는다. 오늘날 전형적인 복음 제시는 바울의 출발점과 정반대이다. 바울은 "하나님의 진노가……사람들의 모든 경건하지 않음과 불의에 대하여 하늘로부터 나타나나니"라고 썼다. 그러나 현대 복음전도는 "하나님은 당신을 사랑하셔서 당신을 행복하게 만들기를 원하십니다."라는 말로 시작된다.

이용자에게 친절한 운동의 문헌을 읽어 보라. 그러면 적극적인 어조로 모든 메시지를 담는 데 열중하는 것을 주목하게 될 것이다. 이 운동을 주도하는 한 목사는 이렇게 쓴다.

> 교회에 다니지 않는 베이비 붐 세대들이 개인적으로는 자신이 흠 있다 하고 심지어 죄를 지었다고 인정할지라도, 공개적인 자리에 앉아 자신들을 벌레, 비참한 사람, 타락한 피조물, 전적으로 타락한 다른 유형의 사람이라고 표현하는 말은 들으려 하지 않는다. ……
> 베이비붐 세대들의 목사로서 나는 그들이 부정적인 메시지라도 긍정적인 용어로 제시된 것을 들어야 할 필요가 있다고 확신한다. 이는 사물들

을 보는 구도이다. 그래서 우리가 긍정적인 말을 할 수 없다면, 심지어 부정적인 문제를 이야기하더라도 그것을 긍정적인 말로 표현할 수 없다면, 베이비 붐 세대들은 아마 듣지 않을 것이다.

그러므로 우리는 예배드릴 때 쓰는 어조에 매우 조심해야 한다. ……나는 내 연령 집단에게 전하는 메시지가 항상 긍정적이 되도록 세심하게 훈련을 했다.[10]

최근의 교회성장 서적에 나오는 이런 글은 거의 언제나, 저자가 염두에 두고 있는 것이 타협이 아니라는 것을 독자들에게 확신시키는 말을 담는다. 이것은 예외가 없다. 위에서 인용한 저자는 이어서 이렇게 말한다. "그런데, 나는 우리가 모두 타락한 죄인이므로 반드시 구원받아야 한다고 하는 성경의 전제를 포기하고 있지 않다. 분명 우리는 타락했다. 하지만 복음은 우리가 하나님의 형상으로 지음받았으므로 하나님이 우리를 구속하기 위해 자기 아들을 보내실 정도로 우리를 고귀하게 보셨다는 것 역시 보여 준다."[11] 그는 이어서 이 세대에 효과적으로 사역하고자 하는 사람들은 항상 말을 '낙관적'으로 하라는 사실을 기억해야 한다고 다시 말한다.

우선 나도 꽤 큰 베이비 붐 세대 집단에게 사역하고 있다는 것을 말해 둔다. 그렇지만 베이비 붐 세대가 자동적으로 부정적인 진리에 고개를 돌린다고 하는 저자의 근거 없는 일반화에 동의하지 않는다. 나아가 '우리는 모두 타락한 죄인이므로 반드시 구원받아야 한다.'고 말하는

---

10) Murren, *The Baby Boomerang*, 215-17.
11) Ibid.

것과, 바울처럼 "하나님의 진노가……사람들의 모든 경건하지 않음과 불의에 대하여 하늘로부터 나타나나니"라고 하는 말은 별개의 것이다. 물론 두 말 모두 옳다. 하지만 복음은 두 측면이 다 있어야 완전하다. 오늘날 설교자들은 바울의 이런 출발점 즉, 인간의 필요에 대한 말이 아니라 하나님의 진노를 종종 빠뜨린다.

앞에서 지적했듯이, 하나님의 진노에 관한 진리와 복음의 긍정적인 면만 전하는 일을 혼합할 길은 없다. 믿지 않는 죄인에 대한 하나님의 진노를 말하는 진리를 '긍정적' 어조로 선포할 길은 없다. 그 결과 이들 교회가 전파하는 복음은 종종 잘려진 복음이다. 그리고 가장 고의적으로 제거되는 부분은 바울이 그의 복음을 제시하기 시작하는 곳, 즉 하나님의 진노하심이라는 사실 부분이다.

내가 가혹하고 언제나 부정적이고 압제적이고 우울한 설교를 선호한다는 인상을 갖지 말라. 물론 나는 그런 설교를 선호하지 않는다. 그러나 여러 번 지적했듯이, 부정적인 것과 긍정적인 것을 성경적으로 균형 있게 해야 한다. 그렇지 않으면 우리는 하나님의 뜻대로 사역하는 것이 아니다. 최근 유행하는 전략은 복음이 전적으로 긍정적인 것이 되도록 구성하는 것이다. 이것은 성경적 메시지가 될 수 없다. 이것은 분명히 구원을 주시는 하나님의 능력인 복음이 아니다.

바울은 하나님의 영원한 진노라는 위협을 첫째로 소개해야 할 점으로 여겼다. 바울은 사람들이 하나님의 거룩한 진노라는 두려운 현실과 인간의 타락이라는 심히 가증스러운 상태를 이해해야 한다는 생각에 흔들림이 없었다. 이런 주제를 끌어들이는 것은 유쾌한 일이 아니었다. 그러나 바울은 성령의 영감을 받아 이런 주제를 다루었다.

하나님의 진노는 하나님이 누구신가를 아는 데 매우 중요하다. 하나님의 모든 속성은 하나님의 완전함 속에 균형을 이루고 있다. 하나님께 의로운 분노가 없다면, 하나님이 아닐 것이다. 하나님의 진노를 떠나면 하나님의 사랑이라는 개념은 무의미해진다. "왕은 정의를 사랑하고 악을 미워하시니"(시 45:7). 더욱이 하나님은 타락한 죄인을 사랑하시는 것만큼 완전하고 철저하게 죄를 미워하신다. 후자가 없이는 전자가 완전히 공허하다.

종종 진노와 자비 두 가지에 대한 강조는 병행된다. "아들을 믿는 자에게는 영생이 있고 아들에게 순종하지 아니하는 자는 영생을 보지 못하고 도리어 하나님의 진노가 그 위에 머물러 있느니라"(요 3:36). 이 구절은 좀더 친숙한 말인 요한복음 3:16과 같은 장에 나온다. 죄에 대한 하나님의 진노가 얼마나 엄한지 깨닫지 않고서는 요한복음 3:16에 나오는 '멸망치 않고' 라는 의미를 깨닫지 못한다.

하나님의 진노는 성경의 부차적인 주제가 아니다. 신약과 구약은 도처에서 하나님의 진노를 강조한다. 시편 7:11, 12은 이렇게 말한다. "하나님은 의로우신 재판장이심이여 매일 분노하시는 하나님이시로다 사람이 회개하지 아니하면 그가 그의 칼을 가심이여 그의 활을 이미 당기어 예비하셨도다." '여호와께서 이스라엘에게 진노하신다.' 는 구절은 구약에 거듭 나온다(예. 삿 2:14, 20; 3:8; 10:7; 삼하 6:7; 24:1; 왕하 13:3; 시 106:40). 신약도 하나님의 진노에 관한 경고로 가득 차 있다(예. 롬 2:5; 3:5; 9:22; 엡 5:6; 골 3:6; 계 14:10). 히브리서 기자는 간단히 이렇게 말한다. "우리 하나님은 소멸하는 불이심이라"(히 12:29; 참고. 신 4:24; 9:3).

이런 진리들은 우리를 편안하게 하거나 자신만만하게 하기 위한 것이 아니다. 심한 고민과 두려움으로 가득하게 하려는 것이다. 무엇보다도 "여호와를 경외하는 것이 지혜의 근본이요 거룩하신 자를 아는 것이 명철이다"(잠 9:10). 복음이 하나님에 대한 거룩한 두려움을 불러일으킬 때에만 진정으로 좋은 소식으로 이해될 수 있다. "여호와를 경외하는 자에게는 견고한 의뢰가 있나니 그 자녀들에게 피난처가 있으리라"(잠 14:26). "여호와를 경외하는 것은 생명의 샘이니 사망의 그물에서 벗어나게 하느니라"(잠 14:27). "여호와를 경외하는 것은 지혜의 훈계라 겸손은 존귀의 길잡이니라"(잠 15:33). "여호와를 경외하는 것은 사람으로 생명에 이르게 하는 것이라 경외하는 자는 족하게 지내고 재앙을 당하지 아니하느니라"(잠 19:23).

시대가 달라지면 메시지가 달라져야 한다?

오늘날 전해야 하는 복음은 바울이 일생을 바쳐 전한 바로 그 메시지이다. 바울은 교회에 복음을 가지고 장난하거나 어떤 식으로든 복음을 바꾸지 말라고 엄중히 경고했다(갈 1:6-9). 교회사는 자기 시대에 맞게 메시지를 고칠 수 있다고 생각했으나 결국 진리를 오염시키고 자신을 파멸시키고 만 사람들의 예로 점철되어 있다. '이용자에게 친절한' 교회로 만들려고 하는 사람들 대부분에게는 이런 식으로 복음을 왜곡할 의도는 없다. 그러나 그들은, 사람을 즐겁게 하고 매력적인 메시지에 대한 자신들의 욕망이 참된 복음과 전혀 양립할 수 없다는 것을 인정해야 한다. 그들의 운동이 흔히 커질수록, 그들이 백 년 전 모더니스트들이 걸었던 그 길로 내려가고 있다는 사실은 점점 더 분명해진다.

교회사가 우리에게 가르치는 것이 있다면, 시대가 다르다고 해서 다른 메시지를 전할 필요가 없다는 것이다. 순전한 복음 말고 다른 것을 전파하는 사람들은 하나님의 능력을 상실한다.

찰스 스펄전은 자기 시대의 모더니스트들이 "금세기(아마 이번 달이라고 말해야 할 것이다)를 위해 만든 믿음"12)을 고안하려 했다고 말했다. 스펄전은 이렇게 썼다.

> 진보적 복음이라는 개념이 많은 사람들을 매료시킨 것 같다. 우리에게는 이 개념이 터무니없는 말과 참람한 말을 아무렇게나 섞어 놓은 것이다. 복음이 이제까지 셀 수 없이 많은 사람들의 영원한 구원에 효과적이었는데 지금 복음을 바꾸려 하는 것은 오히려 시대에 뒤떨어지는 것 같다. 그리고 복음은 전지하시며 변하지 않으시는 하나님의 계시이므로, 그 복음을 개선하려고 하는 것은 뻔뻔스러운 짓처럼 보인다. 이처럼 주제넘는 일을 스스로 맡은 신사들을 마음에 떠올릴 때, 조소가 터지려 한다. 이것은 태양의 빛을 개선하겠다고 하는 두더지의 제안과 비슷한 것이다.
> 각 세기에 맞는 복음이 있다고 참으로 믿는가? 아니면 50년마다 적합한 종교가 있다는 것인가?13)

스펄전은, 변하는 세상에 '적합한' 인물로 환대받고자 하는 사람들은 변하지 않는 하나님의 말씀에 오랫동안 충실할 수 없고 충실하려고도 하지 않을 것임을 분명히 깨달았다. 그는 헨리 발리(Henry Varley)가 *Word and Work*라는 정기 간행물의 편집장에게 보낸 편지에 찬성하면서 그

---

12) "Attempts at the Impossible," *The Sword and the Trowel* (December 1888), 619.
13) "Progressive Theology," *The Sword and the Trowel* (April 1888), 157–58.

편지의 일부를 인용했다. "변하지 않는 계시는 '변화가 그 유행이다.' 하고 말할 수 있는 시대에 대하여 그다지 빠르지 않다. 그러므로 '건전한 말씀을 굳게 붙드는 일' 그리고 '성도들에게 단번에 전해 주신 믿음을' 진지하게 주장하는 일이 더 더욱 필요하게 되었다."[14]

변화가 19세기의 유행이라면, 오늘날은 얼마나 더하겠는가? 이전의 어떤 그리스도인 세대보다 우리는 마음을 써서 우리에게 맡기신 보화를 지켜야 한다(딤후 1:14). 그 보화를 흔들리는 세상의 일시적인 변덕과 환상과 바꾸지 말자.

복음은 설득력 있고 진지하고 분명하게 전파해야 한다. 분명 독특한 지적 재능과 창의적 재능을 가진 설교자와 증인들은 자신의 의사 전달 능력을 신중하게 복음 제시하는 데 적용하는 것이 절실히 필요하다. 새롭고 풍성하고 설득력 있고 재미있게 하려는 것은 결코 나쁘지 않다. 참으로 복음에 대해 열정이 있고 헌신된 설교자라면 자연스럽게 그런 특징을 드러낼 것이다. 그러나 스타일이 아니라 메시지에 초점을 두어야 한다. 우리는 복음을 세상에 전하는 우리의 유일한 메시지로 삼아야 한다. 결국 모든 믿는 자에게 구원을 주시는 하나님의 능력은 복음이지, 인간이 만들어 낸 것이나 '이용자에게 친절한 것'이나 기발한 기법이나 현대적 방법이 아니다.

---

14) "Notes," *The Sword and the Trowel* (August 1888), 445에서 인용함. 여러 해 전, 도살꾼이었다가 평신도 복음전도자가 된 발리는 무디(D. L. Moody)가 영국을 처음 방문할 때 무디를 도울 책임을 진 중요한 사람들 가운데 하나였다. 발리와 스펄전은 매우 다른 전통에서 나왔는데, 발리는 플리머스 형제단이었다. 여러 해 지나서, 스펄전은 플리머스 형제단의 배타주의적 경향을 거리낌 없이 비판했다. 그러나 발리가 편집장에게 보내는 이 길고 유창한 편지에서 스펄전을 변호한 것은 내리막길 논쟁의 중대한 시점이었다.

7.
아레오바고의 바울

> 지나간 시절 내리막길에 서 있는 설교자들은 존경할 만하고 현명하고 온건하고 학구적인 사람이라고 인정받는 데 목표를 두었고, 따라서 그들은 출발할 때 갖고 있던 청교도의 가르침을 버리고 자신들의 가르침을 약하게 만들었다. 그들이 국교회를 반대하던 강력한 원인이었던 신령한 생활은 퇴락하여 거의 죽음의 문턱에 다다랐다. ……애석하다! 많은 사람이 퇴락하던 그 세대를 마취시켰던 독잔으로 되돌아가고 있다.
>
> 찰스 스펄전[1]

'문화적 적실성'(문화에 맞고 실용적으로 효과가 있는 것- 역자 주)이 강력한 설교의 비밀이라고 믿는 사람들은 아덴에서 펼친 바울의 사역을, 바울이 자신의 메시지와 방법을 자신이 사역하는 문화에 맞게 고친 제일 좋은 예로 종종 지적한다. 그들은 아레오바고에서 전한 바울의 설교가 시장 지향적 사역을 위한 패러다임이라고 말한다.

그리고 언뜻 보기에는 그들의 말이 맞는 것처럼 보인다. 바울은 아덴

---

1) "Another Word Concerning the Down-Grade," *The Sword and the Trowel* (August 1887), 398.

의 지적인 엘리트들에게 말씀을 전하고 있었다. 그는 그들의 말을 사용하고, 그 곳의 시인과 철학자의 말을 즉석에서 인용하며, 그들의 대화 방법(공개 토론)을 그들과 의사소통하는 수단으로 사용했다. 이것은 '상황화'와 시장 지향적 방법론에 대한 적합한 모형이 아닌가?

그래서 사도행전 17:16-33은 현대 교회 마케팅 운동을 알리는 데 핵심 본문이 된다.

바울이 아덴에서 그들을 기다리다가 그 성에 우상이 가득한 것을 보고 마음에 격분하여 회당에서는 유대인과 경건한 사람들과 또 장터에서는 날마다 만나는 사람들과 변론하니 어떤 에피쿠로스와 스토아 철학자들도 바울과 쟁론할새 어떤 사람은 이르되 이 말쟁이가 무슨 말을 하고자 하느냐 하고 어떤 사람은 이르되 이방 신들을 전하는 사람인가보다 하니 이는 바울이 예수와 부활을 전하기 때문이러라 그를 붙들어 아레오바고로 가며 말하기를 네가 말하는 이 새로운 가르침이 무엇인지 우리가 알 수 있겠느냐 네가 어떤 이상한 것을 우리 귀에 들려 주니 그 무슨 뜻인지 알고자 하노라 하니 모든 아덴 사람과 거기서 나그네 된 외국인들이 가장 새로운 것을 말하고 듣는 것 이외에는 달리 시간을 쓰지 않음이더라 바울이 아레오바고 가운데 서서 말하되 아덴 사람들아 너희를 보니 범사에 종교심이 많도다 내가 두루 다니며 너희가 위하는 것들을 보다가 알지 못하는 신에게라고 새긴 단도 보았으니 그런즉 너희가 알지 못하고 위하는 그것을 내가 너희에게 알게 하리라 우주와 그 가운데 있는 만물을 지으신 하나님께서는 천지의 주재시니 손으로 지은 전에 계시지 아니하시고 또 무엇이 부족한 것처럼 사람의 손으로 섬김을 받으시는 것이 아니니 이는 만민에게 생명과 호흡과 만물을 친히 주시는 이심이라 인류의 모든 족속을 한 혈통으로 만드사 온 땅에 살게 하시고 그들의 연대를 정하시며 거주의 경계를 한정하셨으니 이는 사람으로 혹 하나님을 더듬어 찾아 발견하게 하려 하심이로되 그는 우리 각 사람에게서 멀리 계시지 아니하도다 우리가 그를 힘입어 살며 기동하며 존재하느니라 너희 시인 중 어떤 사람들의 말과 같이 우리가 그의 소생이라 하니 이와 같이 하나님의 소생이 되었은즉 하나님을 금이나 은이나 돌에다 사람의 기술과 고안으로 새긴 것들과 같이 여길 것이 아니니라 알지 못하던 시대에는 하나님이 간과하셨거니와 이제는 어디든지 사람에게 다 명하사 회개하라 하셨으니 이는 정하신 사람으로 하여금 천하를 공의로 심판할 날을 작정하시고 이에 그를 죽은 자 가운데서 다시 살리신 것으로 모든 사람에게 믿을 만한 증거를 주셨음이니라 하니라 그들이 죽은 자의 부활을 듣고 어떤 사람은 조롱도 하고 어떤 사람은 이 일에 대하여 네 말을 다시 듣겠다 하니 이에 바울이 그들 가운데서 떠나매.

사도행전 17장의 초반부는 바울이 데살로니가와 베뢰아에서 어떻게 해서 달아나게 되었는지 서술한다. 베뢰아에 사는 어떤 그리스도인들은 바울을 바닷가로 몰래 빠져 나가게 하여 멀리 아덴으로 그를 데리고 갔다(15절). 실라와 디모데는 베뢰아에 남아 있었는데, 바울은 아덴에서 합류하자고 그들에게 전갈했다.

그래서 바울은 아덴에 홀로 있으면서 디모데와 실라를 기다리고 있었다. 아마 이는 바울에게 최악의 형편이었을 것이다. 바울은 다른 때에도 고독감을 느꼈다(참고. 딤후 4:9-22). 그를 이 지경까지 이르게 한 사역은 박해와 배척의 역사로 점철된 긴 연대기였다. 이제 바울은, 광대하고 발전된 문화를 갖고 있지만 지극히 이교적인 도시에서 홀로 지냈다.

성경은 이 시점에서 바울의 감정이 어떠했는지 아무 말도 하지 않지만, 바울이 영적으로 낙담했을 것이라는 생각은 하지 말라. 바울의 서신은 그가 이런 상황을 어떻게 해결했는지에 대해 놀라운 통찰을 보여준다. 바울은 고린도 사람들에게 이렇게 썼다. "우리가 사방으로 우겨쌈을 당하여도 싸이지 아니하며 답답한 일을 당하여도 낙심하지 아니하며 박해를 받아도 버린 바 되지 아니하며 거꾸러뜨림을 당하여도 망하지 아니하고"(고후 4:8, 9). 같은 서신에서 또 이렇게 썼다. "그러므로 내가 그리스도를 위하여 약한 것들과 능욕과 궁핍과 박해와 곤고를 기뻐하노니 이는 내가 약한 그 때에 강함이라"(12:10). 바울은 연약한 위치에서 하나님의 능력을 아덴에 전달하는 도구가 될 참이었다.

한 도성과 맞선 한 사람

바울이 가장 엄격한 바리새파 훈련을 받고 자란 사실을 기억하라. "나는 유대인으로 길리기아 다소에서 났고 이 성에서 자라 가말리엘의 문하에서 우리 조상들의 율법의 엄한 교훈을 받았고 오늘 너희 모든 사람처럼 하나님께 대하여 열심이 있는 자라"(행 22:3). "나는 팔 일 만에 할례를 받고 이스라엘 족속이요 베냐민 지파요 히브리인 중의 히브리인이요 율법으로는 바리새인이요……율법의 의로는 흠이 없는 자라"(빌 3:5–6). 바울은 로마 시민으로 군사 문제와 정치 문제를 잘 알고 있었다. 바울이 자라고 훈련받았던 다소는 매우 세계적인 곳이어서, 풍부한 교육을 받아 로마 제국의 거의 모든 문화에 적응할 준비가 되어 있었다. 수세기 동안 지성계와 예술계의 중심이었던 아덴도 예외는 아니었다. 바울은 헬라 문화와 예절과 종교와 예술과 철학을 샅샅이 알고 있었다. 그는 박식하고 여행을 많이 한 학자였다. 바울의 전생애가 바로 이와 같은 상황에 잘 대처하도록 그를 준비시켜 놓았던 것이다.

기원 전 4, 5세기에 아덴은 세상에서 가장 큰 도시로 여겨졌다. 아덴의 몇 가지 문화는 타의 추종을 불허했다. 아덴의 예술과 문학과 건축과 철학은 정상에 이르렀다. 헬라 제국의 황금기 동안 이런 분야에서 아덴처럼 찬란한 영광을 성취한 도시는 없었다. 아덴은 아가야 지방에 있었는데, 그리 멀지 않은 곳에 있는 고린도가 아가야 지방의 중심지였다. 그러나 로마가 정치 중심지였듯이 아덴은 여전히 문화와 지성 세계의 중심지였다. 아덴은 때때로 세계의 대학으로 언급되곤 했다. 세상의 모든 위대한 지성인이 그곳에 모였다.

아덴은 헬라 신화에 나오는 신들의 고향이다. 아덴에 있는 모든 공공 건물은 신에게 드리는 전이었다. 예를 들어, 공공 기록이 보관되어 있는 장소는 신들의 어머니에게 헌당되었다. 시의회 건물의 중앙 장식물은 아폴로의 우상이었다. '아덴에서는 사람보다 신을 찾는 것이 더 쉽다.'는 말이 유행할 정도였다. 아덴은 속속들이 이교적이었다. 그들은 모든 것에 대하여 신을 모셨지만, 참되신 한 분 하나님은 알지 못했다.

아덴이 바울에게 어떻게 영향을 주었는지 보면 재미있다. 바울은 그의 문화적, 교육적 배경 때문에 아덴을 보고 매력을 느꼈을 것이라고 생각할 수 있다. 이 도시는 바울과 같은 학자의 관심을 끌 만큼 고대 성전과 찬란한 예술 작품과 장대한 건물과 숭고한 조각과 사람을 매혹시키는 웅변가와 뛰어난 철학자와 멋진 광경으로 가득 차 있었다. 그리고 바울 시대에는 대리석과 황금이 여전히 번쩍이고 있었다.

아덴에 대한 바울의 반응은 실제로 어떠했는가? "바울이 아덴에서 그들을 기다리다가 그 성에 우상이 가득한 것을 보고 마음에 격분하여"(행 17:16). 바울은 멋진 장소들을 보고 놀라기는커녕, 그곳이 우상으로 가득 찬 도시로밖에 보이지 않았고 그래서 매우 괴로웠다.

19세기의 한 성경 사전에는 이렇게 쓰여 있다.

바울의 발치에는 테세이온(Theseion, 시장 근처에 있는 장엄한 대리석 신전)이 있고 오른편에는 찬란한 신전이 고스란히 남아 있는 아크로폴리스가 있었다. 그런 환경은 오늘날 교육받은 모든 그리스도인들의 마음에 강한 흥미를 돋굴 것이다. 성 바울이 고개를 돌리는 곳마다, 그의 시선은 타락한 도시를 여전히 장식하고 있는 정밀하고 사랑스러운 예술 작품에 쏠렸을 것이 틀림없다. 이와 같이 바울 앞에 예술 작품들이 펼쳐졌다. (19세기 인문주의자들은 힘들지만 감사하는 마음으로 그 조각들을 모으고 있다.) 셈족인 성 바울은 이 모든 것에서 아무런 감동을 받지 못했다. 그에게는 그것이 예술과 인간의 고안으로 새겨진 금이나 은이나 돌에 불과했다. 그리고 그것은 하나님의 자비로운 눈길을 무시하던 한 시대의 작품이었다.[2]

바울 시대에 살고 있던 한 저술가는 아덴을 방문하고 그 도시의 영광에 관하여 여섯 권의 책을 썼다. 만일 바울이 여행담을 쓰고 있었다면, 간단히 "이 도시는 우상으로 가득 차 있다."고 말했을 것이다. 그게 전

---

2) F. C. Conybeare, "Areopagus," *A Dictionary of the Bible*, James Hasting(New York: Scribner's, 1898), 1:144.

부다. 분명 바울은 머리가 둔하거나 무감각하지 않았다. 바울은 아덴 문화를 감상할 만한 지식이 없었던 것이 아니다. 반대로 이 사람은 그런 도시에 이상적으로 어울리는 인물이었다. 그러나 바울에게는 더 큰 소명이 있었고 관광이나 호기심이나 학문 조사보다 중요한 일이 있었다. 바울은 그 도시의 번쩍거리는 외관이나 잘 차려 입고 잘 배운 아덴의 지성인 정도만 보지 않았다. 그는 그리스도 없이 영원한 멸망에 떨어질 사람들을 보았다.

아덴은 바울의 마음을 흥분시켰다. '마음에 격분하여'라는 구절은 강한 흥분을 나타내는 헬라어 '파로크수노'(paroxunō, '성난')를 사용한다. paroxysm이라는 영어는 이 어근에서 나온 것이다. 바울은 우상 숭배가 널리 퍼져 있는 것을 보고 슬프고 괴롭고 분개하고 화가 치밀었다. 바울은 이 사람들이 하나님께만 드려야 합당한 영광을 돌 우상에게 돌리고 있는 것을 알았다.

장터에 선 바울

바울은 그 동안 사역한 거의 모든 도시에서 행했던 대로 행했다. 바울은 회당과 장터(시장)로 가서 그리스도를 전파했다. 17절은 이렇게 말한다. "회당에서는 유대인과 경건한 사람들과 또 장터에서는 날마다 만나는 사람들과 변론하니." 바울의 접근법은 직설적이고 직면적인 복음전도였다. 바울은 지역 사회 조사를 하지 않았다. 특별 조사도 하지 않았다. 복음전도 위원회를 결성하려고 하지 않았다. 그저 회당과 시장으로 가서 누구에게든 전파했다.

'경건한 사람들'(하나님을 경외하는 이방인들)은 회당과 관계를 맺고 있으며 여호와 하나님에 대해 알고 경외할 정도로 믿음을 가졌던 사람들을 가리킨다. 이렇게 바울은 유대인과 하나님을 경외하는 이방인과 지독한 이교도에게 사역을 했다. 마케팅 초점이나 목표 집단은 없었다. 바울은 소아시아에서 두루 행했던 것처럼 어디서든 진리를 선포했다.

아덴에서는 시장을 아고라(Agora)라고 했다. 이는 아덴 사람들의 모든 활동의 중심지였다. 고대 도시의 남쪽 끝에 있는 이 장터는 아레오바고라는 언덕 아래에 있었다. 남동쪽에는 큰 아크로폴리스, 즉 아덴의 고지가 어렴풋이 보인다. 이곳에는 그 때 이미 500년이나 된 장대한 대리석 건물인 파르테논을 포함하여 입이 벌어질 만한 신전들이 있었다.

아고라는 모든 공공 건물의 중앙에 있는 큰 마당이었다. 거기 큰 콜로네이드 아래 사람들이 작은 상점과 노점을 세우곤 했다. 행상인들은 자신의 상품을 소매로 팔곤 했다. 농부들은 작물과 가축을 팔려고 가져 왔다. 손일 하는 사람들은 고용해 달라고 집요하게 달라붙었다. 거기는 언제나 분주한 곳이었다. 아마 오늘날 거기에 해당하는 것을 들라면 도시 광장이나 도시 쇼핑 센터의 중심지쯤 될 것이다. 시장의 중앙에는 철학자들이 모여서 사람들의 주도를 끌려고 논쟁을 벌이곤 했다. 아리스토텔레스의 전통을 이은 소요학파의 선생, 의술 전문가, 마술사, 거리의 온갖 사람들이 모이는 광장이 있었고, 거기서 달콤한 말로 사람들을 속이고 있었다.

바울은 이곳을 이상적인 전도 장소로 보았다. 성경은 바울이 '날마다 만나는 사람들과' 쟁론했다고 말한다. 바울은 어떤 형식을 빌려 말했을까? 18절은 분명히 달한다. 바울은 '예수와 부활'에 관하여 전파하고 있었다. 즉 바울의 전형적인 사역이었다.

어떻게 한 사람이 아덴 같은 도시에 영향을 주기를 바랄 수 있는가? 인간의 관점에서 보면 바울은 말 그대로 수세기에 걸친 전통적인 이교와 그리고 그 당시의 지적인 이교와 홀로 맞서고 있었다. 바울은 시장에 서서 예수와 부활에 관하여 전파함으로 무엇을 성취하기를 바랄 수 있었겠는가?

마케팅 전문가는 이런 질문을 던졌을 법하지만, 바울은 그러지 않았다. 바울은 홀로 한 도시와 맞서고 있다고 보지 않았다. 그는 자신을 세상에서 가장 크고 영향력 있는 도시에 하나님의 능력, 즉 복음을 알릴 소리로 보았다. 바울은 아고라에서 그리스도를 전파함으로써 아덴에 하나님의 능력을 열어 보이고 있다고 믿었다. 그 결과는 하나님의 손에 달려 있었다.

사도 대 철학자

바울은 곧 사람들의 주목을 받았다. "어떤 에피쿠로스와 스토아 철학자들도 바울과 쟁론할새"(17:18). 어떤 사람들은 바울이 재치 있고 적절하게 말하는 것에 인상을 받기는커녕 "이 말쟁이가 무슨 말을 하고자 하느냐"(18절) 하고 말했다. '말쟁이'라는 말은 헬라어 '스페르모로고스'(*spermologos*)인데, 말 그대로 '씨앗 쪼는 자'이다. 이 말은 밭고랑에서 씨를 쪼아 먹는 새를 가리키는 것으로 바울과 그의 메시지에 대한 조롱이었다. 분명 아덴 지성인들은 바울의 박식함이나 영리함에 꿈쩍하지 않았다.

그런데도 바울은 관심을 끌었고 두 집단의 철학자들의 호기심을 부추겼다. 에피쿠로스 학파는 4세기 전 에피쿠로스(Epicurus)가 세웠다. 이 철학자들은, 모든 것이 우연히 일어난다고 믿었다. 그들의 체계에는 주권적인 신이 없었다. 그러므로 그들은 모든 것의 결과가 확실하지 않다고 믿었다. 그들은 또한 죽음이 인간 실존의 끝이라고 믿었다. 그리고 그들은 쾌락이 인생에서 자연스러운 목적이며 최고 선(最高善)이라고 가르쳤다(물론 이 철학자들은 참된 쾌락이 올바른 생활에서만 발견된다고 강조했고 그래서 매우 도덕적이었다). 텔레비전에서 널리 방영된 적이 있는 한 맥주 선전은 타락한 에피쿠로스주의를 반영한 것이었다. "한번 둘러보기만 하라. 그래서 충족시킬 수 있는 모든 즐거움을 거머쥐라." 현대 실존주의는 에피쿠로스주의 방탕한 변형에 불과하다.

바울을 주목한 또 한 집단은 스토아 학파였다. 그들의 철학은 많은 점에서 에피쿠로스 학파와 반대였다. 그들은 범신론적 운명론자였다. 그들은 모든 것이 신이며 신이 원하므로 모든 것이 일어난다고 믿었다. 에피쿠로스 학파와 달리, 스토아 학파는 매우 박애주의적이었다. 그들은 극단적인 범신론을 내세웠으므로, 모든 사람을 신으로 대접했다. 그러므로 그들의 철학은 매우 이타적이고 자비롭고 관대했다. 물론 우리는 무덤덤하게 고난을 견딜 수 있는 사람을 일러 금욕주의자(stoic)라는 말을 쓴다. 이렇게 하는 것은 스토아 학파의 운명론이, 일어나는 모든 것은 신의 뜻이라는 생각에 빠지게 하기 때문이다.

이미 살펴보았듯이, 이 이교 철학자들 가운데 일부는 바울을 씨앗 쪼는 자라고 하면서 노골적으로 조롱했다. 그러나 어떤 사람들은 바울의 메시지에 빨려들었다. "이방 신들을 전하는 사람인가보다 하니 이는 바울이 예수와 부활을 전하기 때문이러라"(18절). 이 사람들이 '신들'이라는 복수형을 사용한 것은 분명 흥미롭다. 하지만 그들은 '부활'(아나스타시스)이라는 말을 오해했던 것 같다. 그들은 버릇처럼 모든 것을 신으로 의인화하곤 했으므로, 바울이 아나스타시아라는 여신에 대하여 말하고 있는 것으로 생각했을 것이다. 그들에게는 예를 들어 경건, 자비, 겸손의 신이 있었다. 그러니 부활의 여신도 있다고 생각하지 않았겠는가? 아마 그들은 바울이 말하는 것을 잘못 생각했을 것이다.

어떻게 생각했든 그들은 바울의 말을 더 듣고자 했다.

설교자와 학자

"그를 붙들어 아레오바고로 가며 말하기를 네가 말하는 이 새로운 가르침이 무엇인지 우리가 알 수 있겠느냐 네가 어떤 이상한 것을 우리 귀에 들려 주니 그 무슨 뜻인지 알고자 하노라 하니"(17:19-20). 그들이 죄를 깨닫고 있었던 것은 아니다. 그들에게 바울은 신기한 것을 말하는 괴짜 철학자였다. 이는 그들에게 기분 전환에 불과했다. "모든 아덴 사람과 거기서 나그네 된 외국인들이 가장 새로운 것을 말하고 듣는 것 이외에는 달리 시간을 쓰지 않음이더라"(17:21). 바울에 관한 무엇이 그들의 호기심을 사로잡았고, 그래서 그들은 바울을 아레오바고로 붙들어 갔다.

아레오바고는 아덴에 있는 철학자들의 법정이었다. 헬라어 '아레오파구스'(areopagus)는 '아레스의 언덕'을 뜻한다. 아레스에 해당하는 로마 이름은 마르스인데, 그러므로 이 법정이 열리는 장소의 라틴어식 이름은 마르스 언덕이다. 그러므로 성경이, 바울이 '아레오바고 가운데 서서'(22절)라고 말할 때, 일차적으로는 언덕이 아니라 철학자들의 법정을 가리킨 것이다. 그러나 이 모임은 언덕이나 그 근처에서 있었다. 아레오바고 법정은 아덴의 최고 재판관 30명 이상으로 구성되었다. 그들은 항소 법원처럼 형사 사건과 민사 사건을 심판했다. 그러나 그보다 그들은 아덴 철학의 수호자였다. 그들은 새로운 가르침이 신성 모독으로 위법한 것인지 결정하려고 그 의견을 들었다. 분명 이 철학자들은 심판관들이 바울의 가르침을 듣고, 그가 선포하는 '이방 신들'이 이미 만신전에 있는 모든 신들에 낄 수 있는지 결정해 주기를 바랐다.

얼마나 멋진 기회인가! 실제로 이 사람들은 그 도시의 최고 법정 앞에 바울을 끌고 갔고 그에게 무엇을 전하고 있었는지 설명하라고 요구했다. 이는 바울이 바라던 상황이었고, 바울은 이 기회를 최대한 이용했다.

물론 이것이 바울이 아덴에서 한 유일한 설교도 아니고 처음 설교도 아니었다. 본문은 바울이 얼마 동안 회당과 장터에서 설교하고 있었는지 말하지 않는다. 성경에 우리를 위하여 기록된 설교도 없다. 그러나 아레오바고에서 전한 이 메시지는 바울이 전파한 방식을 살펴볼 수 있게 하는 흥미로운 통찰력을 담고 있다. 몇 가지 주목할 만한 특색 때문에 이 메시지는 복음 전파의 독특한 모델이 된다.

바울은 정중했지만 직설적이었다

"바울이 아레오바고 가운데 서서 말하되 아덴 사람들아 너희를 보니 범사에 종교심이 많도다"(22절). 킹제임스역(KJV)은 마지막 부분을 "너희를 보니 범사에 지나치게 미신적이도다."라고 번역한다. 이 번역에 관하여 스펄전은 이렇게 말했다.

> 바울은 킹제임스역처럼 "너무 미신적이도다." 하고 말하지 않았습니다. 그렇게 되면 처음부터 필요없이 그들을 자극했을 것입니다. 바울은 이어서 이렇게 말합니다. "……너희가 알지 못하고 위하는 그것을 내가 너희에게 알게 하리라." 바울은 '너희가 무식하게 예배하는 것을' 이라고 말하지 않았습니다. 바울은 매우 사려가 깊어서 그런 표현을 사용하지 않았습니다. 그들은 생각이 깊고 많이 배운 사람들이었습니다. 그래서 바울은 예의 바르게 복음을 선포함으로써 그들을 얻으려고 했습니다.[3]

우리가 살펴보았듯이, 바울이 전도 대상에 맞도록 자기의 방법을 고친 데는 한 가지 합당한 의미가 있다. 바울은 유대인에게는 유대인이 되었고 아덴에서는 헬라인이 되었다. 바울은 이 철학자들의 지위를 크게 존중하면서 그들에게 말했다. 바울은 자신이 이 철학자들이 다스리는 도시의 시민인 것처럼 공손하게 그들에게 말했다.

"내가 두루 다니며 너희가 위하는 것들을 보다가 알지 못하는 신에게라고 새긴 단도 보았으니 그런즉 너희가 알지 못하고 위하는 그것을 내가 너희에게 알게 하리라"(23절). 바울이 그들을 직면하는 솜씨를 주목하라. 바울은 알지 못하는 신에게 바치는 제단을 주목하고서, 그들의 종교가 유일하신 참 하나님은 말할 것도 없고 어떤 신에 대해서도 확실한 지

---

[3] "By All Means Save Some," *The Metropolitan Tabernacle Pulpit*, Vol. 20(London: Passmore and Alabaster, 1874), 248.

식을 줄 수 없다는 점을 드러내는 데 그것을 사용했다. 바울은 그런 단이 있다는 것은 그들이 하나님에 관한 진리를 알지 못함을 분명히 인정한다는 뜻임을 넌지시 드러내 보였다. 분명 바울은 단에 새긴 비명을 그들이 영적 무지를 스스로 증언하는 표로 보았다.

바울은 능란하고 예의 바르고 우호적인 말로 메시지를 구성했다("너희를 보니 범사에 종교심이 많도다"). 하지만 그는 곧장 핵심을 말했다("그런즉 너희가 알지 못하고 위하는 그것을 내가 너희에게 알게 하리라"). 담대한 마음으로 바울은 그들이 알지 못하는 신에 관한 진리를 자신이 알려 줄 것이라고 곧바로 확언했다. 교묘하게 티를 내거나 조심스러운 수사법을 사용하지 않고 곧장 할 말을 꺼냈다. 그런 독단적인 접근법은 오늘날과 마찬가지로 아레오바고 법정에서 흔치 않은 일이었다. 사실 아덴의 가장 뛰어난 지성을 대표하던 이 사람들에게는 그런 접근법이 상당한 충격이었을 것이다. 그러나 바울은 그런 태도를 늦추거나 확신을 잃거나 복음의 권위를 약하게 하려 하지 않았다. 바울은 다른 곳에서와 마찬가지로 담대하게 말했다.

알지 못하는 신에게 드리는 단은 무엇이었는가? 실제로 아덴에는 이런 단이 많았다. 바울 시대보다 600년 전에 아덴은 무서운 전염병으로 혼이 났었다. 수백 명이 병들어 죽었고, 도시는 절망적이었다. 크레테 출신의 에피메니데스(Epimenides)라는 유명한 시인은 전염병을 일으킨 신들이 누구든지 그 신과 화평할 구상을 했다. 이 시인은 아레오바고에 가서 양떼를 풀어 놓았다. 양들이 자유롭게 이 도시를 돌아다니게 하려는 계획이었다. 양들이 누우면, 가장 가까운 신전의 신에게 이 양을 바칠 작정이었다. 분노한 신들이 그 양을 자신에게 끌고 갈 것이라는 전제를 한 것이었다. 하지만 양들을 풀어 놓았을 때, 많은 양이 신전이 없는 곳에 누웠다. 아무튼 에피메니데스는 양을 제사로 드리려고 양들이 누운 곳마다 신전을 세우기로 했는데, 이는 알지 못하는 신들을 무시하지 않으려는 처사였다. 이들이 이름 없는 신들이므로, 사람들은 '알지 못하는 신에게' 단과 신전을 세워 바쳤다. 분명 바울은 이 단 가운데 하나를 지적했을 것이다.

바울은 담대하게 말했다. "나는 이 알지 못하는 신을 안다. 그 분이 누구신지 알려주겠다." 그런 후에 바울은 큰 권위를 갖고 그들에게 하나님이 누구신지 아주 분명하고 철저하게 말하기 시작했다.

바울은 복음을 타협하지 않고 말했다

바울은 창조로부터 시작하여 곧장 자신의 메시지를 전했다. "우주와 그 가운데 있는 만물을 지으신 하나님께서는 천지의 주재시니 손으로 지은 전에 계시지 아니하시고 또 무엇이 부족한 것처럼 사람의 손으로 섬김을 받으시는 것이 아니니 이는 만민에게 생명과 호흡과 만물을 친히 주시는 이심이라"(행 17:24-25). 이 말에는 하나님에 관한 진리가 풍성하게 담겨 있다. 이는 헬라의 종교적 신념과 정면으로 대립하는 것이다. 바울은 그들의 민감한 감정을 피해 가거나 그들이 듣기 싫어할 만한 진리를 피하려 하지 않았다.

그들의 신들은 모두 인간이 만든 신전에 거하고, 또 사람과 같은 것이므로 바울이 설명하는 초월적인 지고의 존재와 전혀 달랐다. 이 사람들은 교육을 잘 받았으므로 틀림없이 히브리의 하나님도 알고 있었다. 그들은 하나님의 배타성에 관하여 알았다("우리 하나님 여호와는 오직 유일한 여호와이시니 너는 마음을 다하고 뜻을 다하고 힘을 다하여 네 하나님 여호와를 사랑하라" – 신 6:4, 5). 그들은 그 하나님의 첫 계명이 "너는 나 외에는 다른 신들을 네게 두지 달라"(출 20:3; 신 5:7)임을 알았다. 확실히 바울이 말을 시작하자마자, 이들은 바울이 히브리 사람들이 경배하는 그 하나님을 선포하고 있음을 알았고 그와 관련된 문제들을 깨달았을 것이다.

바울은 하나님을 창조주라고 했다. 이 하나님은 "우주와 그 가운데 있는 만물을 지으셨다"(행 17:24). 그 분은 모든 생명의 유지자이시다. "만민에게 생명과 호흡과 만물을 친히 주시는 이심이라"(25절). 그 분은 주권자이시다. "천지의 주재시니"(24절). "인류의 모든 족속을 한 혈통으로 만드사 온 땅에 살게 하시고 그들의 연대를 정하시며 거주의 경계를 한정하셨으니"(26절). 그리고 하나님은 무소부재하시다. "그는 우리 각 사람에게서 멀리 계시지 아니하도다"(27절).

나아가 바울은 그들에게, 하나님이 사람들로 "하나님을 더듬어 찾아 발견하게 하기"(27절)를 원하신다고 했다. 바울은 하나님을 찾는 것이 도덕적 의무라고 이 철학자들에게 말하고 있었다. 만일 그 하나님이 참으로 주권적이며 전능한 창조주시며 우리가 자신을 찾기를 바라신다면, 그 분을 찾지 않는 것은 죄이다. 이 철학자들은 이 진리를 놓치지 않았을 것이다. 그들은 바울이 유일한 참되신 하나님을 찾고 경배하라는 분명한 명령을 자신들에게 제시하고 있음을 알았다. 다시 말해서 바울은, "내가 여러분에게 선포하는 하나님은 다른 모든 존재를 다스리는 가장 높은 분이며, 여러분의 배타적인 충성과 경배를 받기에 합당한 분입니다. 여러분은 하나님을 발견할 때까지 하나님을 찾아야 합니다."라고 했다. 이 말은 그들의 혼합주의와 다신론에 대한 정면 공격이었다. 의심할 나위 없이 그들은 바울의 하나님을 자신들의 여러 신들에 포함시키려 했을 것이다. 바울은 그들에게 자신들의 종교를 버리고 만물의 영원한 창조주, 곧 다른 모든 신들을 초라하고 쓸데없게 하신 하나님을 섬기라고 촉구하고 있었다.

바울이 참되신 하나님을 변호하는 특이한 방법을 주목하라. 바울은 헬라의 시(詩)를 인용한다. "우리가 그를 힘입어 살며 기동하며 존재하느니라 너희 시인 중 어떤 사람들의 말과 같이 우리가 그의 소생이라 하니"(28절). 이 절의 처음 구절과 마지막 구절은 헬라 시인에게서 따온 인용문이다. 알지 못하는 신에게 단을 세워 드린 바로 그 시인 에피메니데스는 "우리가 그를 힘입어 살며 기동하며 존재한다."라고 말했고 "우리가 그의 소생이라."고 말한 것은 아마 시인 아라투스(Aratus)였을 것이다.

이상한 일이지만, 에피메니데스가 "우리가 그를 힘입어 살며 기동하며 존재한다."고 말하고, 아라투스가 "우리가 그의 소생이라."고 할 때 말한 것은 제우스였다. 왜 바울은 이 우상에게 드리는 찬가를 인용하여 하나님께 적용했을까? 믿음을 변호하고 있었기 때문이다.

그의 요점은 이렇게 바꾸어 표현할 수 있을 것이다. "참되신 하나님에 관하여 아무런 지식이 없는 너희 시인들도 주권적이고 생명을 주시고 전능한 창조주가 있어야 한다는 피할 수 없는 사실을 증거했다. 제우스는 그런 서술에 어울리지 않는다.

그러나 내가 너희에게 선포하고 너희가 아직 알지 못하는 그 하나님은 바로 그 전능하신 분이다." 바울이 고대 시인의 말을 이용한 것은 로마서 1:19, 20의 진리를 강조했을 뿐이다. "이는 하나님을 알 만한 것이 그들 속에 보임이라 하나님께서 이를 그들에게 보이셨느니라 창세로부터 그의 보이지 아니하는 것들 곧 그의 영원하신 능력과 신성이 그가 만드신 만물에 분명히 보여 알려졌나니 그러므로 그들이 핑계하지 못할지니라." 합리적인 마음은 창조의 결과에 대한 영원한 원인을 요구한다. 그러므로 하나님의 많은 속성은 너무 분명하여, 이교 시인조차도 그 속성을 이해한다. 물론 그들은 그 속성을 엉뚱한 신의 것으로 돌린다.

설득력 있는 지적이었다. 바울은 상황을 최대한 활용하여, 그들이 알지 못하는 참되신 하나님이 창조주, 유지자, 우주의 주권자임을 선포하고, 그런 후에 그런 주권적인 창조주가 반드시 계셔야 한다는 증거로서 그들의 시인들의 말을 인용했다. 스펄전은 이렇게 말했다. "단어 쓰여 있던 비문을 인용하고 또 그들의 한 시인의 말을 인용하는 것은 매우 절묘했다. 바울이 유대인에게 말하고 있었다면, 헬라 시인의 말을 인용하거나 이교 제단을 언급하지 않았을 것이다. 바울은 청중에 대한 강렬한 사랑이 있었기 때문에 자신의 특수한 면을 그들의 관심을 얻는 데 끌어들였다."[4]

그러나 바울은 단순히 그들의 관심을 얻는 것으로 만족하지 않았다. 바울은 자신의 지성으로 그들에게 인상을 주거나 인정을 받으려고 하지 않았다. 바울은 세상의 존경을 얻거나 철학자로 환영을 받으려 하지 않았다. 바울의 유일한 목적은 이 사람들을 그리스도께로 인도하는 것이었다. 그래서 바울은 곧장 자신이 전하고자 하는 메시지의 핵심으로 들어갔다.

---

[4] "By All Means Save Some."

바울은 담대하고 단도직입적이었다

바울의 다음 말은 아덴의 이교를 치명적으로 공격하는 것이었다. "이와 같이 하나님의 소생이 되었은즉 하나님을 금이나 은이나 돌에다 사람의 기술과 고안으로 새긴 것들과 같이 여길 것이 아니니라"(행 17:29). 다른 말로 하면 '여러분의 시인들이 지적하듯이 하나님이 우리를 만드셨다면, 하나님은 사람이 만든 어떤 상(像)보다 크신 분임이 틀림없다.'는 것이다. 이는 매우 중요한 점이었다. 이는 바울이 한 거대한 철학 해머를 들고 그들의 우상을 모두 쳐부수는 것과 같다. 시인들도 인정하듯이 하나님이 참으로 주권자이며 무한한 존재라면, 우리는 우상이나 성전이나 다른 어떤 새긴 상으로 하나님을 알 수 없다.

바울은 문제의 핵심에 곧장 돌입한다. "알지 못하던 시대에는 하나님이 간과하셨거니와 이제는 어디든지 사람에게 다 명하사 회개하라 하셨으니 이는 정하신 사람으로 하여금 천하를 공의로 심판할 날을 작정하시고 이에 그를 죽은 자 가운데서 다시 살리신 것으로 모든 사람에게 믿을 만한 증거를 주셨음이니라 하니라"(행 17:30, 31). 늘 그러듯이 바울이 회개를 전한 사실을 주목하라. 바울은 에피쿠로스 철학자들에게 놀랍고 쾌락으로 가득 찬 생활을 약속해 줌으로써 그들을 수용하려 하지 않았다. 그리고 바울은 복음을 스토아 철학과 가능한 한 비슷하게 보이게 하려 함으로써 스토아 철학자들을 얻으려고 하지 않았다. 바울은 헬라 철학의 황금 시대를 '알지 못하던 시대'라고 언급하면서 두 집단에게 회개하라고 했다.

'알지 못함'(ignorance)이라는 말은 23절에 나오는 헬라어 '알지 못하는'(unknown)이라는 말과 동일한 어근에서 나왔다. 그리고 '간과하셨다' 는 말은 '간섭하지 않다'는 뜻을 가진 말에서 나왔다. 이 말은 하나님이 죄악된 우상 숭배에 무관심하셨다거나 대수롭지 않게 보셨다는 뜻이 아니다. 이 말은 하나님이 심판에 개입하지 않으셨다는 뜻이다.

바울은 계속 말했다. 하나님이 의로 세상을 심판할 날을 정하셨다. 그 심판을 행하실 자는, 하나님이 정하시고 죽은 자 가운데서 그를 일으킴으로써 증거하신 한 사람일 것이다. 물론 우리는 그 사람이 누구신지 안다. 그 분은 하나님이 모든 심판을 맡긴 예수 그리스도시다(요 5:22).

여기에 이르자 사람들이 바울의 말을 가로막았다. 그래서 바울은 그리스도의 이름을 말하지 못했다. "그들이 죽은 자의 부활을 듣고 어떤 사람은 조롱도 하고 어떤 사람은 이 일에 대하여 네 말을 다시 듣겠다 하니 이에 바울이 그들 가운데서 떠나매"(17:32, 33). 에피쿠로스 철학자들은 부활을 전혀 믿지 않았고, 스토아 철학자들은 영적 부활은 믿었지만 육체의 부활은 믿지 않았다. 아마 그들은 회개하라는 바울의 요청에 찔림을 받고서 무리를 지어 그를 조롱했을 것이다. 사실 바울이 부활을 언급하자마자, 회의주의자들은 비꼬기 시작했다. 분명 일부 사람들은 이미 많이 들어서 바울의 말을 다 듣지 않고도 그의 말을 거부할 정도였다. 어떤 사람들은 후에 더 들으려고 했다. 그래서 바울은 그만 그들을 떠났다.

하지만 모든 사람이 의심하고 미룬 것은 아니었다. '몇 사람이 그를 가까이하여 믿으니 그 중에는 아레오바고 관리 디오누시오와 다마리라 하는 여자와 또 다른 사람들도 있었더라"(34절). 진리가 넉넉히 그들의 마음을 꿰뚫고 들어갔으므로 이들은 더 많은 것을 알기 위해 바울을 따랐다. 분명 바울은 듣기 원하는 이들을 위하여 설교를 계속했다. 그리고 그들 가운데 몇 사람이 회개하게 되었다. 회심자 가운데 한 사람은 아레오바고 법정의 의원인 디오누시오였다. 또 한 사람은 다마리라 하는 여인이었다. 이 여인에게는 직함이 없기 때문에 우리는 그가 일반 여인이었다고 추측할 수 있다. 이와 같이 사회의 양 극단(철학자와 가정 주부, 남자와 여자, 지성인과 일반 사람)의 사람에게 이 설교가 영향을 미쳤다. 몇 안 되는 이 회심자는 바울과 합류했고 아덴에서 최초의 그리스도인이 되었다.

세상 속의 그리스도인

바울이 아덴에 별 영향을 미치지 못한 것으로 보일지 모른다. 아덴에서 회심한 사람이 몇 안 된다는 사실은 안디옥이나 데살로니가에서 바울이 목격한 부흥에 비해 대수롭지 않아 보인다. 그러나 바울은 이 도시의 상류 사회에 믿기지 않게 영향을 끼쳤다. 바울은 이 도시의 최고 법원에 참되신 하나님에 관한 지식을 알렸다. 이 사건으로 아덴에 교회가 섰고, 근처 고린도에서 바울의 사역이 시작되었다. 또한 바울은 전도할 기회를 더 많이 얻었다("이 일에 대하여 네 말을 다시 듣겠다"). 아레오바고 법정의 반응은 다른 곳에서 바울의 설교를 듣고 보였던 것과 달리 대단하지 않았지만, 우리는 하나님의 목적이 이루어지고 말씀이 헛되이 돌아오지 않음을 확신할 수 있다. 이 날에 일어난 세 가지 반응, 즉 경멸과 호기심과 회심은 복음을 신실하게 전파할 때마다 전형적으로 나타나는 것이다.

바울이 고린도에 간 것은 아레오바고 사건 직후였다. 여러 해 후에 바울은 이렇게 썼다. "형제들아 내가 너희에게 나아가 하나님의 증거를 전할 때에 말과 지혜의 아름다운 것으로 아니하였나니 내가 너희 중에서 예수 그리스도와 그가 십자가에 못박히신 것 외에는 아무것도 알지 아니하기로 작정하였음이라'(고전 2:1, 2). 어떤 허석가는 바울이 아레오바고에서 사용한 접근법을 포기했다고 믿는다. 이런 견해는 의심할 나위 없이 고린도전서 2장을 지나치게 확대 해석하는 것이다. 어떤 곳에서도 바울은 아덴 사역을 실패로 본다고 하지 않는다. 나는 아레오바고에서 전한 바울의 설교가 잘못된 것이라는 견해를 거부한다. 성경을 통해 배운 바에 의하면, 이 설교는 다른 모든 곳에서 이루어진 바울의 사역 방식과 전적으로 일치한다. 그렇지만 고린도전서 2장과 바울의 다른 목회서신에서 이 점만은 아주 분명하다. 즉, 바울은 자신의 능력 있는 사역의 비밀이 헬라 시인의 말을 이용할 수 있는 능력에 있다고 믿지 않았다는 것이다. 바울이 디모데나 디도에게 열심히 세속 문화를 공부하고, 고전을 인용하는 법을 배우고, 철학을 연구하여 지성계의 엘리트들과 논쟁할 수 있을 정도가 되라고 권하는 곳은 없다. 그저 때를 얻든지 못 얻든지 말씀을 전하라고 명령했다. 그리고 그 일에 충실하면 세상의 대적을 받게 될 거라고 했다.

사도행전 17장은, 바울이 말하는 스타일을 고치긴 했지만 메시지는 수정하지 않았음을 입증한다. 가장 중요한 것은, 바울이 자기 시대의 정신을 수용하지 않았다는 점이다. 몇 년 전 프란시스 쉐퍼는 이렇게 썼다. "우리 시대에 우리 주변의 세계정신에 적응한다는 것은 가장 저속한 형태의 세속주의이다."[5)]

이것은 오늘날 많은 사람들이 하는 일이다. 그러나 바울은 하지 않을 일이다. 바울은 청중의 취향과 기대를 따르지 않았고, 더욱 중요한 것은 자신이 선포하는 하나님을 청중의 취향과 기대에 결코 맞추지 않았다는 점이다. 바울은 복음의 능력이 스스로 드러나도록 하는 데 만족했다. 우리도 마땅히 그렇게 해야 한다.

---

5) *The Great Evangelical Disaster*(Wheaton, IL: Crossway Books, 1984), 142. 쉐퍼는 이렇게 덧붙인다. "불행하게도 오늘날 우리는, 대체적으로 복음주의 체계가 우리 시대에 표현되는 세계 정신들에 순응해 오고 있다고 말해야 한다. 나는 눈물을 뿌리며 이 말을 하고자 한다. 그리고 우리는 아무튼 소망하고 기도하는 일을 포기해서는 안 된다. 애석한 일이지만 우리는 이와 같이 상황 순응의 사안에 관하여 기본적으로 의견을 달리하는 많은 사람들이 그리스도 안에 있는 형제 자매인 사실을 기억해야 한다. 그러나 가장 근본적인 의미에서 복음주의 체제는 심각하게 세속화했다"(Ibid).

8.
구원과 하나님의 주권

하나님의 자녀들이여, 여러분이 그 어떤 것을 갖지 못했다 해도 여러분은 하나님을 모시고 있고, 이 하나님 안에서 자랑할 수 있습니다. 여러분은 하나님을 모셨으니 단물보다 더 많이 가진 것입니다. 모든 것이 하나님으로부터 나오기 때문입니다. 그리고 만물이 없어진다 해도 하나님은 자신의 뜻으로 간단히 회복하실 수 있습니다. 하나님이 말씀하시면 그대로 이루어집니다. 하나님이 명령하시면 분명히 그렇게 됩니다. 야곱의 하나님을 의지하고, 여호와를 자신의 소망으로 삼은 사람은 복받은 사람입니다. 주 여호와 안에 우리의 의와 힘이 있습니다. 영원히 주님을 의지합시다. 세월이 흘러도 우리 하나님은 변하지 않으십니다.

찰스 스펄전 [1]

내가 오랫동안 보아 온 것 중에 가장 우스운 생각은 아이들을 위한 '움직이는 예수' 인형이다. 이 플라스틱 인형은 옷을 입고 샌달을 신고 있다. 이 인형은 미시간에 있는 한 회사가 만든 '움직이는 성경의 위대

---

1) "A Sermon for the Time Present," *The Metropolitan Tabernacle Pulpit*, Vol. 33(London: Passmore and Alabaster, 1887), 605-6. 이 설교는 1887년 10월 30일에 전한 것임.

한 인물들' 가운데 하나일 뿐이다. 이 일련의 인형에는 세례 요한, 베드로, 다윗, 골리앗, 다니엘과 사자 등이 포함되어 있다. 소녀들을 위해서는 마리아, 룻, 에스더와 같은 인형이 있다. 여유가 있는 부모들은 간단하게 이 회사가 만든 성경 인물의 복장을 사서 아이들의 바비 인형을 '믿음의 여인'으로 바꾸어 줄 수 있다.

그에 뒤질세라, 플로리다의 한 인형 회사는 세탁기로 세탁할 수 있는 29.95달러짜리 '인형 예수님'을 내놓았다. 주로 '아이들이 예수님을 발견하도록 도울' 목적으로 고안된 이 장난감은 헐렁한 옷을 입고 있으며 다음과 같은 역할을 할 수 있다고 한다. '나이 들고 약한 사람들, 건강 회복 프로그램에 참가하고 있는 사람들, 정서적으로 속박되어 있는 사람들에게 위로를 줄 수 있다. 다른 말로 하면 모든 사람에게 위로를 줄 수 있다.' 이 예수 봉제 인형은 실제 예수님이 줄 수 없는 어떤 '위로'를 줄 수 있는가? 인형 제작사에 따르면, 실제 예수님은 만질 수 없다. '공기를 껴안기는 어렵다.'는 것이다.

'첫 열매'라는 이 제품군에는 더 많은 봉제 인형이 나올 계획이라고 한다. 다음에 만들 봉제 인형은 마리아와 하나님이 될 것이다. 어떤 모습의 봉제 인형을 만들 것이냐는 물음에 제작사는 한 모형을 제시했다. 2피트 키에 흰 머리카락과 흰 수염을 하고 무지개 색이 칠해진 긴 옷을 입고 있는 모습이다. 물론 세탁기로 세탁이 가능하다.

예수 인형과 움직이는 예수 인형에 관하여 처음 읽었을 때, 신앙을 고백하는 그리스도인들이 우리 주님을 생각하는 방식을 적절하게 나타내는 은유라는 생각이 들었다. 너무도 많은 그리스도인들이 예수님을 성경의 주권적인 여호와가 아니라 자기들이 원하는 대로 조종할 수 있는 분으로 생각한다. 사실 보통 사람이라면 실제로 성경에 계시된 전능한 하나님보다 인정 많고 완전히 수동적이고 흰 머리를 한 봉제 인형 이미지를 더 좋아할 것이다.

하나님의 절대 주권

하나님은 절대 주권자라는 교리만큼 자연인에게 무시당하는 교리는 없다. 인간의 교만은 하나님이 모든 것을 명하시고 모든 것을 주장하시고 모든 것을 다스리신다는 말을 싫어한다. 하나님께 대한 적의로 불타는 육적인 지성은 하나님의 영원한 작정에 따라서 모든 것이 일어난다는 성경의 가르침을 싫어한다. 무엇보다도 육은 구원이 전적으로 하나님이 하시는 일이라는 생각을 증오한다. 하나님이 구원받을 자를 선택하신다면, 그리고 하나님의 선택이 세상의 기초가 놓이기 전에 정해졌다면, 신자들은 자신의 구원의 어느 면에 대해서도 칭송을 받을 자격이 없다.

그러나 결국 성경이 가르치는 바가 바로 그것이다. 믿음까지도 하나님이 택한 자에게 주시는 은혜로운 선물이다. 예수님은 말씀하셨다. "내 아버지께서 오게 하여 주지 아니하시면 누구든지 내게 올 수 없다"(요 6:65). "아버지 외에는 아들을 아는 자가 없고 아들과 또 아들의 소원대로 계시를 받는 자 외에는 아버지를 아는 자가 없느니라"(마 11:27). 그러므로 누구라도 구원받은 자는 자랑할 것이 없다(참고. 엡 2:8, 9). "구원은 여호와께 속하였나이다"(욘 2:9).

성경은 도처에서 하나님의 선택이라는 교리를 명시적으로 가르친다.

예를 들어, 신약 서신만 보더라도 우리는 모든 신자가 '하나님이 택하신 자'(딛 1:1)임을 배운다. "모든 일을 그의 뜻의 결정대로 일하시는 이의 계획을 따라 우리가 예정을 입어"(엡 1:11). "창세 전에 그리스도 안에서……그 기쁘신 뜻대로 우리를 예정하사 예수 그리스도로 말미암아 자기의 아들들이 되게 하셨으니"(엡 1:4, 5). "그의 뜻대로 부르심을 입은 자들에게는……하나님이 미리 아신 자들을 또한 그 아들의 형상을 본받게 하기 위하여 미리 정하셨으니……또 미리 정하신 그들을 또한 부르시고 부르신 그들을 또한 의롭다 하시고 의롭다 하신 그들을 또한 영화롭게 하셨느니라"(롬 8:28–30).

베드로는 우리가 "하나님 아버지의 미리 아심을 따라 택하심을 입었다"고 썼는데(벧전 1:1, 2), 하나님이 믿을 자를 미리 아시므로 미리 내다보신 그들의 믿음 때문에 그들을 택하셨다는 뜻으로 '미리 아심'을 사용하지 않았다. 오히려 베드로는, 하나님은 시간이 시작되기 전에 그들을 알고 사랑하고 구원하기로 결정하셨음을 뜻했다. 그리고 하나님은 그들이 선한 일을 하게 될 것이든 나쁜 일을 하게 될 것이든 상관없이 그들을 택하셨다. 다시 이 점을 살필 것이지만, 당장은 이 구절들이 하나님의 주권적 선택이 '그 기쁘신 뜻대로', '모든 일을 그의 뜻의 결정대로 일하시는 이의 계획을 따라', 즉 하나님 자신의 내적인 이유 때문에 이루어졌음을 명시적으로 말하고 있음을 주목하라. 확실히 하나님은 죄인들 속에 칭송할 만한 것이 있기 때문에 혹은 그들이 하나님을 택할 것을 하나님이 미리 보셨으므로 그들을 택하지 않으셨다. 하나님은 그저 그렇게 하는 것을 기뻐하셨으므로 그들을 택하셨다. 하나님은 이렇게 선포하신다. "내가 시초부터 종말을 알리며……이르기를 나의 뜻이 설 것이니 내가 나의 모든 기뻐하는 것을 이루리라 하였노라"(사 46:10). 하나님은 다른 자들의 결정에 끌려가지 않으신다. 어떤 사람은 택하시고 어떤 사람은 버리시는 하나님의 목적은 자신의 뜻의 비밀한 경륜 속에 감추어져 있다.

더욱이 우주에 존재하는 모든 것은 하나님이 허락하시고 작정하시고 존재하도록 부르셨기 때문에 존재한다. "우리 하나님은 하늘에 계셔서 원하시는 모든 것을 행하셨나이다"(시 115:3). "여호와께서 그가 기뻐하시는 모든 일을 천지와 바다와 모든 깊은 데서 다 행하셨도다"(시 135:6). 하나님은 "모든 일을 그의 뜻의 결정대로 일하신다"(엡 1:11). "만물이 주에게서 나오고 주로 말미암고 주에게로 돌아감이라"(롬 11:36). "우리에게는 한 하나님 곧 아버지가 계시니 만물이 그에게서 났고 우리도 그를 위하여 있고 또한 한 주 예수 그리스도께서 계시니 만물이 그로 말미암고 우리도 그로 말미암아 있느니라"(고전 8:6).

그러면 죄는 어떻게 보아야 하는가? 하나님은 죄를 지으신 자가 아니지만, 죄를 허용하신 것은 분명하다. 죄는 하나님의 영원한 작정에 필수적이다. 하나님이 죄를 허용하시는 데는 목적이 있다. 하나님은 악으로 비난을 받으시거나 죄가 있다고 해서 오염되실 수 없다(삼상 2:2: "여호와와 같이 거룩하신 이가 없으시니"). 그러나 죄가 우주에 들어올 때 하나님이 방심하거나 우두커니 서서 죄를 막지 못하신 것은 아니었다. 우리는 죄를 허용하신 하나님의 목적을 알지 못한다. 다른 목적이 없다면, 하나님은 악을 영원히 멸하기 위해 죄를 허용하셨다. 그리고 하나님은 때때로 선을 이루기 위해 악을 사용하시곤 한다(창 45:7, 8; 50:20; 롬 8:28). 어떻게 그럴 수 있는가? 성경은 우리의 모든 질문에 답하지는 않는다. 그러나 우리는 하나님의 말씀을 통해 하나님은 전적으로 주권적이며 완전히 거룩하시며 절대적으로 의로우심을 안다.

분명 이 진리는 인간의 지성으로 받아들이기 어려운 것이다. 하지만 성경은 명확하게 말한다. 하나님은 구원받을 자를 선택하시는 일까지 모든 것을 주장하신다. 바울은 로마서 9장에서 "그 자식들이 아직 나지도 아니하고 무슨 선이나 악을 행하지 아니한 때에 택하심을 따라 되는 하나님의 뜻이 행위로 말미암지 않고 오직 부르시는 이로 말미암아 서게 하려 하사"(11절)라고 함으로써 하나님이 야곱을 택하시고 쌍둥이 형제 에서를 버리심을 보여 줌으로써 이 교리를 회피할 수 없도록 설명한다. 몇 절 뒤에 바울은 이런 말을 덧붙인다. "모세에게 이르시되 내가 긍휼히 여길 자를 긍휼히 여기고 불쌍히 여길 자를 불쌍히 여기리라 하셨으니 그런즉 원하는 자로 말미암음도 아니요 달음박질하는 자로 말미암음도 아니요 오직 긍휼히 여기시는 하나님으로 말미암음이니라"(15, 16절).

바울은 하나님의 주권에 반대하는 주장을 예상했다. "혹 네가 내게 말하기를 그러면 하나님이 어찌하여 허물하시느냐 누가 그 뜻을 대적하느냐 하리니"(19절). 다른 말로 하면, 하나님의 주권이라면 인간의 책임은 없는 것 아닌가라는 말이다. 그러나 바울은 철학적 대답이나 심오한 형이상학적 주장을 제시하지 아니하고, 그 회의주의자를 간단히 책망했다. "이 사람아 네가 누구이기에 감히 하나님께 반문하느냐 지음을 받은 물건이 지은 자에게 어찌 나를 이같이 만들었느냐 말하겠느냐 토기장이가 진흙 한 덩이로 하나는 귀히 쓸 그릇을, 하나는 천히 쓸 그릇을 만드는 권한이 없느냐"(20, 21절).

성경은 하나님의 주권과 인간의 책임 둘 다 긍정한다. 우리는 이 둘이 어떻게 서로 상응하는지 이해하지 못할지라도 진리의 이 두 측면을 모두 받아들여야 한다. 사람들은 복음에 대해 어떻게 반응하는가 혹은 빛을 어떻게 대하는가에 대하여 책임을 진다(롬 2:19, 20). 그래서 그들이 그 빛을 거부하면 처벌을 받는 것은 정당하다. 그리고 복음을 거부하는 자는 자발적으로 거부한다. 예수님은 "너희가 영생을 얻기 위하여 내게 오기를 원하지 아니하는도다"(요 5:40) 하고 한탄하셨다. 예수님은 불신자에게 "너희가 만일 내가 그(하나님)인 줄 믿지 아니하면 너희 죄 가운데서 죽으리라"(요 8:24)고 말씀하셨다. 요한복음 6장에서 주님은 다음과 같이 하나님의 주권과 인간의 책임을 결합시키셨다. "아버지께서 내게 주시는 자는 다 내게로 올 것이요 내게 오는 자는 내가 결코 내쫓지 아니하리라"(37절). "내 아버지의 뜻은 아들을 보고 믿는 자마다 영생을 얻는 이것이니 마지막 날에 내가 이를 다시 살리리라 하시니라"(40절). "나를 보내신 아버지께서 이끌지 아니하시면 아무도 내게 올 수 없으니"(44절). "진실로 진실로 너희에게 이르노니 믿는 자는 영생을 가졌나니"(47절). "내 아버지께서 오게 하여 주지 아니하시면 누구든지 내게 올 수 없다 하였노라 하시니라"(65절). 이 두 실재가 어떻게 동시에 참될 수 있는지 인간의 지성으로는 이해할 수 없고 오직 하나님만 이해하신다.

무엇보다도 우리는 하나님이 모든 사람이 아니라 일부에게 은혜를 베풀기로 결정하신다고 하여 하나님이 불의하시다고 결론내려서는 안 된다. 인간의 판단에 공정해 보이는 것으로 하나님을 재서는 안 된다. 타락하고 죄악된 피조물인 우리가 타락하지 않고 무한히 영원히 거룩하신 하나님보다 더 높은 의의 기준을 갖고 있다고 가정한다면 얼마나 어리석은가? 대체 무슨 교만인가? 시편 50:21에서 하나님은 이렇게 말쏨하신다. "네가 나를 너와 같은 줄로 생각하였도다." 그러나 하나님은 우리와 같지 않으시며 누구도 하나님을 인간의 기준에 갖다 댈 수 없다. "내 생각이 너희의 생각과 다르며 내 길은 너희의 길과 다름이니라 여호와의 말씀이니라 이는 하늘이 땅보다 높음같이 내 길은 너희의 길보다 높으며 내 생각은 너희의 생각보다 높음이니라"(사 55:8, 9).

하나님이 하시는 어떤 일이 공정하지 않다고 결론내릴 때, 우리는 경계선을 벗어난다. 로마서 11:33, 34에서 바울 사도는 이렇게 쓴다. "깊도다 하나님의 지혜와 지식의 풍성함이여, 그의 판단은 헤아리지 못할 것이며 그의 길은 찾지 못할 것이로다 누가 주의 마음을 알았느냐 누가 그의 모사가 되었느냐."

하나님의 주권 대 실용주의

하나님의 주권이 이 책의 주제와 무슨 관련이 있는가? 모든 점에서 관련이 있다. 현대의 많은 교회가 실용주의적 방법론을 받아들이는 이유는, 선택하신 자들을 구원하는 데 있어서 하나님의 주권을 이해하지 못하기 때문이다. 그들은 강퍅한 불신자를 구원하는 일에 있어서 선포된 복음의 능력을 신뢰하지 않는다. 그래서 그들은 전도를 마케팅 문제로 접근한다. 그에 따라 그들의 방법도 결정된다.

수십 년 전에, 패커(J. I. Packer)는 이렇게 썼다.

> 복음이 전파될 때 결과를 내는 것은 하나님의 특권임을 잊는다면, 그 결

과를 확보하는 것이 우리의 책임이라고 생각하기 시작할 것이다. 그리고 하나님만 믿음을 주실 수 있음을 잊는다면, 회심자를 만드는 일이 결국 하나님이 아니라 우리에게 달려 있고 결정적인 요소는 복음을 전하는 방법이라고 생각하기 시작할 것이다. 그리하여 이런 생각을 계속하다보면 결국 벗어나게 될 것이다.

이 문제를 해결하자. 우리가 그리스도를 제시할 뿐만 아니라 실제로 회심자를 만드는 일을, 즉 신실하게 복음을 전할 뿐 아니라 복음을 전하여 성공을 거두는 일을 우리의 일로 생각하면, 복음전도에 대한 우리의 접근법은 실용적이고 타산적으로 될 것이다. 개인적으로 남을 대하는 일과 공적으로 말씀을 전하는 일을 위한 우리의 기본 준비는 이중적이어야 한다고 결론을 내려야 한다. 우리는 복음의 의미와 적용을 분명하게 파악하고 있어야 할 뿐만 아니라 복음을 반드시 받아들이게 만드는 기술을 가지고 있어야 한다. 그러므로 우리는 그런 기법을 시도하고 개발하는 것을 우리의 일로 삼아야 한다. 그리고 우리 자신과 다른 사람의 복음전도 모두를 전파한 메시지뿐만 아니라 가시적 결과를 기준으로 평가해야 한다. 우리의 노력이 열매를 맺지 않으면 우리의 기법을 개선해야 한다고 결론을 내려야 한다. 우리의 노력이 열매를 맺고 있으면, 우리가 사용해 온 기법이 옳은 것으로 판명되었다고 결론을 내릴 것이 틀림없다. 우리는 복음전도를 우리 자신과 우리가 다가가려는 사람들이 벌이는 의지의 전쟁을 포함하는 활동으로 보아야 한다. 이 전쟁에서의 승리는 우리가 계산한 결과를 끊임없이 노리고 추구하는 데 달려 있다.[2]

---

2) *Evangelism and the Sovereignty of God*(Downers Grove, IL: InterVarsity, 1961), 27−28.

패커가 경고하는 것은 이용자에게 친절한 교회와 그 교회의 시장 지향적이고 실용주의적인 철학을 낳은 바로 그 사고방식이다.

실제로 실용주의적 사역방식은 새로운 것이 아니다. 이것은 미국 교회사에 깊이 뿌리를 내리고 있다. 주된 공헌자는 해리 에머슨 포스딕이나 노먼 빈센트 필, 로버트 슐러 또는 그 밖의 실용주의 옹호자가 아니다. 그들은 다른 사람들과 더불어 19세기 초의 복음전도자 찰스 피니(Charles G. Finney)의 영향을 받은 것이다.

찰스 피니는 하나님의 선택이라는 정통적 견해를 "자의적인 주권 행사"[3]라고 물리침으로써 발을 잘못 내디뎠다. 그는 회심이 전적으로 하나님의 일이라는 교리를 거부했다. 대신에 그는, 믿음은 근본적으로 인간의 결단이며 구원은 죄인이 스스로 하나님을 향하여 움직임으로써 얻어진다고 가르쳤다.

피니는 하나님의 주권을 거부하는 근본적인 신학적 오류를 범했지만, 그 오류 때문에 필연적으로 다른 오류가 그의 가르침에 나타나게 되었다. 찰스 피니는, 사람들이 본성적으로 죄인이 아니라 선택에 의한 죄인이라고 결론을 내렸다. 그러므로 그는 복음전도의 목적을 사람들로 하여금 다르게 선택하도록 혹은 오늘날 '그리스도를 위하여 선택을 내리도록' 설득하는 것이라고 믿었다. 그러므로 하나님의 선택이 아니라 죄인의 선택이 회심에서 결정적 문제가 되었다. 흑암에서 광명으로 옮겨가는 수단은 피니의 생각에 의하면 단순히 인간 의지의 활동에 불과하다. 설교자의 임무는 유용한 것으로 입증된 수단은 무엇이든 사용하

---

3) Charles Finney, *Systematic Theology*(Whittier, Calif.: Colporter Kemp, 1944 reprint), 489.

여 믿음의 결단을 하게 하는 것이었다. 피니는 '새로운 수단들'(비전통적인 방법들)을 도입하여, 종종 무덤덤하게 교회 오는 사람들에게 충격을 주고 호기심을 돋구기 위해 계획한 기법을 사용하였다. 피니는 청중으로부터 바라는 반응을 끌어낼 수 있는 수단은 거의 무엇이든지 시행하려고 했다.

사역에 대한 찰스 피니의 접근법은 현대 실용주의의 전조가 되었고 그 기초를 놓았다. 그의 가르침과 방법은 지난 한 세기 반 동안 미국 복음전도의 대부분을 윤색했다. 그를 복음주의적 실용주의의 아버지라고 불러도 무방할 것이다. 현대의 시장 지향적 사역은 피니가 시작한 운동의 절정에 불과하다(부록 3을 보라). 우리는, 성경이 가르치는 하나님의 주권을 거부하는 사람들이 피니를 따를 것을 예상할 수 있다. 그러나 하나님의 주권을 인정하는 사람들은 피니를 따르지 않을 것이다. 그들의 실용주의는 그들 신학의 부정, 즉 일종의 영적 정신 분열증이 된다.

구원은 여호와께 속한 것이다

스펄전은 피니의 전성기 삼사 년 이후에 내리막길 논쟁을 벌였다. 그러나 피니의 영향력은 런던에서도 여전히 감지되었다.[4] 개혁 신학은 심각하게 쇠퇴하고 있었다. 실용주의적 방법론이 아주 거셌다. 스펄전은 외로운 목소리였다. 특히 하나님의

---

4) 피니는 1849-1851년에 런던에서 광범위한 전도 캠페인을 개최했고 1859-1860년에 영국 제도 도처에서 사역했다. 그는 영국 복음주의의 어떤 진영에 영구한 흔적을 남겼다. 그의 조직 신학은 1851년 영국에서 출판되었다. 이 책은 여러 판을 거듭하여 1878년까지, 즉 내리막길 논쟁이 터지기 약 10년 전에도 영국에서 인쇄되고 있었다.

주권 교리에 관한 것은 더욱 그랬다. 스펄전과 동시대 인물인 데일(R. W. Dale)은 1881년에 이렇게 썼다. "스펄전 씨는 현대 복음주의 비국교도 지도자들 가운데서 옛 칼빈주의의 신조를 외롭게 지켰다."5) 실제로 영국의 다른 모든 영향력 있는 복음주의자들이 하나님의 주권에 대한 신념을 포기했다.

스펄전은 그와 같은 비참한 신념 상실이 교회를 내리막길로 접어들게 할 수 있다는 것을 아주 분명하게 알고 있었다. 스펄전은 애버딘 자유 교회 칼리지(Free Church College)의 학장인 데이비드 브라운(David Brown) 박사가 『기독교 시대』(The Christian Age)의 편집장에게 쓴 서신 형식의 글에 전적으로 의견을 같이했다. "우리의 모든 교회에는 복음 가운데서 자연인이 받아들일 수 없는 부분은 모두 경시하는 위험한 경향이 득실거리고 있습니다. 그리고 그건 놀랄 일이 아닙니다. 왜냐하면 그들의 목적이 자연인의 마음에는 매력적으로 보이기 때문입니다. 이런 일이 벌어지는 곳은 어디든지, 강단의 영성은 사라지고 성령님이 그곳에 계시지 않습니다."6)

스펄전은 하나님의 주권을 "하나님의 진리의 실마리"7)로 보았다. 스펄전은 이 교리를 복음의 핵심으로 보았다. "나는 개인적으로 오늘날 칼빈주의라고 일컫는 것을 전파하지 않으면 그리스도와 십자가에 못박히신 것을 전파하는 그런 일은 없다고 생각합니다. 우리가 공로 없이 믿음으로 의롭다 하심을 입었다는 것을 전하지 않으면, 또 우리가 하나님

---

5) Cited in Iain Murray, *The Forgotten Spurgeon*(Edinburgh: Banner of Truth, 1966), p. 176.
6) Cited by Spurgeon in "The Case Proved," *The Sword and the Trowel*(October 1887), p. 512.
7) *C. H. Spurgeon's Autobiography*, 4 vols. (London: Passmore and Alabaster, 1897), 1:167.

이 은혜 베푸시는 일에 있어서 하나님의 주권을 전파하지 않는다면 복음을 전파할 수 없다고 믿습니다."[8]

스펄전은 요나서 2:9, "구원은 여호와께 속하였나이다"를 인용한 다음 이렇게 주석했다.

이것이 바로 칼빈주의의 대요(大要)이다. 이는 칼빈주의의 개략이며 요지이다. 당신이 말하는 칼빈주의자가 누구냐고 누가 내게 묻는다면, 이렇게 대답할 것이다. "칼빈주의자는 구원은 여호와께 속하였나이다 하고 말하는 사람이다."

나는 성경에서 이와 다른 교리를 발견할 수 없다. 이는 성경의 정수이다. "오직 그 분만이 나의 반석이시며 나의 구원이시다." 이 진리와 모순되는 것을 내게 말해 보라. 그러면 그것은 이단이 될 것이다. 내게 이단을 말해 보라. 그러면 나는 이렇게 그 이단의 본질을 발견할 것이다. 즉 그 이단은 이 위대하고 근본적이고 반석 같은 진리 곧 '하나님은 나의 반석이시며 나의 구원이시다.' 에서 벗어났다는 것이다. 로마 이단은 무엇인가? 우리의 칭의를 거들기 위하여 육신의 공로를 끌어들이는 것, 즉 예수 그리스도의 완전한 공로에 무엇을 덧붙이는 것이 아니고 무엇인가? 그리고 알미니우스주의 이단이란 구속주의 역사 위에 무엇을 덧붙이는 것이 아니고 무엇인가? 모든 이단은 이 시금석에 갖다 놓으면 여기서 본색이 드러날 것이다.[9]

---

8) Ibid., 1:172.
9) Ibid.

성경과 하나님의 주권

구원은 전적으로 주님의 일인가? 그렇지 않으면 주님이 하실 수 있는 일은 모두 하셨고 이제 죄인의 결정을 기다리시는가? 성경은 분명하게 가르친다. 만일 구원이 죄인의 주도권에 의존한다면, 아무도 구원받을 수 없을 것이다. "깨닫는 자도 없고 하나님을 찾는 자도 없고"(롬 3:11). "나를 보내신 아버지께서 이끌지 아니하시면 아무도 내게 올 수 없으니"(요 6:44). 하나님은 영생을 주기로 정하신 자들에게 믿음을 주신다(행 13:48). 그러면 이사야 55:6, 7에서처럼 하나님을 찾는 일이 시작된다. "너희는 여호와를 만날 만한 때에 찾으라 가까이 계실 때에 그를 부르라 악인은 그의 길을, 불의한 자는 그의 생각을 버리고 여호와께로 돌아오라 그리하면 그가 긍휼히 여기시리라 우리 하나님께로 돌아오라 그가 너그럽게 용서하시리라." 이 말씀에 이어 11절의 고전적인 말씀으로 하나님의 주권에 대한 확언이 따른다. "내 입에서 나가는 말도 이와 같이 헛되이 내게로 되돌아오지 아니하고 나의 기뻐하는 뜻을 이루며 내가 보낸 일에 형통함이니라." 그리고 그런 역설이 혼동스럽다 해도, 8, 9절이 그것을 설명해 준다. "내 생각이 너희의 생각과 다르며 내 길은 너희의 길과 다름이니라 여호와의 말씀이니라 이는 하늘이 땅보다 높음같이 내 길은 너희의 길보다 높으며 내 생각은 너희의 생각보다 높음이니라."

하나님은 모두에게 회개하라고 명령하신다(행 17:30). 그러나 궁극적으로 회개를 허락하셔야 할 분은 하나님이시다(행 5:31; 11:18; 딤후 2:25). 그리고 하나님이 믿음의 반응을 요구하시기는 하지만, 하나님이 택하신 자의 마음에 그런 반응을 은혜로 자극하시고 힘을 불어넣으셔야 한다(행 18:27). 인간의 마음은 심히 부패했으므로, 우리를 그냥 내버려두면 아무도 믿지 않을 것이다. 만일 우리 스스로 믿을 수 있다면, 분명 자랑할 것이 있을 것이다. 그러나 성경은 이렇게 말한다. "너희는 그 은혜에 의하여 믿음으로 말미암아 구원을 받았나니 이것은 너희에게서 난 것이 아니요 하나님의 선물이라 행위에서 난 것이 아니니 이는 누구든지 자랑하지 못하게 함이라 우리는 그가 만드신 바라 그리스도 예수 안에서 선한 일을 위하여 지으심을 받은 자니 이 일은 하나님이 전에 예비하사 우리로 그 가운데서 행하게 하려 하심이니라"(엡 2:8-10).

이 진리는 성경의 특정 본문에만 감추어져 있는 것이 아니라, 스펄전이 말했던 것처럼 거룩한 말씀 전체에 걸쳐 확언되는 '성경의 정수'이다. 하지만 나는 구원에 있어서 하나님의 주권에 관해 특별히 분명하게 말하는 한 짧은 본문, 즉 베드로전서 1:1-5에 초점을 두고자 한다.

예수 그리스도의 사도 베드로는 본도, 갈라디아, 갑바도기아, 아시아와 비두니아에 흩어진 나그네 곧 하나님 아버지의 미리 아심을 따라 성령이 거룩하게 하심으로 순종함과 예수 그리스도의 피 뿌림을 얻기 위하여 택하심을 받은 자들에게 편지하노니 은혜와 평강이 너희에게 더욱 많을지어다 우리 주 예수 그리스도의 아버지 하나님을 찬송하리로다 그의 많으신 긍휼대로 예수 그리스도를 죽은 자 가운데서 부활하게 하심으로 말미암아 우리를 거듭나게 하사 산 소망이 있게 하시며 썩지 않고 더럽지 않고 쇠하지 아니하는 유업을 잇게 하시나니 곧 너희를 위하여 하늘에 간직하신 것이라 너희는 말세에 나타내기로 예비하신 구원을 얻기 위하여 믿음으로 말미암아 하나님의 능력으로 보호하심을 받았느니라.

하나님이 택하심

물론 이것은 베드로가 쓴 서신의 인사말일 뿐이다. 베드로는 이와 같이 처음부터 매우 심오한 신학을 제시한다. 많은 설교자들은, 심지어 이 교리를 확언하는 사람들조차도 공적 가르침에서 선택 교리를 언급하지 않는다. 왜냐하면 이 주제가 오해받고 남용되는 경우가 잦기 때문이다. 그러나 베드로는 처음 서신을 이 교리에 대한 분명한 확언으로 시작한다. 베드로는 첫 절이 끝나기도 전에 심각한 문제로 들어간다.

베드로가 쓰는 서신의 대상은 소아시아에 두루 흩어져 있고 성숙 상태가 다양하며, 박해당하는 신자들임을 기억하라. 그들이 박해 가운데 있을 때, 다시 말해서 하나님의 주권이나 하나님의 돌보심에 의문이 생길 수 있을 때, 베드로는 그들이 하나님이 택하신 자라는 사실을 열심히 상기시켰다. '택한'이라는 말로 번역된 헬라어는 '에클렉토스'(*eklektos*)인데 이 말은 '칼레오'(*kaleo*), 즉 '부르다'와 전치사 '에크'(*ek*), 즉 '~밖으로'에서 나온 것이다. 말 그대로 이 말은 '불러내신 자'이다. 이 말은 신약에서 그리스도인과 동의어로 종종 사용된다(예. 골 3:12; 딤후 2:10; 딛 1:1).

'불러내신 자'라는 표현은 구원받은 우리가 우리 자신이 아니라 하나님의 선택 때문에 구속받은 것임을 강조한다. 예수님은 제자들에게 이렇게 말씀하셨다. "너희가 나를 택한 것이 아니요 내가 너희를 택하여 세웠나니"(요 15:16). 다른 말로 하면 당신이 그리스도인이라면, 당신이 하나님 나라에 들어가기 위해 행한 일 때문이 아니라 궁극적으로 하나님이 당신을 택했기 때문이다. 스펄전은 다음과 같이 썼다.

> 내가 그리스도께로 올 때, 오직 내 힘으로 그러는 줄로 생각했다. 그리고 나는 주님을 열심으로 찾았지만 주님이 나를 찾고 계심은 몰랐다. 그러다가 이런 생각이 갑자기 떠올랐다. 너는 어떻게 그리스도인이 되었는가? 내가 주님을 찾았다. 그러나 너는 어떻게 주님을 찾게 되었는가? 순간 진리가 내 마음을 번쩍 스쳤다. 나로 하나님을 찾도록 먼저 내 마음에 영향을 주는 일이 없었다면, 틀림없이 나는 하나님을 찾지 않았을 것이다. 나는 이 모든 일의 바탕에 하나님이 계시며, 하나님이 나의 믿음을 만드신 분임을 알았다. 그래서 모든 은혜의 교리가 내게 열렸다. 나는 언제나 이런 고백을 하고 싶다. "나의 변화는 전격으로 주님께서 주신 것이다."[10]

베드로전서 2:9에서 베드로는 이런 말로 하나님의 주권적 선택이라는 주제를 다시 언급한다. "그러나 너희는 택하신 족속이요 왕 같은 제사장들이요 거룩한 나라요 그의 소유가 된 백성이니 이는 너희를 어두운 데서 불러내어 그의 기이한 빛에 들어가게 하신 이의 아름다운 덕을 선포하게 하려 하심이라." 하나님은 온 세상을 구원하려고 하시는가? 그렇지 않다. 하나님은 자신의 이름을 위해 한 백성을 불러내시고 있다(참고. 행 15:14). 요한복음 17:9에서 예수님은 택하신 자를 위해 이렇게 기도하고 계신다. "내가 그들을 위하여 비옵나니 내가 비옵는 것은 세상

---

[10] Ibid., 1:168-69.

을 위함이 아니요 내게 주신 자들을 위함이니이다 그들은 아버지의 것이로소이다."

세상이 시작되기 전에, 시간이 없는 영원한 과거에 성부께서는 그의 이름을 위하여 한 백성을 택하셨다. 에베소서 1:4, 5은 이렇게 말한다. "곧 창세 전에 그리스도 안에서 우리를 택하사 우리로 사랑 안에서 그 앞에 거룩하고 흠이 없게 하시려고 그 기쁘신 뜻대로 우리를 예정하사 예수 그리스도로 말미암아 자기의 아들들이 되게 하셨으니." 구원받은 우리는 시간이 시작되기 전에 하나님의 마음에 있었다. 세상이 시작되기 전에 우리는 선택되었다. 우리는 언제나 선택되었다. 헤아릴 수 없지만 온 몸을 전율케 하는 생각이다.

"하나님이 우리를 구원하사 거룩하신 소명으로 부르심은 우리의 행위대로 하심이 아니요 오직 자기 뜻과 영원 전부터 그리스도 예수 안에서 우리에게 주신 은혜대로 하심이라"(딤후 1:9). 그래서 "죽임을 당한 어린 양의 생명책에 창세 이후로 이름이 기록되었다"(계 13:8). 바울 사도는 자신이 '하나님이 택하신 자들의 믿음을 위한 예수 그리스도의 사도'로서 복음을 전파한다고 분명히 말했다(딛 1:1). 그는 복음을 전파할 때, 하나님은 자신이 전한 진리를 통해 택하신 자들을 구원하실 것을 알았다(참고. 행 18:9-11). 바울의 임무는 하나님의 성령이 택하신 자들의 믿음을 불러일으키실 때 구원 얻는 진리를 사용하실 수 있도록 그 진리를 전하는 것이었다.

만일 이 진리와 싸우고 있다면, 당신 혼자 그러는 것이 아니다. 이 진리는 받아들이기 어렵고 이해할 수 없고, 우리 인간의 감성에 반감을 불러일으킨다. 타락한 인간의 지성은 하나님이 전부가 아닌 일부 사람만 택하시는 것을 불공정하다고 생각하는 경향이 있다. 우리가 하나님의 은혜를 요구할 권리가 있는 것처럼 생각하는 것이다. '그것은 공평하지 못하다!'는 것이 그들의 전형적인 반응이다. 그러나 그것은 공평하기 위한 것이 아니다. 우리는 공평하기를 원하지 않을 것이다. '공평'은 모든 사람이 영원히 정죄받는 것을 의미한다. 하나님은 오직 자신의 진노를 받아 마땅한 많은 사람을 은혜로 구원하신다. 만일 하나님이 다른 사람에게 그의 진노를 보이기로 하신다 해도, 그것이 결코 하나님의 의를 더럽히지 않는다(롬 9:21-23).

그런데도 사람들이 하나님의 주권에 화를 내는 반응을 보이는 것은 유별난 일이 아니다. 누가복음 4장은 예수님이 선택 교리를 다루시자 무리가 적대적으로 된 사건을 서술한다. 예수님은 공사역을 시작하신 직후에 나사렛 회당에서 가르치고 계셨다. 처음에는 "그들이 다 그를 증언하고 그 입으로 나오는 바 은혜로운 말을 놀랍게 여겼다"(눅 4:22). 그들은 가버나움에서 행하신 예수님의 큰 기적에 대해 듣고 나사렛에서도 그런 기적을 보기를 바랐다. 그들은 자기 지역 출신이 그런 표적과 이적을 드러낼 능력이 있다는 사실에 놀랐고 분명히 약간 긴가민가했다.

그러나 예수님이 나사렛에서 기적을 행하시는 것은 하나님의 주권적 계획이 아니었다. 예수님은 사람들이 원하는 것을 예상하시고, 그들에게 이렇게 말씀하셨다.

예수께서 그들에게 이르시되 너희가 반드시 의사야 너 자신을 고치라 하는 속담을 인용하여 내게 말하기를 우리가 들은 바 가버나움에서 행한 일을 네 고향 여기서도 행하라 하리라 또 이르시되 내가 진실로 너희에게 이르노니 선지자가 고향에서는 환영을 받는 자가 없느니라 내가 참으로 너희에게 이르노니 엘리야 시대에 하늘이 삼 년 육 개월 간 닫히어 온 땅에 큰 흉년이 들었을 때에 이스라엘에 많은 과부가 있었으되 엘리야가 그 중 한 사람에게도 보내심을 받지 않고 오직 시돈 땅에 있는 사렙다의 한 과부에게 뿐이었으며 또 선지자 엘리사 때에 이스라엘에 많은 나병환자가 있었으되 그 중의 한 사람도 깨끗함을 얻지 못하고 오직 수리아 사람 나아만뿐이었느니라(눅 4:23-27).

다른 말로 하면 하나님은 그의 은혜를 언제 어떻게 어디서 드러내실지에 관하여 주권적이시다. 예수님은 사람들의 요구에 따라 기적 쇼를 벌이지 않으신다.

무리의 반응은 어떠했는가? 얼마 전까지도 받아들이는 듯하던 그 사람들은 "이것을 듣고 다 크게 화가 나서 일어나 동네 밖으로 쫓아내어 그 동네가 건설된 산 낭떠러지까지 끌고 가서 밀쳐 떨어뜨리고자 했다"(눅 4:28, 29). 그들은 진리를 들으려 하지 않았다. 그들은 진리를 미워했다. 그리고 그들은 예수님께 증오를 쏟아냈다. "예수께서 그들 가운데로 지나서 가시니라"(30절). 그들이 보기를 바랐던 기적은 일어났으나 그들은 깨닫지 못했다. 즉 예수님은 간단히 그들 가운데로 걸어서 초자연적으로 군중들을 벗어나셨다.

주권적 선택은 성경이 하나님의 영감된 말씀임을 입증하는 진리들 가운데 하나이다. 그것은 인간의 이성이 지어내려 하거나 지어낼 수 있는 진리가 아니다. 주권적 선택이 진리라고 믿는 유일한 이유는 그것이 하나님의 말씀에 분명하게 계시되었기 때문이다. 우리의 제한된 능력으로는 그것을 이해할 수 없다. 우리는 그 진리를 단순한 믿음으로 받아들여야 한다. 아무튼 우리는 그것을 받아들여야 한다. 그렇지 않으면 우리는 하나님께 합당한 영광을 돌리지 않는 것이다. 우리를 선택하신 하나님은 주권적이고 전지하고 완전히 의로우신 주님이시다. 그러지 않으면 우리는 실제로 하나님이 우리 안에서 하신 일에 대한 공적을 우리에게 돌리는 것이 된다.

나그네로 거함

베드로가 자신의 청중을 설명하기 위해 사용한 베드로전서 1:1의 '흩어진 나그네'라는 구절을 주목하라. 베드로는 소아시아에 흩어진 채 심한 박해를 잇따라 당하고 있는 유대인 신자에게 편지를 쓰고 있다. 그러나 베드로는 그들이 이 땅에서 나그네 신세로 있는 것보다 훨씬 더 한 것을 염두에 두고 있다. 베드로는 그들이 하나님의 택하신 자들로서 '땅에서는 외국인과 나그네'(히 11:13), 즉 이 세상의 나그네임을 상기시켰다.

그리스도인으로서 우리는 세상이 아니라 하늘나라에 속해 있다. 우리는 세상을 사랑해서는 안 된다(요일 2:15). 우리는 이 세상과 벗이 되어서는 안 된다(약 4:4). 우리는 여기서 그리스도의 사신이다(고후 5:20). 우리는 더 높은 기준에 따라 사는 나그네이다. 우리는 이 세상에 있지만, 이 세상에 속하지 않았다(참고. 요 17:11, 14, 16).

베드로는 흩어져 박해당하는 신자들이, 세상은 자신들을 버렸어도 하나님은 자신들을 택하셨다는 것을 이해하기를 바랐다. 베드로는 이 세상에서는 외국인과 추방자이지만 하나님 나라의 택함받은 시민이라는 사실을 아는 것이 그들에게 격려가 되고 힘이 될 것을 알았다.

영원부터 미리 아심

"하나님 아버지의 미리 아심을 따라"(벧전 1:2)라는 구절을 살펴보자. 이는 로마서 8:29에서 바울이 사용한 말 "미리 아신 자들을……미리 정하셨으니"와 비슷하다. 하나님은 그의 미리 아심을 따라 우리를 선택하셨다. 앞에서 지적했듯이, 이는 하나님이 영원 속에 물러나 앉아서 시간을 가로질러 우리가 할 일을 내다보시고 믿을 자를 선택하셨다는 뜻이 아니다. 만일 그렇게 되면, 사람이 주권적이게 되고 하나님은 그들의 선택에 종속될 것이다. 결국 베드로가 말하는 요점은 하나님이 우리를 선택하셨지 우리가 하나님을 선택하지 않았다는 것이다.

'미리 아심'이라는 말은 헬라어 '프로그노시스'(*prognōsis*)에서 온 것이다. 베드로는 같은 장 뒤에서 같은 말을 다른 형태로 쓴다. 20절은 그리스도는 "창세 전부터 미리 알린 바 되신 이"라고 말한다. 이 절에서 '미리 알린'이라는 말이 간단히 하나님의 전지한 예지를 언급한다고 할 수 있겠는가? 분명히 그렇지 않다. 하나님은 그리스도께서 하실 일이 무엇인지 알려고 미래를 보지 않으셨다. 이 문맥에서 이 말은, 성부 하나님이 창세 전에 그리스도를 친밀하게 개인적으로 아셨다는 뜻임에 분명하다.

베드로는 오순절 설교에서 '미리 아심'이라는 말을 썼다. 사도행전 2:23에서 예수님에 관하여 이렇게 말한다. "그가 하나님께서 정하신 뜻과 미리 아신 대로 내어준 바 되었거늘 너희가 법 없는 자들의 손을 빌려 못박아 죽였으니." 베드로는 하나님께서 예수님이 십자가에 달리실 것을 미리 아시고 그것을 가장 잘 이용하려고 하셨음을 암시하는 것이 아니다. 그렇지 않다. 이 일은 하나님의 '미리 정하신 뜻'이었다. 하나님은 그 일을 작정하셨기 때문에 앞서 그 일을 아셨다. 하나님은 그 일을 계획하셨다. 하나님은 그 일을 미리 정하셨다. 십자가에 달리심은 구속을 위한 하나님의 영원한 계획의 초점이었다. 여기서 '미리 아심'은 의도적으로 미리 정하심이라는 개념을 분명히 담고 있다.

(그런데 이에 상응하는 다음의 진리를 주목하라. "너희가 법 없는 자들의 손을 빌려 못박아 죽였으나." "그를 십자가에 못박으소서.' 하고 소리쳤던 이 사람들의 행위가 하나님의 영원한 계획에 속하기 때문에 그들이 무서운 책임을 면제받는 것이 아니다. 너희가 그 일을 했다고 베드로는 말했다. 그들이 죄를 지었다. 그들의 행위가 하나님의 영원한 계획에 완전히 일치하긴 했지만 그들은 자신의 행위에 대하여 책임이 있었다. 하나님의 주권은 인간의 책임을 부정하지 않는다. 하나님이 그리스도의 죽음을 미리 정하시고 미리 아셨다는 사실이 그리스도를 실제로 죽인 자들의 죄를 없애주지는 않는다.)

그러면 우리는 미리 아심이라는 용어를 어떻게 이해해야 하는가? 우리는 이 말이 인격적이며 친밀한 지식을 뜻할 수 있음을 보았다. 그리고 이 말은 의도적인 선택을 의미할 수 있다. 두 개념을 결합하여 보면, 이 말을 이해할 수 있다.

이런 유의 예지는 베드로의 유대인 독자들이 잘 알고 있는 개념이었다. 구약은 비슷한 표현을 사용하여 택하신 자들에 대한 하나님의 영원한 사랑을 말했다. 예를 들어, 하나님은 예레미야에게 이렇게 말씀하셨다. "내가 너를 모태에 짓기 전에 너를 알았고 네가 배에서 나오기 전에 너를 성별하였고"(렘 1:5). 아모스 3:2에서 하나님은 이스라엘에게 "내가 땅의 모든 족속 가운데 너희만을 알았나니" 하고 말씀하셨다. 하나님은 모세에게 "너는 내 목전에 은총을 입었고 내가 이름으로도 너를 앎이니라"(출 33:17) 하고 말씀하셨다. 이 모든 구절은 친밀한 관계를 말한다. 히브리어 '야다'(yada, '알다')는 이런 의미를 매우 강하게 담고 있으므로, 이 말은 성적인 관계를 표현하는 완곡어법으로 종종 사용되었다. "아담이 그의 아내 하와와 동침하매(영어로는 '알다'로 번역되어 있음 – 역자 주) 하와가 임신하여"(창 4:1).

신약성경도 우리 주님이 택하신 자들과 맺는 친밀한 개인적 관계를 서술하기 위해 알다라는 말을 사용한다. 예수님은 "내 양은 내 음성을 들으며 나는 그들을 알며"(요 10:27)라고 하신다. 그런 관계가 없는 사람은 저주받은 사람이다. 심판 때 예수님은 "내가 너희를 도무지 알지 못하니 불법을 행하는 자들아 내게서 떠나가라"(마 7:23)고 하실 것이다.

성경이 하나님의 선택은 하나님의 미리 아심을 따른 것이라 할 때 의미하는 것은, 하나님이 택하신 자들을 창세 전에 친밀하게 아셨다는 것이다. 하나님은 영원한 계획 가운데 어떤 사람들을 사랑하기로 미리 정하셨고, 그들은 하나님이 택하신 자들이었다. 다른 말로 하면 하나님은 시간이 시작되기 전에 그들과 사랑의 관계를 맺으셨고, 그런 의미에서 하나님은 그들을 영원히 미리 아셨다. 그래서 히브리서 기자는 이 계획을 '영원한 언약'이라고 부른다(13:20). 바울은 하나님이 이 모든 구원 계획을 '영원 전부터' 약속하신 것이라고 디도에게 말했다(1:2).

거룩하게 되도록 정하심

선택은 구원과 같은 것이 아니다. 신자는 영원한 과거에 택함을 받았다. 그러나 시간 속의 특정한 시점에 그들은 사망에서 생명으로 옮긴다. 택함받은 모든 사람이 확실히 구원받을 것이지만, 하나님은 그들을 택하신 방도, 즉 하나님의 말씀과 죄의 자각과 회개와 믿음과 성화와 무관하게 그들을 구원하시지 않는다. 하나님이 택하신 자들은 구원받기 위해 반드시 믿어야 한다. 이렇게 하나님의 영원한 작정은 역사의 한 요소가 된다.

베드로는 "성령이 거룩하게 하심으로……택하심을 받은 자들"(벧전 1:2)이라는 구절로 이 진리를 강조한다. 여기서 베드로는 거룩하게 하심을 전문적, 교리적 의미로 사용하지 않고 구원의 모든 경험적 측면 즉, 회개와 믿음과 중생과 순종과 성화와 성령이 택하신 자들 속에 만들어 놓으시는 모든 것을 포함하는 광범위한 용어로 사용한다.

이것이 '성령이 거룩하게 하심' 임을 주목하라. 우리를 죄로부터 떼어 놓고 우리를 구별하여 거룩하게 만드는 것은 성령님의 사역이다. 성령님은 우리로 그리스도의 형상을 본받게 하신다. 데살로니가후서 2:13에서 바울 사도는 비슷한 말을 한다. "하나님이 처음부터 너희를 택하사 성령의 거룩하게 하심과 진리를 믿음으로 구원을 받게 하심이니." 다른 말로 하면 삼위의 세 분께서 모두 이 과정에 관여하신다는 것이다.

하나님은 우리의 구원을 계획하셨다. 그리스도는 우리의 구원을 값 주고 사셨다. 성령님은 우리의 구원을 이루신다.

거룩하게 하심은 완전을 뜻하지 않는다. 이 말은 구별을 뜻한다. 이는 죄로부터 분리되고 따로 떼어 하나님께 드리는 것을 말한다. 모든 그리스도인은 거룩하게 되었다. 그래서 바울은 문제 있는 고린도 교회에 편지로 이렇게 말할 수 있었다. "예수 그리스도의 이름과 우리 하나님의 성령 안에서 씻음과 거룩함과 의롭다 하심을 받았느니라"(고전 6:11). 죄로부터 분리됨은 이제 우리 삶의 방향이다. 그리고 언젠가 그것은 우리 삶에서 완성될 것이다.

거룩하게 하심은 일평생 계속되는 과정이다. 우리는 끊임없이 죄로부터 분리되어 그리스도의 형상과 같이 만들어지고 있다. 우리는 죽음이나 재림으로 그리스도와 얼굴을 대면하기 전에는 궁극적인 성화, 즉 완전에 이르지 못할 것이다. "그가 나타나시면 우리가 그와 같을 줄을 아는 것은 그의 참 모습 그대로 볼 것이기 때문이니"(요일 3:2). 그리고 아무도 그 과정에서 탈락하지 않는다(참고. 요 6:39, 40; 롬 8:30-39).

베드로의 말이 암시하듯이, 거룩하게 하심은 선택과 밀접하게 관련되어 있어서, 둘은 분리할 수가 없다. 그래서 베드로는 참으로 하나님이 택하신 자는 성화 과정을 피할 수 없다고 확언한다. 우리는 "그 아들의 형상을 본받게 하기 위하여 미리 정하신"(롬 8:29) 자들이다. 하나님이 한 사람을 그리스도 안에 있도록 택해 놓고 그 사람을 거룩하게 만들지 않으신다면 모순일 것이다. 하지만 오늘날 많은 사람이 자신이 그리스도인이지만 자신의 생활에 아무 변화를 보지 못했다고 믿는다. 그런 사람은 "더욱 힘써 너희 부르심과 택하심을 굳게"(벧후 1:10) 해야 한다.

하나님의 주권적 선택은 우리 구원의 처음부터 끝까지 모든 측면을 포함한다. 하나님은 우리 믿음을 만드신 분이시며 그 믿음을 완성하는 분이시다(히 12:2). 우리를 구원하는 일은 미리 아심과 선택과 중생(약 1:18)과 회개(행 11:18)와 믿음(요 6:44; 롬 12:3)과 의롭다 하심(롬 3:24)과 거룩하게 하심(히 2:11), 즉 우리의 예정에서 우리의 최종적 영화까지 포함하여 모든 것이 하나님의 일이다. 하나님의 택함을 입은 자들은 다만 하늘나라만을 위한 것이 아니라 하나님의 구원 역사의 모든 국면을 위해 택하신 사람이다. 우리는 거룩하게 하심을 선택 사항으로 보지 않는다. "이것(거룩함)이 없이는 아무도 주를 보지 못하리라"(히 12:14).

순종하도록 정해짐

베드로는 이 생각을 한걸음 더 발전시킨다. 그는 '너희가 예수 그리스도를 순종하기 위하여' 택함을 받았다고 말한다. 다시 우리는 에베소서 2:10, "우리는 그가 만드신 바라 그리스도 예수 안에서 선한 일을 위하여 지으심을 받은 자니 이 일은 하나님이 전에 예비하사 우리로 그 가운데서 행하게 하려 하심이니라"는 말씀으로 돌아가 보자. 그러므로 우리의 선행조차도 주권자 하나님이 미리 정하신 것이다.

예수님은 이렇게 말씀하셨다. "너희가 나를 택한 것이 아니요 내가 너희를 택하여 세웠나니 이는 너희로 가서 열매를 맺게 하고"(요 15:16).

선행은 확실히 우리로 선택받게 하는 원인이 아니다. 선행은 우리가 의롭다 하심을 받는 근거가 아니다. 그것은 어떤 의미로든 우리 구원의 기초가 아니다. 그러나 선행은 우리 구원의 필연적인 증거이다. 우리가 참으로 '그가 만드신 바'라면, 하나님이 우리를 택하셨고 주권적으로 선행을 준비하셔서 우리로 그 가운데서 행하게 하셨다면, 하나님이 택하신 자들이 예수 그리스도께 순종하지 않고 이 세상에서 살 수는 없다. 그럴 수 있다고 가정하는 것은 우리가 예수 그리스도께 순종하도록 택하신 분의 주권과 전능을 공격하는 것이다.

그의 피 뿌림을 얻음

베드로는 이어서 이렇게 말한다. "순종함과 예수 그리스도의 피 뿌림을 얻기 위하여 택하심을 받은 자들"(2절). 이는 무엇을 가리키는가?

구약에서는 희생 제사의 피를 종종 무생물 대상에 뿌렸다. 유월절에는 그 피를 문설주와 인방에 뿌렸다. 일부 속죄제에서는 피를 제단과 성막 근처에 뿌렸다. 히브리서 9:22은 이렇게 말한다. "율법을 따라 거의 모든 물건이 피로써 정결하게 되나니."

그러나 구약에서 사람에게 피를 뿌리는 경우는 거의 없다. 사실상 피는 레위기에서 두 경우에만 사람에게 직접 뿌렸다. 한 경우는 나병환자를 상징적으로 정결하게 하는 때이다(레 14:7, 14). 또 한 경우는 레위인이 제사장으로 구별될 때이다(출 29:20, 21; 레 8:24, 30).

하지만 베드로전서 1장은 나병환자를 정결하게 하거나 제사장을 구별하는 것에 관하여 말하고 있지 않다. 그러므로 성경에서 사람에게 피를 뿌리는 유일한 경우를 살펴보자. 이는 모세가 이스라엘 백성에게 피를 뿌린 일로 일회적 사건이다(출 24:8).

모세가 이스라엘에게 뿌린 피는 '언약의 피'라고 했다. 모세가 백성들에게 하나님의 말씀을 선도한 후에, 백성은 서너 번 그 말씀에 순종하겠다는 약속으로 응답했다. 그것은 언약이었다. 뿌린 피는 그들의 순종을 상징했다. 그것은 그들이 순종하겠다는 외적 표시였다. 모세는 제단을 쌓고 두 수소를 희생 제사로 드렸다. 이 희생 제물의 피 절반은 제단에 뿌려 하나님이 구원하시고 복 주심을 상징했다. 모세는 나머지를 백성에게 뿌리며 "이는 여호와께서 이 모든 말씀에 대하여 너희와 세우신 언약의 피니라"(출 24:8) 하고 말하고서 순종하겠다는 백성들의 약속을 상징으로 드러냈다. 이 피는 언약을 인치는 데 필요했다. "이러므로 첫 언약도 피 없이 세운 것이 아니니 모세가 율법대로 모든 계명을 온 백성에게 말한 후에 송아지와 염소의 피 및 물과 붉은 양털과 우슬초를 취하여 그 두루마리와 온 백성에게 뿌리며"(히 9:18, 19).

베드로전서 1:2에서 염두에 두고 있는 것은 이와 같이 예수 그리스도의 피가 신자에게 상징적으로 뿌려진다는 사실이었다. "순종함과 예수 그리스도의 피 뿌림을 얻기 위하여 택하심을 받은"이라는 구절은, 구원받은 선민이 구원받을 때 이미 그들에게 구원과 복을 주신 주님께 순종을 약속했다는 뜻이다. 베드로는 하나님이 창세 전에 우리를 택하셨을 때 이 언약으로 이끄셨음을 달하고 있다.

하나님의 주권이 얼마나 프괄적으로 우리의 구원에 작용하는지 아는가? 하나님은 시간이 시작되기 전에 우리를 택하셨다. 하나님은 영원한(무궁한) 사랑으로 우리를 사랑하셨다(렘 31:3). 하나님은 우리를 구원하셨다. 하나님은 우리를 거룩하도록 정하셨다. 하나님은 우리로 순종하도록 정하셨다. 하나님은 우리와 더불어 언약을 세우셨다. 우리는 참으로 하나님이 만드신 바이다(엡 2:10).

하나님의 주권 교리의 적용

하나님의 주권 교리는 남용되고 오해되고 잘못 적용되는 경우가 잦다. 많은 그리스도인이 이 교리가 너무 깊다거나 혼동스럽다거나 이해하기 어렵다거나 기분을 상하게 한다고 생각해 버린다. 그러나 우리는 이 교리를 피해 달아나서는 안 된다. 우리는 이 교리를 향하여 달려가야 한다. 우리는 이 교리를 두려워해서는 안 된다. 우리는 이 교리를 즐거워해야 한다. 이 교리는 인간의 교만을 부수고 하나님을 높이고 신자의 믿음을 강하게 한다. 하나님이 모든 창조물을 주권적으로 주장하심을 아는 것보다 격려가 되는 것이 있을까? 우주는 우연에 따른 것이 아니다. 하나님의 계획이 실패할 가능성은 없다. "하나님을 사랑하는 자 곧 그의 뜻대로 부르심을 입은 자들에게는 모든 것이 합력하여 선을 이루느니라"(롬 8:28). 이것은 성경 전체에 가장 잘 알려져 있고 가장 많은 사랑을 받은 약속이다. 이 약속은 하나님의 주권 교리에 속한 것이다.

나아가 하나님의 주권 교리는 복음전도를 하는 동기가 되어야 한다. 우리는 복음을 증거하거나 설교할 때, 하나님이 택하신 자들은 적극적으로 반응할 것을 안다. 그 사실은 우리로 신실하도록 격려한다. 선택은 나태함을 위한 구실이 아니다. 게으름 피우면서 신비한 방법으로 선민을 구원하는 일을 하나님께 맡길 수 있다고 생각하는 사람들은 성경을 이해하지 못한 것이다. 택함받은 자들은 복음전도를 떠나서는 구원받지 못한다. "그런즉 그들이 믿지 아니하는 이를 어찌 부르리요 듣지도 못한 이를 어찌 믿으리요 전파하는 자가 없이 어찌 들으리요"(롬 10:14).

그래서 우리는 모든 사람에게 복음을 선포해야 한다(막 16:15; 눅 24:47). 그리고 우리는 "그를 믿는 자마다 멸망하지 않고 영생을 얻게 하려 하심이라"(요 3:16)는 확신을 가지고 그 일을 할 수 있다.

이 책의 핵심 주제인 하나님의 주권에 대한 우리의 확신은 우리가 어떻게 말씀을 전파해야 하는지 결정하게 할 것이다. 우리의 사역 방법을 하나님의 주권에 비추어 결정한다면 우리의 사역 방법은 혁신될 것이다. 패커는 『복음전도와 하나님의 주권』이라는 멋진 책에서, 깊은 통찰과 지혜를 담아 이 문제를 논의한다. 패커는 '어떤 수단과 방법으로 복음을 전해야 하는가?' 라는 소중한 대목을 써 놓았다. 여기서 그는 이렇게 쓴다.

> 복음전도의 방법은 오직 하나뿐이다. 즉, 복음 메시지를 충실히 설명하고 적용하는 것이다. 이리하여—이것이 우리가 찾고 있는 핵심 원리이다—제안된 어떤 복음전도 전략이나 기법이나 스타일을 테스트하는 기준은 다음과 같아야 한다. 이것은 실제로 말씀을 따르는가? 그것은 복음을 참되고 충만하게 설명하고 깊이 있고 정확하게 적용하는 수단이 되도록 되어 있는가? 그렇게 되어 있는 한, 그것은 합법적이고 정당하다. 그것이 메시지의 실재를 어둡게 하고 흐리게 하며 그 실재를 어설프게 적용하려는 경향이 있는 한, 경건하지 못하고 그릇되다.[11]

패커는 새로운 형태의 모든 사역에 관하여 우리가 물어야 할 질문들을 제안한다.

- 그리스도를 제시하는 이 방법이 복음은 하나님으로부터 오는 말씀이라는 인상을 사람들에게 주도록 되어 있는가?
- 그리스도를 제시하는 이 방법은 사람의 영리함이나 수완으로 이루어졌다는 느낌이 들게 하는가? 그리하여 사람을 높이는 경향이 있는가?
- 그리스도를 제시하는 이 방법은 인간의 지성에 말씀의 역사를 진작시키는가 방해하는가? 이 방법이 메시지의 의미를 명료하게 하는가 아니면 이해할 수 없고 모호하게 하는가?
- 그리스도를 제시하는 이 방법은 복음의 가르침 일부가 아니라 전체를 사람에게 주기에 적합한가?
- 그리스도를 제시하는 이 방법은 복음의 적용을 사람들에게 전달하기에 적합한가? 예를 들어, 사람들로 하여금 그리스도께 즉각 반응할 의무가 있음을 알지 못한 채로 있게 내버려 두는가?
- 그리스도를 제시하는 이 방법은 적당히 진지하게 복음의 진리를 전달하도록 계획되어 있는가? 이것은 사람들이 삶과 죽음의 문제를 맞닥뜨리고 있다고 느끼게 하는 데 적합한가? 이것은 사람들이 하나님의 손에서 떨어지는 것이 두려운 일임을 깨닫도록 도우려 하는가? 혹은 그리스도를 제시하는 이 방법은 너무 가볍고 태평하고 마음 편하고 즐거운 것이라서 청중들로 하여금 복음이 중대한 것임을 느끼

---

11) Packer, *Evangelism and the Sovereignty of God*, 86.

기 힘들게 하지 않는가?[12]

하나님의 절대 주권을 믿는 믿음은 실용주의와 세속적 태도의 내리막길에서 교회를 건질 것이다. 이 믿음은 우리를 다시 성경적 설교로 돌이키게 할 것이다. 설교자가 하나님의 능력과 하나님의 말씀을 확신하기만 하면, 메시지를 없애고 조정하고 메시지의 내용을 약하게 해야 한다고 느끼지 않을 것이다. 인위적인 방법을 사용하여 좀더 많은 사람이 구원받도록 이끌어야 한다고 느끼지 않을 것이다. 복음전도를 마케팅 문제로 보지 않고 하나님이 택하신 자를 부르실 때 사용하는 유일한 방도인 하나님의 계시의 선포로 볼 것이다. '구원을 주시는 하나님의 능력'인 복음에 더욱 의지할 것이다. 그리고 교회를 내리막 비탈길로 더 빨리 더 멀리 내몰고 있는 세속적인 방법을 내버릴 것이다.

하나님이 영감하신 말씀을 경청하라.

너희가 거듭난 것은 썩어질 씨로 된 것이 아니요 썩지 아니할 씨로 된 것이니 살아 있고 항상 있는 하나님의 말씀으로 되었느니라 그러므로 모든 육체는 풀과 같고 그 모든 영광은 풀의 꽃과 같으니 풀은 마르고 꽃은 떨어지되 오직 주의 말씀은 세세토록 있도다 하였으니 너희에게 전한 복음이 곧 이 말씀이니라(벧전 1:23-25).

---

12) Ibid., 87-90.

9.
내가 내 교회를 세우리라

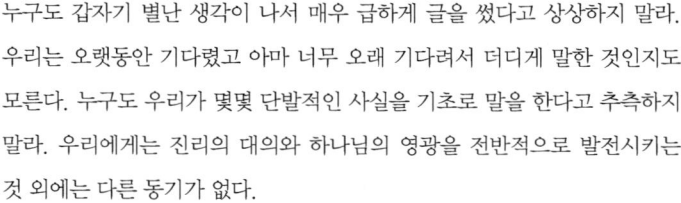

> 누구도 갑자기 별난 생각이 나서 매우 급하게 글을 썼다고 상상하지 말라. 우리는 오랫동안 기다렸고 아마 너무 오래 기다려서 더디게 말한 것인지도 모른다. 누구도 우리가 몇몇 단발적인 사실을 기초로 말을 한다고 추측하지 말라. 우리에게는 진리의 대의와 하나님의 영광을 전반적으로 발전시키는 것 외에는 다른 동기가 없다.
>
> 찰스 스펄전[1]

수년 전 큰 교회의 특징에 관하여 글을 쓰는 저널리스트가 그레이스 커뮤니티 교회에 관하여 인터뷰하려고 나를 찾아왔다. 대화를 마치려 할 즈음 그는 이렇게 물었다. "항상 큰 교회를 세우고자 하는 욕망에 이끌려 다녔습니까?"

예상치 못한 질문이었지만, 곧바로 이렇게 대답했다. "교회를 세울 욕망은 없습니다. 전혀 없습니다."

---

1) "Our Reply to Sundry Critics and Enquirers," *The Sword and the Trowel* (September 1887), 463.

그는 우습다는 듯이 나를 바라보더니 "이해가 되지 않습니다." 하고 말했다. 나는 말했다. "예수 그리스도께서는 자신의 교회를 세우겠다고 말씀하셨습니다. 그러니 나는 그 분과 경쟁하고 싶은 마음이 없습니다."

내가 이상한 말을 한 것이 아니었다. 바로 이것이 교회에 대한 나의 관점이다. 종종 목회자 대회나 리더십 세미나에서 큰 교회로 성장시킨 비결이 무엇이냐는 질문을 받는다. 나는 그리스도와 그의 말씀에 충실하기 원하는 사람에게는 큰 교회로 성장할 것을 보장하는 기술이나 체제가 필요없다고 고백하지 않을 수 없다. 영적 성장은 신체적 성장과 비슷하다. 영양을 섭취하고 격려를 받아야 한다. 우리는 건강한 성장을 하기 위한 일들을 할 수 있다. 그러나 우리는 참된 성장을 기계적으로 꾀할 수 없다. 매우 작은 관목을 거대한 미국 삼나무처럼 자라게 할 수는 없다. 유전 기술이 발견되어 그런 일을 할 수 있게 된다 해도, 그 결과는 기형이 생길 것이다. 영적 영역에서도 마찬가지다. "여호와께서 집을 세우지 아니하시면 세우는 자의 수고가 헛되며"(시 127:1).

나는 우리 교회의 수적, 영적 성장은 주권자 하나님의 뜻에 의한 것이라고 말하지 않을 수 없다. 그것을 설명할 수 있는 마케팅 기법이나 현대적 방법은 없다. 우리는 그런 기술에 의존하지 않을 것이다. 우리는 인간의 공식과 프로그램과 그안으로 이루어진 성장을 원하지 않는다. 우리는 적극적인 성경적 사역에 초점을 두고 주님의 교회에 수를 더하는 일을 주님께 맡기는 것으로 만족한다(행 2:47). 우리가 할 일은 주님이 우리가 하도록 계획하신 것을 충실히 하는 것이다.

다시 우리는 전능하고 주권적인 하나님의 원리로 돌아간다. 우리는 교회를 세우는 일이 하나님의 일임을 잊지 말아야 한다. 우리가 할 일은

"온 천하에 다니며 만민에게 복음을 전파하는"(막 16:15) 것이다. 일단 우리 자신을 교회의 설계자와 건축자로 생각하기 시작하면, 하나님의 정당한 역할을 빼앗고 성공과 수(數)와 규모와 다른 인위적 기준으로 우리의 목표를 다시 정한다. 단지 그런 철학을 기초로 세워진 교회는 잠시 번영하는 듯하나 결국 영적 실패를 당한다.

이 진리를 지지하는 성경의 중요한 본문은 마태복음 16:18, 19이다. 예수님은 베드로에게 이렇게 말씀하셨다. "너는 베드로라 내가 이 반석 위에 내 교회를 세우리니 음부의 권세가 이기지 못하리라 내가 천국 열쇠를 네게 주리니 네가 땅에서 무엇이든지 매면 하늘에서도 매일 것이요 네가 땅에서 무엇이든지 풀면 하늘에서도 풀리리라."

이 구절은 로마 가톨릭 교회와 프로테스탄트 교회가 수세기 동안 벌여 온 논쟁의 근원이다. 이 구절은 해석자에게 몇 가지 문제를 제기한다. 그러나 그 핵심에는 그리스도께서 세우시는 교회에 관한 단순하고 심오하고 풍부하고 영광스러운 진리가 담겨 있다. 그리고 이 구절은 우리의 연구에 어울리는 정점이다.

교회의 기초 – '이 반석 위에'

이 구절의 문맥을 짚어 보자. 베드로가 "주는 그리스도시요 살아 계신 하나님의 아들이시니이다"(마 16:16) 하고 위대한 고백을 한 직후 예수님은 이 말씀을 하셨다. 주님은 베드로의 고백에 이런 말로 응답하셨다. "바요나 시몬아 네가 복이 있도다 이를 네게 알게 한 이는 혈육이 아니요 하늘에 계신 내 아버지시니라"(17절).

이렇게 말씀하심으로 베드로를 진리와 믿음으로 이끈 것이 하나님의 주권임을 강조하신다.

예수님의 그 다음 말은 가톨릭 신자와 프로테스탄트 신자 사이에 많은 논쟁을 불러일으킨 문제를 제기한다. "너는 베드로라 내가 이 반석 위에 내 교회를 세우리니." 이 말씀을 기초로 하여 로마 가톨릭 교회는, 교회가 베드로 위에 세워졌으므로 베드로를 제1 교황으로 삼고 교황 승계 제도를 수립하고 교황의 지위를 이 땅에서 발휘되는 하나님의 권위의 핵심이며 정수로 삼아야 한다고 가르친다.

반면에 대부분의 프로테스탄트 신자들은 '이 반석 위에'라는 구절을 '말놀이'로 본다. 베드로('작은 돌'이라는 뜻)라는 이름이 '이 반석'('큰 돌'이라는 뜻)과 대조를 이룬다. 그들은 '반석'이 베드로의 고백을 가리키지 베드로를 가리키지 않는다고 믿는다. 그들은 그 말의 뜻을 이와 같이 풀어 쓴다. "너는 작은 돌이다. 하지만 나는 네가 고백한 진리의 견고한 반석 위에 내 교회를 세울 것이다." 그들은 또한 그리스도께서 교회의 머리이심을 성경이 분명하게 가르치며(엡 5:23; 골 1:13) 성경 어디에도 그리스도 대신 교회를 거느릴 이 땅의 대리인을 말하지 않는다고 지적한다.

이 견해는 가톨릭의 해석보다 성경의 진리에 더 일치하며 이 본문에 대한 타당한 해석이다. 이 본문에서 분명히 예수님은 베드로를 교황으로 만들고(혹은 교황 승계 방침을 세우고) 계신 것이 아니다. 결국 몇 절 뒤에 주님이 베드로를 책망하시며 그를 '사탄'이라고 부르신 내용이 나온다(23절).

하지만 이 구절에 대한 좀더 자연스러운 해석은, 예수님이 베드로를 열두 제자의 지도자와 대표자로 다루고 계신다는 것이다. 실제로 성경은 교회를 "사도들과 선지자들의 터 위에 세우심을 입은 자라 그리스도 예수께서 친히 모퉁잇돌이 되셨느니라"(엡 2:20)고 말한다. 그래서 베드로와 모든 사도는 성경적인 의미로 교회의 기초를 형성했다. 그리스도께서 세우시는 교회는 사도의 교리와 사역이라는 기초 위에 세워졌다. 누가는 초대 교회가 "사도의 가르침을 받아"(행 2:42) 그 기초 위에 선 교회에 "주께서 구원받는 사람을 날마다 더하게 하시니라"(47절)고 기록한다. 사도행전의 나머지 부분에서도 줄곧 사도의 가르침과 사역이 모든 지역 교회의 기초이다(참고. 4:31, 32; 8:12, 35-40; 10:34-48; 12:24, 25; 13:44-49).

교회는 "산 돌같이 신령한 집으로 세워지고 예수 그리스도로 말미암아 하나님이 기쁘게 받으실 신령한 제사를 드릴 거룩한 제사장이 될지니라"(벧전 2:5). 다른 말로 하면 모든 그리스도인은 집의 돌이다. 베드로와 사도는 기초석이었다. 그리고 중요한 모퉁잇돌은 베드로가 아니라 예수님이시다.

교회의 확실성 – '내가 내 교회를 세우리라'

"내가 내 교회를 세우리라."고 하시는 예수님의 말씀은 이 구절의 핵심이다. 이 구절에 나오는 다른 모든 것은 이 말씀을 확대하는 것이며, 이 말씀은 우리의 주제와 밀접한 관계가 있다.

무엇보다도 이 말씀은 제자들을 격려하려는 약속이었다. 제자들은 예루살렘 저 멀리 북쪽 레바논 산들 근처에 있는 이스라엘의 꼭대기가이사랴 빌립보의 먼지 나는 길을 걷고 있었다. 그들은 실지로 유랑 중이었다. 예수님은 유대(남쪽 지역)와 갈릴리(북쪽 지역) 모두에서 이스라엘에게 배척당하셨다. 유대의 종교 정치 지도자들은 예수님을 겨냥하고 그를 죽이려고 결심했다. 백성들은 자신들을 로마의 통치에서 구출해 줄 정치적, 군사적, 경제적 메시아를 바라고 있었지만, 예수님은 이미 그런 소망을 저버리셨다. 한 때 예수님을 따랐던 무리는 예수님이 자신들에게 도전하는 교훈을 가르치시자마자 등을 돌렸다(요 6:66). 그리고 메시아 전문가인 서기관과 바리새인들은 예수님을 대적하는 모든 사람들 가운데 예수님을 가장 악의적으로 대하고 예수님을 미워했다.

제자들이 낙담한다 한들 누가 그들을 비난할 수 있겠는가? 제자들이 이해했던 하나님 나라는 도무지 도달 불가능한 것처럼 보였다. 예수님이 이 땅의 보좌에 앉으시고 그의 통치가 이스라엘에 집중되고 예수님의 나라가 온 땅을 휩쓸 것으로 보았던 그들의 영광스러운 메시아에 대한 기대는 실현되지 않을 듯이 보였다. 반대로 그들은 갖춘 것 없고 버림당하고 정처 없이 다니는 하찮은 소수 무리였다. 그들은 휴식과 개인적인 시간과 안정을 찾기 위하여 거의 이방인 지역에 있는 한적한 곳으로 물러났다. 제자들은 여전히 계획대로 일이 진행되고 있는지 의심하고 있었음에 틀림없다. 확실히 모든 것이 자기들의 계획과 정반대로 드러나고 있는 것같이 보였다.

이것으로 불행이 끝이 아니라는 듯, "예수 그리스도께서 자기가 예루살렘에 올라가 장로들과 대제사장들과 서기관들에게 많은 고난을 받고 죽임을 당하고 제삼일에 살아나야 할 것을 제자들에게 비로소 나타내셨다"(마16:21). 베드로는 이 말에 너무 화가 나서, "예수를 붙들고 항변하여 이르되 주여 그리 마옵소서 이 일이 결코 주께 미치지 아니하리이다"(22절) 하고 말했다.

그들의 확신이 무너졌다. 그들의 소망이 희미해지고 있었다. 불길한 조짐이 그들을 위협하고 있었다. 그래서 그들은 매우 혼동스럽고 걱정스러웠던 게 틀림없다. 이 모든 상황에서 예수님은 그들에게 다시 확신을 불어넣어 주셨다. '내가 내 교회를 세우리라.' 예수님은 원래의 계획에 아무 변동이 없음을 그들이 알기를 원하셨다. 잃어버린 것이 하나도 없었다. 계획은 변하지 않았다.

우리는 이 말씀에서 우리 시대를 위한 위로를 얻을 수 있다. 참된 교회가 아무리 우겨쌈을 당하거나 박해당하거나 순교당하거나 버림받거나 비방당하거나 궁핍하거나 무시당하는 듯 보여도, 주님은 택하신 자들을 버리지 않으신다. 하나님의 백성이 가장 연약한 듯이 보일 때 다시 살펴보라. 예수님은 여전히 그 분의 교회를 세우고 계신다. 원래의 계획이 여전히 진행되고 있다. 오늘날 시대는 예수님의 주권적 목적에 아무 위협이 되지 않는다. 문제 많은 우리 세계의 형편이 예수님의 구상을 변경시키지 못한다. 그리고 가시적 교회가 아무리 부패하고 세속화됐다 해도, 예수 그리스도는 사도의 가르침과 사역이라는 원래의 확실한 기초 위에 여전히 그 분의 교회를 세우고 계신다.

예수님은 "내가 내 교회를 세우리라."고 말씀하심으로, 교회의 궁극적인 성공에 대한 가장 확실한 보장을 해주셨다. 만일 교회를 하나님의 백성에게만 맡겨 놓았다면, 교회 건설은 오래 전에 박살났을 것이다. 교회사는 인간의 실패와 세속적 부패와 신실하지 못한 태도와 교리적 일탈과 타협과 연약함의 증거로 가득 차 있다. 하지만 주님은 여전히 교회를 세우신다. 교회가 겉으로는 어떻게 보이더라도, 교회의 핵심에는 그리스도께서 몸소 세우시는 (하나님이 택하신 자들로 구성된) 몸이 있고, 그 몸은 강건하고 신실하게 자란다. 저 아무리 냉혹한 때라도, 언제나 '은혜로 택하심을 따라 남은 자'(롬 11:5)가 있다.

바울은 생애와 사역을 마칠 즈음 이렇게 썼다. "아시아에 있는 모든 사람이 나를 버렸다"(딤후 1:15). "내가 처음 변명할 때에 나와 함께 한 자가 하나도 없고 다 나를 버렸으나"(딤후 4:16). 요한 사도는 생애를 마치려 할 때 밧모 섬에 유배 중이었다. 그때 주님이 소아시아의 일곱 교회에 편지를 쓰는 일을 맡기셨다(계 2-3장). 일곱 교회 가운데 다섯 교회가 존립을 위협하는 심각한 문제를 안고 있었다.

하지만 그리스도께서는 그 분의 교회를 계속 세우시며, 믿는 남은 자의 순결을 몸소 지키신다. 에베소서 5:25-27은 이렇게 말한다. "그리스도께서 교회를 사랑하시고 그 교회를 위하여 자신을 주심같이 하라 이는 곧 물로 씻어 말씀으로 깨끗하게 하사 거룩하게 하시고 자기 앞에 영광스러운 교회로 세우사 티나 주름잡힌 것이나 이런 것들이 없이 거룩하고 흠이 없게 하려 하심이라." 그리스도께서 세우고 계시는 교회는 결국 거룩하고 흠이 없게 될 것이다. 그리고 그리스도께서는 영광스러운 교회를 당신 앞에 세우실 것이다. 다른 말로 하면 교회는 그리스도께서 자신의 영광을 영원히 드러낼 수 있도록 사용하시는 수단으로 계획되었다.

그래서 우리는 인간의 지혜를 반대해야 한다. 그러나 그렇기 때문에 세속적 태도, 육적인 태도, 어리석음, 무감각, 배도는 그리스도께서 세우시는 교회를 멈추게 할 수 없다. 그것들이 어떤 회중은 멈추게 할 수 있지만, 교회는 여전히 전진할 것이다. 그리스도는 확실히 그 분의 교회를 세우실 것이다. 만일 그리스도께서 우리를 위하시면 누가 우리를 대적하리요?

교회의 친밀함 – 내가 '내' 교회를 세우리라

예수님의 말씀은 거룩한 친밀함에 관하여 언급한다. 예수님께는 교회를 세우는 것이 비인격적인 사업을 벌이는 것이 아니다. 교회는 예수님의 소중한 소유이다. 사도행전 20:28은 "하나님이 자기 피로 사신 교회"라고 말한다.

성경은 교회를 그의 몸(골 1:24)이라고까지 말한다. 우리는 거룩한 연합으로 그리스도와 뗄 수 없이 연결되어 있다. 다소 사람 사울이 교회를 박해하던 때를 기억하는가? 그리스도께서는 다메섹 도상에서 그를 붙들고 이렇게 물으셨다. "사울아 사울아 네가 어찌하여 나를 박해하느냐"(행 9:4). 교회를 공격하는 자들은 그리스도를 공격한다. "주와 합하는 자는 한 영이니라"(고전 6:17).

이 진리와 비슷한 것이 구약에 있다. 스가랴는 이스라엘 민족에게 이렇게 말했다. "너희를 범하는 자는 그의 눈동자를 범하는 것이라"(슥 2:8). 하나님은, 이스라엘을 박해하는 자는 손가락으로 자신의 눈을 찌르고 있는 것과 같다고 말씀하신다. 이는 그리스도께서 교회와 맺으시는 관계와 똑같다. 누가 그리스도의 택하신 자를 해한다면 그리스도께서는 크게 화를 내신다(참고. 마 18:6, 10).

아무도 교회를 정복할 수 없음 – 음부의 권세가 이기지 못하리라

그리스도께서 세우시는 교회는 난공불락이다. "음부의 권세가 이기지 못하리라"(18절). 사람들은 이 구절의 이미지를 종종 오해한다. 예수님은 교회가 음부로부터 공격을 받지 않을 것이라고 말씀하시지 않았다. '문'(영어성경에는 gate로 되어 있고 한글개역성경에는 권세로 되어 있음 - 격자 주)이라는 말은 공격적인 밀쳐냄을 뜻하지 않는다. 문은 무기가 아니다. 그것은 차단벽이다. 예수님은 음부를 감옥처럼 묘사하면서, 음부의 문이 교회를 속에 두거나 가두지 못할 것이라고 넌지시 말씀하신다.

'음부'는 죽은 자의 거처이다. 이 말은 히브리어 '스올'(Sheol, 참그, 시 6:5)에 해당하는 헬라어이다. 킹제임스역은 이 구절을 이렇게 번역한다. '음부의 문이 교회를 누르지 못할 것이다.' 그러나 이 번역은 잘못이다. 예수님은 영원한 지옥의 고통에 관하여 말씀하시는 것이 아니다. 예수님은 무덤이 택하신 자들을 붙잡아 둘 수 없다고 말씀하시는 것이다. 죽음의 문은 예수 그리스도를 붙잡아 둘 수 없었다. 그리고 그리스도인들도 잡아 매어둘 수 없다. "사망아 너의 승리가 어디 있느냐 사망아 네가 쏘는 것이 어디 있느냐"(고전 15:55).

실제로 '음부의 문이 교회를 누르지 못할 것이다'는 말은 부활의 약속이다. 죽음과 부활에 관한 말이 예수님의 가르침에서 일반적인 주제가 되고 있었다. 예수님은, 제자들이 방심할 수 없는 시절을 맞닥뜨리고 있고 결국 요한을 제외한 그 모두가 예수님을 위해 순교자로서 이 땅의 생명을 바칠 것을 아셨다. 예수님은 그들에게 이렇게 말씀하실 참이었다. "누구든지 제 목숨을 구원하고자 하면 잃을 것이요 누구든지 나를 위하여 제 목숨을 잃으면 찾으리라"(마 16:25). 그러나 먼저 예수님은 택하신 자들을 무덤이 결코 붙들어 둘 수 없음을 제자들에게 말했다.

이 주제는 신약 전체에 걸쳐 나온다. 그리스도께서 죽음을 이기셨으므로, 그리스도인들은 죽음에 대해 두려워할 것이 전혀 없다. "이는 그리스도께서 죽은 자 가운데서 살아나셨으매 다시 죽지 아니하시고 사망이 다시 그를 주장하지 못할 줄을 앎이로라"(롬 6:9). 죽음은 믿음으로 그리스도와 연합한 자들을 주관할 수 없다.

예수님은 이렇게 약속하셨다. "너희는 나를 보리니 이는 내가 살아 있고 너희도 살아 있겠음이라"(요 14:19). 요한의 묵시적 이상에서 예수님은 요한에게 이렇게 말씀하셨다. "내가 볼 때에 그 발 앞에 엎드러져 죽은 자같이 되매 그가 오른손을 내게 얹고 이르시되 두려워하지 말라 나는 처음이요 마지막이니 곧 살아 있는 자라 내가 전에 죽었었노라 볼지어다 이제 세세토록 살아 있어 사망과 음부의 열쇠를 가졌노니"(계 1:17, 18).

예수님은 "죽음을 통하여 죽음의 세력을 잡은 자 곧 마귀를 멸하시며 또 죽기를 무서워하므로 한평생 매여 종노릇하는 모든 자들을 놓아 주려 하신다"(히 2:14, 15). 예수님은 사망과 음부의 열쇠를 가지셨으므로, 이제 무덤이 예수님의 택하신 자들을 가둬 놓을 수 없다.

이 제자들은 언젠간 격렬한 전쟁을 치렀을 것이며, 성령님이 그들의 마음에 이 약속을 상기시켜 주셨을 것이다. 이 약속이 그들에게 큰 위로와 새 힘을 주었을 것이다. 그들은 궁극적으로 패배하지 않는다. 그들은 박해를 받고, 심지어 믿음 때문에 죽기도 하겠지만, 궁극적으로 그들은 승리자가 될 것이라는 보장을 받았다. 음부의 문이 그들을 이길 수 없었다.

교회의 권위 – 내가 천국 열쇠를 네게 주리니

그런 후에 예수님은 베드로에게 이렇게 말씀하셨다. "내가 천국 열쇠를 네게 주리니 네가 땅에서 무엇이든지 매면 하늘에서도 매일 것이요 네가 땅에서 무엇이든지 풀면 하늘에서도 풀리라"(마 16:19).

이 문장의 해석도 프로테스탄트 신자와 가톨릭 신자 사이에 오랫동안 의견이 갈린 문제였다. 가톨릭 신학은, 그리스도께서 이 약속을 통해 사죄 의식을 제정하셨다고 가르친다.

분명히 예수님은 이 말씀으로 엄청나게 많은 하늘의 권세를 베드로에게 허락하고 계신 듯 보인다. 그러나 이리하여 베드로가 교황이 되었다고 인정하기 전에, 예수님이 부활하신 후에 요한복음 20:23에서 모든 사도들에게 같은 권세를 주신 사실을 주목하라. 예수님은 그들 모두에게 이렇게 말씀하셨다. "너희가 누구의 죄든지 사하면 사하여질 것이요 누구의 죄든지 그대로 두면 그대로 있으리라." 또 마태복음 16장에서 우리 주님은 베드로를 모든 사도의 대표자로 여기고 말씀하신 듯하다.

그러나 예수님이 마태복음 18:15 – 20에서 교회 권징에 관한 교훈을 주시는 문맥에서 '매고 푸는' 것에 관하여 비슷한 말씀을 하신 것을 주목하라. 우리는 이 구절을 2장에서 간략하게 살폈다. 예수님이 죄를 범하는 신자를 개인적으로 지적해도 그가 회개하기를 거절하면 한두 증인을 증참하여 두 번째 경고를 하고 그런 후에도 회개하지 않으면 전체 회중이 공개적으로 책망하고 그래도 회개하지 않으면 그 사람을 "이방인과 세리"(17절)로 취급하라고 제자들에게 말씀하신 것을 기억할 것이다. 그런 후에 예수님은 그들에게 이렇게 말씀하셨다. "무엇이든지 너희가 땅에서 매면 하늘에서도 매일 것이요 무엇이든지 땅에서 풀면 하늘에서도 풀리리라"(18절).

이 구절에서는 서너 가지 진리를 주목해야 한다.

첫째로, 이 구절은 베드로에게만 적용되지 않는다. 제자들에게만 국한되는 것도 아니다. 이는 모든 신자에게 주시는 교훈이다.

둘째로, '매고 푸는 것'은 우리가 악한 영들을 다루는 방법과 무관하다. 19절("너희 중의 두 사람이 땅에서 합심하여 무엇이든지 구하면……이루게 하시리라")은 어떻게 기도의 응답을 받느냐에 관한 교훈이 아니다. 예수님은 구속받은 자들의 모임에서 죄를 어떻게 다룰 것인지에 관하여 교훈하셨다. '매인 것'은 회개하지 않는 사람의 죄이다. '풀린' 것은 그 사람이 회개할 때 그 사람의 죄책이다. 신자라면 회개하라는 부름에 어떻게 반응하는지를 기초로 이 조건들을 확언할 수 있다. '너희 중의 두 사람이 합심하는' 사안은 양무리 가운데 죄를 범하고 있는 회원을 다루는 방법이다. 예수님은 "내 이름으로 모이는 두세 사람"(20절)같이 작더라도 모든 모임이 죄를 처리하는 권세를 받았다고 말씀하셨다.

셋째로, 그 권세의 원천이 그리스도이지 이 세상의 대리자가 아니라는 점이다. "나도 그들 중에 있느니라"(20절). 그리스도께서는 자신의 원리에 따라 행동하는 신자의 교제를 통하여 친히 통치하신다.

넷째로, 이 모든 것은 하나님의 말씀과 무관한 권세를 암시하지 않는다. 예수님은 성좌 선언(ex cathedra)의 칙령을 대대로 전해 줄 수 있는 통치자에게 권세를 주시지 않았다. 예수님은 말 그대로 다른 사람을 매고 푸는 권세를 어떤 사람에게 주시지 않았다. 확실히 예수님은 베드로를 교회의 머리로 만드시지 않았다. 예수님이 말씀하신 권세는 모든 신자에게 속한다. 그리고 이 권세는 우리가 "그의 신기한 능력으로 생명과 경건에 속한 모든 것"에 대한 하늘의 말씀을 갖고 있고 "이는 자기의 영광과 덕으로써 우리를 부르신 이를 앎으로 말미암음이라"(벧후 1:3)는 사실에 있다. 예수님은 베드로와 다른 제자들에게 하나님 나라의 메시지, 즉 하나님 말씀을 하나님 백성의 생활에서 권위 있게 만들라고 명령하셨다. 그런 후에 예수님은 하나님 나라의 열쇠를 그들에게 주셨다.

하나님 나라의 열쇠는 그리스도께서 자신의 교회에 맡기신 거룩한 것이다. 이 열쇠는 하나님 나라에 들어가게 하고 못 들어가게 하는 관리를 상징한다. 예수님은 교회를 세상에 두셨고 우리가 하나님 나라에 들어가는 길을 가리켜 주는 횃불로 설 수 있도록 복음을 전파하라고 우리에게 명령하셨다. 우리가 타협하여 하나님의 말씀을 손상하거나 복음을 속이면, 우리는 횃불이 되지 못하며 하나님 나라의 열쇠를 사용해야 하는 유일한 권세를 상실한다.

하지만 교회가 하나님과 그 말씀에 신실할 때, 우리는 실제로 여기 이 땅에서 하늘의 결정을 시행한다. 우리는 권세를 갖고서 믿지 않는 세상에 말할 수 있다. 하늘이 우리와 의견이 일치할 때, 문제는 가장 높은 권세에 따라 해결된다.

그러나 우리가 하나님의 말씀을 타협하면, 우리의 권세가 나오는 원천을 잃는다. 그래서 교회가 진지하게 하나님을 대하고 진실하게 하나님의 말씀을 다루고 세상에서 구별되는 일은 그토록 중요하다. 그러므로 우리가 "뜻이 하늘에서 이루어진 것같이 땅에서도 이루어지이다"(마 6:10) 하고 기도하는 것은 바로 이런 뜻을 의미한다.

성공적인 교회의 표지

교회가 초자연적인 것임은 틀림없다. 마케팅 노하우나 인간의 영리함이나 교회성장 기술이 아니라 그리스도께서 친히 교회의 수를 더하시고, 교회로 참되게 성장하게 하고 건강과 생명력을 교회에 복으로 주신다.

수적인 성장만이 건전한 교회를 보장하지 않는다. 확실히 성장은 생명을 나타내는 표지 가운데 하나이지만, 우리가 보았듯이 크기는 하나님의 복이나 교회의 영적 건강을 입증하는 증거가 아니다.

건전한 교회의 표지는 무엇인가? 주께서 자신의 교회를 자신의 방법으로 세우시도록 추구하는 교회에 합당한 목표는 무엇인가? 결론적으로 건전한 교회의 몇 가지 표지를 간단하게 제시하겠다. 나는 다른 곳에서 이 목록을 길게 말했지만[2], 아마 이 짧은 요약은 마케팅 원리를 제쳐놓고 분투하는 교회가 목표로 삼는 데 도움이 될 것이다. 확신컨대 이것은 그리스도께서 세우시는 교회의 청사진을 제공하는 성경적 기본 원리이다.

---

[2] 『하나님이 계획하신 교회』(The Master's Plan for the Church — 생명의말씀사 역간)를 보라.

경건한 지도자

예수님의 지상 사역은 초대 교회의 핵심 지도자가 될 열한 사람에게 집중되었다. 리더십이 가장 중요하다. 그리고 교회 지도자가 갖추어야 할 가장 중요한 조건은, 하나님 말씀에 유능한 교사로 책망받을 것이 없어야 한다는 점이다.

오늘날 대부분의 교회에 나타나는 중요한 결핍은 이 리더십의 영역에 있다고 감히 말하고자 한다. 너무 많은 교회가 지도자의 영적 자격 조건을 무시하고, 그 대신 타고난 강력한 지도자나 동기 부여자처럼 보이고 비즈니스에 성공하거나 돈이 많거나 영향력 있는 사람들을 택한다. 그러나 교회 지도자는 무엇보다도 경건한 선생이어야 한다. 그는 "미쁜 말씀의 가르침을 그대로 지켜야 하리니 이는 능히 바른 교훈으로 권면하고 거슬러 말하는 자들을 책망하게 하려 함이라"(딛 1:9).

디모데전서 3:1-7과 디도서 1:5-9은 교회를 지도할 사람들에 대한 바울의 프로필을 담고 있다. 두 본문을 합쳐 놓고 보면, 목회자와 장로가 갖추어야 하는 영적 자질에 대한 포괄적인 목록이 나온다. 이들은 책망할 것이 없고, 자기 아내에게 헌신하고, 절제하고, 사려 깊고, 관용하고, 존경받을 만하고, 공정하고, 독실하고, 나그네를 대접하고, 선을 좋아하고, 가르치기를 잘하고, 자기중심적이거나 제멋대로 하지 않고, 급히 분내거나 툭하면 싸우지 않고, 다투지 않고, 돈을 사랑치 않고, 자기 집을 잘 다스리고, 불신자에게 평판이 좋은 사람, 즉 성숙한 신자지 갓 믿은 회심자가 아니다. 이와 같은 경건한 모범을 발판으로 목회자와 장로는 성경을 가르치고 그리스도를 닮도록 인도한다.

이런 것이 너무 높은 기준으로 보이는가? 하지만 이것들은 성경이 세워 놓은 자격이다. 이 지침을 무시하는 교회는 하나님의 계획을 반대하고 하나님의 복을 잃는다. 찰스 스펄전이 말하곤 했지만, 리더십의 문제에 관하여 타협하는 것은 "교회가 범할 수 있는 가장 심각한 자살 행위이다."[3]

확실히 우리 세대의 미국 복음주의가 가지고 있는 비극적인 재난 가운데 하나는 영적으로나 도덕적으로 실패한 후에도 지도자직을 회복할 수 있다고 여기는 안일함이다. 기독교 지도자가 심각한 도덕적 실패로 교회를 부끄럽게 만들었지만, 나쁜 평판이 사라지기도 전에 다시 지도자직에 복귀하는 일이 흔하지 않은 일이 전혀 아니다. 이는 성경적 기준에 대한 치명적인 타협이다. 이는 현대 실용주의가 낳은 가장 해로운 결과 중 하나이다.

내가 말하는 것은 도덕적으로 실패하고 참으로 회개하는 지도자를 회복시켜주어서는 안 된다는 것인가? 분명히 교제 가운데로 돌아오도록 회복되어야 하지만, 장로나 목회자의 역할을 다시 맡아서는 안 된다. 교회는 성경의 기준을 타협하고 지도자의 죄를 수용해서는 안 된다. 지도자에게 요구하는 성경의 조건은 의도적으로 높은 기준으로 정해졌다. 왜냐하면 지도자는 본이 되어야 하기 때문이다. 교회에 누를 끼친 자들은 책망할 것이 없는 사람이 아니다. 그들은 책망받을 일이 있는 한 지도자 자격이 없다. 성적인 스캔들이나 부정과 관련된 경우는 영구적인 자격 상실을 뜻할 수 있다(잠 6:32, 33). 바울 사도는 이런 가

---

[3] "This Must Be a Soldier's Battle," *The Sword and the Trowel*(December 1889), 634.

능성을 인정했다. 그는 이렇게 썼다. "내가 내 몸을 쳐 복종하게 함은 내가 남에게 전파한 후에 자신이 도리어 버림을 당할까 두려워함이로다"(고전 9:27).

교회의 지도자가 개인적인 거룩함의 문제에서 실수하면, 그 교회가 고백하는 신앙이 아무리 정통적이라도 신뢰를 상실한다. 교회 지도자에 대한 성경의 자격 조건을 무시하는 자들은 쓸모없는 재료로 집을 짓고 참된 기초에 맞추어 집을 세우지 않고 있는 것이다(참고. 고전 3:10, 11). 우리가 진리와 의를 아무리 강력하게 외친다 해도, 삶이 뒷받침해 주지 않으면, 많은 사람이 그 가르침을 위선이라고 거부하거나 참된 경건은 없어도 되는 선택적인 것이라고 간단히 결론을 내릴 것이다.

성경적인 목표

분명히 교회가 목표를 설정하는 일은 전혀 잘못이 아니다. 사실 교회는 반드시 활동 목표가 있어야 한다. 그렇지 않으면 방향이 없을 것이다.

그러나 교회의 목표는 성경적이어야 한다. 그릇된 목표는 그릇된 방향을 제시하고, 그렇게 되면 방향이 없는 것만큼 나쁘다. 아마 훨씬 나쁠 것이다. 성경적인 목표는 무엇인가? 거기에는 예배와 교제와 영적 성장과 복음전도가 들어 있다. 아마 이것들이 일차적인 목표일 것이다. 가정을 튼튼히 하는 일과 성경적인 상담과 어린이 교육 등과 같은 특정한 목표들은 일차적인 목표를 이루는 데 도움이 되는지 살펴야 한다. 그리고 이 특정 목표는 일차적인 목표에 늘 종속되어 있어야 한다. 예를 들어, 교회는 음악 사역을 펼치거나 기독교 초등학교를 운영할 수 있다.

만일 교회가 출석수를 자랑하거나 돈을 벌려고 그런 일을 한다면, 그것들은 가치 있는 목표가 아니다. 그러나 교회가 그 사역을 교회 가정을 영적으로 튼튼하게 하거나 복음을 좀더 널리 전파하는 수단으로 본다면, 그것은 합당한 목표다. 일차적인 목표를 촉진하는 관점에서 모든 교회 사역을 평가할 수 있다면, 그런 관점은 교회가 가야 할 길을 벗어나지 않게 하는 데 도움을 줄 것이다.

제자도

교회는 전문 설교자/사역자가 단순히 구경꾼 노릇을 하는 평신도들에게 박수를 받는 경기장이 아니다. 교회는 그리스도인을 제자화하고 훈련하여 사역하게 하는 곳이어야 한다. 교회 직원뿐만 아니라 교회 교인은 사역에 참여해야 한다. 에베소서 4:11, 12의 요점이 바로 이것이다. 사도와 선지자와 복음 전하는 자와 목사와 교사는 성도들을 준비시켜 사역(봉사)의 일을 하게 하려고 주신 사람들이다.

이 모든 것은 제자도에서 나온다. 제자도는 성경적 진리를 가르치고 성경을 생활에 적용하고, 그럼으로써 성경적으로 문제를 해결하는 법을 배우는 데 초점을 둔, 깊은 영적 친교관계를 발전시키는 사역이다. 이 제자도는 그저 학문적인 교훈으로 전달되는 것이 아니라 경건한 모범에 의하여 강화되어야 한다. 그러므로 제자도에는 시간이 필요하고 사람들과 개인적인 친분을 맺는 일이 포함된다. 예수님이 이 땅에서 제자들에게 행하신 사역은 성경적 모델이다. 교회는 목사로부터 새로 믿은 회심자에 이르기까지 모든 수준에서 그런 제자도를 격려하는 환경을 제공해야 한다.

전도

그리스도께서 세우신 교회는 자기의 지역 사회로부터 출발하여 땅 끝까지 전하는 복음전도를 힘주어 강조할 것이다. 초대 교회는 세상을 어지럽게 했다(행 17:6). 유대인 지도자들은 그들에게 "너희가 너희 가르침을 예루살렘에 가득하게 하니"(행 5:28) 하고 말했다. 짧은 기간 그들의 메시지는 온 지역 사회에 퍼졌다.

범퍼에 물고기 스티커를 붙인 차를 몰고 교회로 가면 증인으로서 책임을 다했다고 생각하는 그리스도인이 너무 많다. 성공적인 교회는 모든 수준에서 규칙적이고 개인적인 전도의 중요성을 강조한다.

일부에서는 우리 교회를 복음전도를 하지 않는 교회라고 딱지를 붙였다. 하지만 우리는 주일 밤이면 거의 빠지지 않고 새 회심자를 위한 세례식을 한다. 세례를 받는 사람은 온 회중 앞에서 간증을 한다. 이 사람들 대부분이 어떻게 해서 그리스도를 아는 구원 얻는 지식을 얻게 되는지 아는가?

그들은 신실한 그리스도인들과 개인적으로 만남으로써 그 지식을 얻는다. 우리 교회 사람들은 이웃, 동료 직원, 소년 야구단의 믿지 않는 부모들, 학교 친구, 시장에서 만나는 사람, 의사, 변호사 등 만나는 모든 사람에게 증거한다. 그리고 수년 동안 주님은 일대일 복음전도 활동이 예배나 프로그램이나 행사보다 더 많은 사람을 그리스도께로 인도하게 복을 주셨다.

교회가 복음을 전하는 일을 강조하지 않으면 정체하고 쇠퇴하다가 결국은 망하고 만다. 그리스도께서 자신의 교회를 세우시는 데 사용하시는 방도는 그리스도를 위한 신실한 증거이다.

서로에 대한 관심

그리스도께서 세우시는 교회에서는 사람들이 서로의 삶에 참여한다. 교회는 무슨 일이 일어나는지 구경하러 가는 극장이 아니다. 와서 앉았다가 그냥 나가버리고 교제는 전혀 하지 않도록 해서는 안 된다. 우리는 서로 모르고 지내고 참견하지 않는 관계를 부추겨서는 안 된다. 오히려 우리는 "서로 돌아보아 사랑과 선행을 격려하며 모이기를 폐하는 어떤 사람들의 습관과 같이 하지 말고 오직 권하여 그 날이 가까움을 볼수록 더욱 그리하자"(히 10:24, 25) 하는 권고를 받았다.

'서로'라는 말은 교회에 대한 신약의 교훈에 거듭 나오는 표현이다. 여기서 이런 명령 가운데 몇 가지 예를 들어보자.

- 형제를 사랑하여 서로 우애하고 존경하기를 서로 먼저 하며(롬 12:10).
- 서로 마음을 같이하며 높은 데 마음을 두지 말고 도리어 낮은 데 처하며 (롬 12:16).
- 우리가 다시는 서로 비판하지 말고 도리어 부딪칠 것이나 거칠 것을 형제 앞에 두지 아니하도록 주의하라(롬 14:13).
- 너희로 그리스도 예수를 본받아 서로 뜻이 같게 하여 주사(롬 15:5).
- 그리스도께서 우리를 받아 하나님께 영광을 돌리심과 같이 너희도 서로 받으라(롬 15:7).

- 서로 권하는 자임을 나도 확신하노라(롬 15:14).
- 사랑으로 서로 종 노릇 하라(갈 5:13).
- 사랑 가운데서 서로 용납하고(엡 4:2).
- 서로 친절하게 하며 불쌍히 여기며 서로 용서하기를 하나님이 그리스도 안에서 너희를 용서하심과 같이 하라(엡 4:32).
- 그리스도를 경외함으로 피차 복종하라(엡 5:21).
- 겸손한 마음으로 각각 자기보다 남을 낫게 여기고(빌 2:3).
- 너희가 서로 거짓말을 하지 말라(골 3:9).
- 누가 누구에게 불만이 있거든 서로 용납하여(골 3:13).
- 피차 권면하고 서로 덕을 세우기를(살전 5:11).
- 너희 죄를 서로 고백하며 병이 낫기를 위하여 서로 기도하라(약 5:16).
- 마음으로 뜨겁게 서로 사랑하라(벧전 1:22).
- 서로 대접하기를 원망 없이 하고(벧전 4:9).
- 각각 은사를 받은 대로 하나님의 여러 가지 은혜를 맡은 선한 청지기같이 서로 봉사하라(벧전 4:10).
- 서로 겸손으로 허리를 동이라(벧전 5:5).

이 목록 하나만 해도 지금까지 마케팅 기술과 이용자에게 친절한 태도에 관하여 쓴 모든 책보다 훨씬 값지다. 이 목록들은 그리스도께서 세우고 계시는 교회의 자질이다. 설립자 그리스도처럼 위에서 예를 든 '서로'를 위한 덕목을 실천하는 교회는 관심을 쏟고 상대방의 필요에 민감하고 사랑하는 교회가 될 것이다. 여기에다 영적 은사를 적절하게 발휘하면(롬 12:3-8; 고전 12:4-11; 벧전 4:10-11), 그리스도의 형상을 닮은 공동체가 될 것이다. 이 공동체는 세상을 본받지 않을 것이다.

가정에 대한 헌신

현대 사회는 가정에 대하여 전례 없는 공격을 퍼부었다. 오늘날 뉴스에 등장하는 동성애와 낙태와 여권과 이혼과 청소년 폭력단 등과 같이 대부분의 중대한 논쟁 문제는 가정에 대한 직접적인 공격이다. 사람들은 이제 가정에 대한 충성을 가장 중요하게 여기지 않는다. 한 단위로 활동하는 가정이 거의 없다. 이와 같은 가정의 파편화는 모든 사회의 도덕성과 안정성을 속속들이 해쳤다.

교회는 이런 참화를 용인해서는 안 된다. 교회는 교인 가정들의 잘못을 지적하고 바로잡고 훈련해야 한다. 튼튼한 가정은 교회의 등뼈이다. 그리고 튼튼한 가정이 튼튼한 개인을 기른다. 우리가 가정을 우선으로 여기지 않으면 큰 대가를 치를 것이다. 이 말은 남편에게 아내를 사랑하고 인도하라(엡 5:25) 하고 아내에게 남편에게 복종하라(5:22) 하고 아이들에게 부모에게 순종하라(6:1) 하고 부모에게 아이를 노엽게 하지 말고 주 안에서 저들을 양육하라(6:4)고 가르침으로써 견고한 부부 생활과 건전한 가정을 세울 수 있도록 도와야 한다는 뜻이다.

성경의 가르침과 설교

강단이 강하지 않으면 교회가 오랫동안 건강할 수 없다. 그리고 성경이 설교의 기초가 되지 않으면 강단이 진정으로 강할 수 없다. 물론 이 책이 내내 전하고자 하는 메시지가 바로 이것이었다. 그러나 다시 한번 이 점을 분명히 강조해야 한다. 마틴 로이드 존스는 다음과 같이 썼다.

설교를 버리고 다른 방편으로 고개를 돌리기 시작하는 순간, 끊임없는 변화를 겪게 될 것이다. 나이든 사람의 장점 가운데 하나는, 경험이 있어서 새로운 일이 닥치고 사람들이 그 일에 몹시 흥분하는 것을 보면서 아마 40년 전에 있었던 그와 같은 흥분을 기억할 수 있는 위치에 있게 되는 것이다. 이처럼 우리는 교회에 유행과 이목을 끄는 활동이 생겼다가 사라지는 일을 보아 왔다. 그런 일에는 으레 큰 흥분과 열정이 따르고 교회를 가득 채울 유일한 것이라는 둥 문제를 해결해 줄 것이라는 둥 선전이 거창하다. 사람들은 유행하는 것마다 그런 말을 해왔다. 그러나 몇 년 지나면 사람들은 그 일을 까마득히 잊어버리고 이목을 끄는 다른 일이나 새로운 생각이 나타난다. 어떤 사람이 꼭 필요한 것을 생각해 내거나 현대인에 대한 심리학적 이해를 갖고 있다고 하면 모든 사람이 그것을 향하여 질주한다. 그러나 곧 그 일은 시들해져서 사라지고 다른 것이 대신 들어선다.

분명히, 교회가 세상처럼 이러한 유행의 끊임없는 변화를 보인다는 것은 매우 슬프고 애석한 상태이다. 이런 상태에 빠진 교회에는 지금까지 교회의 영광이었던 안정감과 견고함과 지속적인 메시지가 빠져 있다.[4]

성경적 설교는 느끼는 필요를 충족시키는 일이나 심리적인 문제를 해결하는 일이나 청중을 즐겁게 하는 일이나 사람들이 자신에 대하여 만족하게 하는 일을 비롯한, 오락 지향적 시대에 강단을 빼앗는 다른 허황된 유행으로 기울어서는 안 된다. 성경적 설교는 하나님의 진리를 고

---

4) *Preaching and Preachers*(Grand Rapids, Mich.: Zondervan, 1971), 35.

수하고 그 진리에 마음을 기울이라고 요구해야 한다. 그런 지침에는 혁신과 창의성을 발휘할 여지가 많다. 그러나 어떤 식으로든 메시지를 바꾸거나 줄이면 교회의 임무를 팔아 치우게 된다. 성경에 근거하여 강력하게 선포된 진리는 교회의 필수조건이다. 다른 어떤 설교도 그리스도께서 세우시는 교회에 합당치 않다.

기꺼이 변화하려는 마음

건강한 교회는 기꺼이 변화하려고 해야 한다. "잠깐! 당신은 교회에 전통주의를 호소하고 있지 않은가?" 하고 말할 사람이 있을 것이다. 그렇지 않다. 인간의 전통에는 거룩한 것이 없다. 나는 뻣뻣한 형식주의나 진부한 관습을 좋아하지 않는다. 나는 정체가 교회에 치명적일 수 있다고 경고하는 사람의 말에 동감한다. 교회가 참신하고 창조적이기 위해서는 하나님의 말씀의 중심성과 설교의 우선성과 성경적 진리의 근본됨을 버려야 한다고 생각하지 않을 뿐이다.

누군가는 교회가 절대로 하지 않아야 할 일곱 낱말은 "우리는 전에 그 일을 그렇게 하지 않았다."라고 말했다. 융통성 없는 태도는 건강한 교회의 독이다. 우리는 기꺼이 장성하고 적응하고 새로운 일을 시도하려고 하되, 성경적 진리를 희생하거나 복음 메시지를 훼손해서는 안 된다.

예배

예배를 마지막으로 남겨둔 것은, 예배가 가장 중요하지 않아서가 아니라 예배가 다른 모든 것을 종합하기 때문이다. 몇 년 전, 『궁극적인 우선순위』(The Ultimate Priority)5)라는 제목으로 예배에 관한 책을 썼다. 나는 예배가 교회와 각 그리스도인의 최고의 우선순위라고 믿는다. 참된 예배는 그리스도께서 세우시는 교회의 이 모든 특징을 포함하며 성취한다. 초점을 하나님께 두는 교회는 다른 모든 일이 자연스럽게 제자리에 서는 것을 발견하게 될 것이다.

바로 여기에 사역에 대한 시장 지향적이고 이용자에게 친절하고 실용주의적인 접근법의 문제가 있다. 즉 이 접근법은 인간 중심적이지 하나님 중심적이지 않다. 이 접근법은 사람들이 바라는 것에 관심을 두지, 하나님이 명하는 것에 관심을 두지 않는다. 이 접근법은 교회가 하나님을 위해 있는 것이 아니라 사람을 위해 있다고 본다. 이 접근법은 최고의 건축가이신 하나님의 계획을 성취하기는커녕 잘못된 청사진에 따라 움직인다.

이용자에게 친절하고 오락 지향적이며 시장 지향적이고 실용적인 교회는 아마 잠시 번영할 것이다. 하지만 불행히도 그 모든 운동은 현재의 유행에 기초를 두었으므로 오래갈 수 없다. 변덕스런 바람이 방향을 틀 때, 세 가지 가운데 한 가지 일이 일어날 것이다. 즉, 이 교회들이 인기를 잃고 사그라들거나, 시대의 정신과 더불어 변하기로 결정하고 성경적 기독교의 모습을 몽땅 내버리거나, 그렇지 않으면 좀 더 확실한 토대 위에 다시 서야 할 필요성을 깨닫게 될 것이다. 물론 이 교회들이 세 번째 행동을 택하며, 세속적 태도와 타협이 교제에 스며들어 더 이상 변화될 수 없는 지경에 이르기까지 지체하지 말기를

---

5) (Chicago: Moody, 1983).

기도한다.

찰스 스펄전은 이렇게 썼다. "반죽에 누룩을 집어넣기는 쉽지만 누룩을 빼는 것은 어렵다. 교회에서 영적으로 살아 있는 자들이 이 일을 보고 주께서 그 원수를 꺾어 주셨으면!"[6]

---

6) "Notes," *The Sword and the Trowel*(October 1888). Reprinted in The "Down Grade" *Controversy*(Pasadena, TX: Pilgrim, n.d.), 67.

10.
막간

> '내리막'에서 기차는 매우 빨리 달린다. 기차역을 또 하나 지나쳤다. 다음은 무슨 역일까? 그 다음은 무슨 역일까?
>
> 찰스 스펄전 [1]

복음주의의 미래는 어떻게 될까? 오스 기니스는 교회성장 운동에 관한 통찰력 있는 시리즈 기사를 쓰면서, 전통적인 복음주의는 세속 영향력에 저항했을 뿐만 아니라 세상 정신의 '인지적 저항'(cognitive defiance)을 강조했다고 지적한다. 역사적으로 복음주의자들은, 자신의 소명이 세상에 있지만 세상에 속한 것이 아니라고 이해해 왔다. 하지만 "현대성이 절정에 달한 지금, 세상은 매우 강력하고 널리 퍼져 있고 호소력이 커서 인지적 저항이라는 전통적인 입장은 희귀해지고 거의 생각할 수 없게 되었다."[2] 이 과정 중에 복음주의자들은 세상과 벗이 되기로 결심

---

1) "Notes," *The Sword and the Trowel*(May 1889). Reprinted in *The "Down Grade" Controversy*(Pasadena, Tex.: Pilgrim, n. d.), 76.
2) "Recycling the Compromise of Liberalism," *Tabletalk*(May 1992), 51.

했다.

기니스는, 우리가 세상 안에 있지만 세상에 속하지 않도록 부르심을 받았음에도(요 17:14-18) 많은 그리스도인들이 이 공식을 뒤집어서 실제로 세상 안에 있지 아니하면서 세상에 속한 것이 되고 있다고 지적한다. 그 방법으로 그들은 케이블 텔레비전과 비디오와 라디오와 기타 커뮤니케이션 수단이 세상의 가치를 주입하는 것을 허용하면서, 반면에 세상에서 가장 절실하게 복음을 필요로 하는 사람들과 개인적인 관계를 맺지 않는다.

"이제 복음주의자들은 오늘날 가장 종교적인 현대화의 기수로서 그리고 타협자로서 자유주의를 능가하고 있다."[3]고 기니스는 쓴다. 그는 현대 복음주의자들 가운데 널리 퍼져 있는 시장 지향적 철학이 "고전적 자유주의의 오류를 되풀이한 것"[4]에 불과하다고 말한다.

앞서 지적했듯이, 백 년 전 대부분의 복음주의자들이 부지중에 모더니즘에 사로잡혔던 이유는 자유주의자들이 복음주의 체계 안에서 등장하여, 복음주의의 말을 사용하고, 쉬지 않고 평화와 관용을 호소하여 인정을 받았기 때문이다. 새로운 모더니즘도 같은 길을 따르고 있다. 그 전술은 다시 한번 복음주의자들을 기습할 가능성이 높다.

대부분의 시장 지향적 거대 교회는, 절대로 교리를 타협하지 않을 것이라고 주장한다. 그들은 방법론에서 비정통적이었던 것 못지않게 교리에서 정통적이라고 내세우기 때문에 복음주의자들에게 매력적이다. 그런 약속에 대중은 다시 충분히 확신하고 간단히 자신들의 비판 기능

---

3) Ibid.
4) Ibid.

을 버림으로써 취약성을 키운다. 불행히도 현대 복음주의자들은 참된 분별력이 모자란다.

실제로 이 교회들 일부에게는 어떤 교리적 입장을 취하는지가 그다지 중요하지 않다. 왜냐하면 그들에게는 교리가 중요한 문제가 아니기 때문이다. 내 친구 하나는 이용자에게 친절한 교회가 교리를 자신들의 사역에 어떻게 통합하는지 듣기 원했다. 그는 이 운동에 속하는 가장 크고 잘 알려진 교회 중 하나를 택하여 그 교회의 녹음테이프 사역부에 카세트 테이프를 몇 가 주문했다. 그는 성경적 교리에 관한 테이프를 부탁했고 테이프 서너 가와 카탈로그를 받았다. 그 카탈로그를 살펴본 결과, 그 교회에서 하는 설교 30편 가운데 하나 이상의 비율로 시사성 주제와 심리적 문제(우울증, 섭식장애, 자아상), 대인 관계, 동기 부여 및 그 밖의 유행하는 문제를 다루는 것으로 드러났다. 교리를 다루는 메시지는, 심지어 성경 본문을 기초로 한 설교는 거의 없었다. '헌신의 대가'라는 제목의 테이프는 그리스도께 대한 헌신을 다루지 않고 다른 사람과 끈끈한 개인적 관계를 만드는 데 필요한 개인적인 희생을 다루고 있었다. 내 친구는 이 목사의 설교를 몇 시간 들은 후에, 기본적인 교리 문제에 관한 그의 입장을 알 수가 없다고 결론내렸다. 대부분의 메시지는 즉시 판촉 회의나 학교 모임이나 사업가 모임 등 어떤 상황에서든 적용할 수 있는 것이었다. 교리나 성경적 문제들은 다루지 않았다. 다만 예증이 필요할 경우에만 성경을 사용했고 그것도 성경의 의미는 그 목적에만 제한적으로 사용할 뿐이었다.

백 년 전 모더니스트처럼 이용자에게 친절한 운동에 속한 교회들은, 교리는 사람들을 분열시키며 평화가 건전한 가르침보다 더 중요하다고 결정했다. 그들은 현대인에게 호소력을 갖기 원하여, 메시지를 우호적이고 유쾌하고 상황에 적합한 대화로 만들려고 노력한다. 하지만 불행하게도 가장 현실에 '적합한' 주제는 교회가 동의할 수 없는 것들이다. 현시대가 좋아하는 교리들, 즉 급진주의, 낙태, 여성 인권, 동성애, 그리고 정치성을 띤 다른 도덕적 문제들은 이용자에게 친절한 교회에 매우 분명한 문제를 제시한다. 그들은 모호한 신학과 구도자에게 민감한 철학을 추구하기 때문에 그런 문제에 관하여 굳건한 성경적 입장을 취할 수 없다. 왜냐하면 그들이 시대정신에 도전하는 순간 마케팅적 호소력을 잃어버리기 때문이다. 그러므로 그들은 침묵하거나 항복할 수밖에 없다. 어찌 되었든 그들은 진리를 타협한다.

만일 어떤 교회가 낙태에 대해 굳건한 태도를 취하려 하지 않을 경우, 중대한 교리가 교묘하게 무너질 때는 어떻게 하겠는가? 교회가 동성애나 여성 해방론과 같이 명백한 오류를 정죄할 수 있는 분별력이 없다면, 교리의 순전성이 교묘하게 공격당할 때는 어떻게 하겠는가?

복음주의의 모습이 급속히 변하고 있다. 1990년 2월 19일자 『크리스차니티 투데이』(Christianity Today) 지에는 로버트 브라우(Robert Brow)가 쓴 '복음주의의 대변동'(Evangelical Megashift)이라는 제목의 기사가 실렸는데, 이 기사는 복음주의 신학자들 가운데서 최근 일어나고 있는 급진적인 사고방식을 다루었다. 이 기사가 이름 붙인 '새 모델' 복음주의는 '옛 모델' 자유주의에 불과한 것으로 드러난다. 이 새 모델 신학은 핵심 용어를 다시 정의함으로써 좀더 우호적이고 온건한 기독교를 만들려 한다.

예를 들어, 새 모델 복음주의는 지옥을 재정의한다. 이 새 견해는 "천국에 있으려 하는 사람은 지옥에 갈 수 없다."[5]고 주장한다. 그래서 지옥을 더 이상 영원한 형벌을 받는 곳으로 생각하지 않는다. 대신에 지옥은 하나님 앞에서 온전히 벗어난 은신처로, 오직 거기 가기를 결심한 사람만 간다.

그것으로 그치지 않는다.

마찬가지로 새 모델 신학에서 진노, 특히 하나님의 진노는 옛 모델이 이해하던 것과 다르다. 진노는 분노에 찬 형벌이 아니라, 사랑하는 부모라면 누구나 그러하듯이 하나님이 파괴적이거나 잘못된 행동을 야단치려고 주시는 나쁜 결과라는 뜻을 담고 있다. 구약에서 사용하는 진노라는 말은 일차적으로 법정 용어가 아니라고 주장한다. 사람을 영원한 지옥에 보내는 것을 결코 뜻하지 않는다. 사실상 이 말은 '나쁜 결과'라고 간단히 번역될 수 있다. 지금 여기서 경험하는 전염병이나 가뭄이나 기근이나 야생 동물의 공격과 군대의 침입과 같은 나쁜 결과이다.[6]

이것도 전부가 아니다. "죄 또한 뜻이 바뀐다. 옛 모델 신학에서는 사람이 한 가지 죄를 지어도 정죄받아 지옥으로 가게 된다. 반면에 새 모델 복음주의자들은 죄를 생각할 때 하나님의 부성적 보살핌을 반드시 언급한다. 사랑하는 부모는 아이가 변화하도록 돕기 위해 죄나 나쁜 행동을 징계하거나 바로잡는 일이 필요하다고 본다. 그러나 그 목적은 자녀를 집에서 내쫓는 것이 결코 아니다."[7] 즉, 하나님은 사람을 지옥으로 보낼 근거로 죄를 말하지 않으신다.

---

5) "Evangelical Megashift," Christianity Today (February 19, 1990), 13.
6) Ibid.
7) Ibid.

새 모델 신학에서, 하나님의 일차적인 속성은 자비이다. 이 속성은 하나님의 거룩함과 공의와 진노와 주권보다 우선하며 대신한다. 새 모델에서 말하는 하나님은 '자기 백성의 변호인'이라는 의미에서만 재판장이시다. 이 하나님의 유일한 관심은 "백성의 자유와 평화"[8]이다. 더욱이 새 모델이 말하는 교회는 세상과 대결하려고 부르심을 받은 것이 아니라 "하나님의 사랑을 알리고 예수님처럼 '네 죄 사함을 받았느니라.' 고 말하고, 하나님과 이웃을 사랑하고 즐기는 법을 배우기 원하는 모든 사람에게 성령의 능력을 제공하라고"[9] 부르심을 받았다.

만일 이용자에게 친절한 신학이 있다면, 바로 이것이다. 그러나 이 신학은 성경적이지 않고, 사실 전혀 새로운 것이 아니다. 이것은 재생된 자유주의일 따름이다. 위에서 말한 것들은 자유주의자들이 여러 해 동안 주장해 온 것과 동일한 주장, 동일한 가르침이다. 다만 지금은 '복음주의'라는 이름을 붙였을 뿐이다. 이름에 속아 넘어가지 않도록 하라. 스펄전은 이렇게 썼다. "'우리는 복음주의자이다. 우리는 전적으로 복음주의자이다.' 하고 외치지만 복음주의가 무엇을 뜻하는지 말하지 않는 것은 위선에 불과하다."[10] "당신은 일부를 믿거나 전부를 믿거나 아무것도 믿지 않아도 '복음주의' 무리에 등록할 수 있다. 사실 그들은 이렇게 말한다. '비국교도 가운데 이런 자유주의를 폭로하고 반박할 정직하고 솔직한 복음주의자가 일어나지 않을 것인가? 파수꾼은 다 잠들었

---

8) Ibid.
9) Ibid., 14.
10) "Notes," *The Sword and the Trowel* (October 1888). Reprinted in *The "Down Grade" Controversy*, 66.

는가? 모든 교회는 무관심한가?'"[11]

새 모델 신학에 따르면, "십자가는 법적 변제가 아니라 성자인 그의 영원한 속성이 시공간적 몸으로 눈에 보이게 나타난 것이었다."[12] 이것은 '그리스도의 구원 사역이 대속적 속죄가 아니라 그의 도덕적 모범이었다.'고 하는 자유주의의 핵심 교의를 새로운 방식으로 표현한 것에 불과하다. 이것은 복음주의 신학의 중심이 되는 진리를 공격하는 것이다. 이것은 의심의 여지없이, 스스로 복음주의자라고 생각하는 일부 사람들이 이미 경고 표시를 지나쳐서 이제 조심하지도 않고 비탈길로 내닫고 있음을 입증하는 것이다.

이용자에게 친절한 교회들은 새 모델 신학과 같은 조류에 대항할 방법이 없다. 그들은 시장 지향적 철학을 따르므로, 이 가르침에 반대하여 견고한 교리적 입장을 취할 수가 없다. 리더십에 대한 그들의 견해 때문에 그들은 진리를 가르칠 수 있는 목회자보다는 진리를 팔 수 있는 마케팅 전문가를 고용하게 된다. 사역에 대한 그들의 접근법은 너무 무(無)교리적이어서 자기 교인들에게 미묘한 오류에 빠지지 않도록 가르칠 능력이 없다. 그들은 논쟁을 싫어하므로, 복음주의로 가장하는 그릇된 가르침에 대항할 수 없는 처지에 빠진다. 사실상 새 모델 신학은 이용자에게 친절한 철학에 이상적으로 어울리는 것으로 보인다. 왜 이용자에게 친절한 교회가 그런 교리를 반대하려 하겠는가?

그러나 우리가 하나님의 말씀에 진실하고 계속 복음을 증거하려면, 그런 가르침에 대항해야 한다. 실용주의는 성경적 기독교가 맞닥뜨리

---

11) "Notes," *The Sword and the Trowel*(January 1889), 40.
12) "Evangelical Megashift," p. 14.

는 위험에 해답을 주지 못한다. 실용주의는 육적 지혜라서 영적으로 파산하고 하나님의 말씀에 모순된다(18세기에 '육적 지혜'와 '영적 지혜'를 대조해 놓은 것을 보려면 부록 4를 보라. 이것은 20세기 실용주의에 특히 잘 적용된다).

마케팅 기술은 인기와 세속적 인정에 대한 약속만 제공한다. 그 기술은 내리막길의 위험과 맞설 보호막을 전혀 제공하지 못한다.

유일한 소망은 성경과 건전한 가르침으로 돌아가는 것이다. 우리 복음주의는 성경적으로 되려는 결심과 세상 따르기를 거부하는 일과 우리가 믿는 바를 기꺼이 지키려는 마음과 그릇된 가르침에 맞설 용기를 반드시 회복해야 한다. 우리가 뭉쳐서 우리의 믿음을 위협하는 최근의 위험을 각성하지 않으면, 원수들은 내부에서 우리를 공격할 것이며 우리는 저항할 수 없을 것이다. 역사는 되풀이될 것이며, 백 년 전에 교회를 황폐하게 만들었던 동일한 재난이 우리 세대를 또 칠 것이다.

> 하지만 비겁하게 평화를 사랑하는 태도를 내던지고 우리 주님과 그의 진리를 위하여 외칠 사람이 분명 있을 것이다. 겁쟁이 정신이 많은 사람 위에 머물고 그들의 혀는 마비되었다. 오, 참 믿음과 거룩한 열정이 폭발했으면!(찰스 스펄전)[13]

---

13) "Notes" (May 1889). Reprinted in *The "Down Grade" Controversy*, 76.

11.
온갖 바람에 휩쓸리는 교회

온갖 교리의 바람에 휩쓸리지 마십시오. 당신을 곁길로 이끄는 온갖 약도들에 관심을 기울이지 마십시오. 지존자의 계시를 단단히 붙드십시오. 당신은 무엇을 배웠는지 그리고 어디로 부르심을 받았는지 알고 있습니다. 그리고 당신은 어떤 기초 위에 세워져 있는지를 알고 있습니다. '견고하고 흔들리지 말며 항상 주의 일에 더욱 힘쓰는 자들이 되라.' 어떤 일이 일어나든, 어떤 분열이 생기든, 어떠한 대가나 위험을 무릅쓰더라도, 하나님과 그 분의 진리에 기초한 삶을 추구해야 함을 명심하십시오.

찰스 스펄전 [1]

앞에 있는 장들이 소개된 지 벌써 15여 년이 지났다. 오늘날의 교회 모습에서 우리가 배울 수 있는 교훈은 무엇일까? 다른 무엇보다 현저하게 드러나는 메시지는 이것이다. 적실성, 상황화, 문화 수용을 위한 방법에 대해 수십 년 동안 계속 대화하고 전략을 만들어 왔지만 우리가 사는 세상에 영적으로 미친 영향은 미미하다. 세상 문화 속에서 교회의 영

---

1) "The Church of God and the Truth of God," *The Metropolitan Tabernacle Pulpit*, Vol. 54(London: Passmore & Alabaster, 1908). 242.

향은 줄곧 감소되고 있다. 우리 사회는 계속 더 어두워지고 있다. 현재 교회가 세상에 제시하는 메시지는 암흑시대 이후의 그 어느 때보다 더 혼란스럽다.

약삭빠른 마케팅 전문가들에 의해 교회의 참된 메시지가 지금도 뒷전으로 밀려나고 있다. 하나님 말씀을 진지하게 선언하는 자들보다는 법석대는 호객꾼들이 교회의 리더십을 차지한다. 오늘날 분명하고 정확하게 복음을 선언하는 음성은 극히 드물다. 신앙공동체에서 영향력을 발휘하는 자들 중 상당수는 영적 리더의 자격을 갖추지 못했고 따라서 제대로 인도하지 못하고 있다.

오늘날 복음주의 교회의 지도자들은 대중문화의 유행을 파악하여 가능한 한 빨리 거기에 편승하는 것을 주요 임무로 여긴다. 어떤 목사들은 세상의 최신 유행을 배우는 데 대부분의 에너지를 쏟으며, 세상에서 유행하는 주제를 자신의 설교와 주일학교 프로그램에 집어넣을 방법을 모색하느라 애쓴다. 기독교를 최신식의 멋진 종교라고 선전함으로써 사람들을 하나님 나라로 이끄는 것이 목표이다. 그 결과, 교인들은 피상적인 유행과 저급한 패션에 집착하게 된다. 그리고 신속하게 지나가는 유행에 물들기 쉽다.

솔직히 말해서, 교회는 도덕적 권위를 상실한 채 웃음거리로 전락했다. 그래서 세상 앞에 서서 죄를 지적하거나 그리스도의 주권을 선언하거나 혹은 죄와 의와 심판에 대해 분명히 말할 수 있는 도덕적 권위를 상실했다.

사실, 유행에 따른 복음전도 마케팅은 주요한 영리 사업이 되었다. 여러 출판사와 웹사이트들에서 주제설교 시리즈를 판매한다. 이 내용들 중 대부분은 영화, TV 프로그램, 대중음악 또는 대중문화의 다른 상징물들에 기초한 것이다. 세상적인 교회 리더들은 '문화'와 연결시키려는 그릇된 시도의 일환으로 환경보호단체인 그린피스(Greenpeace)에서부터 종합격투기 시합인 얼티밋파이팅(Ultimate Fighting)에 이르기까지 모든 것을 활용한다. 그 어떤 세속적인 유행도 교회에서 소개되기에 너무 진부하거나 너무 상스럽거나 너무 경박스럽지 않다.

복음전도자들은 세속 문화의 가장 무의미하고 불경스러운 상징물들을 심오한 것으로 가장하는 솜씨를 지닌 듯하다. 성인 주일학교 커리큘럼 시리즈를 '바니 파이프 복음'이라는 제목으로 쓴 사람도 있었다(바니 파이프는 1960년대 미국의 인기 연속극 제목이다-역자 주). 그 시리즈는 큰 인기를 끌었다. 그래서 몇몇 기독교 출판사들이 여러 시트콤들을 바탕으로 유사한 자료를 출간했다. 최근에는 시트콤 유행이 인기를 잃어가는 것 같다. 오늘날의 주요 설교 주제는 섹스와 사회 참여이다.

복음주의들이 그런 유행을 허겁지겁 좇는다. 본서의 초판과 개정판 사이의 15년 동안 무슨 일이 일어났는지 생각해보라. 그리 길지 않은 이 기간 동안, 복음전도 운동에 활용된 유행들은 내가 헤아릴 수 없을 정도로 많았다. 한때에는 도처의 복음주의자들이 야베스의 기도를 드렸다. 심지어 어떤 이는 온통 야베스 상품으로 가득한 카탈로그를 발행했다. 장신구와 노리개들에 마치 부적처럼 역대상 4:10을 새겨 넣었다. 이와 유사한 유행들이 지나갔다: WWJD 장신구, 수많은 휴거 소설들, 마귀의 전쟁에 관한 무서운 소설들, 프라미스 키퍼스(Promise Keepers) 운동, '목적이 이끄는 40일' 그리고 패션 오브 크라이스트.

이 같은 여러 가지 싸구려 호기심의 산물들이 마치 집단 히스테리의 물결처럼 복음전도 운동을 휩쓸고 지나갔다. 한 가지 유행이 몇 주 또는 몇 달 동안 복음주의 세계를 사로잡는다. 새로운 파도가 시작되면, 사람들은 상황화의 대가가 마침내 모든 것을 혁신시킬 새로운 어떤 것을 제시할 거라고 생각한다. 각각의 유행이 인기 절정에 이르면, 복음주의 세계에서는 모두들 그것만을 얘기하길 원한다. 그러다가 어느 날 갑자기 그것은 사라진다. 더 새로운 그 무엇이 등장하기 때문이다.

그 시점에, 사라진 유행은 조롱거리로 전락한다. 어제의 유명회사 도자기나 토머스 킨케이드의 그림처럼, 오늘의 최신 유행에 밝은 사람들에게 그것은 조롱거리가 된다. 어떤 유행이든 정점에 있을 동안에는 그것에 대한 비판이 용납되지 않는다. 반면에, 낡은 유행을 옹호하는 것은 자신의 부적합성을 드러내는 행동이다. 따라서 타이밍이 가장 중요하다. 현재 유행하는 것과 그렇지 않은 것을 파악하는 일이 핵심이다.

만일 당신이 목사이고 당신의 교회가 최신 유행에서 뒤처져 있다면ㅡ 당신이 모두들 '목적이 이끄는 삶'으로 돌이켰는데도 아직 야베스에 집착하는 사람들처럼 한 단계만 뒤처져 있더라도ㅡ 당신은 답답한 사람으로 간주될 것이다. 그리고 교인들 중 상습적인 유행 추구자들은 보다 세련된 교회로 옮겨갈 것이다.

한편, 유행은 점점 더 감각적으로 변하고 있고 그 수명도 짧아지고 있다. '목적이 이끄는 40일'로부터 '7일간의 정사'로 바뀌었다. 본서의 개정 작업을 하는 몇 주 동안, 나는 기혼 부부들에게 섹스 관련 도전에 응할 것을 제시하는 교회들에 관한 신문 기사를 다섯 차례 이상 보았다. 그들은 광고판과 전단을 통해 적극적으로 광고했다. 한 교회는 시교육위원회 건물에서 주일 예배를 드리지 못하도록 금지되었다. 그 교회가 성관계와 포르노와 동성연애에 관한 설교를 홍보하는 전단을 그 지역에 뿌렸기 때문이었다. 세상 학교 직원들 눈에도 그 전단은 저속해 보였다.[2] 그 교회는 핍박을 당했다며 불평했다.

유행 추종과 배교

세상과 보조를 맞추기 위해 유행을 좇는 것보다 더 심각하게 성경과 상충되는 목회 철학도 드물 것이다. 그것은 분명 세상과 벗되는 행위이며, 야고보서 4:4의 영적 간음과 동일시되는 죄악이다. 또한 야고보는 그런 코스를 따르는 자들을 가리켜 하나님의 원수라고 지적한다. "간음한 여인들아 세상과 벗된 것이 하나님과 원수 됨을 알지 못하느냐 그런즉 누구든지 세상과 벗이 되고자 하는 자는 스스로 하나님과 원수 되는 것이니라."

유행 추구는 바울이 디모데후서 4장에서 디모데에게 금하도록 가르친 사항이다. 연예산업에서 빌려온 허구적인 주제를 바탕으로 메시지를 작성하는 것은 청중의 귀에 영합하는 것일 뿐만 아니라 진리를 할리우드의 신화로 가리는 행위이기도 하다. 이것이 바로 디모데후서 4:4에서 정죄하는 사항이 아니겠는가? "그 귀를 진리에서 돌이켜 허탄한 이야기를 따르리라." 이 구절은 배교를 묘사한다. 유행을 좇는 복음전도는 그런 길로 향할 수밖에 없다.

지난 15년 동안 가장 인기 있게 유행했던 복음전도 활동 중에는 심각

---

2) Gary J. Kunich, "Unified Boots out Church over Flier: Sermons on Sex Deemed 'Obscene'; Parents Complain," *Kenosha News* (2009년 2월 1일).

한 혼란과 다툼을 유발한 카리스마적인 것들도 있었다. 이를테면, 토론토 축복(여기서는 '거룩한 웃음'과 술 취한 것 같은 모습이 성령 역사의 표지로 선언되었다), 캔자스시티 예언자들(자칭 선지자들에 의해 주도된 운동이지만, 그들의 예언은 대개 거짓이었고 그들의 도덕적 부패는 더욱 심각했다), 펜사콜라 부흥(금 먼지와 금 치아충전제들이 이적적으로 나타났다고 주장했지만, 사기와 공금횡령 혐의로 이들의 집회는 해체되었다) 등이다. 그리고 보다 최근에는 그 모든 것들을 모조리 무색하게 할 만한 부흥 집회가 플로리다의 레이크랜드에서 열렸다. 그 집회의 리더는 위에 언급된 모든 자들보다 갑절이나 더 지옥의 자식으로 판명되었다(참조, 마 23:15). 다음 인용문들이 이 서글픈 상황을 설명해준다.

| 비망록 발췌 내용 |

- (레이크랜드 부흥운동 창시자 타드) 벤틀리의 신앙과 활력이 많은 부흥운동자들에게 영향을 미쳤다. 물론 그의 무모해 보이는 스타일로 인해 열정이 식는 이들도 있었다. 치유를 위해 기도할 때에는 그의 무릎으로 병자의 복부를 친 것으로 알려졌다. 심지어 벤틀리는 '주께 순종'하는 의미에서 한 여자의 얼굴을 발로 찬 사실도 얘기했다.
- 그러나 몇몇 목사들을 제외하고, 카리스마적인 많은 리더들은 벤틀리의 특이한 방법을 소위 '결실'을 위해 묵인하는 편을 택했다. 그 부흥운동이 전 세계의 많은 그리스도인들로 하여금 새로운 갈망으로 하나님을 추구하게 했다는 것이 그들의 주장이었다.
- "개인적으로, 나는 레이크랜드 부흥이 토론토와 브라운스빌 같은 부흥운동의 또 다른 물결이었다고 믿는다." 이것은 로스앤젤레스 지역의 목사인 안이 1990년대에 일어난 토론토 축복과 펜사콜라 부흥운

동을 언급하면서 한 말이다. 또한 폴 스티븐 기링헬리는 "이 물결들은 저마다의 수명을 지녔다. 레이크랜드 부흥운동은 공식적으로 끝났다."라고 말했다(Charisma, 2008년 10월 13일).

그토록 많은 '예언' 운동들이 연이어 신빙성을 상실함에 따라 복음주의자들의 경계심이 더해졌을 거라는 추측도 가능하다. 하지만 카리스마적인 쓰나미가 새로 밀려들 때마다 예전보다 더 많은 사람들을 휩쓸었던 것으로 보인다. 각각의 물결은 예전 것들보다 훨씬 더 유별나고 비성경적이지만, 예전에 주류였던 것 같은 그리스도인들을 잘도 끌어들인다. 이들은 이제까지 섭취해온 영적 자양분보다는 새로운 그 무엇을 갈망한다. 그래서 초자연적인 기사와 이적을 약속하는 사기꾼들에게 쉽게 속아 넘어간다.

따라서 복음전도의 주류가 가장자리 쪽을 줄곧 배회하고 있다. 오늘 이상하게 들리는 것이 내일에는 본질적인 방법론으로 받아들여질 것이다. 이것은 목자 없는 양떼의 심각한 위기를 상기시킨다.

또한 이것은 사람의 귀를 즐겁게 하는 스승들의 거짓 교훈에 대한 바울의 경고가 우리 시대의 교회에 그대로 적용됨을 보여준다. 신학자들과 작가들이 진리를 내던졌다. 현재의 혼란을 바로잡으려면 진리로 돌아가야 한다. 디모데에게 바울이 지시했던 핵심 의무를 교회 지도자들이 실행할 때 비로소 우리는 진리로 돌아갈 수 있다. "너는 말씀을 전파하라 때를 얻든지 못 얻든지 항상 힘쓰라 범사에 오래 참음과 가르침으로 경책하며 경계하며 권하라"(딤후 4:2).

본서 전체의 핵심 메시지가 바로 이것이다. 이것은 돋잡하거나 이해할 수 없는 것이 아니다. 수십 년 동안 세상적인 방식을 좇아 어리석게 배회하고서도 그토록 많은 복음주의자들이 실용주의의 허상을 깨닫지 못하고 있다는 것은 놀라운 일이다. 교회 자체의 실용주의가 세상의 유행과 신념에 교회를 종속시켰다. 신실한 남은 자를 제외하고는 교회가 세상과 똑같아졌다.

하나님의 말씀으로 돌아가라

만일 본서에서 한 가지 교훈만 취한다면, '교회는 하나님 말씀으로 돌아갈 필요가 있다.' 일 것이다. 죄악된 영혼을 살리고 성결케 할 수 있는 건 성경뿐이다. 성경만이 진리와 거짓을 분별하게 할 수 있다. 오직 성경으로 돌아가 그 진리에 복종할 때에만 교회의 참 모습을 회복할 수 있다. 그럴 때에만 세상 유행과 수시로 변하는 철학의 유혹에 저항하고, 삶을 변화시키는 진리로 세상에 맞서며, 또한 복음 메시지를 순수하고 정확히 보존할 수 있다.

성경은 교회성장을 위한 방편과 지침을 제시한다. 교묘한 속임수가 잠시 많은 군중을 끌 수도 있다. 그러나 교인수가 늘어난다고 해서 반드시 교회성장을 뜻하는 건 아니다. 사실, 사도행전에서는 교회가 수적으로도 꾸준히 커졌지만 실제적인 교회성장은 신실하게 선포되는 하나님 말씀의 진전에 의해 평가되었다. "하나님의 말씀은 흥왕하여 더하더라"(행 12:24; 참조, 19:20). "하나님의 말씀이 점점 왕성하여 예루살렘에 있는 제자의 수가 더 심히 많아지고"(6:7).

그것은 놀라운 일이 아니다. "하나님의 말씀은 살아 있고 활력이 있어

좌우에 날선 어떤 검보다도 예리하여 혼과 영과 및 관절과 골수를 찔러 쪼개기까지 하며 또 마음의 생각과 뜻을 판단하나니"(히 4:12). 하나님 말씀의 활력에 대해 이 구절이 뭐라 말하는지 주목하라. 그것은 '살아 있고 활력이' 있다. 죽은 것이 아니며 시대에 뒤지지도 않을 것이다─세상을 따르고 싶은 자들에게는 유행에 뒤처진 것으로 보일 수도 있겠지만.

하나님 말씀은 그 자체가 살아 있을 뿐만 아니라 그것을 진리로 받아들이는 사람들에게 영적 생명의 원천이 되기도 한다. 성령께서 죄로 죽었던 자들에게 하나님 말씀을 통해 영생을 주신다(참조. 엡 2:1). 요한복음 6:63에 수록된 예수님의 말씀도 바로 그런 뜻이다. "내가 너희에게 이른 말이 영이요 생명이라." 신약성경은 하나님 말씀이 중생의 도구임을 거듭 밝힌다. 영적으로 죽은 영혼을 하나님이 그 말씀의 능력으로 살려 영생에 이르게 하신다. "너희가 거듭난 것은 썩어질 씨로 된 것이 아니요 썩지 아니할 씨로 된 것이니 살아 있고 항상 있는 하나님의 말씀으로 되었느니라"(벧전 1:23). 이것은 구약성경에서 다윗이 노래한 진리이기도 하다: "주의 말씀이 나를 살리셨기 때문이니이다"(시 119:50).

야고보서 1:18은 하나님의 절대주권을 강조하면서 하나님 말씀을 나란히 언급한다. "자기의 뜻을 따라 진리의 말씀으로 우리를 낳으셨느니라." 하나님의 주권과 예정 교리는 택함받은 자가 복음을 듣든 듣지 않든 구원받음을 뜻하는 것이 아니다. 성경은 말하기를 하나님이 목적만이 아니라 수단도 정하셨다고 한다. 하나님은 택함받은 자들을 당신의 말씀 선포를 통해 회개와 믿음에 이르게 하신다. 간단히 말해서, 하나님 말씀을 듣지 않으면 구원받지 못한다. "그런즉 그들이 믿지 아니하는 이를 어찌 부르리요 듣지도 못한 이를 어찌 믿으리요 전파하는 자가 없이 어찌 들으리요"(롬 10:14-15). 따라서 말씀 설교 이외의 다른 것을 구원의 수단으로 대체하는 것은 교회성장을 고무하는 것이 아니라 도리어 질식시키는 것이다.

죄인들의 마음을 변화시킬 수 있는 다른 프로그램이나 다른 메시지 또는 다른 책은 없다. 성경을 무미건조하고 지루하게 만드는 설교도 많은 것이 사실이다. 하지만 그런 미숙한 가르침에 반발하는 건 훨씬 더 나쁠 수 있다. 어떤 목사와 성경공부 리더는 "성경에 활기를 불어넣는다."고 말한다. 상황화라는 그릇된 수단을 통해 또는 최신의 대중영화의 예화 자료로 성경을 활용함으로써 성경의 묘미를 높인다는 얘기다.

하지만 그것은 그릇된 생각이며, 수많은 유능한 교사들을 잘못된 길로 이끌었다. 우리는 '성경에 굳이 활기를 불어넣을' 필요가 없다. 성경 자체가 살아 움직인다. 성경은 언제나 적절하다. 인간 영혼의 참된 요구에 영원히 적용될 수 있다. 또한 성경은 타락하고 무감각하게 굳어진 심령에 인간의 그 어떤 작품도 발휘할 수 없는 능력으로 작용할 수 있다. 사람의 생각과 견해는 연약하고 변덕스럽고 궁극적으로 무기력하다. 인간의 철학과 세상 유행은 그 수명이 터무니없이 짧다. 그러나 하나님 말씀은 영원토록 불변하다. 예수님은 "천지는 없어지겠으나 내 말은 없어지지 아니하리라"(눅 21:33)고 말씀하셨다. 영원토록, '하나님 말씀은 살아 있고 활력이 있다." 신약성경의 애송 구절들이 그렇듯이 이해하기 힘든 구약성경의 말씀도 마찬가지이다. 그 모든 내용이 "교훈과 책망과 바르게 함과 의로 교육하기에 유익"(딤후 3:16)하다. "하나님의 말씀은 다 순전하며"(잠 30:5) – 검증되었고 참되며 또한 강력하다. "하나님의 입으로부터 나오는 모든 말씀"(마 4:4)은 굶주린 영혼에게 생명을 주는 영적인 떡이다.

나는 어떻게 구원에 이르게 되었는지 설명하는 신자들의 얘기를 좋아한다. 모든 참된 회심에는, 성경의 어떤 진리가 심령을 찌르고 양심을 질책하며 또한 그 영혼을 영적 사망으로부터 일깨우는 시점이 있다. 몇몇 스펄전 전기들에는 농산물 직판장에서 버터를 샀던 한 여성에 관한 이야기가 수록되어 있다. 버터 포장지로 쓰인 신문지에 스펄전의 설교가 한 토막 실려 있었다. 성경 한 구절에 관한 그 간단한 강해를 통해 그녀는 그리스도를 믿게 되었다.

스펄전 자신도 십대 때 그를 손가락으로 가리키며 민수기 21:8을 인용했던 한 평신도 설교자의 말을 듣고서 회심했다. "들린 자마다 그것을 보면 살리라." 그날 아침의 설교자는 제대로 준비를 갖추지 못했고 학식도 없었다. 눈보라 때문에 교회에 오지 못한 목사 대신에 갑자기 설교단에 서게 되었다. 그는 요한복음 3:14-15을 설교 본문으로 잡았다. "모세가 광야에서 뱀을 든 것 같이 인자도 들려야 하리니 이는 그를 믿는 자마다 영생을 얻게 하려 하심이니라." 그가 스펄전을 가리키면서 "학생, 예수 그리스도를 바라봐요."라고 말했을 때에 대해 스펄전은 다음과 같이 회상했다.

> 나는 곧장 구원의 방법을 깨달았다. 그가 달리 무슨 말을 했는지 나는 모른다. 단지 한 가지 생각에만 사로잡혀 있었다. 놋뱀이 들렸을 때 그것을 쳐다본 사람만이 치유받았듯이, 내 경우도 마찬가지였다. 수십 가지의 할 일들로 머리가 아픈 상황에서 '보라!'는 말은 참으로 매력적이었다. 바로 그때 거기서 구름이 걷히고 어둠이 물러갔다. 나는 오직 그

리스도만을 바라보는 단순한 믿음으로 그 분의 보혈을 찬양했다. 누군가에게서 들었던 말이 생각났다. "그리스도를 의지하라. 그러면 구원을 얻을 것이다."[3]

하나님의 말씀은 강력하다. 히브리서 4:12의 '활력이 있어'에 해당하는 헬라어는 '에네르게스'이다. 이는 하나님 말씀이 역동적이고, 힘 있고, 생명과 활기로 가득함을 뜻한다. 사람들을 그리스도께로 이끌고 믿음을 일깨우며 또한 거듭남의 사역을 수행하는 참된 힘은 메시지를 세상 문화에 소개하는 영리한 광고업자의 노력에 있지 않고 하나님 말씀 그 자체에 있다. 데살로니가 교회에 보내는 첫 편지에서, 바울은 하나님 말씀을 가리켜 "믿는 자 가운데에서"(살전 2:13) 살아 역사하는 힘으로 묘사했다.

하나님 말씀은 그 분의 모든 목적을 늘 성취한다 – 심지어 사람들이 그것을 듣고서 완악한 마음을 품어 등을 돌릴 때에도. 하나님은 이사야에게 이렇게 말씀하셨다. "내 입에서 나가는 말도 이와 같이 헛되이 내게로 되돌아오지 아니하고 나의 기뻐하는 뜻을 이루며 내가 보낸 일에 형통함이니라"(사 55:11). 하나님 말씀의 선포를 우리 사역의 핵심과 초점으로 삼아야 하는 이유도 바로 이 때문이다. 성경은 하나님이 의도하시는 것을 늘 실현시킨다. 언제나 우리가 바라는 대로의 결과로 나타나진 않을 수도 있다. 그러나 하나님 말씀이 선언될 때마다 언제나 그 분의 목적은 실현된다.

하나님 말씀의 진리를 사람마다 다르게 인식한다. "이 사람에게는 사

---

3) *The Autobiography of Charles H. Spurgeon*, 4권(London: Passmore and Alabaster, 1897), 1:106-108.

망으로부터 사망에 이르는 냄새요 저 사람에게는 생명으로부터 생명에 이르는 냄새"(고후 2:16)이다. 따라서 하나님의 목적도 다르다. 때로는 듣는 자들을 축복하신다(눅 11:28). 때로는 저주하신다(말 2:2). 어떤 경우에는 말씀이 긍정적으로 가르치고 훈계한다. 그런가 하면 엄하게 책망하거나 바로잡는 경우도 있다(딤후 3:16). 하나님의 전체적인 의도는 그 모든 일들이 때로는 동시에 이루어지게 하시는 것이다. 결과가 어떻든지, 하나님 말씀은 결코 그 분에게로 헛되이 돌아가지 않는다.

설교자의 임무는 복잡한 것이 아니다. 그가 가르칠 내용은 성경이다. 성경 말씀은 일생토록 설교해도 고갈되지 않는다. 그것은 하나님이 마련하신 풍성한 진수성찬이며 거기다 별다른 양념을 첨가할 필요가 없다. 설교자의 단순한 의무는 잡다하게 섞지 않고 있는 그대로를 식탁에 차리는 일이다.

설교자의 임무는 근사하고 창의적인 상황화를 도모하는 일이 아니라 본문을 정확히 해석하는 것이다. 존 파이퍼가 자주 말하듯이, 우리는 그리스도를 높이는 일과 우리 자신의 영리함을 과시하는 일을 동시에 하지 못한다. 만일 우리가 명확하고 신실하게 말씀을 설교하면 하나님이 영광을 받으시고 말씀 자체가 전하는 자나 듣는 자의 심령에 작용할 것이다. 세상적인 관점에서 성공으로 보이는지의 여부는 중요하지 않다. 우리의 사역 목표가 세상에 동화되는 것이 아니라 잃어버린 자를 찾아 구하는 것임을 고려하면, 하나님 말씀은 우리의 영리함과 프로그램보다 언제나 더 강력하며 효과적이다.

히브리서 4:12은 하나님 말씀의 능력을 검에 빗대어 설명한다. 관대한 이 포스트모던 시대에 그것은 인기 있는 비교가 아니다. 하지만 그것은 오늘날의 교회가 너무 잊기 쉬운 성경적인 사역을 상기시킨다: 우리는 세상을 본받거나 짝해서는 안 된다. 이 시대의 문화에-특히 죄와 불신에-맞서는 것이 우리의 과제이다. 그 일을 위해 때로는 하나님 말씀을 무기로 사용해야 한다.

성령의 검을 붙들라

히브리서 4:12의 어투는 의도적으로 강렬하다. "하나님의 말씀은······좌우에 날선 어떤 검보다도 예리하여 혼과 영과 및 관절과 골수를 찔러 쪼개기까지 하며."

양날의 검은 특히 위험한 무기이다. 이 구절은 성경이 그보다 훨씬 더 예리하고 효과적임을 뜻한다. 양날의 검에는 무딘 면이 없다. 어떻게 휘둘러도 다 자를 수 있다. 또한 예리한 끝 부분은 깊숙이 찌를 수 있다. 사브르처럼 휘두르든, 앞으로 찌르든, 그것으로 뼈와 골수를 자를 수 있다. 그 날로 꿰뚫지 못할 것은 하나도 없다. 가장 서투른 사람도 이 검으로 인간의 교만과 자기의에 치명타를 가할 수 있다.

오늘날의 교회 지도자들이 열심히 만들어낸 그 어떤 도구도 그렇게 하지 못한다. 그 어떤 심리요법도 인간의 마음을 찔러 불행의 원인을 찾아내지 못한다. 그것을 치유하는 건 더욱 불가능하다. 그 어떤 오락도 모든 불신의 뿌리에 놓인 교만을 드러내지 못한다. 그렇게 할 수 있는 것은 오직 하나님 말씀뿐이다.

오늘날의 그리스도인들은 죄로 단단해진 심령을 꿰뚫는 하나님 말씀의 능력을 제대로 확신하지 못하는 것 같다. 우리의 교회를 그토록 피상적이게 만든 이유들 중 하나는, 먼저 사람들을 즐겁고 편안하게 해주면 그들이 복음에 더 쉽게 마음 문을 열 것이라는 생각이다. 우리의 메시지가 그들의 삶에 위협을 가하지 않음을 그들에게 확신시키면 그들의 단단한 벽이 허물어질 거라는 얘기다. 성경 자체보다 더 부드러운 그 무엇으로 그들의 마음을 준비시켜야 한다는 것이다. 순수한 말씀을 그대로 선포하는 건 너무 위협적이라고들 말한다. 그래서 교회란 재미있는 곳이며 그리스도인들도 다른 여느 사람들과 똑같다고 그리고 하나님을 두려워할 내용은 전혀 없다고 사람들을 설득시키려 한다.

터무니없는 말이다. 그런 종류의 생각은 모조리 잘못이다. 죄로 굳어진 심령을 하나님 말씀 그 자체보다 더 잘 꿰뚫는 것은 없다. 하나님의 진리에는 우리가 감히 부드럽게 만들어서는 안 되는 두려운 측면이 있다. 하나님 말씀을 베개나 깃털 매트리스가 아니라 검에 비교하는 데에는 이유가 있다. 성경 메시지의 일부는 거북스럽다—육욕적인 마음에는 심지어 적대적이다. 우리는 복음의 복된 소식을 듣기 전에 율법의 나쁜 소식을 들을 필요가 있다. 우리가 죄 때문에 하나님 앞에서 정죄받아 절망적이라고 하는 나쁜 소식을 무시하거나 거부하는 사람에게는 좋은 소식도 없다—그리스도께서 오신 것이 의인을 위함이 아니라 죄인을 위함이기 때문이다(막 2:17).

성경보다 더 효과적으로 죄인들의 마음을 부드럽게 할 수 있는 전략을 개발했다고 생각하는 것은 교만이다. '선교적인' 기획으로 이룰 수 없는 일을 하나님 말씀만이 할 수 있다. "혼과 영과 및 관절과 골수를 찔러 쪼개기까지 하며 또 마음의 생각과 뜻을 판단"(히 4:12)하는 것이다. 우리의 마음이 아무리 굳게 닫혀 있을지라도, 하나님 말씀은 그 마음의 가장 깊고 어두운 부분을 판단한다. 오직 성경만이 그 일을 할 수 있다.

전쟁, 살육, 검술 그리고 뼈를 찔러 골수까지 드러나게 하는 장면을 생각하면 저절로 움찔해진다. 검은 하나님 말씀에 대한 충격적인 상징물이다. 그러나 여기에 담긴 의미는 매우 중요하다. 같은 이미지가 성경에서 거듭 반복된다. 에베소서 6:17에 처음 나온다. "성령의 검 곧 하나님의 말씀을 가지라."

사실, 에베소서 6장에 언급되는 다른 전투 도구들은 모두 방어용이다. 유일한 공격 무기가 하나님 말씀이다. 사람들을 죄에 사로잡히게 하는 거짓된 이데올로기와 불신 그 자체를 포함한 신념 체계의 요새를 무너뜨릴 수 있는 것이 바로 하나님 말씀이다. 고린도후서 10:4-5에서 바울은 이렇게 말한다. "우리의 싸우는 무기는 육신에 속한 것이 아니요 오직 어떤 견고한 진도 무너뜨리는 하나님의 능력이라 모든 이론을 무너뜨리며 하나님 아는 것을 대적하여 높아진 것을 다 무너뜨리고 모든 생각을 사로잡아 그리스도에게 복종하게 하니."

이것은 성경에서 영적 전투의 성격과 목적을 묘사하는 핵심 내용이다. 그 싸움은 육신적이지 않고 영적이다. 그 목표는 파괴가 아니라 자유이다. 우리가 파괴하려는 것은 죄인들을 가두고 있는 '견고한 진'이다. 그것은 곧 그릇된 신념과 무지와 세상적인 이데올로기들이다.

따라서 폭력적인 이미지에도 불구하고, 성령의 검-하나님 말씀-은 사람을 때리거나 상하게 하거나 파괴하는 무기가 아니다. 거짓을 무너뜨리는 강력한 무기이다. 때로 죄인들은 자신의 편안한 요새가 부서질 때 상처를 입는다고 생각할 것이다. 더욱이, 하나님 말씀은 구원의 길에 들어선 자의 마음과 양심을 찌를 것이다. 그럴 때 큰 고통과 두려움을 느낄 것이다.

하지만 그것은 죽음에 이르게 하는 고통이 아니다. 치유하는 고통이다. 숙련된 외과의사에 의해 가해지는 고통과 유사하다. 예를 들어, 훌륭한 심장전문의는 심장에까지 메스를 댈 수 있다. 이는 죽이기 의해서가 아니라 치료하기 위해서이다.

하나님 말씀이 교회에서 다시 이런 역할을 해야 한다.

교회의 유익을 위해 말씀을 사용하라

만일 교회에서 하나님 말씀을 올바른 위치로 회복시키려 한다면, 그것으로 인해 이따금 유발되는 고통을(특히 우리 자신의 양심에서 느끼는 고통을) 제거하거나 완화하려 해서는 안 된다. 우리는 성경의 진리를 솔직하고 단호하게 선포할 필요가 있다. 찌르고 쪼개는 말씀의 역할이 결국 우리의 유익을 위함임을 알고서 거기에 복종해야 한다.

중생에 대한 구약의 상징이 할례라는 사실은 의미심장하다. 포피 끝을 잘라내는 것이다. 이것은 정결케 함과 갱신을 나타내는 생생한 상징이었다. 이것은 성령이 우리를 거듭나게 하실 때의 심령 갱신에 수반되는 영적 수술을 상징했다. 그것은 몹시 고통스러울 수 있지만, 장기적인 목표는 우리를 상하게 하는 것이 아니라 하나님의 기준에 부합하게 하는 것이다.

에스겔 11:19은 중생을 이렇게 묘사한다. "내가 그들에게 한 마음을 주고 그 속에 새 영을 주며 그 몸에서 돌 같은 마음을 제거하고 살처럼 부드러운 마음을 주어." 할례가 상징하는 것이 바로 이것이다-새롭고 순수한 마음을 심기 위해 더러워진 마음을 제거하는 것이다. 하나님은 이스라엘 백성에게 '마음에 할례를' 행하라고 말씀하셨다(신 10:16). 선지자 예레미야도 비슷한 명령을 전했다. "스스로 할례를 행하여 너희 마음 가죽을 베고"(렘 4:4).

에스겔 11:19의 핵심은 하나님이 친히 우리를 위해 이 일을 행하신다는 것이다. 그는 옛 마음의 포피를 제거할 뿐만 아니라 새 마음을 우리에게 주신다. 로마서 2:28-29에 의하면, 심령을 거듭나게 하는 이 근본적인 영적 할례가 참된 신자의 여부를 결정한다. "무릇 표면적 유대인이 유대인이 아니요 표면적 육신의 할례가 할례가 아니니라 오직 이면적 유대인이 유대인이며 할례는 마음에 할지니 영에 있고 율법 조문에 있지 아니한 것이라 그 칭찬이 사람에게서가 아니요 다만 하나님에게서니라."

히브리서 4:12은 유사한 이미지를 떠올리게 한다. 양날의 검이 정확히 자른다-우리를 멸하기 위해서가 아니라 모든 더러운 것을 영적 수술로 제거하기 위해. 성령의 검-하나님 말씀-은 하나님이 그 목적을 위해 사용하시는 도구이다.

교회가 하나님 말씀을 설교할 때 그 톤을 낮추거나 공적 예배에서 성경을 부차적인 것으로 여겨서는 안 되는 것도 바로 그 때문이다. 고통스럽게 찌르는 양날 검을 받아들이지 않는다면, 우리는 성화의 방편으로부터 마음 문을 닫는 셈이다. 만일 우리가 하나님 말씀의 진리를 부드럽게 만들려 하거나 불신자들의 반응이 두려워서 딱딱한 진실을 그들에게서 감추려 하면, 교회는 연약해지고 세상을 향한 우리의 사역이 방해를 받으며 또한 하나님의 심판대 앞에 서는 날에 엄중한 지적을 받을 것이다.

12.
영적 간음

현재 우리는 매우 특이한 시대에 살고 있습니다. 교회는 교리적으로 사분오열되었음에도 불구하고 대체로 올바른 길을 가고 있다며 자만하고 있습니다. 거짓되고 기만적인 자유가 커져 우리를 온통 뒤덮었습니다. 그래서 목회자 직함을 가진 사람이면 누구나 하나님의 종이며, 교파에 상관없이 강단에 서는 사람이면 누구나 그리스도의 비밀을 맡은 청지기로 존중받을 자격이 있다고 생각하기에 이르렀습니다. 그러나 최근에, 고여 있는 웅덩이의 수면에 뜬 잡초들이 어느 정도 휘저어짐으로써 우리는 그 깊은 곳까지 들여다볼 수 있게 되었습니다. 오늘날은 그리스도인들 사이의 반목과 분열과 싸움의 시대입니다. 하나님께 감사드립시다. 거짓된 평온이 우리를 사로잡는 것보다는 차라리 그것이 훨씬 더 낫습니다.

찰스 스펄전[1)

1980년대 말쯤에 나는 고린도전서 9:22에 관한 글을 하나 쓰고 있었다. 이 말씀에서 바울은 "내가 여러 사람에게 여러 모습이 된 것은 아무

---

1) "The Church of God and the Truth of God," *The Metropolitan Tabernacle Pulpit*, Vol. 54(London: Passmore & Alabaster, 1908), 241.

쪼록 몇 사람이라도 구원하고자 함이니"[2]라고 말한다. 이 글은 이 구절의 참된 교훈을 강조하려는 것이었다. 즉 우리가 복음을 전하려 하는 사회의 문화적, 종교적 금기들에 대해 경멸을 표해서는 안 된다는 것이었다. 복음 그 자체가 충분히 장애물이다. 따라서 복음 진리나 성경의 명령과 관련 없는 문제에 있어서는 문화 전통과 관습을 불필요하게 자극할 필요가 없다.

물론, 고린도전서 9:22은 이미 교회를 온갖 세상적인 유흥 속에 빠트리는 자들이 애용하는 근거 구절이 되어 있었다. 그들은 이것은 유흥에 중독된 문화에 접근할 수 있는 유일한 방법이며, 또한 바울 자신도 이 핵심 구절에서 이 전략을 어느 정도 인정했다고 주장했다. 그러나 바울의 실제 의도와는 반대로 그들 중 다수는 가능한 한 많은 문화적, 종교적 금기들에 도전하는 쪽으로 나아가는 것 같았다.

따라서 나는 지나친 상황화의 어리석음을 드러내며 세상을 본받는 일의 위험을 지적하고 싶었다. 특히 더욱더 극단적으로 실용주의로 나아가는 사람들에게 말해 주고 싶었다. 이렇게 지적을 하지만 구도자 중심의 접근법을 주창하는 사람들의 이름을 구체적으로 언급하지는 않으려고 했다. 그래서 가상적인 예화를 만들었고, 나의 요점을 분명히 밝히되 무리하게 풍자화하지는 않았다.

문제는 나의 상상 속에나 존재했던 온갖 종류의 쇼 같은 기독교가 이미 현실 세계에 들어와 있었다는 것이었다. 교회·속의 광대들은 이미 흔한 모습이었다. 헐리우드 영화를 보고 이어서 영화의 예술성과 도덕적

---

[2] 이 기사는 후에 본서 4장의 기초가 되었다.

교훈이 강론으로 이어지는 저녁 예배를 많은 교회들이 채택하고 있었다. 남녀 구별이 안 되는 메이크업과 스판덱스 의상을 한 그리스도인 헤비메탈이 스스럼없이 받아들여졌다. 미국 기독교 메탈밴드의 대표주자인 스트라이퍼는 이미 오래된 뉴스였다.

편집자가 이런 내용을 넣자고 제안했다. "다음에는 무엇일까? 불경스런 언행을 입에 달고 사는 자들에게 다가가기 위해 복음을 비속어로 번역할 것인가?"

나는 곧장 거부했다. 그 아이디어는 내 마음을 상하게 했을 뿐만 아니라 너무 억지인 것 같았다. 내가 피하고 싶었던 극단적인 부류의 풍자였다. 그 정도까지 가리라고는 누구도 생각하지 않았을 것이다. 그렇지 않은가?

하지만 불과 10년 내에 새로운 유형의 실용주의자들이 나타날 줄은 정말로 꿈에도 상상하지 못했다. 그들은 설교 강단에서 마치 경쟁이라도 하듯 불경스런 말을 마구 내뱉었다. 그리고 고린도전서 9:22을 내세우며 자신을 정당화했다.

혼합된 실용주의

1990년대 초에, 실용주의적인 복음전도자들이 포스트모더니즘을 만나 결합했다. 그 결과는 이머징 교회였다. 이것은 신학적으로 혼란스럽고 방대한 견해들의 집합소였고, 특정 리더나 분명한 방향을 지닌 '운동'으로 굳어지진 않았다. 하지만 복음주의자들 사이에서 줄곧 큰 영향을 미치고 있다.[3]

이머징 풍조는 구도자 중심과 마케팅 중심 사역의 면모와 방향을 근본적으로 변화시켰다. 이머징 기독교의 기초가 되는 원칙은 여느 때처럼 실용적이지만, 그 외양과 느낌은 전혀 다르다. 그것은 포스트모던의 모습과 반항아적 태도로 치장한 옛 공리주의인 것이다.

포스트모던화된 복음주의를 묘사하는 것과 그 동향에 적합한 용어를 찾는 것은 처음부터 성가신 문제였다. 1990년대 초, 이 모든 것이 시작된 발생기의 공동체는 비슷한 생각을 지닌 사람들이 실제적인 조직 없이 뭉친 세계적인 비공식적 네트워크였다. 초기에 참여한 사람들은 세속 사상에서의 포스트모던적 변화를 민감하게 자각하는 깨인 젊은이들과 대학을 갓 졸업한 사람들이었다. 그들은 기독교를 포스트모던 문화에 맞추어 상황화하는 방법을 모색하고 있었다. 이 젊은이들 중 다수는 포스트모던 가치를 노골적으로 환영했지만 보다 신중한 이들도 있었다. 포스트모던 시대는 교회에 주요한 변화가 요구된다는 사실에 대해서는 모두들 확신했다. 어떤 이들은 새로운 사교적 계획을 원했다. 새로운 예배 스타일이나 새로운 교리를 원하는 이들도 있었다. 또 어떤 젊은이들은 이들 전체를 원했다. 그런 동향이 탄력받음에 따라, 그 네트워크에 속한 사람들이 '이머징 교회'를 말하기 시작했다. 그들은 근본적으로 새로운 종류의 기독교가 이제 막 출현하고 있다고 확신하는 것 같았다.

2001년경에, 이 네트워크의 미국 지역 핵심 리더들이 '이머전트'라

---

3) 『진리 전쟁』(The Truth War)(Nashville: Thomas Nelson, 2007)에서, 나는 이머징 교회 운동을 좀더 상세하게 묘사하고 분석했다. 포스트모던식 변화의 기본 개념을, 그것이 어떻게 이머징 풍조를 형성했는지를 그리고 그것이 진리 개념에 어떤 영향을 미치는지를 이해하려는 독자는 위의 책을 참조할 수 있을 것이다.

는 단체를 만들었다. 그 웹사이트인 EmergentVillage.com이 이머징 공동체의 중추이자 사상 교환 장소가 되었다. 다음 몇 년 동안, 이 운동은 대개 '이머징 교회' 또는 '이머전트 교회'로 지칭되었다.

사실, 2004년도 『크리스차니티 투데이』지에 실린 한 기사에서는 이 두 표현을 동의어로 여겼다.[4] 이 기사는 많은 복음주의자들로 하여금 이제 막 싹트는 운동에 관심을 갖게 만들었다. 이머징 공동체에서 가장 두드러진 몇몇 주장들도 대략 거기에 소개되었다. 그들 모두 성경을 충격적으로 경시하고 불확실성에 젖어있었다. 포스트모던적인 회의주의의 영향이 너무나 명백했다. 그 시점 이후로, 이머징 교회 운동이 분명한 윤곽을 드러내는 것 같았다.

『크리스차니티 투데이』지의 기사에 실린 직후에, 이머징 공동체의 핵심 인물들이 그들의 네트워크에 대해 선언했다. 그것이 교회나 운동이기보다는 '대화'라는 것이었다. 그들은 '이머징 교회 운동'에 대해 말하는 사람들을 바로잡기 시작했다. 그래서 이제 그것은 '이머징 대화'로 알려지게 되었다.

몇 달 후에, 이머징 대화는 용어 때문에 너무 전전긍긍하는 것 같았다. 이를테면, 권위와 명확성에 대한 포스트모던적인 경멸에 부응하느라고, 이머전트 빌리지(Emergent Village)는 확인 가능한 조직 체계를 결코 받아들이지 않았다. 그러나 2005년 6월에, 이 단체의 웹사이트에서는 (초창기 네트워크 주요 참여자였던) 토니 존스가 전국 대표로 임명된 사실을 선언했다. 거센 반발이 일어났다.[5] 며칠 후, 그 단체의 웹사이트에는 다음의 내용

---

4) Andy Crouch, "The Emergent Critique," *Christianity Today* (2004년 11월), 36-41.

을 담은 특집 기사가 실렸다. "최근에 토니를 '전국 대표'로 임명한 공고를 본 사람들도 있을 것이다. 공식적인 보도 자료가 나가기 전에, '전국 조정자'라는 호칭을 대신 사용하기로 결정되었다. 이 호칭이 이머전트 정신과 그 역할의 전반적인 목적에 더 부합하는 것 같다."

하지만 그로부터 4년도 채 못 되어, 토니 존스는 그 역할에서 물러났고, 이머전트 빌리지는 모든 구성원들이 함께 "전국 조정자 역할을 맡는"6) 운동을 지지했다. 조롱조의 보도 자료들이 이머전트 블로그들과 유투브 비디오들에 줄줄이 이어졌고, 수십 개의 새로운 '전국 조정자' 그룹들을 발표했다. 그 결과, 전국 조정자 역할은 평등주의적 무질서에 묻혀 해체되었다.

부단한 용어 재정의 및 개명은 세속 포스트모더니즘이 언어와 상대주의에 집착하고 있음을 반영한다. 포스트모던적 사고에 있어서는, 말이 엄청난 사회적인 의미를 담고 있지만 특정한 의미로 고정되지 않는다. 언어는 해체될 필요가 있는 억압의 도구이다. 따라서 포스트모던 '대화'에서는 말의 의미에 의문이 가해지고 말 자체가 끝없이 재정의되며 또한 뜻을 알 수 없는 새로운 말들이 고안된다. 요는 진실이라 주장하는 모든 것이 의문시되며, 분명하거나 명확한 것은 하나도 없고, 어느 무엇에 대해서도 권위 있게 말하는 것이 정당화될 수 없다는 것이다.

---

5) 이머전트 빌리지 웹사이트에 한 비평가가 이런 글을 올렸다. "나는 우리가 너무나 위험한 방향으로 향하고 있다고 생각한다. 우리는 '대화'가 되고 있는 것이 아니라 제도가 되고 있다. 대화를 위해 '전국 지도자'가 필요하다고? 제발 그만두기 바란다."
http://emeegent-us.typepad.com/emeegentus/2005/06/report_from_eme.html.
6) 참조, http://www.emergentvillage.com/weblog/who-is-the-new-national-coordinator-of-emergent-village.

언어 자체가 해체되어야 할 것이다. 토니 존스에 의하면, "해체는 언제나 정의를 위해 존재한다."[7)]

그런 유의 해체는 이 포스트모던 시대의 언어에 두 가지 중요한 영향을 미쳤다. 첫째, 새로운 언어 금기들이 만들어진다. 정치적 정당성의 법칙이다. 새로 금지된 말이나 표현을 사용하는 사람은 무시당한다. 이는 수십 년 전의 정중한 사회에서 불경스런 말을 사용하는 사람이 무시당했던 것과 같다. 둘째, 이전의 금기가 사라진다. 불경스럽거나 부적절하다고 여겨졌던 말과 주제들이 이제 어떤 맥락에서든 받아들여진다. 심지어 강단에서도 그렇게 된다.

한때 이머전트 빌리지의 전국 조정자였던 토니 존스는 이머전트 교회 운동의 일화들을 썼다. 거기에 한 텍사스 목사가 소개된다. 그는 이머징 네트워크에서 가장 유명한 사람들 중 하나를 자기 교회에 강사로 초청했다. 그러고는, 비록 그의 교인들이 포스트모던의 변화에 대해 잘 알지만 여전히 텍사스에서는 설교 강단에서 욕지거리가 잘 용납되지 않는다는 점을 강사에게 귀띔해주었다. 하지만 그 초청 강사는 첫 마디를 욕설로 시작했다.[8)]

목사가 초청 강사에게 강단에서 욕을 사용하지 않도록 부탁하려 했던 이유는 무엇일까? 그것은 이머전트 대화에서 불경스런 언행이 너무나 자연스럽게 나왔기 때문이다. 포스트모던화된 복음주의자들은 '누

---

7) 토니 존스, "왜 이머징 교회는 해체 신학에 끌리는가?"
http://churchandpomo.typepad.com/conversation/2007/03/why_is_the_emer.html.
8) 토니 존스, *The New Christians: Dispatches from the Emergent Frontier*(San Francisco: Jossey-Bass, 2008), 48. 앞에 인용된 기사 "Why is the Emerging Church drawn to deconstructive theology?"에서 토니 존스 자신이 욕설을 사용했다.

추함과 어리석은 말이나 희롱의 말'을 성경 용어와 의도적으로 섞어 사용했다(참조, 엡 5:4). 그래서 새로운 종교적 유행어를 만들어냈다. 이는 죄에 대한 성경의 용어를 임상심리학 언어로 대치했던 이전 세대의 행태를 포스트모던식으로 흉내낸 것이었다.

이머전트 블로그와 웹 토론장들에는 불경스런 언행은 물론이고 외설적인 언급들까지 자주 등장했다. 내가 아는 한 사람이 초기의 이머전트 팟캐스트들(podcasts)에 귀를 기울였다. 거기서 그는 자연스럽게 내뱉어지는 불경스런 말을 많이 들었다.

심지어 주님의 이름을 태연히 욕지거리에 사용하는 이머전트 빌리지도 있었다. 이머전트 그리스도인들의 일부 온라인 모임 장소는 너무 자연스럽게 나도는 악담 때문에 웹필터에 의해 차단당했다. 여러 이머전트 블로그들이 그 문제를 상세히 논의했고, '진정성'의 표시라는 명목으로 불경스런 말의 사용을 한결같이 옹호했다.[9] 이 개화된 시대에 불경스러운 말과 외설적인 주제를 적절히 섞는 것을 금하는 것은 너무나 고지식한 태도라고 생각한다. 건전한 말과 관련하여 에베소서 5:4에 제시된 바와 같은(4:29; 골 3:8도 참조) 성경적 기준은 포스트모던 문화와 교류

---

9) 예를 들어, 『크리스차니티 투데이』지의 지원을 받는 'Out of Ur'라는 한 웹로그는 '삭제되지 않은 비속어: 교회에 투하된 욕설 폭탄'이라는 제목의 특집기사를 실었다. '스카이 예다니'라는 사람의 글이었다('Out of Ur'에서 저자들은 익명을 사용한다). 이 기사에서, 이머전트 스타일 집회의(그들은 그 모임을 '지구의 쓰레기'라고 불렀다) 한 목사는 한 교인으로 하여금 크리스마스 이브 예배를 위해 쓴 시를 낭독하게 할 것인지의 여부를 놓고 고민했다. "정말 좋은 내용이지만 욕설이 몇 차례에 나와요."라고 한 동료 교역자가 그에게 말했다. 곰곰이 생각한 후에, 이 이머전트 선구자는 '이 시를 회중 앞에서 낭독하기 전에 수정하게 하는 것은 위선적'이라고 결정했다. 비평가들은 그 결정을 압도적으로 지지했다. 그런 언어를 사용하는 것과 그런 행위를 '예배'로 지칭하는 것을 혐오스럽게 여겼던 몇몇 사람들에 대해 대부분 화를 냈다. 그리고 "너희의 '도덕적 정결'로 감히 비난하느냐?"며 질책했다.

http://blog.christianitytoday.com/outofur/archives/2005/11/expletive_undel_1.html.

하려는 이머전트들에게 쓸모없는 것으로 간주된다.

그래서 1980년대에는 상상도 못했던 일이 일어나고 있다. 그리스도인임을 자처하는 자들이 자신의 메시지를 불경스러운 말로 바꿨다. 상황화라는 명목으로, 어떤 설교자들은 십년 전간 해도 외설로(따라서 신성모독으로) 여겨졌을 표현으로 그리스도에 대해 얘기하기 시작했다.

교리 해체

불경스런 언어는 포스트모던 실용주의의 건강하지 못한 부작용으로 유일한 것은 아니다. 최악의 것도 아니다. 포스트모던 개념은 확정된 확실성이란 순전히 '모더니즘적인' 목표로, 도달할 수 없는 것으로 입증된 목표라는 가설에서 시작한다. 일단 이 전제를 받아들이면, 여기서 나올 수 있는 유일한 결과는 모든 것에 대한 냉소적인 회의론이다. 기독교의 본질적인 신조들을 포함하여 가장 분명한 성경적인 명제들마저 해체된다.

그러므로 교리 영역에 있어, 이머징 교회 운동은 거기 사로잡힌 자들을 오류와 우유부단과 회의론과 노골적인 불신의 캄캄한 골짜기로 몰아간다. 상대적으로 더 빨리 미끄러지는 이들도 있겠지만, 이 급류에 휩쓸린 사람들은 모두 같은 방향으로 향한다. 그 비탈길 끝에 이르러 추락을 피하는 유일한 방벽은 급류에서 벗어나는 것이다. 돌이킬 수 없는 지점에 도달하는 데 긴 시간이 걸리지 않으므로 빨리 벗어날수록 좋다. 이머징 대화의 이런저런 주장들에 의해 도전을 받지 않은 기독교 교의는 거의 없을 것이다. 성경의 권위와 대속 교리는 이머징 운동의 주요 표적이었다. 모든 명확한 단언을 해체와 의심의 대상으로 전락시키는 운동에서, 그 무엇도 확정적이거나 분명하거나 권위 있는 것으로 여겨질 수 없다. 성경의 어떤 진술도 더욱이 역사적 신조나 신앙고백은 액면 그대로 받아들여지지 않는다. 모든 것은 부단한 토론의 주제이다. 여기서 온갖 종류의 배교가 생겨난다.

이머징 대화의 초기에 참여한 유명인 한 사람이 『이단자가 안내하는 영원』[10]이라는 책을 썼다. 이 책의 제목은 매우 적절하다. 왜냐하면 성경적인 기독교를 거부하며 모든 교리를 공격하고 또한 뉴에이지식의 애매한 '영성' 개념을 내세우는 책이기 때문이다. 이단적임을 자처하는 이 영원 개념은 보편구원론자의 개념과 같은 것이다. 그는 그리스도의 배타성을 부인하고, 만유내재신론(모든 피조물이 하나님이라는 존재의 일부라고 믿는 신념)을 긍정하며, 또한 하나님을 인격으로 보지 않는다고 말한다.[11] 이 사람은 이머징 웹사이트를 만들었으며 지금도 운영하고 있다. 그의 목소리는 이머징 대화에서 여전히 영향력을 발휘한다.[12]

이 저자도 프로그램에 치중하는 구식 실용주의로부터 새로운 포스트모던 실용주의로 넘어가는 과정에서 중요한 역할을 했다. 반역적인 내리막길을 치닫도록 많은 사람들을 도왔다. 한때 그는 남부 캘리포니아의 유명한 구도자 중심 대형교회의 목사였다. 자신이 복음주의 주류로부터 이머전트 변두리로 전향하게 된 이야기를 『이머전스의 이야기:

---

10) Spencer Burke와 Barry Taylor, *A Heretic's Guide to Eternity*(San Francisco: Jossey-Bass, 2006).
11) Ibid., 195.
12) Theooze.com은 1998년에 만들어졌다.

절대적인 것으로부터 참된 것으로의 이동』[13]에서 소개한다. 이 책의 각 장은 유사한 이야기를 싣고 있으며, 가장 가파른 내리막길 중의 하나를 묘사하는 여행담 같다.

이 전직 대형교회 목사는 독회 사역 중에 줄곧 떠나지 않는 의심에 시달렸다고 말한다. 그는 위선에 지쳤다. "나는 겉치레를 유지하는 일에 결국 지쳐버렸다. 18년 동안 사역한 후에, 고달픈 짐 꾸러미가 풀려지기 시작했다. 현상유지를 위해 더 이상 의문들을 삼키고만 있을 수 없었다. 마침내 결단을 내릴 시점이 왔다는 생각이 들었다. 교회에 머무는 고통이 떠나는 고통보다 더 심해지기 시작했을 때 나는 사임했다. 교회 사무실의 짐을 꾸려 차에 싣고서 해변에 위치한 나의 오두막집으로 향했다. 그로부터 5년이 지났다."[14] 웹사이트를 운영하는 그의 목표는 '가장자리를 원하는' 사람들이 무엇이든 자유롭게 질문할 수 있는 '안전한 장소'를 제공하는 것이다. 신학을 '재포장'하기보다는 '포장을 풀어헤치는 것'에 초점을 맞춘다.[15]

구도자 중심의 복음주의 리더로부터 자칭 이단자로 변신한 이 목사의 사례는 포스트모던 실용주의의 불가피한 향방을 보여준다. 성경의 모든 진술에 대해 해체성 질문을 가하는 것은 뿌리 깊은 회의론을 낳을 뿐이다. 이 접근법은 내리막길을 내닫기보다는 실존주의의 벼랑 아래로 곧바로 뛰어내리는 형국에 더 가깝다. 어떤 식이든 결과는 파괴적이

---

13) Mike Yaconelli, 편저, *Stories of Emergence: Moving from Absolute to Authentic*(Grand Rapids, MI: Zondervan, 2003).
14) Ibid., 28-29.
15) 참조, http://www.theooze.com/about/index.cfm.

지만, 포스트모던 벼랑의 밑바닥으로 곧바로 떨어지는 것이 훨씬 더 치명적이다.

실용주의가 복음주의 운동에 미친 영향

여러 해 전에 본서를 집필하도록 자극했던, 오락에 들뜬 구식 실용주의가 벌써 막바지 모습을 보이고 있다. 가장 오래되고 유명한 한 구도자 중심 교회가 믿을 만하고 헌신적인 제자들을 배출하는 데 실패했음을 2007년에 자인했다. 방향 전환을 선언하는 비디오테이프에서 그 교회의 한 목사는 이렇게 말했다. "나는 주일마다 교회에 앉아 생각합니다. 우리가 회중의 헌금을 올바로 사용하고 있을까? 우리의 재정 운영 방식에 대해 그들은 좋게 여길까? 종종 나는 우리의 결정이 올바른지 확신할 수 없습니다. 이것은 10년 이상 내가 씨름해온 질문들입니다."[16]

이 교회의 담임 목사는 교회 프로그램이 교인들이 영적으로 성장하는 데 진정으로 도움을 주고 있는지를 조사한 결과에 대해 설명했다. "그 조사가 나를 깨부수었습니다. 그것은 내가 리더로서 소화하기 가장 힘든 것들 중 하나였어요. 교인들의 영적 성장과 발전에 도움이 될 줄로 생각하여 수백만 달러를 들였던 어떤 일들이 실제로는 별로 도움이 되지 못했던 걸로 드러났습니다. 반면에, 교인들이 갈망하는 일들에는 자금을 별로 투자하지 않았어요."[17] 자료에 의하면, 그 교회의 사역 스타

---

16) Greg Hawkins, 2007년 8월 9-11일의 리더십 수뇌회의를 위한 비디오 광고문에서.

일에 대해, 비그리스도인들은 매우 높게 (10점 척도에서 9점) 평가했지만 그리스도를 철저히 따르려는 헌신적인 교인들은 아주 낮은 점수를 주었다.

그가 말했다. "그것이 저를 괴롭혔습니다. 정말 괴로워요. 우리가 교인들에게 그다지 도움이 되지 못하고 있어요." '경건한' 교인들에 대한 그의 설명이 이어졌다. "그들은 하나님 말씀을 더 많이 먹고 싶어하지만 그러지 못하고 있습니다. 그들은 보다 진지하게 성경을 배우고 싶어해요. 더 많은 도전을 받기를 원합니다."[18]

"나로서는 그런 말을 듣기 힘들었어요."라고 그가 시인했다. 맨 먼저 떠오른 생각이, '이 교인들을 먹여야 한다. 세미나 전문가를 불러야 한다. 그들이 토하고 싶을 때까지 그들을 먹일 것이다.'였다. 교회 직원들은 교인들을 '자급자'가 되도록 가르쳐야 한다고 결론지었다.

몇 달 후에 『크리스차니티 투데이』지는 그 교회가 "이제 신앙 성장을 추구하는 성숙한 신자들을 위해 주말 예배에 초점을 맞출 계획"[19]이라고 잘못 보도했다. 실제로는 정반대이다. 그 교회는 포스트모던 스타일의 실용주의로 향하고 있다.

『크리스차니티 투데이』(CT)지의 오류 기사에 대답하는 비디오에서 그 목사는 그들의 전략 실패에 대한 최근의 언급이 '회개'의 표현이 아니었다고 단호하게 말했다. 그리고 자신의 구도자 중심 철학을 재확인했다. 아울러, "구도자들이 여러 면에서 변했으며, 따라서 우리가 1978

---

17) Bill Hybels, "The Wakeup Call of My Adult Life" (2007년 8월 9-11일의 리더십 수뇌회의를 담은 비디오에서).
18) Ibid.
19) Matt Branaugh, "Willow Creek's 'Huge Shift,'" CT(2008년 6월), 13.

년에 그랬듯이 2008년의 구도자에게도 적절히 다가갈 수 있도록 힘써야 한다."[20]고 말했다.

몇 달 후에 그 교회는 시프트라는 학생 사역 리더들을 위한 대회를 후원했다. 초청된 주요 강사들은 주로 이머징 대화의 급진 진영 출신이었다.[21] 그 대회에서는 매시간 포스트모더니즘과 이머징 영성과 관련된 강사나 비디오 또는 주제들이 등장했다.

여러 달에 걸쳐 철학적 변화 및 전환을 준비했던 미국에서 제일가는 그 구도자 중심 교회가 전환된 방향은 의심의 여지가 없다. 수많은 교회들이 그 뒤를 따를 것이다. 복음주의 대형교회 운동의 유행추종자들은 포스트모던 실용주의의 대열에 재빨리 편승할 것이다.

아이러니컬하게도, 이 복음주의 유행추종자들은 포스트모던 진영보다 거의 20년이나 늦다. 이제 살펴보겠지만, 더욱 가관인 것은 이머징 대화가 붕괴되고 있는 듯한 상황에서 이제 겨우 거기에 이르고 있는 것이다.

이머징 대화의 종말

이 글을 쓰고 있는 지금, 이머징 풍조는 거

---

20) Bill Hybels Responds(비디오); http://revealnow.com/story.asp?storyid=63.
21) 예를 들어, 그날의 기조 연설자들은 브라이언 맥라렌, 쉐인 클레이본 그리고 마이크 야코넬리였다. 개막식과 관련하여, 윌로우크릭교회연합을 위한 글을 올리는 블로거인 테일러 버키는 이렇게 말했다: "첫 시간의 인기 강사였던 맥라렌은 교회, 세계적인 패러다임, 환경 그리고 이머징 포스트모던 세대에 대해 얘기했다. 브라이언은 매우 자유주의적인 신학 및 성경 해석 때문에 기독교계에서 논란을 일으키는 사람이다. 그러나 '시프트'에서 그가 행한 강연은 예민한 주제들을 밀쳐두고 보다 구체적인 사항에 초점을 맞추었다. '예수님이 천국으로 이끄는 유일한 길이신가?'라는 주제는 제시되지 않았다." http://www.taylorbirkey.com/?p=144.

의 종국에 이르고 있다. 바퀴들이 빠져나가고 있는 모습이다. 운동 내부의 모순된 관점들, 혁신적이길 원할 뿐 비정통을 원하지 않는 자들과 자칭 '이단자들'의 뒤섞임 그리고 비평 세력의 대두는 모두 큰 피해를 끼쳐왔다. 초창기 이머징 네트워크에 속한 몇몇 사람들을 포함한 영향력 있는 몇몇 저자와 목사들은 이제 '이머징'이라는 말을 아예 거부한다.

교회와 문화의 동향을 온라인에 소개하는 『넥스트 웨이브』(Next Wave)라는 인터넷 잡지는 2009년의 첫 호에서 이머징 대화의 10년을 회고하는 기사를 실었는데 이렇게 시작된다.

"1월 현재……북미 이머징 교회는 갈림길에 서 있다. '이머징 교회'라는 용어 자체에 대해 불편해하는 경향이 증가하고 있으며, 그 운동의 지도적 인물들 중에도 그 용어를 사용하기를 주저하는 이들이 많다."[22]

비슷한 맥락에서, 『크리스채니티 투데이』지의 '아웃 오브 우르'라는 블로그는 최근에 "R. I. P. 이머징 교회: 남용되고 오염된 용어가 이제 사라지다."[23]라는 제목의 기사를 실었다. 이 기사는 자신의 회사에서는 이머징 브랜드를 중단할 계획이라고 밝히는 한 주요 복음주의 출판사 간부의 말을 인용했다. "이머징 교회는 죽었다. 그 정신은 아니더라도 적어도 그 명칭은 죽었다."가 그 기사의 결론이다.

영국 이머징 운동의 유명한 옹호자인 앤드류 존스는 "이머징 교회라는 용어를 버릴 것인지의 여부를 묻는 여론 조사를 자신의 블로그에서

---

22) Stephen Shields, "Ten Years Out: A Retrospective on the Emerging Church in North America"; http://the-next-wave-ezine.info/bin/-print.cfm?id=44&ref=COVERSTORY.
23) Url Scaramanga, "R.I.P. Emerging Church: An overused and corrupted term now sleeps with the fishes"; http://blog.christianitytoday.com/outofur/archives/2008/09/rip_emerging_ch.html.

실시했다. 그 결과 60대 40으로 버리자는 쪽이 우세했다."[24] 이머징 대화의 선구자들 중 하나이며 『이머징 교회』[25] (The Emerging Church: 한국에서는 『시대를 리드하는 교회』라는 이름으로 번역 출판됨- 편집자 주)의 저자인 댄 킴볼은 왜 자신이 그 용어를 내버리는지를 설명했다. "내 생각에, 그 정의가 바뀌었다. 나는 어떤 용어에도 집착하지 않으며 대부분의 사람들 역시 그럴 거라고 생각한다."[26]

    이 운동의 일부 온건파들도 현재 같은 입장이다. 그들은 새로운 명칭과 더 굳건한 네트워크를 찾고 있다. 이 운동에 속한 일부 유명 저자와 대변자들의 급진적 견해와 연관되는 데에 그리고 그것을 용인한다고 비판받는 데에 지쳤기 때문이다. 최근에 블로그 '아웃 오브 우르'에는 다음과 같은 글이 실렸다. "댄 킴볼, 어윈 맥마너스, 스콧 맥나이트 등에 의해 형성되고 있는 새로운 네트워크에 관한 소식이 솔솔 새어나오고 있다. 그 그룹의 결속을 위해 이번 주에 추가 모임이 열릴 것으로 보인다. 아직 이름이 정해지지 않은 그 네트워크는 포용적이지만 로잔 언약의 정통적인 신학적 기초로부터 시작하기로 동의했으며, 선교와 복음 전도를 강조할 계획이다."[27]

    그러나, 전형적 포스트모던 스타일에서는, 내용보다는 용어에 주로 초점이 맞춰지는 것 같다. 그 새로운 네트워크를 모색하는 자들 중 하나

---

24) Ibid.
25) Dan Kimball, *The Emerging Church: Vintage Christianity for New Generations* (Grand Rapids, MI: Zondervan/Youth Specialties, 2003).
26) Dan Kimball, "The Emerging Church: 5 years later: The definition has changed"; http://www.dankimball.com/vintage_faith/2008/09/the-emerging-ch.html.
27) Scaramanga, "R. I. P. Emerging Church."

이며 이머전트 급진파를 자주 옹호했던 저자이자 신학교 교수는 이렇게 말한다. "나는 '이머징'의 다양성을 좋아하지만, 그 용어가 비평가들에 의해 너무 남용되어온 까닭에 그것을 사용하려면 끝없는 논란에 말려든다는 것이 문제이다. 나는 그 용어를 잘 이해하는 청중 앞에 설 때를 제외하고는 기본적으로 그것을 사용하지 않을 생각이다."[28] 주목하라. 그가 생각하는 문제는 이머징 대화 자체의 실용주의적 철학이나 교리적 혼란이 아니라 비평가들이 훼손시킨 그 운동의 명칭이다.

그것은 참으로 근시안적인 평가이다. 실용주의가 그 전략의 기초가 되고, '다양성'과 '포괄성'이 핵심 목표로 남아 있는 한, 단순한 표면적 변화로는 더 나아지지 않을 것이다. 이머징 대화는 분열되겠지만, 기독교 복음주의 진영에 끼치는 그 영향은 늘 파괴적일 것이다. 시대에 부응하는 종교를 모색하려는 그들의 노력이 중단되기 전까지는, 내리막으로 끌어내리는 힘으로부터 그들이 벗어날 방법은 없다.

간단히 말해서, 이머징 대화를 형성해온 실용주의적이며 포스트모던적인 가치들은 애시당초부터 명확한 신앙 진술과 반대된다. 움직일 수 없는 '신학적 기초'의 개념은(심지어 로잔 언약처럼 광범위하며 포괄적인 개념마저도) 이머징 대화의 핵심 원칙들과 상충된다. 환멸을 느낀 한 이머징 운동 참여자는 새로운 네트워크 형성에 대해 논의하는 사람들에 대해 다음과 같이 지적했다.

> 나를 비롯해 나와 같은 생각을 가진 많은 사람들이 확신하는 바로는, '이머징 교회'의 원칙들은 그들의 '신앙 선언'이 아무리 포괄적이면서

---

28) Stephen Shields, "Ten Years Out"에 인용됨.

도 정통적이라 해도, 그 신앙 선언으로 돌아가려는 그 자체의 노력과 상반된다. 내가 알기로는 이머징 교회의 신앙 선언은 창세기 1:1부터 요한계시록 22장 안에 포함되어 있다. 이머징 교회가 대두하게 된 주된 자극제 하나는 하나님 말씀을 간단한 덩어리들로 환원시키려는 시도로 인해 입은 상처라는 인상을 준다. 그 덩어리들이 얼마나 '참된' 가는 상관이 없다.

이머징 교회는 확실성이 덜한 참된 믿음을 가지려 하지 않았다.

이머징 교회는 '참된'이라는 용어를 '건전한' 혹은 '일치하는' 등과 같은 대담한 용어로 바꾸려 들지도 않았다.[29]

이머징 대화의 이전 리더들이 그 운동의 잔해로부터 무엇인가 의미 있는 것을 구해내려고 애쓰고 있다는 사실은, 결국 그들 자신이 그 무엇을 아직 얻지 못했음을 보여주는 것 같다. 실용주의적 포스트모더니즘과 기독교계의 근본 신조들 간의 상반성은 누가 봐도 명백하다. 그러나 가장 많은 책을 쓰고 가장 많은 사람들에게 영향을 주는 사람들은 가파른 내리막길로 달려 내려가고 있다.

미래의 모습

미래의 모습은 어떠할까? 역사가 가르쳐 주는 바에 의하면, 구도자 중심의 대형교회와 이머전트의 급진파와의 어울리지 않는

---

29) Raffi Shahinian, "An Open Letter to Dan Kimball, Erwin McManus and Scot McKnight"; http://www.parablesofaprodigalworld.com/2008/09/open-letter-to-dan-kimball-erwin.html.

결합은 궁극적으로 이 교회들의 전적인 파멸로 치달을 것이다. 그들은 20세기 상반기에 대부분의 주요 교단들이 택했던 것과 동일한 내리막길을 따르고 있다. 자유주의가 그 교단들을 죽였듯이 급진적 이머전트들의 신자유주의가 실용주의적 대형교회에 동일한 영향을 미칠 것이다.

나는 실용주의적이며 포스트모던적인 가치를 버리지 않은 채 이머징 대화와 결별하는 자들의 영향력에 대해 더 크게 우려한다. 그들 중 다수가 기성 교회와 교단들로 들어가고 있다. 영리하면서도 경박한 저자와 강연자들은 어디에 새로 보금자리를 틀든 그 곳에서 지속 영향을 미칠 것이다. 오늘날 복음주의의 가장 큰 '성장 시장'은 '젊고, 가만히 있지 못하며, 개혁적인 사람들'이다. 이것은 2006년도『크리스차니티 투데이』지에 실린 콜린 한센의 기사 제목이었다(후에 책으로 출간되었다).[30] 그 기사는 지적하기를, 오늘날의 젊은이들 사이에 구식의 교묘한 실용주의나 최신 정보에 민감한 포스트모던 실용주의보다는 성경적인 설교와 고전적인 개혁주의 교리가 더 강력한 영향을 미치고 있다고 했다. "이머전트 '대화'가 젊은이들에게 많은 호소력을 갖기는 하지만, 새로운 개혁주의 운동의 침투력이 더 강하다. 후자가 훨씬 더 강력한 제도적 기반을 갖추고 있다."[31]

2009년 첫 분기에,『타임』지는 "바로 지금 세계를 변화시키고 있는 10가지 사상들"[32]이라는 제목의 표지 기사를 실었다. 거기 세 번째로

---

30) Collin Hansen, "Young, Restless, and Reformed," *Christianity Today*(2006년 9월); *Young, Restless, Reformed: A Journalist's Journey with the New Calvinists*(Wheaton, IL: Crossway Books, 2008).
31) "Young, Restless, and Reformed."
32) *Time*, 2009년 3월 23일.

나오는 것이 '신칼빈주의'였다.

이 모든 사실은 복음주의적이며 포스트모던적인 실용주의자들이 칼빈주의의 대열에 합류하도록 하는 강력한 동기가 된다. 종교를 마케팅 상품으로 여기며 유행에 중독된 자들이 가장 빠르게 성장하고 있는 인구에 왜 뛰어들지 않겠는가? 그들은 군중에게 달려가서 자신이야말로 신칼빈주의의 참된 대변자라고 선언할 것이다. 자신의 창고에서 실용주의의 온갖 도구들을 꺼내어 온 힘을 쏟아 '신칼빈주의'가 최첨단 유행처럼 보이게 하려 들 것이다. 다만 그 유행이 사그라들어 다른 것이 유행하여 그것을 좇아갈 때까지만 그럴 것이다.

'젊고, 가만히 있지 못하며, 개혁적인 사람들'의 '가만히 있지 못하는' 측면 때문에 그들은 그런 영향들을 위험할 정도로 쉽게 받아들인다. 진지하며 성경적인 생각을 가진 나머지 사람들이 정신을 차려야 한다.

나머지 지도자들은 가파른 내리막길을 벗어나기 위해서는 어떻게 해야 할까? 이 질문에 대한 가장 적절한 답은 본서의 출발점이자 일관된 주제인 디모데후서 본문에서 발견된다.

"너는 말씀을 전파하라 때를 얻든지 못 얻든지 항상 힘쓰라 범사에 오래 참음과 가르침으로 경책하며 경계하며 권하라 때가 이르리니 사람이 바른 교훈을 받지 아니하며 귀가 가려워서 자기의 사욕을 따를 스승을 많이 두고 또 그 귀를 진리에서 돌이켜 허탄한 이야기를 따르리라 그러나 너는 모든 일에 신중하여 고난을 받으며 전도자의 일을 하며 네 직무를 다하라"(딤후 4:2-5).

교회 지도자들이기보다는 평신도인 나의 독자들에게 권한다. 목사들을 위해 기도하라. 당신 자신의 은사를 가지고 그들과 협력하라. 그들을 격려하고 도우라. 그리고 "견실하며 흔들리지 말고 항상 주의 일에 더욱 힘쓰는 자들이 되라 이는 너희 수고가 주 안에서 헛되지 않은 줄을 앎이라"(고전 15:58).

스펄전은 이렇게 말했다.

열심을 냅시다. '손이 늘어지지 않도록 하십시오.' ……지금은 갑절의 기도와 노력을 할 때입니다. 적들이 분주하니 우리도 부지런합시다. 그들이 우리를 끝장내려고 애쓰는 것 같으면, 우리가 그들의 거짓과 미혹을 끝장낼 결심을 합시다. 모든 그리스도인은 갑절의 노력을 하고, 하나님 나라를 위해 더 많이 헌금하고, 더욱 하나님의 영광을 위해 살고, 더욱 철저히 순종하고, 더 진지하고 열심히 그리고 끈질기게 기도함으로써 대적들의 도전에 맞서야 합니다. 이 거룩한 섬김의 어느 부분에도 '손이 늘어지지 않도록 하십시오.' 두려움은 게으름의 원인이지만, 용기는 불굴의 인내를 가르칩니다. 하나님의 이름으로 계속 전진합시다.[33]

감사하게도, 실용주의의 바알에 아직 무릎꿇지 않은 자들이 많다. 그들을 복주시고 번성케 하시기를 하나님께 기도한다. 종교 장사꾼과 마케팅꾼들이 아무리 많이 나타나더라도, 주님은 당신의 교회를 계속 세우고 계시며 '음부의 권세가' 교회를 이기지 못할 것이다(마 16:18). 나는 이 사실을 절대적으로 확신한다.

---

33) "A Sermon for the Time Present," *The Metropolitan Tabernacle Pulpit*, Vol. 33(London: Passmore and Alabaster, 1887), 612.

복음을
부끄러워하는
교회

Ashamed
of the
Gospel

부록
Appendix

- **부록 1.** 스펄전과 내리막길 논쟁
- **부록 2.** 이 시대를 향한 스펄전의 절규
- **부록 3.** 찰스 피니와 미국 복음주의적 실용주의
- **부록 4.** 육적 지혜와 영적 지혜

부록 1.
스펄전과 내리막길 논쟁

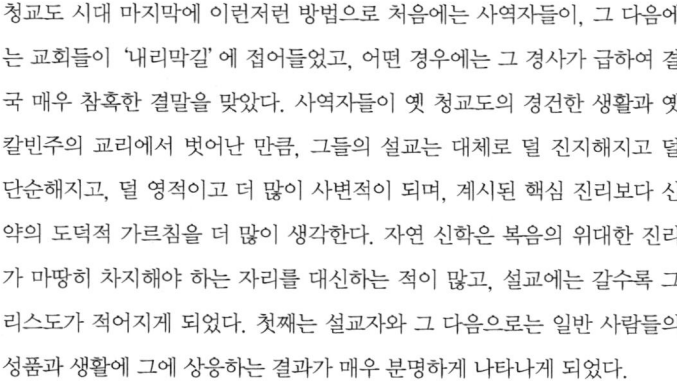

> 청교도 시대 마지막에 이런저런 방법으로 처음에는 사역자들이, 그 다음에는 교회들이 '내리막길'에 접어들었고, 어떤 경우에는 그 경사가 급하여 결국 매우 참혹한 결말을 맞았다. 사역자들이 옛 청교도의 경건한 생활과 옛 칼빈주의 교리에서 벗어난 만큼, 그들의 설교는 대체로 덜 진지해지고 덜 단순해지고, 덜 영적이고 더 많이 사변적이 되며, 계시된 핵심 진리보다 신약의 도덕적 가르침을 더 많이 생각한다. 자연 신학은 복음의 위대한 진리가 마땅히 차지해야 하는 자리를 대신하는 적이 많고, 설교에는 갈수록 그리스도가 적어지게 되었다. 첫째는 설교자와 그 다음으로는 일반 사람들의 성품과 생활에 그에 상응하는 결과가 매우 분명하게 나타나게 되었다.
>
> 『검과 흙손』[1]

1887년 3월, 찰스 스펄전은 자신의 월간지 『검과 흙손』에 '내리막길'이라는 제목의 두 기사 가운데 첫째 기사를 실었다. 이 두 기사는 익명으로 실렸지만, 글쓴이는 스펄전의 친한 친구이며 동료 침례교 목사인

---

1) Robert Shindler, "The Down Grade," *The Sword and the Trowel*(March 1887), 122.

로버트 쉰들러(Robert Shindler)였다. 쉰들러는 스펄전의 말을 가지고 기사를 썼고, 그래서 스펄전은 첫째 기사에 다음과 같은 개인적인 추천의 말을 각주에 썼다. "이 기사에 진지한 관심을 쏟기 바랍니다. 우리는 목이 부러질 것 같은 속도로 언덕을 내리닫고 있습니다."2)

쉰들러는 청교도 시대부터 자신의 시대까지 복음주의의 상태를 추적하면서, 참된 복음주의 신앙의 부흥이 있으면 반드시 한두 세대 안에 건전한 교리로부터 벗어나 결국 대대적인 배도에 이르는 일이 뒤따랐다고 지적했다. 쉰들러는 이처럼 진리로부터 벗어나는 것을 비탈길로 비유했고, 그래서 이 일을 '내리막길'이라고 이름 붙였다.

내리막길 논쟁 I

첫 기사에서 쉰들러는 1662년 청교도주의가 쇠퇴하기 시작했을 때부터 영국의 중요한 프로테스탄트 교파들의 역사를 이야기했다. 그는, 청교도 시대 이후 첫 세대에 사실상 영국의 모든 비국교도(비영국 국교회 프로테스탄트) 교파가 정통 신앙에서 벗어나 원죄를 부인하고 그리스도의 신성을 의심하는 소시누스주의(socinianism)라는 옛 자유주의 신학으로 향했던 사실을 지적했다. 쉰들러는 청교도 이후의 수백 개 교회가 어떻게 해서 건전한 교리를 버리고 합리주의적 회의주의, 유니테리언주의 및 기타 자유주의 신념을 선호하게 되었는지를 설명했다. 종종 아래로 치닫는 걸음은 천천히 시작되므로 거의 알아차릴 수 없다. 쉰들러는, 교파들이 인간의 의지를 결정적 요소로 여기는 아르미니우스주

---

2) Ibid., 122n.

의를 선호하여 구원에서 하나님의 주권을 강조하는 칼빈주의를 버릴 때 종종 "내리막길로 접어들었다."고 말했다. 다른 집단들은 그리스도의 완전한 신성을 부인하는 아리우스주의를 받아들였다. 또 어떤 집단은 간단히 학문과 세속 지혜에 매혹당한 결과 진리에 대한 열정을 잃었다.

"장로교인들이 맨 먼저 그 내리막길로 접어들었다."고 쉰들러는 썼다. 그들은 세속 지혜의 길을 택했다. "그들은 고전 공부를 비롯한 기타 학문 분야에 더 많은 관심을 기울였다. 그러므로 그것은 사역자들이 받은 교육에 관심을 점점 더 쏟고 영적 자격에는 점점 덜 쏟으며, 복음전도의 열정과 진리의 말씀을 올바로 분별할 수 있는 능력보다 학문과 웅변술에 더 높은 가치를 두는, 그릇된 방향으로 가는 첩경이었다."[3]

나아가 쉰들러는 이렇게 말했다.

어떤 경향에 빠지는 사람에게 흔히 있는 일이지만, '내리막길'에 접어든 어떤 사람들은 의도했던 것보다 더 멀리 내려갔고, 그래서 그 길에서 벗어나는 것보다 계속 나아가는 것이 더 쉽고, 제동 장치가 없을 경우 멈추기가 매우 어렵다는 것을 보여 주었다. 칼빈주의로부터 돌아선 사람들은 하나님의 아들의 고유한 신성을 부정하는 것, 그의 대속적 죽음과 의롭게 하시는 능력에 대한 믿음을 부인하는 일 그리고 인간이 새로운 피조물이 되기 위해서는 인간의 부패와 하나님의 새롭게 하심의 필요성과 성령의 역사가 필요하다는 교리를 부정하는 일을 꿈도 꾸지 않았다. 그러나 꿈을 꾸었든 꾸지 않았든 이런 결과는 현실이 되었다.[4]

---

3) Ibid., 123.
4) Ibid., 124.

쉰들러는 믿음을 버린 사람들 중 일부는 노골적으로 그렇게 했다고 말했다. 그러나 많은 사람들은 의도적으로 자신의 회의주의와 이단성을 감추고 정통 신자처럼 행세하면서 의심의 씨를 뿌렸다. "이 사람들은 자신의 정죄를 더 악화시키고 자신의 위선과 속임으로 자신을 따르는 많은 사람을 영원히 파멸되게 만들었다(참고. 마 23:15). 그리스도의 사신이며 그리스도의 영광스러운 복음을 전하는 반포자라고 고백하지만, 그들의 목적은 그리스도의 주장을 무시하고 그의 권리를 부인하고 그의 인품을 깎아 내리고 그리스도의 구원의 찬란한 옷을 찢고 그 면류관을 흙에 던져 짓밟는 것이었다."5)

그런데도 믿음에 충실했던 사람들 가운데 많은 사람이 자신이 믿는 바를 위하여 싸우기를 꺼려했다. 복음주의 설교는 종종 냉담하고 생기가 없었고, 건전한 가르침을 지키는 사람조차도 다른 사람들과 교류할 때 지켜야 할 선을 주의하지 않았다. "정서적으로 참으로 정통 신앙을 가졌다고 하는 자들도 이단 사역자를 조력자나 임시 설교자로 자신의 강단에 끌어들일 정도로 나태하고 신실하지 못한 경우가 너무 많았다. 이런 식으로 아리우스 이단과 소시누스 이단이 엑서터 시의 장로교 교회에 들어왔다."6)

그래서 겨우 몇 십 년도 안 되어, 영국의 영혼을 그토록 사로잡았던 청교도의 열정이 메마르고 냉담하고 배도적인 가르침에 무너졌다. 교회들은 거듭나지 못한 사람들에게 교회 회원이 되는 특권을 허용할 정

---

5) Ibid., 125.
6) Ibid.

도로 태만해졌다. 쉰들러의 말에 따르면 '새롭게 하시는 은혜의 역사를 전혀 모르는 사람들'이 그리스도인이라고 주장했고, 교회의 회원으로 심지어는 교회의 지도자로 받아들여졌다. 이 사람들은 "평화의 유일한 길이 무시되고 부인되고 있는데도 '평화, 평화'를 소리칠 수 있고 소리치려 하고 실제로 소리쳤던 사람들을 그들의 마음에 합한 목회자로 선택했다."[7]

쉰들러는 '내리막길'에 관한 첫 기사를 이런 말로 마감했다. "이 사실들은, 어떤 경우에 나타나는 것처럼 사람들이 새것을 위하여 옛것을 기꺼이 끊어버리려 하는 일이 너무도 분명하게 나타나는 현재를 위해 한 교훈을 제공한다. 그러나 신학에서는 참된 것이 새것이 아니며 새것이 참된 것이 아니라는 사실이 흔히 발견된다."[8]

내리막길 논쟁 Ⅱ

두 번째 기사는 『검과 흙손』지 4월호에 실렸다. 이 기사에서 로버트 쉰들러는 청교도주의가 쇠퇴하는 역사를 계속 개괄했다. 그는 교회 지도자들이 비탈길을 만들었다고 비난했다. 정통 신앙을 가르치는 자들도 열심히 싸우고 있지 않고(삿 3장) 믿음을 변호하는 데 약하다고 쉰들러는 말했다. 한 예로 쉰들러는 오늘날 '주의 말씀 받은 그날'로 널리 알려진 찬송을 쓴 필립 도드리지(Philip Doddridge, 1702–1751)를 언급했다. 그에 의하면 도드리지는 "호감을 줄 정도로 건전했지만,

---

7) Ibid., 126.
8) Ibid.

사려 깊은 것은 아니었다. 어쩌면 지나치게 사려가 깊어서 그다지 담대하고 결연하지 못했다."9)

도드리지는 1700년대 중반 대부분의 비국교도 사역자들이 훈련을 받으러 갔던 학교의 교장이었다. 쉰들러는 도드리지에 대해 이렇게 판단했다. "도드리지의 호감을 주는 성향 때문에 그는 좀더 단호한 성품을 지닌 사람이라면 하지 않았을 일을 하고 말았다. 때때로 도드리지는 설교자를 바꿀 때도 정통 신앙을 가졌는지 의심을 받는 사람과 우의를 다지며 사귀었다. 이런 일은 많은 젊은 사람들에게 영향을 주었고, 사람들이 변해가는 정서를 과소평가하는 데 기여했다."10) 다른 말로 하면, 쉰들러는 도드리지가 비정통적 선생들을 관용한 것은 그의 신학생들로 이 비정통적 선생들이 심각한 오류에 빠지는 죄를 범하고 있다는 두려운 현실을 잘 못 보게 하여 그 이단이 주는 치명적인 결과에 영향을 받게 했다고 생각했다. 그러나 쉰들러는 곧바로, 누구도 드드리지에 대해서 '이단이 아닐까 하고 의심할' 수도 없었다고 덧붙였다.

도드리지가 보여 준 관용의 태도 때문에 마침내 이 학교는 소시누스주의에 굴복했고 이리하여 도드리지가 죽은 다음 세대에 분해되었다.11)

쉰들러는 호세아 4:9("백성이나 제사장이나")을 바꾸어 이렇게 썼다. '그런 사역자에게 기대할 수 있는 선이 별로 없고, 그들의 정서에 찬성하는 청중에게 걸 수 있는 희망이 별로 없다."12) 쉰들러는 그런 관용에 대해 경

---

9) "The Down Grade" (second article), *The Sword and the Trowel* (April 1887), 166.
10) Ibid., 167.
11) Ibid.
12) Ibid., 168.

고하면서, 주의하다가 실수하는 것이 더 낫다고 하였다.

너무 많은 경우에 회의주의적 대담무쌍함이 복음전도의 열정을 대신한 듯이 보이며, 사람들은 복음 진리의 유익한 떡보다 신학적 사변의 껍데기를 좋아한다. 어떤 사람들은 진리의 길을 얼마나 꾸준하고 충실하게 걸을 수 있는가 하는 데 열심을 쏟지 않고 얼마나 진리로부터 멀어질 수 있는가 하는 데 열심을 쏟는 것 같다. 그들에게 하나님의 진리는 사자나 호랑이 같아서, 그 진리를 '멀리' 한다. 우리는 이렇게 충고하고 싶다. 절벽에 너무 다가가지 말라. 자칫 미끄러지거나 넘어질 수 있다. 항상 안전한 곳에 있어라. 깨지기 쉬운 얼음에 올라가는 모험을 하지 말라.[13]

쉰들러는 '다윈주의라는 올챙이가 슈루즈버리, 하이 스트리트에 있는 오래된 예배당 한 교인석에서 부화했다.' 는 사실을 주목하면서 어떻게 해서 관용적 태도가 재난을 불러왔는지 구체적인 예를 들었다. 슈루즈버리의 이 예배당은 소시누스주의에 매료되었던 한 목사가 다윈에게 회의주의를 처음으로 소개했던 곳이다. 또한 이 교회는 성경 전권 주석을 쓴 매튜 헨리가 목회했던 곳인데 오랫동안 "만개(滿開) 한 소시누스주의"[14]를 가르쳐 오고 있었다는 점도 지적했다.

쉰들러의 지적에 따르면, 침례교도들은 자기네 교회들 일부가 내리막길에 서 있는 것을 보았다. 그는 소시누스주의를 받아들인 켄트 카운티

---

13) Ibid.
14) Ibid.

의 몇몇 교회를 거명했다. 도버와 딜과 윙햄과 알딩에 있는 교회들이다.

그러나 쉰들러는 이 규칙에 주목할 만한 몇 가지 예외가 있다고 덧붙였다. 기꺼이 믿음을 위하여 싸우고 은혜와 하나님의 주권 교리를 지킨 이 교회들은 내리막길로 간 교회들의 운명을 가까스로 피할 수 있었다. 쉰들러의 말에 따르면 그들은 내리막길을 대조적으로 두드러지게 보여주는 오르막길의 유일한 실례들이었다.

어떻게 해서 성경을 믿는 그 많은 교회들이 길을 잃게 되었을까? 그리고 왜 이런 일은 인간 역사에 거듭거듭 나타나는가? 쉰들러는 이런 질문을 제기했다.

> 모든 잘못된 길에는 언제든지 잘못 디딘 첫걸음이 있다. 그 잘못된 발걸음을 추적할 수 있다면, 잘못된 발걸음과 그 결과를 피할 수 있을 것이다. 그런데 '왕의 진리의 대로'에서 벗어난 지점은 어디인가? 잘못 디딘 첫걸음은 무엇인가? 그것은 이 교리를 의심하는 것 혹은 저 정서를 의심하는 것, 혹은 다른 정통 신앙의 조항에 대하여 회의를 품는 것인가? 그렇지 않을 것이다. 이런 의심과 회의는 그 앞서 있는 어떤 일의 결과이다.[15]

그러면 그 '어떤 일'은 무엇인가? 내리막길에 접어들기 시작한 모든 사람의 공통 분모는 무엇이었는가?

잘못 디딘 첫걸음은 성스러운 성경이 하나님의 영감으로 되었다는 사

---

15) Ibid., 170.

실을 제대로 믿지 않는 것이다. 사람이 하나님 말씀의 권위에 복종하는 동안은 말씀의 가르침에 반대되는 정서를 받아들이지 않을 것이다. '법에 따라 말씀에 따라'가 모든 가르침에 대한 그의 간절한 소원이다. 그는 그 거룩한 책이 모든 것에 관해 옳게 말하고 있다고 평가하며, 그래서 모든 그릇된 길을 미워한다. 그러나 어떤 사람에게 성경의 영감과 권위를 의심하게 하거나 그 영감과 권위에 대하여 저급한 생각을 품게 하라. 그러면 그 사람에게는 안내 지도와 기댈 언덕이 없다.

우리가 간략하게 써 왔던 시대들의 역사와 운동을 조심스럽게 훑어보면 이런 사실이 분명히 나타난다. 성경은 믿음과 실천에 대한 권위 있고 오류 없는 원칙으로 하나님이 주신 것이라는 진리를 사역자들과 교회가 굳게 붙들었던 곳에서는 사람들이 바른 길에서 그다지 심각하게 벗어나지 않았다. 그러나 반대로 이성을 계시보다 높이고 계시의 해석자로 만들었을 때, 온갖 오류와 재난이 생겨났다.[16]

쉰들러는 칼빈주의 교리와 성경을 중시하는 견해 사이에 연관성이 있는 것을 지적하면서, 성경의 권위에 변함없이 헌신하는 사람들 대다수는 "교리 면에서 상당히 칼빈주의적"[17]이라고 했다. 그의 글을 실은 잡지 『검과 흙손』지 같은 호에서 스펄전은 이런 말을 덧붙였다. "우리는 체계로서 칼빈주의보다 핵심적인 복음 진리에 더 많은 관심을 쏟는다. 그러나 우리는 칼빈주의가 사람들로 중요한 진리를 붙잡을 수 있도록 돕는 보존력을 갖고 있다고 믿는다."[18] 스펄전과 쉰들러에게 있어서

---

16) Ibid.
17) Ibid.
18) Ibid., 195.

이 말은, 성경을 중시하는 견해가 하나님의 주권을 중시하는 견해와 병행한다는 뜻을 분명히 담고 있다. 더욱이 쉰들러가 지적했듯이, 건전한 교리를 굳게 붙잡는 교회들은 건강하고 번성했고, 소시누스주의를 받아들였던 교회들은 필연적으로 사그라들고 소멸되기 시작했다. 쉰들러는, 소시누스주의적 성향을 갖고 있지만 그런데도 자유주의 신학과 놀아나는 목사들에게 경고의 말을 쓴 잡 오르턴(Job Orton) 목사의 말을 인용했다.

오르턴은 이렇게 말했다. "그 후로 나는 사역자들이 따뜻하고 애정을 가지고 교인들에게 복음전도의 동기를 불어넣지 않고, 대신 명랑하고 멋진 일들로 교인들을 즐겁게 하고 일반적인 말을 장황하게 늘어놓는 데 급급하고 대개는 도덕적 의무를 내세울 때, 복음의 독특한 것들을 무시하고, 우리의 구속에 하나님의 은혜와 그리스도의 사랑이 필요하다는 것과, 지속적으로 성령을 의지함으로 도움과 힘을 얻어 거듭나고 성화되어야 한다는 것을 거의 또는 전혀 보여주지 않는 한, 그들의 회중은 비참한 처지에 놓이게 된다. 어떤 교회들은 50년 전 수백 명씩 모이다가 이제는 수십 명만 모이는 이웃의 교회들처럼 줄어들어 사라지고 있다. 교인들 가운데는 섬뜩한 죽음의 그림자가 드리워져 있다. 그들은 '이 세상의 길'로 달리며 온갖 유행하는 어리석은 짓을 따른다. 그리고 그들에게는 가정과 개인의 경건함이 대체로 사라진 듯하다. 생명과 열정의 모습은 거의 없다."[19]

---

19) Ibid., 171-72.

쉰들러는 비꼬듯이 이렇게 덧붙였다. "오르턴은 '내리막길'의 어리석음을 보고서 증언하고 다른 사람을 만류하기 위해 열심히 증거한 것 같다."20)

그런 후에 쉰들러는 하나님 말씀의 중심성과 충분성을 호소하며 끝을 맺었다.

> 그러나 사람들과 사람들의 견해가 어떠하든 상관없이 주님의 말씀은 영원히 굳건하다. 그리고 그 말씀은, 하나님의 사자의 일을 맡고 사람들에게 주의 메시지를 말하는 일을 하는 모든 사람에게 이렇게 말한다. "내 말을 받은 자는 성실함으로 내 말을 말할 것이라 겨가 어찌 알곡과 같겠느냐"(렘 23:28).
> 주님은 우리 모두가 "견실하며 흔들리지 말고 항상 주의 일에 더욱 힘쓰는 자들이 되도록" 도와주신다. "이는 너희 수고가 주 안에서 헛되지 않은 줄 앎이라"(고전 15:58).21)

이 말로 두 기사는 끝을 맺었다.

쉰들러는 6월호에 세 번째 기사를 추가로 썼다. 6월의 기사는 뉴욕 앤도버의 앤도버 신학교 교수들과 관련된 미국의 이단 재판에 대한 분석을 담았다. 앤도버 신학교는 하버드 대학의 소시누스주의에 반대하여 약 100년 전에 설립되었다. 쉰들러는 앤도버의 설립자들이 "코튼 매더 스타일의 건전한 칼빈주의자였고, 그 대학은 그런 믿음으로 사람들을

---

20) Ibid., 172.
21) Ibid.

훈련할 특별한 목적 때문에 세워졌다"[22)]고 썼다. 쉰들러는 '이제 교수 자리를 차지하고 있는 다섯 신사' 들이 '설립자의 믿음에서 심각하게 떠났다.'는 이유로 비난했다. 그들은 속임수로 그렇게 한다고 쉰들러는 말했다. 그들은 이 학교의 교리 선언서에 서명해 놓고 이제 누군가가 '진보적 정통 신앙'이라고 이름 붙인 자신들의 가르침으로 그 교리를 손상시키고 있다고 했다. 쉰들러는 이렇게 자기 나름대로 평가했다. "실로 그 진보가 상당히 진행되어 '정통 신앙'이 보이지 않는다."[23)] 쉰들러는 이어서 이 사람들이 가르치는 이단의 역사를 나열했다. 이 이단은 19세기 말에는 미묘하게 보였지만 사실상 믿음에서 심각하게 변절한 것이었다.

쉰들러는 앤도버의 재난을 내리막길의 위험에 대한 실물 교재로 보았고, 주저하지 않고 미국 침례교도를 실례로 사용하여 영국 침례교 연맹이 같은 길을 향하여 가고 있다는 취지의 말을 했다.

석 달 후 찰스 스펄전은 '내리막길'에 관하여 글을 썼다. 논쟁은 달아오르기 시작하고 있었다.

내리막길 논쟁 Ⅲ

스펄전이 쓴 '내리막길에 관한 또 하나의 말'이라는 기사가 『검과 흙손』지 8월호에 실렸다. 이 기사의 어조는 쉰들러보다 더 절박했다. 이전에 실린 기사는 기본적으로 두 가지 반응을 보였

---

22) Robert Shindler, "Andover Theology," *The Sword and the Trowel*, Vol. 23(June 1887), 274.
23) Ibid.

다. 즉 쉰들러의 분석이 너무 비관적이라고 믿는 사람들로부터는 불쾌감을, 영국 복음주의에 나타나는 추세에 대해 괴로워하던 사람들에게서는 마음에서 우러나오는 공감을 불러일으켰다.

쉰들러의 경고에 동의하는 사람들은 이전에 건전하던 교회에 배도와 타협이 있다는 증거를 더 많이 제공하는 반응을 보였다. 스펄전은 이 반응을 읽고 화가 치밀었다. 어떤 사람은, "그가 비가 오도록 기도해야 한다고 생각했다고 해서 두 사역자가 그를 조롱했다."고 소식을 알렸다. 한 여인은 "자신에게 위로를 주었던 이사야의 고귀한 약속을 자기 교회 사역자가 하나님의 영감으로 기록된 것이 아니라고 했다."[24)]고 스펄전에게 말했다. 『검과 흙손』지의 편집부는 그런 이야기로 넘쳐났다.

첫 문단부터 스펄전의 어조는 이전에 나온 쉰들러의 기사들보다 훨씬 전투적이고 강했다. 처음 두 기사가 실리고 여러 주가 지나서, 스펄전은 『검과 흙손』지가 '내리막길'을 과소평가했다고 생각했음이 분명하다.

우리의 엄숙한 확신은, 많은 교회의 사정이 보이는 것과 달리 훨씬 심각하고, 급속히 내리막길로 치닫고 있다는 것이다. 비국교도 브로드 스쿨을 대변하는 신문들을 읽고 자문해 보라. 그들이 얼마나 더 멀리 나갈 수 있을까? 더 버릴 교리는 어떤 것인가? 다른 어떤 진리가 경멸의 대상이 될까? 새 종교가 시작되었지만, 분필이 치즈가 아니듯이 이 새 종교는 기독교가 아니다. 그리고 이 종교는 도덕적 정직성이 없으므로 약간 손질하여 스스로를 옛 믿음으로 가장하여 소개하고, 그런 구실로 복음

---

24) "Another Word Concerning the Down-Grade," *The Sword and the Trowel*(August 1887), 399.

전파를 위하여 세워졌던 강단을 빼앗는다."[25]

이 '새롭고 개선된' 기독교 변종은 복음 전파의 자리에 오락을 들여 놓고 있다. 스펄전은 많은 교회가 극장의 가치와 기법이 주님의 성전에 침투하도록 허용함으로써 교회를 '극장'으로 만들고 있다고 경고했다.

스펄전은, 많은 교회가 더 이상 기도회를 갖지 않는다고 지적했다. 영적 열기가 줄어들고 회중은 드문드문해지고 복음을 위한 열정은 급히 꺼지고 있다. "애석하다. 많은 사람이 쇠퇴하는 청교도 후기 세대를 마취시킨 독이 든 잔으로 돌아가고 있다. 너무나 많은 사역자들이 '현대 사상'이라는 형식으로 '다른 복음'이라는 치명적인 코브라를 가지고 장난을 치고 있다."[26]

그런 쇠퇴는 주로 누구 탓이었는가? 스펄전은 그것을 설교자 탓이라고 믿었다. "통탄할 노릇이다. 어떤 사역자들은 이교도를 만들고 있다. 스스로 공언한 무신론자는 의심을 흩뿌리고 믿음을 공격하는 설교자에 비해 십분의 일도 위험하지 않다. 독일은 설교자들 때문에 믿지 않는 나라가 되었다. 영국은 독일의 전철을 밟고 있다."[27]

스펄전은 모더니스트들을 경멸하는 말을 애서 감추려 하지 않았다.

> 우리의 교회를 파괴하는 자들은 자기의 나쁜 행위를 만족해 하는 원숭이처럼 자신이 한 일에 만족하는 것처럼 보인다. 그들의 조상이라면 한

---

25) Ibid., 397.
26) Ibid., 398.
27) Ibid., 399.

탄했을 것을 그들은 즐거워한다. 즉, 그들은 자신들의 사역에서 가난하고 일편단심인 사람들을 따돌린 일을 칭찬할 일로 받아들이고, 신령한 마음을 품은 자들의 슬픔을 자신들의 능력을 입증하는 증거로 본다.[28]

이와 같은 노골적인 태도에 넌덜머리가 난 사람들에게 스펄전은 이렇게 썼다.

> 약간 분명하게 말해도 지금은 유익할 것이다. 이 신사들은 혼자 있기를 원한다. 그들은 시끄럽게 하는 것을 원치 않는다. 물론 도둑은 망보는 개를 싫어하고 어둠을 좋아한다. 누군가 시끄럽게 하고 하나님에게서 하나님의 영광을, 사람에게서 사람의 소망을 빼앗는 방법에 주의를 촉구해야 할 때이다.[29]

이 기사 끝에서 스펄전은 다음과 같이 공격했다. 이것은 이 문제를 최초로 제기한 것으로 후에 이루어진 논쟁의 초점이 되었다.

> 이제는 성도들에게 단번에 전해진 믿음을 지키는 사람들이 다른 복음으로 돌아선 사람들과 얼마나 친하게 지내야 하는지가 심각한 문제가 된다. 그리스도인의 사랑은 할 말을 주장하고, 분열은 괴로운 해악으로 피해야 한다. 그러나 우리가 진리를 떠나고 있는 자들과 연합하는 것이 얼마나 정당한 일인가? 균형 있게 책임을 행하기 위해서는 답하기가 어려운 질문이다. 당분간 신자가 주를 배반한 사람들을 지지하고 원조하

---

28) Ibid., 399-400.
29) Ibid., 400.

지 않도록 조심하는 것은 당연한 일이다. 모든 경건한 사람이 더욱 많이 하게 되기를 바라는 일, 곧 진리를 위하여 교파적 제한의 경계를 뛰어넘는 일과, 교파의 변경과 통일을 위하여 진리를 종속시키는 정책은 전혀 별개의 것이다. 생각이 가벼운 사람들은 대부분 영리한 사람들과 선량한 형제들이 범한 오류라면 못 본 체한다. 왜냐하면 이 사람은 그들 보기에 좋은 점을 많이 갖고 있기 때문이다. 각 신자가 스스로를 판단하기 바란다. 그러나 우리는 새로 몇 개의 빗장을 우리 문에 질러 놓았다. 그리고 우리는 사슬을 단단히 채우라고 명령을 내렸다. 왜냐하면 종의 친구라는 구실로 주인의 것을 도둑질하려는 사람들이 있기 때문이다.[30]

스펄전은 이제, 참된 신자는 새 신학을 선포하는 사람들과 맺고 있는 조직적인 끈을 끊어야 할 이유가 있다고 제시한다. 그의 평가에 따르면 말씀의 진리는 타협에 의하여 너무 심각하게 손상되었으므로, 진정한 그리스도인들은 "너희는 그들 중에서 나와서 따로 있고 부정한 것을 만지지 말라"고 하신 고린도후서 6:17의 명령을 고려해야 한다.

이는 새 교파를 만들라는 요청이 아니다. 분명히 스펄전은 이 세상의 조직을 믿지 않았다.

우리는 언제나 고백하는 것과 믿는 것이 다를 만큼 비열한 사람들을 안에 들이지 않을 수 있는 협회를 만드는 것이 가망 없는 일이 아닐까 두려워한다. 그러나 조상들의 구 독교를 붙드는 모든 사람들이 비형식적 동맹을 맺는 것은 가능할 것이다. 그들은 그렇게 할 능력이 거의 없겠지

---

30) Ibid.

만, 적어도 침묵의 공모에 연루될 일에 항거하고, 할 수 있는 한 그런 일에서 벗어날 수 있다. 만일 잠시 복음주의자들이 침몰할 수밖에 없다면, 죽도록 싸워야 한다. 그리고 '현대 사상'의 지어낸 이야기가 꺼지지 않는 불에 타 없어질 때 그들의 복음이 부활할 것이라는 온전한 확신을 갖고서 그리해야 한다.[31]

이 기사는 복음주의 세계를 흔들어 놓았다. 수십 년 동안 거의 모든 복음주의자들에게서 존경을 받아 왔던 스펄전은 갑자기 자기 진영 내부의 비판자들에 의하여 포위되었다. 그가 제안하던 것은 복음주의 사상의 합의 내용과 정반대였다. 모든 추세는 통일과 조화와 융화와 형제 관계를 지향했다. 갑자기 참된 신자는 분리주의가 되라고 촉구하는 외로운 목소리가 들렸다. 그러나 이 목소리는 가장 영향력 있는 목소리였다. 교회는 그런 충고를 받아들일 준비가 되어 있지 않았고 그럴 마음도 없었다. 심지어 이 설교자의 황제에게서도 받아들일 준비가 되어 있지 않았고 그럴 마음도 없었다.

내리막길 논쟁 Ⅳ

스펄전은 부드러운 표현을 사용하고 불평의 강도를 낮추라는 몇몇 형제들의 간청에도 불구하고, 스펄전은 『검과 흙손』지 9월호에서 더욱 강하게 공격했다. 스펄전은, 앞의 기사들에 대

---

31) Ibid.

한 독자의 반응이 자신의 입장을 옹호한다고 믿었다. 그의 혹독한 주장을 지지하는 편지들이 쏟아져 들어왔다. 사실 스펄전은 이제 자신의 경고가 너무 약하고 때 늦은 것이 아니었는지 의심했다.

> 우리의 모든 힘을 다하여 커가는 시대 악에 관해 경고의 목소리를 시온에서 냈고, 그것이 결코 너무 빠른 조치가 아니었다는 증거를 넘치도록 받았다. 사방에서 온 편지는, 오늘날 교회의 형편이 우리가 생각하는 것보다 훨씬 더 나쁘다고 선언한다. 우리는 과장하는 잘못을 범했다는 책망을 받을 것이 아니라, 훨씬 더 끔찍한 모습을 보여 준 것이 잘한 일이라는 평가를 받아야 했을 것 같다. 이 사실 때문에 우리는 참으로 슬퍼하게 된다. 우리가 말을 잘못했다는 확신이 들었다면, 진정으로 회개하는 고백으로 생각을 바꾸었을 것이며 우리의 두려움이 사라짐으로 기뻐했을 것이다. 비난하는 것은 우리에게 기쁜 일이 아니다. 그토록 많은 사람과 적대적인 듯이 보이는 것은 우리 마음에 전혀 즐거운 일이 아니다.[32]

비판자들은 스펄전의 비난에 대답하기는커녕 그 비난이 모호하다고 선언했다(물론 쉰들러와 스펄전은 전혀 모호하지 않았다). 스펄전은 당시 재발하는 신장병과 싸우고 있었고 강단에 서지 못했다. 어떤 사람들은 내리막길 기사들이 심한 병이 든 사람의 폭언이라는 느낌을 은근히 부추겼다. 분명 스펄전은 그런 터무니없는 주장 때문에 개인적으로 슬펐다.

---

32) "Our Reply to Sundry Critics and Enquirers," *The Sword and the Trowel*(September 1887), 461.

우리의 적수들은 우리의 병든 상태를 조소하는 일을 시작했다. 우리가 써 온 모든 엄숙한 것들은 우리의 고통에 대한 암시이며, 우리는 장기간 휴식을 취하라는 충고를 받는다. 그들은 동정하는 체하지만 실제로는 무례하게, 진리의 증거가 불충분하다고 지적함으로써 진리를 평가절하 하려 한다. 이렇게 가볍게 여기려는 것에 대하여 우리는 다음과 같이 할 말이 많다. 첫째, 우리의 기사는 우리가 아주 건강할 때 쓴 것이며, 병이 날 조짐이 보이기 전에 인쇄되었다. 둘째, 우리가 그리스도인들과 논쟁을 벌이고 있다면, 그들이 자신들의 주장이 달리더라도 인간성을 들먹거려 공격하는 일에 의존하지 않을 것이라는 확신이 있어야 한다.[33]

스펄전의 적수들은 인신공격을 했다. 물론 스펄전과 쉰들러는 인격을 비난의 주제로 삼지 않으려고 지극히 조심했다. 더욱이 스펄전의 적수들은 스펄전이 비난하는 내용을 완전히 무시했다. "우리의 주장이 그르다는 것을 입증하려 한 사람은 아무도 없었다."[34]고 스펄전은 썼다. 스펄전의 비난을 부인한 사람은 없었다. 사실 아무도 그럴 수 없었다. 인정하려는 사람은 거의 없었지만 영국의 복음주의는 사실상 내리막길을 가고 있었다.

스펄전은 자신의 설교의 특징인 생생한 비유를 사용하여 이렇게 썼다. "집은 도둑 맞고 그 벽은 패어져 내려앉았지만, 침대에 누운 선한 사람들은 따스함이 너무 좋고 또 머리가 깨질 것이 너무 두려워 아래층으로 내려가 강도와 맞서지 못한다. 그들은 어떤 시끄러운 동료가 소란을

---

33) Ibid., 462.
34) Ibid., 461.

피우며 '도둑이야.' 하고 소리치는 것마저도 짜증을 낸다."[35]

스펄전은 자기 생각에 복음을 반대하는 사람들과 교제를 끊는 일에 관하여 좀더 진지하게 생각하고 좀더 분명하게 말하기 시작했다. 수십 년 동안 스펄전은 침례교 연맹에서 가장 돋보이고 영향력 있는 회원이었다. 하지만 이제 스펄전은 양심의 문제로 연맹을 탈퇴하는 일을 심각하게 숙고하고 있는 것 같았다.

> 날이 지날수록 갈라서는 문제가 좀더 분명해지고 있다. 성경을 믿는 사람과 성경을 저당 잡아 이용하려는 사람 사이에는 틈이 벌어지고 있다. 영감과 사변은 오랫동안 평화롭게 동거할 수 없다. 여기에는 타협이 있을 수 없다. 우리는 하나님 말씀의 영감을 지지하면서 동시에 그것을 거부하는 일을 할 수 없다. 우리는 속죄를 믿으면서 그것을 부인할 수 없다. 우리는 타락 교리를 지지하면서 영적 생활이 인간 본성에서 진화한다고 말할 수 없다. 우리는 회개하지 않는 자의 형벌을 인정하면서 '더 큰 소망'에 빠질 수 없다. 이 길이 아니면 저 길을 선택해야 한다. 결정은 시간의 요청이다.
>
> 우리가 우리의 길을 선택했을 때는 다른 길을 가는 사람들과 교제를 유지할 수 없다.[36]

스펄전은 침례교 연맹의 복음주의적 지도자들이 개혁을 바라는 자신의 관점과 선택을 보기를 분명히 바랐다. 침례교 연맹은 어떤 종류든 교

---

35) Ibid., 465.
36) Ibid.

리 선언을 고수하는 일을 결코 요구하지 않았다. 처음부터 이 연맹의 회원들은 모두 복음주의자라는 전제가 다소간 있어 왔다. 그러므로 회원이 되는 데 필요한 유일한 교리는 세례의 형태와 관계된 것이었다. 스펄전은 그것이 진리 유실을 막는 데 충분치 못한 방비책이라고 믿었고, 그래서 회원들의 교리적 순전성을 확보할 수 있는 새로운 구조가 필요함을 인정하고 받아들이라고 연맹에 호소했다.

스펄전을 놓치거나 아니면 연맹이 분열될 상황에 맞닥뜨린 교파의 지도자들은 타협의 길을 찾기 시작했다. 그러나 스펄전은 타협을 거부했다.

좁은 길을 갈 사람은 계속 그 길을 가게 하여, 그 선택에 따른 고통을 겪게 하라. 그러나 동시에 넓은 길을 따르기를 바라는 것은 부조리한 일이다. 그리스도와 벨리알이 어찌 함께할 수 있겠는가?
여기까지 왔으니 잠시 멈추자. 가능한 한 많은 사람이 한마음으로 이스라엘이 마땅히 해야 할 일을 알도록 주님을 기다리자. 굳건한 믿음으로 우리의 위치를 지키자. 화를 내거나 의혹이나 분열의 마음이 아니라 경계하고 결연한 태도로 그리하자. 마음도 없으면서 교제하는 체하지 말고 우리 가슴에 불타고 있는 확신을 숨기지 말자. 시대가 위험스러우므로 모든 신자는 자기의 책임을 마땅히 져야 한다. 그러지 않으면 배신자가 된다. 각 사람이 어느 곳 어느 길을 선택해야 할지는 주님께서 각 사람에게 분명히 알려주실 것이다.[37]

---

37) Ibid.

스펄전은 이렇게 기사를 마쳤다. 그는 도전했다. 그의 생각과 마음은 정해졌다. 그는 흔들리지 않았다.

내리막길 논쟁 V

스펄전의 세 번째 기사는 『검과 흙손』지 10월호에 실렸다. '입증된 사례'(The Case Proved)라는 제목의 이 기사는 이전 기사에 대한 반응으로 받은 편지와 비평에서 발췌한 인용문으로 구성되었다. 이 글은 두 부류로 나누어졌다. 첫째는 논쟁을 폭풍우의 전조로 보고 폭풍우를 잠잠하게 하기를 바랐던 독자들의 글이었다. 스펄전은 그들을 "싸우는 사람들 사이에 끼어들어 싸울 이유가 없다고 하면서 '평화, 평화'를 계속 우리의 모토로 삼아야 한다고 선언하기" 원했던 "소중한 친구들"[38]이라고 특징지었다. 스펄전은 그런 사람들은 "지나치게 우호적이어서 모든 것을 색안경을 통해서 본다."[39]고 비난했다.

두 번째 범주는 어두운 상황에 대한 스펄전의 평가를 긍정하는 사람들이 보인 반응을 담았다. 많은 사람들이 자칭 복음주의자라고 하는 사람들 가운데 있는 타협과 그릇된 가르침의 구체적인 예들을 서술했다.

다시 스펄전은 이렇게 질문했다. "정통 신앙을 고수하는 형제들이 그런 의견을 주장하고 가르치는 자들과 계속 연합함으로써 그런 생각을 보증해 주려 하는가?"[40] 스펄전은 침례교 연맹이 셰필드에서 갖는 가을

---

38) *The Sword and the Trowel*(October 1887), 509.
39) Ibid., 510.
40) Ibid., 513.

연례 모임에서 이 사안들을 채택할 것으로 믿고, 마지막으로 자신의 입장을 분명히 했다.

> 우리는 이스라엘이 해야 할 일을 우리보다 더 분명하게 볼 수 있는 사람들에게 어떤 행동을 취할지를 결정하도록 맡긴다. 우리에게는 한 가지가 분명하다. 즉, 우리는 근본적인 사항들에서 우리가 고귀하게 고수하는 것과 정반대로 가르치는 자들을 포용하는 그 어떤 연맹에도 참석할 수 없다. 우리에게는 타협이 가능한 일이 많아 보이지만, 교제를 나누는 체하는 것이 배신의 행위가 되는 일도 있다. 깊은 유감을 품고 우리가 깊이 사랑하고 마음으로 존경하는 사람들과 모이는 일을 자제한다. 왜냐하면 그들과 모이게 되면 우리가 주 안에서 교제를 할 수 없는 자들과 연합하게 될 것이기 때문이다.[41]

그러나 셰필드에서는 이 사안이 제기되지 못하고 말았다.

침례교 연맹 탈퇴

1887년 10월 28일, 스펄전은 침례교 연맹 사무총장인 사무엘 해리스 부스(Samuel Harris Booth)에게 편지를 썼다.

> 친애하는 사무총장님께
> 침례교 연맹 사무총장님께 제가 연맹을 탈퇴하지 않으면 안 되는 뜻을

---
41) Ibid., 515.

알려 드리고자 합니다. 저는 탈퇴하는 것이 심히 유감스럽습니다. 하지만 선택의 여지가 없습니다 그 이유는 『검과 흙손』지 11월호에 적어 놓았지만, 여기서 다시 되풀이하는 것을 널리 양해하시리라 믿습니다. 누구를 보내어 재고해 달라는 부탁은 하지 않았으면 합니다. 이미 너무 오랫동안 생각한 것은 아닌지 모르겠습니다. 확실히 매일 매시간마다 너무 지체하고 있다는 확신이 마음을 짓누릅니다.

또한 개인적인 불쾌감이나 악의가 전혀 없음을 덧붙이고자 합니다. 저는 개인적으로 바라는 이상으로 존경을 받았습니다. 이런 연맹 탈퇴의 태도를 취하는 것은 오직 가장 높은 이유 때문입니다. 그리고 아시다시피 저는 더 나은 것을 바랐기 때문에 오랫동안 지체했던 것입니다. 감사합니다.

C. H. 스펄전[42]

스펄전이 부스에게 편지를 썼을 때 이미 *The Sword and the Trowel* 지 11월호에 글을 썼던 것이 분명하다. 스펄전은 '내리막길 논쟁에 관한 단상'이라는 기사를 이렇게 시작했다. "이제 우리 독자 가운데 많은 사람이 내리막길 논쟁에 넌덜머리가 날 것이다. 그라도 그들은 우리의 십분의 일만큼도 그 논쟁에 싫증이 나거나 괴로움을 당했다 할 수 없을 것이다."[43] 이 논쟁으로 스펄전은 연맹을 탈퇴해야 하는지 숙고하면서 생각도 감정도 진이 빠졌다. 그러나 스펄전은 선택의 여지가 없음을 느꼈다. 그로서는 복음의 원수들과 관계를 끊는 일이 선택의 문제가 아니었다. "드러난 치명적인 오류를 안고 교제하는 것은 죄에 참여하는

---

42) Cited in G. Holden Pike, *The Life and Work of Charles Haddon Spurgeon*, 6 vols. (London: Cassell and Company, n.d.), 6:287.

43) *The Sword and the Trowel* (November 1887), 557.

것이다."⁴⁴⁾ 스펄전의 웅변을 보면, 그의 마음을 알 수 있다. "분명히 우리는 이런 일들을 기독교 연합이라고 부를 수 없다. 이 일들은 악에 끼어드는 공모와 같아 보이기 시작한다. 하나님 면전에서 우리는 그 일들이 일호의 다른 측면을 지니지 않음을 두려워한다. 진심으로 말해서 이것은 우리가 벗어날 수 없는 슬픈 진실이다."⁴⁵⁾

스펄전은 참된 그리스도인이라면 성경의 권위와 충족성을 의심하는 자들을 수용할 이유가 없다고 보았다. "이런 사람들이 그런 것을 믿는다면 그들로 그런 것을 가르치고 자신들을 위하여 교회와 연맹과 협회를 세우게 하라. 왜 그들이 우리 가운데로 와야 하는가?"⁴⁶⁾

스펄전은 자신이 취한 행동 말고 달리 선택할 것이 없다고 느꼈다.

지난 달 동안 많은 사람이 걱정스럽게 "우리는 어떻게 해야 합니까?" 하고 우리에게 물었다. 이 사람들에게 각자 스스로 주님의 인도를 찾은 후 행동하라는 말밖에 달리 해줄 말이 없다. 우리는 지난 달 신문에 우리의 행동 방향을 알렸다. 우리는 즉시 그리고 명백히 침례교 연맹을 물러난다.⁴⁷⁾

이 발표는 많은 독자에게 충격을 주었을 것이 틀림없다. 스펄전이 자신의 협박을 계속 밀고 나갈 것으로 믿는 사람은 거의 없었다. 평화와 통일이 기독교의 덕목 가운데 가장 고귀한 것으로 거의 대부분이 믿던

---

44) Ibid., 559.
45) Ibid., 558.
46) Ibid., 559-60.
47) Ibid., 560.

시절이었다. 그래서 당대 영국 복음주의자 가운데 가장 유명하고 인기 있는 찰스 스펄전이 분리자가 되리라고 생각하는 것은 불가능한 일이었다. 하지만 그것은 스펄전이 추구했던 길에 대한 일반 사람들의 생각이었다.

스펄전과 침례교 연맹

그러나 스펄전은 변덕스럽게 혹은 성급하게 탈퇴한 것이 아니었다. 11월 23일, 스펄전은 남부 프랑스에서 동료 맥케이(Mackey)에게 자신의 행동을 설명하는 편지를 썼다. "직원들에게 전한 저의 개인적 항의와 전체 교회에 거듭 지적한 저의 호소가 아무 소용이 없었기 때문에, 연맹을 떠나는 것이 제게는 어쩔 수 없는 일이었습니다. 저의 입장은 진지한 사람으로서 탈퇴하는 것 말고 달리 취할 수 있는 방도가 없었다는 것입니다."[48]

맥케이에게 쓴 이 서신은 침례교 연맹의 100인 협의회에 전해졌다. 이들 가운데 80명이 12월 13일에 스펄전의 고소건을 논의하기 위하여 모였다. 모인 사람 가운데 대부분은 스펄전의 비난과 이어진 연맹 탈퇴에 격분했다. 그들은 정확하지 않은 정보를 갖고서 비난했다고 스펄전을 비난했다. 그리고 연맹의 직원들은 스펄전이 '개인적 항의'를 하러 왔다거나 연맹의 교리 상태에 관한 우려를 표명했던 적이 없다고 잘라 부인했다.

---

48) *Letters of Charles Haddon Spurgeon* (Edinburgh: Banner of Truth, 1992), 183.

특히 사무총장 부스는 더 잘 알고 있었다. 부스와 스펄전은 개인적인 대화를 많이 나누고 연맹의 한탄스러운 상태에 관하여 많은 편지를 주고받았다. 사실상 부스는 스펄전으로 하여금 연맹에 마구 퍼지고 있던 모더니즘에 반대하여 목소리를 내라고 부추겼다. 분명 부스는 자기 생각에 정통 신앙을 갖고 있다고 보기 어려운 사람들의 이름과 광범위한 타협에 관한 자세한 내용을 스펄전에게 알려주기까지 했다.[49] 그러나 부스는 자신들의 서신 교환에 관하여 비밀을 지켜야 한다고 스펄전에게 다짐을 받았다. 스펄전이 자신의 편지를 곧 폭로할 것이라고 생각되었을 때 부스는 이렇게 썼다. "당신에게 쓰는 저의 편지는 공식적인 것이 아니라 비밀리에 쓰는 것입니다. 명예를 걸고 그 편지를 사용해서는 안 됩니다."[50]

협의회 의사록을 보면, 부스는 스펄전과 자신이 나눈 대화의 성격을 협의회 회원들이 잘못 생각하게 했다. 부스는 그들에게 이렇게 말했다. "다시 말하지만, 내가 스펄전 씨와 나눈 모든 대화는 이 협의회에 제출할 고소장을 작성하기 위함이 아니었습니다. 스펄전 씨가 대화 중 나눈 일들을 고발문으로 작성하여 제출하리라는 것은 결코 생각조차 하지 않았습니다."[51] 엄밀하게 말하면 이것은 참말이었지만, 사건의 전모와 거리가 멀었다. 뭐니뭐니해도 부스가 먼저 스펄전을 찾아가 우려를 전했었다. 이 문제에 대한 그들의 대화는 흘려버릴 것이 아니었다. 부스는 다른 누구보다도 이 위대한 설교자가 연맹의 표류에 대해 가지고 있는

---
49) Lewis Drummond, *Spurgeon: Prince of Preachers*(Grand Rapids, Mich.: Baker, 1992), 671.
50) Ibid., 697.
51) Ibid.

깊은 우려를 잘 아는 사람이었다. 적어도 스펄전은 그렇게 믿고 그렇게 공감했다.

그러나 부스를 포함하여 침례교 연맹 협의회가 스펄전이 진리를 오도한다고 고소했을 때도, 스펄전은 그들의 서신 교환을 비밀로 붙이기를 바라는 부스의 소원을 존중했다. "스펄전은 부스가 보낸 서신을 제출하여 연맹 직원들과 자신이 사전에 얼마나 상의했는지 간단하게 입증할 수 있었다."[52] 그러나 부스가 고소자의 일원이 된 마당에도 스펄전은 욕설과 그릇된 고소를 감내했다.

"부스 씨가 내가 결코 불만을 제기하지 않았다고 말하니 놀랍구려. 그것은 하나님이 다 알고 계시니, 내 입장이 정당화되는 것을 보실 것이오."[53] 하고 스펄전은 아내에게 편지를 썼다.

그러나 한 전기 작가가 지적했듯이 "스펄전은 결코 정당화되지 못했다. 많은 소식을 접하고 여전히 받는 인상은, 그가 입증될 수 없는 비난을 했고 증거를 제출하라는 정당한 요청을 거절하고 내뺐다는 것이다. 진실에서 벗어나는 것은 아무것도 없다. 스펄전은 부스 씨의 편지를 제출할 수도 있었을 것이다. 내 생각으론 그가 그렇게 했어야 마땅하다."[54]

침례교 연맹 협의회는 스펄전이 먼저 불만 있는 사람에게 개인적으로 찾아가지 않음으로써 마태복음 18장에 나오는 예수님의 교훈을 어

---

52) Iain Murray, *The Forgotten Spurgeon* (Edinburgh: Banner of Truth, 1966), 145.
53) Susannah Spurgeon and J. W. Harrald, eds., *C. H. Spurgeon's Autobiography*, 4 vols. (London: Passmore and Alabaster, 1897), 4:257.
54) J. C. Carlisle, *C. H. Spurgeon-An Interpretive Biography* (London: Religious Tract Society, 1933), 247.

겼다고 비난했다. 스펄전은 아내에게 보내는 다른 편지에서 그 비난에 대해 이렇게 대답했다. "마태복음 18:15에 따라 내가 이 형제들을 개인적으로 찾았다면 얼마나 우스꽝스러웠겠소? 나는 사무총장과 의장을 거듭 거듭 만났소. 그런 후에 나의 불평에 관하여 글을 써 냈고, 아무것도 이룰 수 없었을 때 연맹을 떠났을 뿐이오."55)

스펄전은 침례교 연맹 의장인 제임스 컬로스(James Culross) 박사에게 이렇게 편지를 썼다.

> 나는 이전에 여러 번 의장과 사무총장을 만남으로써 개인적 항의에 관한 우리 주님의 생각을 따랐고, 그 다음 여러 번 항의문을 썼지만 소용없었습니다. 나는 탈퇴 말고는 달리 방도가 없었습니다. 확실히 제정신을 가진 사람이라면 내가 오류를 고집하는 사람들을 하나하나 상대하기 위해 돌아다녀야 했다고 생각하지 않을 것입니다. 내게는 그 사람들에 대하여 관할권이 없으며, 그래서 내가 그들에게 갔다면 틀림없이 기분 상하게 하는 일로 보였을 것입니다. 그리고 사실 그렇습니다. 나의 문제는 연맹과 관계된 것이며, 사실 연맹과만 관계 있습니다. 나는 줄곧 연맹과 상대해 왔습니다.56)

협의회는 마태복음 18장 문제를 제기하고 스펄전이 연맹 지도자 앞에서 자신의 우려를 올바로 제기하지 않았다고 비난함으로써 진정한 문제를 명백하게 회피하고 있었다. 그들은 네 사람의 대표자를 파견하

---

55) C. H. Spurgeon's Autobiography, 4:256.
56) Ibid., 4:263.

여 스펄전을 대면하기로 하고, 프랑스에 체류하고 있던 스펄전에게 방문을 해달라고 편지를 썼다. 스펄전은 거절하면서, 영국에 돌아가면 그 사람들을 만나겠다고 했다.

스펄전은 협의회의 반응을, 자신을 문제 삼고 연맹 내의 교리적 표류를 논쟁에서 제외시키려는 명백한 시도로 보았다. 나아가 스펄전은 자신의 공격이 인신공격이 되지 않도록 세심하게 주의했었는데, 이제 협의회는 그것마저 이용하면서, 스펄전이 구체적인 이름과 세부 사항을 언급하지 않았기 때문에 그의 비난이 너무 모호해서 그들이 다룰 수 없다고 주장했다. 스펄전은 그다지 자신을 변호하는 느낌을 주지 않는 말로 연맹의 핵심 기관 편집장에게 이런 편지를 썼다.

『침례교도』(The Baptist) 지의 편집장 귀하

꼭 그래야 할 만큼 대단히 중요하지 않다면, 개인적인 문제로 귀하의 사설란을 채우고 싶지는 않습니다. 맥케이 씨에게 보내는 편지에서 나는 이렇게 썼습니다. "직원들에게 전한 저의 개인적 항의와 전체 교회에 거듭 지적한 저의 호소가 아무 소용이 없었기 때문에, 연맹을 떠나는 것이 저에게는 어쩔 수 없는 일이었습니다." 이는 거짓이 아니며 부정확한 말도 아니었습니다. 레스터에서 고통스런 일이 일어난 후에(1883년 한 유니테리언 사역자가 그곳 침례교 연맹의 모임에서 설교할 수 있도록 허락을 받았다), 나는 사무총장과 의장(차운 씨)과 협의회 다른 회원들에게 진지하게 불만을 표시했습니다. 차운 씨는 그 고아원에서 친절하게 다가와서 그 일을 단회적인 사건으로 보아 달라고 호소했습니다. 그래서 내가 오해했기를 바랐습니다. 나는 이 문제를 더 거론하지 않았습니다. 그렇다면 아마 나는 비난을 받아 마땅합니다.

그 이후로 나는 사무총장(부스)에게 이 문제에 대하여 거듭 말했습니다. 그도 이 점을 기꺼이 인정할 것입니다. 내 생각으론 매년 사무총장이나 베인즈(Baynes) 씨가 침례교 연맹을 위하여 설교해 달라거나 연맹 모임과 관련된 사업국에서 설교해 달라고 방문했습니다. 그럴 때마다 한 사람 이상은 나의 불평을 들어서 지겨울 정도가 되었을 것입니다. 나는 연맹과 사업국을 혼동하지 않습니다. 그렇지만 이들 선량한 간사들이 동일한 일련의 집회를 준비하면서 나를 찾아왔습니다. 그러므로 한 사람에게 말한 것을 양측 모두에게 이야기한 것으로 간주해 왔습니다. 물론 이 모임에 공식적으로 참여하기를 거절한 것은 사실입니다. 왜냐하면 그 모임에 공식적으로 참여하게 되면 타협했다는 느낌을 갖지 않을 수 없기 때문입니다. 확실히 이것은 단순한 말보다 더 크게 발언하는 행위입니다. 윌리엄스(Williams) 씨와 맥클래런(Maclaren) 씨와 상당히 많은 편지를 주고 받았습니다. 그리고 이 서신 교환이 그 분들로서는 매우 탁월한 일이었습니다.

내 친구 윌리엄스 씨는 나의 편지가 '개인 편지'로 되어 있다고 말합니다. 그리고 내가 맥케이 씨에게 말한 것이 바로 그 점입니다. 부스 씨는 나의 의사 전달이 자신에게 공식적으로 이루어진 일로 보지 않았고, 나도 부스 씨에게 그렇게 보라고 말한 적이 없습니다. 하지만 나는 부스 씨에게 불만을 표시했고, 반면에 나는 침례교 연맹의 이야기가 아니라 일에 끼어듦으로써 그 문제와 나의 판단에 대해 타협하려 하지 않았습니다. 그리고 나는 그것이 중도(中道)가 될 수 있기를 바랍니다. 나는 협의회 회원 가운데 얼마나 많은 사람이 이런저런 때에 내가 말한 것을 듣고 나의 견해와 감정을 아는지 단정적으로 말하지 않으려 합니다만 맥케이 씨에게 한 말은 그 정당한 사유를 충분히 대겠습니다.

이 문장의 첫째 절만 택하고 나머지('전체 교회에 거듭 지적한 저의 호소')는 빼버림으로써 그 절이 내가 의도했던 것보다 두드러지게 된 것을 주목하십시오. '내리막길'에 관한 나의 편지는 침례교 교파만 다루는 것이 아닙니다. 사실 나는 침례교가 다른 교파보다 훨씬 덜 오염되었다고 줄곧 인정해 왔습니다. 그러나 침례교 사람들은 지금까지, 다시 출판된 기사들이 전체 사역자에게 제출되고 모든 사람에게 전달되었다고 염려했습니다. '침례 교파의 기관'은 이 문제를 '큰 구즈베리'(big gooseberry)로 비유하고 셰필드로 가는 길에 어떤 사역자들은 이 사건을 '떠들썩한 농담'으로 보았다고 말했습니다. 그런 모임을 여러 번 가졌지만 한 공식 모임 앞에서 저를 공격한 일 말고 공적으로 언급된 경우가 없습니다. 그리고 그 모임에서 저는 답변할 기회가 없었습니다. 개인이 언급한 친절하지 못한 표현에 관해서는 쓰지 않겠습니다. 그러나 전체로 보면, 누구도 나의 호소를 주목할 만한 것으로 생각하지 않는다는 사실을 나는 분명히 알 수 있습니다. 형제들 가운데 누가 나의 호소를 진지한 것으로 판단했다면, 그 사람은 그 호소를 협의회에 말하여 개인적인 말이 공적인 말이 될 수 있는지 물어볼 수 있었을 것입니다. 그러나 아무도 그런 식으로 생각하지 않았습니다. 이 점에 대해서 불평하는 것이 아닙니다. 그러나 내가 위에서 언급한 방식대로 진리를 말하지 않았다고 말해서는 안 됩니다.

사실은 "스펄전 씨가 한 말이 참된가?" 하는 질문을 한 것이 아니라 "스펄전은 연맹 직원들이 협의회 앞에 이 문제를 제기하지 않을 수 없다고 느끼도록 썼는가?" 하고 물었던 것 같습니다. 누구라도 쉽사리 볼 수 있는 것처럼, 이는 전혀 다른 것입니다. 그래서 나는 그들이 의도했던 것과 내가 의도했던 것이 다르다는 주장으로 질문자와 대답자와 다른 사람이 무죄하다고 말할 수 있습니다. 그래서 즉시 그렇게 말합니다.

그러나 이것은 형제들의 회의로서는 슬픈 출발입니다. 사람들은 내가 고의로 진실되지 못했다고 비난하지 아니하고, 진리가 아닌 것을 말했다고 비난했습니다. 아마 나의 정신 능력이 부족해서 그렇다고 말했겠죠. 그런 식으로 생각하면, 그렇게 우둔한 사람과 회담하려고 대표단을 파견하는 것은 시간 낭비임에 틀림없습니다. 하지만 나는 그런 식으로 추론하지 않을 것입니다. 확신컨대 나는 인간성을 들먹이지 않았습니다. 심지어 동기를 탓하지 않습니다. 그러나 나는 나와 회담하기를 요청한 존경하는 형제들에게 무례하게 보이지 않으면서 이와 같이 많은 말을 쓸 수 있기를 바랍니다.

12월 19일, 멘턴
C. H. 스펄전[57]

이 편지는 결코 출판되지 않았다.

침례교 연맹의 징계

스펄전이 프랑스에서 연맹의 대표단을 만나지 않으려 한 것은 그들이 자신을 까다롭고 완고한 사람으로 보이게 하려고 할 뿐이라는 두려움 때문이었다. 스펄전은 수잔나에게 이렇게 썼다. "이런 식으로 나를 보려고 네 명의 신학자가 오고 있는 것을 생각해

---

57) Cited in Pike, *The Life and Work of Charles Haddon Spurgeon*, 6:292-93.

보구려. 나는 매우 당혹스러웠고 어떻게 답변해야 할지 몰랐소. 이 모든 것이 무엇을 뜻하는지 전혀 모르오. 1시까지 잠을 자지 못했소. 네 명의 박사를 두려워하는 것이 아니오. 하지만 그들 편에서는 매우 현명한 움직임이라 생각하고 있소. 차제에 그들이 굴복한다면, 다행한 일일 것이오. 그러나 나에게 화해할 수 없는 인물이라는 비난을 퍼부을 의도가 있다면, 문제는 다르오."[58]

1888년 1월 13일에 스펄전은 런던에 돌아와 태버너클 교회에서 연맹의 대표단을 만났다. 여기에는 사무총장 부스, 은퇴하는 의장 제임스 컬로스, 차기 의장 존 클리퍼드(John Clifford)가 왔다. 임명된 위원단의 네 번째 위원인 알렉산더 맥클래런은 - 이 사람이 스펄전에게 동정적이었을 것이다 - 병이 나서 참석하지 못했다.[59] 이 사람들은 스펄전에게 탈퇴를 재고해 달라고 요청했다. 스펄전은, 연맹이 복음주의 신앙선언을 채택할 것을 제의했다. 대표단은 거부했다. 어느 측도 성과를 얻었다는 느낌이 없었다.

5일 후에 전체 침례교 연맹 협의회가 다시 도였다. 이번에 그들은 투표하여 스펄전의 탈퇴를 받아들이기로 결정했다. 그런 후에 그들은 스펄전을 비난하는 투표를 했다.

거의 100명 가운데 5명만이 스펄전을 지지했다. 놀랍게도 대다수는 가장 유명한 회원을 비난하는 것에 동의했다. 협의회는 이런 결의문을 통과시켰다.

---

58) C. H. Spurgeon's Autobiography, 4:257.
59) "Brief Notes," The Baptist (February 1888), 84.

협의회는 스펄전 씨가 탈퇴하기 전에 그리고 그 이후에 연맹에 대하여 퍼부은 비난이 매우 심각한 것임을 인정한다. 협의회는 이 비난을 말할 때 보인 공적, 일반적 방법이 전체 교회를 비난하고 스펄전 씨만큼 진리를 소중하게 사랑하는 형제들로 의혹을 받게 한다고 본다. 그리고 스펄전 씨가 비난을 퍼붓기로 의도한 사람들의 이름과 그 비난을 지지하는 증거를 제출하지 않기 때문에, 협의회의 판단으로는 이 비난은 하지 말았어야 한다.[60]

그때 한 저술가 리처드 글로버(Richard Glover)는 『복음주의 비국교도』(*Evangelical Nonconformist*) 지에서 이 사안을 정확하게 다루었다.

그들이 채택했던 방침은 연맹의 평화를 혼란스럽게 하는 책임을 스펄전에게 뒤집어 씌우는 것이었다. 그들은 스펄전의 비난이 너무 모호하여 진지하게 조사할 가치가 없고 스펄전이 죄 있는 사역자의 이름을 들어서 자신의 비난이 정당함을 입증하지 못했다는 입장을 취했다. 이 방침이 정치적으로 아무리 유용하다 해도, 문제를 부정직하게 소홀히 대하는 일로밖에 볼 수 없다.[61]

이미 보았듯이, 스펄전은 그 이름을 거명할 수 있었다. 스펄전은 부스의 편지를 제출하여 자신의 혐의를 벗고 부스로 이단자들에 맞서서 역시 증인의 역할을 맡지 않으면 안 되게 할 수도 있었다. 더욱이 스펄전

---

60) Ibid., 85.
61) Cited in Drummond, *Spurgeon: Prince of Preachers*, 700−1.

은 동료 침례교도 가운데 몇 사람의 출판된 책을 간단히 인용할 수 있었다. "스펄전은 증거를 많이 갖고 있었다. *Christian World* 지와 *Independent* 지와 *Freeman* 지와 *British Weekly* 지와 *Baptist* 지에 실린 유명한 사람들의 말이 있었다. 1887년과 1888년 동안 이 잡지에 실린 목록들을 언급할 수도 있었고 그렇게 되면 스펄전의 일반적인 비난이 진실되다는 것이 풍부하게 입증될 것이다."[62)]

왜 스펄전은 복음주의를 저버린 자들의 이름을 간단히 언급하지 않았는가? 한 가지는, 스펄전은 개인에 관하여 논쟁하는 것을 원하지 않았다. 그는, 그 논쟁이 개인적인 싸움으로 퇴락할까 두려웠다. "우리가 인물을 걸고 넘어지지 않으려고 지나치게 신경을 곤두세우지 않는다면, 이들 존경받는 몇몇 저술가들의 다른 말을 지적할 수 있다. 그들의 말이 이 저술가들이 지금 썼던 것과 모순되지 않으면, 그들의 모든 생각이 좀더 잘 알려지는 데 보충 내용이 될 것이다."[63)] "이 싸움은 너무 개인적인 것이 되었다. 그리고 이 싸움에서 내가 개입하지 않으려 한 어떤 사건들은 내게 너무 고통스러워서 그 문제를 계속 다루어야 한다는 생각은 즐거움이 아니었다."[64)]

그러나 더 중요한 것은, 이름을 떠들어대는 것은 사안의 본질로부터 벗어나려는 시도에 불과함을 스펄전은 느꼈다는 것이다. 그리고 이것은 침례교 연맹의 방침이었다. 스펄전이 지적했듯이, 침례교 연맹은 교리 선언문을 전혀 갖고 있지 않았고, 그러므로 그릇된 가르침을 전한 사

---

62) Carlisle, *C. H. Spurgeon-An Interpretive Biography*, 248.
63) "The Case Proved," *The Sword and the Trowel*(October 1887), 27.
64) "The Baptist Union Censure," *The Sword and the Trowel*(February 1888), 83.

람을 징계할 권위가 없었다. "이런 헌법 아래서는 세례를 맹세코 부인하지 않는 사람은 아무도 이단이 될 수 없다."[65] 그래서 스펄전이 이름을 들었다 해도, 연맹이 기꺼이 복음주의 신앙 선언문을 채택하여 모든 회원이 그 선언을 지킬 것을 요구하지 않으면 이단에 대하여 아무 일도 할 수 없었다. 여태까지 연맹은 바로 이 일을 하지 않으려 했다.

스펄전은 내리막길 논쟁이 연맹의 일반 회원들을 동요하여 협의회가 그런 정책을 세우도록 요구하게 되기를 진실로 바랐다.

마지막 타협

스펄전 시대의 복음주의자들 가운데 널리 퍼져 있는 생각은 '신조가 아니라 그리스도'였다. 신조와 교리 선언서는 아무튼 수준 낮은 기독교에 속한다고 느끼는 사람이 많았다. 그리고 합법적인 의미에서 우리는 성경 위에 어떤 신조를 높이는 일을 막아야 한다. 그런 일이 일어날 때 신조는 우상, 즉 참된 예배를 실제로 방해하는 것이 될 수 있다.

그러나 스펄전은, 신조가 참되다면, 즉 성경과 조화를 이루고 성경에 따른다면 아무런 위험이 없다고 지적했다.

"신조가 사람과 하나님 사이를 갈라놓는다."고 말하는 것은, 신조가 옳지 않다고 가정하는 것이다. 왜냐하면 진리를 아무리 명확하게 말한다 해도 진리는 신자를 그의 주님과 갈라지게 하지 않기 때문이다. 나에 관

---

65) Ibid., 81.

한 한, 나는 내가 믿는 것을 가장 분명한 말로 말하는 것을 부끄러워하지 않는다. 그리고 내가 붙잡는 진리를 나는 껴안는다. 왜냐하면 나는 그 진리가 오류 없는 말씀에 계시된 하나님의 마음이라고 믿기 때문이다. 어떻게 진리가 나와 그 진리를 계시하신 하나님을 나눌 수 있는가? 내가 하나님은 물론이고 그의 말씀을 받아들이고 하나님이 가르치시는 것에 나의 지성을 복종시키는 것은, 내가 나의 주님과 교제하는 한 가지 창도이다. 하나님이 무엇을 말씀하시든 하나님이 그것을 말씀하시기 때문에 받아들인다. 그 점에서 나의 가장 깊은 영혼의 겸손한 예배를 드린다.

나는 신조가 없다고 말하는 사람에게 동조할 수 없다. 왜냐하면 나는 그 자신이 한 말 때문에 스스로 잘못되었다고 믿기 때문이다. 사실 그는 신조를 갖고 있는 것이 분명하다. 그는 신조를 갖고 있다는 말을 거부하지만 틀림없이 갖고 있다. 어떤 의미에서 그의 불신이 신조이다.

신조를 반대하는 것은 권징을 반대하고 자유주의를 바라는 것을 감추는 매우 구미에 맞는 방법이다. 원하는 것은, 노아의 방주처럼 정결한 것이나 불결한 것이나, 기는 것이나 나는 새나 모두에게 은신처를 제공할 연맹이다.[66]

19세기 말 영국의 신학적 분위기에서는 누구나 스펄전의 말이 일리가 있다는 것을 알 수 있었다. 스펄전에 대한 징계가 있은 후에야, 연맹 협의회는 4월 23일 총회 모임에서 신조 문제를 다루어야 할 것임을 알았다.

스펄전은 연맹 총회에 희망을 걸었다. 『검과 흙손』지 4월호 '촌평' 란에 스펄전은 이렇게 썼다.

---

66) Ibid., 82.

이런 때 하나님의 사람은 끊임없이 기도해야 한다. 침례교 연맹은 4월 23일에 전체 총회로 모이며, 그 때 중요한 문제는 '이 연맹은 복음주의적 기초를 가져야 하는가? 그렇지 않은가?' 하는 것이다. 우리는 이 문제가 정상적으로 논의될 것이며 그 결정은 올바른 것이 될 것으로 믿는다. 확실히 다른 기독교 지체가 자신의 신앙을 맹세하듯이, 침례교 연맹도 그렇게 해야 한다. 연맹의 신념이 무엇이든지, 신념을 가지게 해야 한다.[67]

스펄전은 무엇보다 명료함을 호소했다. 그는 『침례교도』지 편집자에게 이렇게 편지했다. "협의회가 무엇을 하든, 무엇보다도 서로 모순되는 두 가지 의미를 합법적으로 가질 수 있는 그런 말을 사용하지 않도록 하십시오. 분명하고 솔직하게 말합시다. 큰 차이가 있습니다. 정직하게 그 차이를 시인합시다."[68]

이안 머레이(Iain Murray)에 의하면, "이것이 협의회가 따르지 않았던 바로 그 정책이었다."[69] 협의회는 4월 연맹 총회가 열리기 전에 모여서, 간단한 성명서를 준비했는데, 다소 모호하지만 본질적으로는 복음주의적 교리 선언서였다. 하지만 이 선언서를 총회 모임에서 읽었을 때, 연맹이 회원에게 교리 기준을 강요할 권위가 없다는 주장이 제기되었다. 더욱 나쁜 것은 부활과 최후 심판에 관한 구절에 대해서 "연맹에 속한 형제들은 그 보편적인 해석을 지지하지 않았다."[70] 하는 각주가 붙은 점이다.

---

67) Ibid., 197-98.
68) "Notes", The Sword and the Trowel(March 1888), 148.
69) The Forgotten Spurgeon, 147.
70) Cited in Drummond, Spurgeon: Prince of Preachers, 704.

그런데도 총회에 참석한 — 스펄전의 동생 제임스를 포함하여 — 많은 복음주의자들은 낭독된 이 선언서가 받아들일 만한 타협으로 믿었다. 확실히 연맹이 더 이상 나아가지 않을 것은 불을 보듯 뻔했다.

'신신학'의 옹호자인 찰스 윌리엄스(Charles Williams, 유명한 소설가 찰스 윌리엄스와 다른 사람임)는, 총회가 타협한 그 성명서를 채택할 것을 동의했다. 윌리엄스는 자유주의 사상을 열정적으로 변호할 기회를 잡았다. 제임스 스펄전은 "윌리엄스 씨의 결의안에 재청했지만 그의 연설은 지지하지 않았다."[71] 『침례교도』지는 이렇게 보고했다. "스펄전 씨의 연설은 진지하고 용기 있고 씩씩하여 청중들에게 깊은 감동을 주었고, 그후에 있었던 투표에 거의 만장일치의 찬성을 얻는 데 크게 이바지했다."[72] 이 결의안은 2,000 대 7로 통과되었다.

그 날 거기에 참석했던 헨리 오클리(Henry Oakley)는 수년이 지난 후, 청중석에 일어난 큰 소란을 이렇게 회고했다.

그 동의안이 제출되고 재청을 받아 통과되었을 때 나는 시티 템플에 있었죠. 아마 시티 템플은 사람이 들어 찰 대로 가득 찼을 겁니다. 일찌감치 그곳에 갔지만 뒤쪽 회랑 복도에 '입석'만 있었습니다. 그리고 연설을 들었죠. 뚜렷하게 기억에 남는 연설은 찰스 윌리엄스 씨의 연설뿐입니다. 그 사람은 테니슨(Tennyson)의 말을 인용하여 자유주의 신학과 의심의 정당성을 옹호했습니다. 투표의 순간이 왔습니다. 회의실에 있는 사람만 총회의 회원으로 투표할 자격이 있었습니다. 징계 동의안이 제

---

71) "A Welcome Conclusion," The Baptist (May 1888), 230.
72) Ibid., 231.

출되었을 때, 숲의 나무처럼 손들이 빼곡히 위로 올라왔습니다. 의장 클리퍼드(Clifford) 박사가 '반대하는 사람은 손 드시오.' 하고 말했습니다. 저는 올라온 손을 전혀 보지 못했습니다만, 역사 기록을 보니 일곱 명이 있었다고 되어있더군요. 계수 결과를 알리지도 않았는데, 많은 총회 회원은 별안간 소란스럽게 환호하기 시작하더니 그러길 계속 했습니다. 나이든 몇몇 사람들이 억제되었던 적대감을 표출할 구실을 발견했습니다. 많은 젊은 사람들이 자기들 말로 '반계몽주의의 구속'(obscurantist trammels)에 대하여 거세게 저항했습니다. 그전에는 보지 못한 장면이었죠. 그것을 보았을 때 눈물이 나려 했습니다. 저는 '스펄전의(대학) 사람' 곁에 서 있었는데, 제가 잘 알고 있던 분이었습니다. 스펄전 씨는 아주 낮은 곳에서 이 사람을 반갑게 맞이했습니다. 이 사람은 자신의 위대하고 관대한 스승에 대한 이런 징계를 접하고 즐거워하며 어쩔 줄 몰라 했습니다. 정말 이상한 장면이었습니다. 그렇게 많은 총회 회원들이 자기들의 신앙을 지도한 가장 위대하고 고상하며 탁월한 지도자를 징계하는 것을 보면서 그토록 미친 듯이 즐거워하다니 말입니다.[73]

하지만 그날 참석한 대부분의 복음주의자들은 오클리만큼 분명하게 보지 못했음이 거의 틀림없다. 그들은 그 투표를 스펄전에 대한 또 하나의 징계로 이해할 수 없었다. 분명 제임스 스펄전은 그 동의안에 재청했을 때 자기 형에게 모욕을 주려는 의도가 전혀 없었다. 그러나 그날 그곳에 참석한 대부분의 복음주의자들처럼 제임스는 화해하려는 열망이 너무 커서 그 교리 선언서가 자기들 편의 승리를 뜻하는 것으로 잘못 믿었다.

---

73) Cited in Murray, *The Forgotten Spurgeon*, 149–50.

찰스 스펄전의 생각은 달랐다. 그는 한 친구에게 이렇게 썼다. "내 동생은 승리를 얻은 줄로 생각하지만, 나는 우리가 맥없이 속아 넘어갔다고 믿소. 마음이 무너지는 듯하오. 동생은 내가 해야 했던 것과 정반대의 일을 했던 것이 확실하오. 하지만 동생을 비난할 수 없지. 왜냐하면 동생은 최선을 다해 판단을 내렸기 때문이오. 나를 위하여 내 믿음이 떨어지지 않도록 기도해 주오."74)

사건의 여파

홀던 파이크(E. Holden Pike)는 이렇게 썼다. "그 일의 결과가 입증하듯, 총회 투표로 얻은 평화는 많은 사람이 예상하던 지속되는 평화는 아니었다. 연맹과의 불화는 결코 회복될 수 없었다."75) 찰스 스펄전이 줄곧 경고했듯이, 복음의 원수와 타협해서 얻은 것은 아무 것도 없었다. 결국 침례교 연맹의 쇠퇴는 가속화했다. '신신학'을 받아들인 사람들은 연맹 총회 후에 대담해졌다. 이제 그들은 연맹의 권력을 쥐었다.

스펄전은 이렇게 썼다.

그 결의안은 각주와 동의자의 해석과 옛 협의회의 재선거와 아울러 그 결의가 모든 사람이 가장 기분 좋았을 때 이루어질 최고의 것을 잘 대변한다. 그것이 만족스러운가? 다른 사람과 같은 의미로 그 결정을 이해하는 사람이 누가 있는가? 이 일에 덕스러운 것이 있다면 양측을 약간

---

74) Ibid., 148.
75) Pike, *The Life and Work of Charles Haddon Spurgeon*, 302.

즐겁게 하는 일이 아닌가? 그러나 양측을 약간 즐겁게 하는 이것은 그 일의 해악이며 그 일에 대한 정죄가 아닌가?[76]

스펄전은 총회 모임에서 투표했던 대부분의 복음주의자들이 이해하지 못했던 것을 알아챘다. 그것은 최후의 수정 내용이 교리 선언서를 만든다는 사실 전체를 완전히 부정했다는 것이다.

언급한 요점들은 확실히 아주 기본적이었다. 그리고 우리는 형제들 가운데 한 사람이 "하나님이여 이 일들을 믿지 않는 사람들을 도우소서. 그들은 어디 있어야 하겠나이까?" 하고 외쳤던 사실에 놀라지 않았다. 사실 작성된 선언문에는 별로 반대가 없었고, 이 선언문을 회원 자격에 필수적인 것으로 만든 것에 반대가 있었다. 마치 이렇게 말하는 것과 같았다. "그렇습니다. 우리는 주 예수님이 하나님이심을 믿습니다. 그러나 우리는 우리 주님이 단순히 사람이라고 생각한다고 해서 그 사람을 우리의 교제에서 내쫓지 않을 것입니다. 우리는 속죄를 믿습니다. 그러나 어떤 사람이 속죄를 거부한다 해도, 그도 우리의 회원에서 제거되어서는 안 됩니다."[77]

스펄전은 분열을 싫어했다. 그는 나누어지는 것을 원치 않았다. 그러나 그는 양심상 복음의 원수와 손잡을 수 없었다. 결국 스펄전은 연맹을 탈퇴하는 것이 실제로 참된 통일을 촉진하는 가장 좋은 방법이라고 결

---

76) "Notes," *The Sword and the Trowel*(June 1888). Reprinted in *The "Down Grade" Controversy*(Pasadena, TX: Pilgrim, n.d.), 56.
77) "Attempts at the Impossible," *The Sword and the Trowel*(December 1888), 618.

론을 내렸다. "거짓된 자들과 결별하는 것보다 참된 자들과의 연합을 촉진시키는 것은 없었다."[78]

스펄전은 분열이 자신을 위한 성경적인 필연이라고 보았다. "다른 사람들은 그러든 말든 나는 '너희는 그들 중에서 나와서 따로 있고'라는 본문에 힘입어 연맹과 협회를 단번에 떠났다. 나의 확신 때문에만 아니라 개인적으로 악에서 나오는 일 외에 악을 상대하려는 시도는 완전히 쓸데없는 일이라는 체험 때문에 나는 이 일을 하지 않을 수 없었다."[79]

스펄전은 적극적으로 다른 사람들을 연맹에서 끄집어내려고 하지 않았지만, 왜 성경에 신실하고자 하는 사람들이 명백하지 내리막길로 질주하고 있는 조직에 계속 소속되려 하는지 이해할 수 없었다.

많은 선량한 형제들이 복음을 훼손하고 있는 자들과 다양한 방법으로 교제를 나누고 있다. 그리고 그들은 자신의 행위가 주께서 나타나실 날에 인정하실 사랑의 행위인 것처럼 말한다. 우리는 그들을 이해할 수 없다. 그리스도인이라고 고백하지만 주님의 말씀을 부인하고 복음의 근본적인 것들을 거부하는 사람들에 대해 참된 신자가 반드시 행해야 할 의무는 그들 가운데서 빠져나오는 것이다. 만일 개혁을 위해 노력해야 한다고 말한다면, 우리는 그 말에 동감이다. 그러나 그 노력이 쓸데없으리라는 것을 아는데 해봐야 무슨 소용이 있는가? 교제의 기초가 오류를 허용하고 사실상 오류를 붙들이는 것과 다르지 않고 그런 기초를 바꾸지 않으려는 명백한 결심이 있는 곳에서는 내부에 근본적인 기여를

---

78) "Notes," *The Sword and the Trowel* (May 1888). Reprinted in *The "Down Grade" Controversy*, 55.
79) "Notes," *The Sword and the Trowel* (June 1888), 56.

할 수 있는 일이 전혀 없다. 한 복음주의 당파 내에서 벌어지는 활동은 그 악을 당분간 누르고 숨길 수 있을 뿐이다. 그러나 그러는 동안 그 타협으로 죄가 저질러지고, 영구적으로 선한 결과가 따를 수 없다. 문제를 바로 해결하려는 소망에서 모든 신념을 받아들이는 공동체에 남아 있는 것은, 아브라함이 하나님의 부르심을 받고 나온 가족을 회개시키려는 소망에서 우르나 하란에 머무는 것과 같다.

아주 탁월한 사람이라도 오류와 손잡으면 오류를 성공적으로 항거할 수 있는 힘을 빼앗길 것이다. 지금 우리의 슬픈 항거는 이 사람이나 저 사람의 문제, 혹은 이 오류나 저 오류의 문제가 아니라 원칙의 문제이다.[80]

내리막길 논쟁은 1892년 1월 31일, 스펄전이 죽을 때까지 계속 그의 마음을 슬프게 했다. 친한 친구들과 심지어 자신의 목회자 대학을 졸업한 일부 학생들까지도 그에게서 등을 돌렸다. 그러나 끝까지 스펄전은 자신이 취한 입장을 후회하지 않는다고 선언했다.

스펄전 자신은 물론 그의 초기 전기 작가들까지도 내리막길 논쟁의 가치를 평가하는 것이 어려웠다. 스펄전의 말년에, 이 논쟁은 어찌나 세인의 관심을 끌었던지 이를 지켜보던 대부분의 사람들은 스펄전이 취했던 입장이 얼마나 중요한지를 제대로 알지 못했다. 스펄전은 국제적으로 영향을 미치며 모더니즘을 향해 전쟁을 선포한 최초의 복음주의자였다. 침례교 연맹은 결코 이전과 같지 않았다. 그러나 교파간의 모임인 복음주의 동맹(Evangelical Alliance)은 스펄전과 입장을 같이 하며 힘을 얻

---

80) "Notes," *The Sword and the Trowel*(October 1888). Reprinted in *The "Down Grade" Controversy*, 66.

었다. 스펄전의 행위는 세계 도처의 복음주의자들이 모더니즘의 위험과 내리막길에 주의하게 만드는 데 도움을 주었다.

처음 '내리막길' 기사를 쓴 로버트 쉰들러는 스펄전의 전기를 썼고, 그의 전기는 위대한 이 설교자가 죽던 해에 출간되었다. 스펄전이 복음주의 동맹에서 연설하도록 초대를 받았던 그 소란스러운 시절의 한 장면을 회상하며, 쉰들러는 이렇게 썼다.

> 스펄전 씨가 연설하려고 일어섰을 때 청중들의 환대의 열기와 열의가 어찌나 뜨거웠던지 거의 압도하고 있었다. 우리는 강단 가까이 앉아있었기 때문에 그의 영혼을 휘젓는 강력한 감정과, 앞 순서의 연설가들의 말을 들을 때 그의 뺨을 타고 흐르던 눈물을 지켜볼 수 있었다. 그리고 그의 침례교 형제들은 불과 몇 사람 참가했지만, 틀림없이 그의 마음을 즐겁게 하고 그의 영혼에 위로를 주는, 마음에서 우러나오는 뜨거운 공감의 표현은 부족함이 없었다. 그 이후로 시간이 흐름에 따라 많은 것이 드러났다. 그리고 달이 지고 해가 넘어갈수록, 스펄전이 하나님과 복음에 신실하므로 억누를 수 없었던 항거가 얼마나 필요한 일이었는지 점점 분명하게 될 것이다.
>
> 주께서 은혜를 베푸사 주님의 교회에서 모든 거짓 가르침과 거짓 교사와 이스라엘 진영의 모든 배신자를 깨끗이 몰아내어 주소서. 그리고 위로부터 성령이 모든 육체에 부어져, 세상 끝까지 우리 하나님의 구원을 보고 소유하고 즐거워하게 하소서![81]

---

81) From *the Usher's Desk to the Tabernacle Pulpit: The Life and Labors of Charles Haddon Spurgeon*(New York: A. C. Armstrong and Son, 1892), 274.

부록 2.
이 시대를 향한 스펄전의 절규

Ashamed of the Gospel

    스펄전은 논쟁자로 보이는 것을 결코 두려워하지 않았다. 자신이 믿는 것을 담대히 주장하는 모습은 이 설교 황제의 전기 곳곳에서 나타나는 주된 특징이다. 이안 머레이가 쓴 탁월한 스펄전 전기 『잊혀진 스펄전』(The Forgotten Spurgeon)[1]에서는 스펄전 생애의 주요 시기들을 그가 연루된 논쟁들과 함께 설명하며 평가한다. 전 생애에 걸친 수많은 논쟁들로 미루어 볼 때, 혹자는 스펄전이 논쟁만 일삼거나 논쟁을 좋아하는 사람이었다고 생각할 수도 있다. 하지만 둘 다 부정확한 평가이다.

    스펄전에 관해 말할 수 있는 한 가지는 그가 싸움할 것을 잘 선택했다는 것이다. 그는 사소한 의견 차이를 놓고서 싸우지는 않았다. 대적들이

---

[1] Edinburgh: Banner of Truth, 1972.

그를 가리켜 사소한 일로 싸우는 자라고 비난할 때도 있었지만, 역사는 스펄전의 싸움을 옹호한다. 그의 논쟁들 중 다수는 관용과 연합과 형제애의 명목으로 진행되는 교리적 타협의 위험성에 관련한 것이었다. 스펄전은 억지 관용보다 더 중요한 것들이 있음을 알았다. 그는 위협을 두려워하지 않았다. 결코 물러서지 않았다. 그의 용기 덕분에 교회가 더 부요해졌다.

다음의 발췌문들이 보여주듯이, 교리적 타협과 관련하여 스펄전이 그었던 그 선을 오늘날 우리도 그을 필요가 있다. 그의 말들은 오늘날 우리에게도 경종을 울린다. 그가 대항했던 것과 같은 유의 영적 타락과 교리적 타협이 오늘날의 교회를 위협하고 있기 때문이다.

이하는 스펄전의 『잊혀진 스펄전』에서
인용한 내용입니다.

• **성경을 시대에 맞추지 말고, 시대를 성경에 맞추라**

형제들이여, 우리는 성경을 시대에 맞추지 않아야 합니다. 그러기 전에 먼저 하나님의 은혜로, 시대를 성경에 맞추어야 합니다.

우리는 달걀 요리를 한다며 자신의 시계를 냄비 속에 집어 넣고 물끄러미 달걀을 바라보고 있는 정신 나간 의사와 같은 실수를 범해서는 안 됩니다. 변해야 하는 것은 하나님의 시계가 아니라 인간의 생각이라는 달걀입니다. 이 점에 있어서 실수해서는 안 됩니다. 우리는 회중을 주목하며 거기서 단서를 얻으려 하지 말고, 무오한 하나님 말씀에 시선을 고정하며 그 가르침에 따라 설교해야 합니다.

우리 주님은 한 시대의 이론을 지배하는 서기관이나 박사의 자리에 앉으신 것이 아니라 높은 하늘에 앉아 계십니다. 우리의 기본 방침을 부유한 사람이나 정부 고관들에게서 얻어서는 안 됩니다.

'사려 깊은 젊은 사람들'에게 감동을 주고 싶은 욕구에서 이단에 빠졌다는 핑계를 내세우는 이들이 얼마나 많은지! 사려 깊든 그렇지 않든, 젊은이들에게 가장 큰 감명을 주는 것은 복음입니다. 진리를 누락시킨 설교가 젊든 늙었든, 사람들에게 적합할 것이라고 꿈꾸는 것은 어리석은 일입니다. 우리가 젊은 남자든 여자든 사람을 기쁘게 하려고 말씀을 버려서는 안 됩니다.

이렇게 젊은 사람들을 거론하는 것은 핑계일 뿐입니다. 중년층 못지 않게 젊은이들도 거짓 교리를 좋아하지 않습니다. 혹시 그렇다 해도, 그들을 더 잘 가르칠 필요가 있습니다. 젊은 사람들은 일시적인 이론보다는 오래된 복음에 더 감명을 받습니다.

만일 시대에 영합하는 설교를 원한다면 마귀의 힘을 빌려 설교하십시오. 그러면 분명 마귀가 최선을 다해 도와줄 것입니다. 지금 나는 그런 사람을 섬기는 사람들에게 말하려는 것이 아닙니다.

만일 여러분 중에 누가 믿음에서 벗어나 새로운 신학을 추종하면서, 그 그릇된 생각을 전파하기 위해 하나님의 능력을 구한다면 그 사람은 너무 순진한 사람입니다. 만일 그렇게 한다면 그것은 신성모독 죄를 범하는 것입니다.

아닙니다. 형제 여러분, 우리의 목표는 사람을 기쁘게 하는 것이 아닙니다. 우리의 계획은 훨씬 더 고상한 것입니다.[2]

• 귀가 가려운 사람들

사역자들에 관해서는, 많은 교인들이 설교자의 경건에 대해서는 관심이 없습니다. 그들이 원하는 것은 재능이나 영리함입니다. 이제 설교 내용은 중요하지 않습니다. 설교자는 군중을 끌어 모으거나 엘리트들을 즐겁게 해야 합니다. 그러면 충분합니다. 영리함이 관건입니다. 목사보다는 마술사를 원하는 것입니다. 설교 내용이 진리이든 거짓이든

---

2) *An All-Round Ministry: Addresses to Ministers and Students*(London: Passmore & Alabaster, 1906), 230.

상관없이, 구변이 좋고 명강사라는 평만 얻을 수 있다면 존경을 받습니다.

교인들이 경건을 추구한다면, 사기꾼들은 곧 자신의 상품을 들고서 다른 시장을 찾아 나설 것입니다. 교회에서 교인을 받아들이는 기준이 매우 느슨해졌습니다. 그리하여 '섞여 있는 무리'로 인해 교회의 질이 떨어졌고 온갖 종류의 악이 기승을 부리고 있습니다. 지도자는 불행합니다. 자기 진 안에 야간이 있습니다. 데마가 우리를 버리고 세상으로 간 것은 차라리 낫습니다. 그는 지금 우리와 함께 거하면서 세상을 교회 안으로 끌어들이고 있습니다.[3]

• **세상과 달라야 한다**

교회는 세상과 다르고 구별됩니다. 저는 '기독교 세계'라는 것이 있다고 생각합니다. 하지만 나는 그것이 구체적으로 무엇인지 또 어디서 찾을 수 있는지 모르겠습니다. 그것은 하나의 혼합체일 것입니다. 저는 '세상적인 그리스도인'이 무슨 뜻인지를 알며, '기독교 세계'란 세상적인 그리스도인들의 집합체일 거라고 생각합니다. 하지만 그리스도의 교회는 세상에 속하지 않습니다. "내가 세상에 속하지 아니함같이 그들도 세상에 속하지 아니하였다"고 그리스도께서 말씀하셨습니다 (요 17:14).

교회로 하여금 세상을 받아들이게 하려는 시도가 최근에 많았습니다.

---

3) Ibid., 215.

그 시도가 성공할 때마다 세상은 교회를 집어삼켰습니다. 그렇게 될 수밖에 없습니다. 강한 자가 약한 자를 압도하기 마련이기 때문입니다. 그들은 이렇게 말합니다. "엄격한 선을 긋지 말자. 신앙을 결단하지 않았지만 우리의 예배에 참석하는 좋은 사람들이 매우 많다. 그들의 의견을 들어줘야 한다. 목회자를 선택하는 투표에 그들도 참여시켜야 한다. 그리고 그들이 참여할 수 있는 파티나 오락을 마련해야 한다."

그 이론에 의하면, 교회와 세상을 연결시키는 넓은 통로가 필요한 것 같습니다. 그렇게 된다면 일반 교회는 이 통로를 통해 세상에 다가갈 수 있을 것입니다. 그러나 다른 데는 사용되지 않을 거라는 것입니다.

교회가 아예 없는 것보다는 더 낫다고 생각하는 사람들도 있습니다. 세상이 교회로 올라오지 않으면 교회가 세상으로 내려가야 한다는 이론인 것 같습니다. 이스라엘이 가나안인들과 함께 거하여 행복한 한 가족을 이루자는 것입니다. 그러나 지금 읽은 장에서 우리 주님은 그런 혼합을 기대하지 않으셨습니다. 요한복음 15:18-19을 보십시오.

"세상이 너희를 미워하면 너희보다 먼저 나를 미워한 줄을 알라 너희가 세상에 속하였으면 세상이 자기의 것을 사랑할 것이나 너희는 세상에 속한 자가 아니요 도리어 내가 너희를 세상에서 택하였기 때문에 세상이 너희를 미워하느니라."

주님은 "세상과 동맹하고 매사에 그 방식에 맞춰라."고 말씀하지 않으셨습니다. 우리 주님은 결코 그렇게 말씀하지 않으셨습니다. 오, 우리는 거룩한 구별을 더 잘 이해해야 합니다. 경건치 않은 것과 더 불일치하고 세상은 더 따르지 않아야 합니다. 이것이 제가 바라는 '분리주의자들의 분리'입니다. 정당의 이름이나 그들이 만들어내는 정쟁과는 전혀 다른 것입니다.

하지만, 세상으로부터의 분리가 우리 주님의 분리와 같은 것이 되도록 주의해야 합니다. 특이한 옷을 입거나 독특한 말을 하거나 사회와 단절할 필요는 없습니다. 주님은 그렇게 하지 않으셨습니다. 사람들의 유익을 위해 그들과 뒤섞여 사는 사람들을 사랑하는 분이었습니다. 주님은 혼인잔치에 참석하여 잔치를 도우셨습니다. 바리새인의 집에서 식사도 하셨습니다. 성구함을 차거나 옷소매를 넓히거나 은밀한 곳에 거하거나 혹은 기벽을 보이지 않으셨습니다.

주님께서 죄인들과 다른 것은 단지 거룩하고 무흠하기 때문이었습니다. 주님은 사람들 가운데 거하셨고 우리와 같은 사람이었습니다. 그분은 그 누구보다 더욱 진정한 사람이셨습니다. 하지만 세상에 속하지 않으셨습니다. 바리새인이나 사두개인이나 서기관이 아니셨습니다. 그렇지만 누구도 그를 세리나 죄인들과 혼동할 수 없었습니다. 그런 사람들과 더불어 교제한다는 비방을 받은 것은 그가 그들과는 다른 분이셨음을 반증합니다.

우리는 모든 교인이 세상 사람들과 뒤섞여 살지만, 마치 별개의 종이나 되는 것처럼 명확히 구별되는 사람이 되기 원합니다. 위선과 경멸로 이웃과 단절해서는 안 됩니다. 우리의 자연스러움, 소박성, 신실함, 그리고 상냥함으로 구별된 모습을 보여야 합니다. 옷차림이나 어떤 외면의 모습보다는 다른 사람들의 행복을 배려하는 마음, 선을 행하려는 열심, 자신에게 해를 가한 자에 대한 용서, 상냥한 태도 등에서 구별되어야 합니다.

저는 그리스도인들이 세상으로부터 구별되기를 그 어느 때보다 갈망

합니다. 그러기 전까지는 교회가 주님께서 원하시는 모습, 즉 다른 사람들에게 결코 복이 될 수 없기 때문입니다. 교회가 세상과 조금이라도 타협하거나 동맹하지 말아야 하는 것은 세상의 유익을 위해서입니다. 노아 시대에 교회와 세상이 하나가 되었을 때 어떤 일이 일어났습니까? '하나님의 아들들이 사람의 딸들의 아름다움을 보고' 그들과 결혼했습니다. 그러자 대홍수가 닥쳤습니다. 만일 교회가 고귀한 소명을 망각하고 세상과 연합한다면 그보다 더 파괴적인 홍수가 임할 것입니다. 교회는 구별되어 든든한 방어벽을 갖춘 정원이어야 합니다. 공중의 새나 들짐승의 접근을 차단하기 위해 봉인된 샘이어야 합니다. 아브라함이 헷 족속에게 "나는 당신들 중에 나그네요 우거하는 자"라고 말했듯이, 성도도 세상 사람들로부터 분리되어야 합니다.

사랑하는 친구 여러분, 그대들도 이런 사람입니까? 이 땅의 나그네입니까? 만일 그렇지 않다면 그리스도인이 아닙니다. "그들에게서 나와 따로 있고(분리되고) 부정한 것을 만지지 말라."고 주께서 말씀하셨습니다. 이것은 우리에게 주신 주님의 말씀입니다. 주께서 친히 성문 밖에서 고난당하신 것은 여러분을 성 밖으로 나아가게 하려는 것이 아니었습니까?

여러분은 다른 사람들과 하나가 되었습니까? 어느 누구나 여러분과 함께 살 수 있고 또 여러분에게서 아무 변화도 볼 수 없습니까? 여느 사람과 똑같습니까? 그렇다면, 여러분은 자신의 열매로 판단받을 것입니다. 만일 여러분이 세상과 아무런 차이점을 보이지 않는다면, 그리스도의 '신부'로 인정받지 못합니다. 그런 사람은 세상에 에워싸이고 그리스도께로부터는 단절되어 있습니다.

"저도 더욱 그렇게 되기를 소원합니다."라고 외치는 사람이 있습니다. 저도 그렇습니다. 여러분과 제가 더욱더 세상과 분리됨으로써 그 소원의 진실함으로 실제로 입증할 수 있기를 바랍니다.[4]

• 현대 사상의 변동성

만일 아이들이 장난감을 만들 듯이 사람들이 복음을 만든다면 어떻게 될까요? 잠시 동안 그것을 좋아하다가 이내 싫증을 느껴 망가뜨리고는 다른 것을 만듭니다. 이런 일이 계속될 것입니다.

현대 사상의 종교들은 산 위의 안개처럼 변합니다. 과학이 그 기초가 되는 것까지도 얼마나 쉽게 변하는지를 보십시오. 과학은 이전의 과학을 너무나 과학적으로 파괴하는 것으로 유명합니다. 저는 가끔 한가할 때 고대의 자연사 서적들을 읽는데 그 내용이 얼마나 우스꽝스러운지 모릅니다. 그러나 이것은 결코 터무니 없는 과학이 아닙니다.

앞으로 20년이 지나면, 현재 진지하게 가르치는 과학이 우스꽝스러운 것이 될 수 있습니다. 지금 우리가 지난 세기의 시스템에 대해 그러듯이 말입니다. 얼마 지나면 진화론이 학생들의 농담거리가 될 수도 있습니다.

소위 과학이라는 우상에 무릎을 꿇는 현대신학 역시 그럴 가능성이 있습니다. 반면에, 40년 전에 설교되었던 복음은 40년 후에도 여전히 선포될 것입니다. 나아가 우리 주님과 사도들이 가르쳤던 복음은 지금도

---

4) "The Lord's Own View of His Church and People," *The Metropolitan Tabernacle Pulpit*, Vol. 33(London: Passmore and Alabaster, 1887), 205-16에서.

지구상에서 유일한 복음입니다.

교역자들이 복음을 변질시켰습니다. 만일 하나님의 손길이 없었다면 복음은 오래 전에 거짓에 의해 사라졌을 것입니다. 하지만 주님께서 복음을 만드셨기 때문에 복음은 영원합니다. 인간이 만든 것은 오래 지나지 않아 달처럼 기웁니다. 그러나 주님의 말씀은 사람들을 따르지 않습니다. 그것은 어제나 오늘이나 영원토록 동일하기 때문입니다.[5]

- 하나님의 진리는 이단을 폭로한다

내가 옳다고 믿는 것을 설교한다고 해서 사람들이 나를 미워하는 이유는 무엇일까요? 진리를 전하는 나를 그들이 미워한다면 그것이 나의 책임입니까? 전혀 그렇지 않습니다.

때로 저는 우리 교인들로부터 특정 분파를 매우 심하게 공격한다는 말을 듣습니다. 그렇습니다. 그렇게 하지 않을 수 없습니다. 만일 그들이 옳지 않다면 그 공격은 저의 잘못이 아닙니다. 그들이 내 길을 가로막는다면 내가 그들을 부딪칠 수밖에 없습니다. 두 사람이 운전을 한다 합시다. 한 사람은 길을 제대로 가는데 사고가 일어났다면 "상대편이 정지했어야 합니다. 저쪽이 책임을 져야 합니다. 이쪽으로 들어와서는 안 되기 때문입니다."라고 말할 것입니다. 우리가 하나님의 진리를 전하는 경우도 마찬가지입니다. 우리는 곧장 직진해야 합니다. 세상 사람들이 아무리 싫어해도 우리가 상관할 바가 아닙니다.

---

[5] "Our Manifesto," *The Metropolitan Tabernacle Pulpit*, Vol. 37(London: Passmore and Alabaster, 1891), 37-50에서.

하나님의 진리는 때로 싸움을 일으킵니다. 사람들 간에 싸움을 일으키려고 오셨다고 예수님이 친히 말씀하셨습니다. 시모와 며느리가 불화하며 네 원수가 집안 식구이리라고 말씀하셨습니다. 그러나 만일 악감정이 생기거나 분란이 일어난다면 누구의 책임입니까? 이전대로 굳건하게 서 있는 사람이 아니라 새로운 파벌을 만든 사람이 책임을 져야 합니다.

만일 내 배가 근본적 진리라고 하는 든든한 닻으로 안전하게 정박해 있는데, 다른 어떤 배가 내 배에 부딪혀 침몰한다면 그것은 내 탓이 아닙니다. 나는 굳건히 서 있습니다. 만일 다른 사람이 진리로부터 이탈하려고 밧줄을 끊고 정박지를 떠난다면 어쩔 수 없는 일입니다. 우리는 그러지 않게 되기를 기원합니다. 친구들이여, 진리를 붙드십시오. 그것이 이단과 거짓 교리들을 가장 쉽게 털어내는 방법입니다.

하지만 오늘날에는, "무엇을 믿는가 하는 것은 중요하지 않다. 교리는 아무것도 아니다."라고 말하는 사람들이 많습니다. 그들은 우리를 모두 한 가족으로 만들려고 했습니다.

교단들도 그랬습니다. 그들은 우리 모두를 융합시키기 원했습니다. 그러나 우리는 여러 가지 교리 부분에서 다릅니다. 그러므로 서로 적대적인 교리를 가지고 있으면서 그렇게 하는 것은 누군가가 잘못하고 있는 것입니다. 그럼에도 그들은 "그것은 중요하지 않다. 모두가 옳다."라고 말합니다.

저는 그것을 보고 있을 수 없습니다. 내가 이 말을 하고 다른 사람은 저 말을 하는데 어떻게 둘 다 진리를 말한다고 할 수 있겠습니까? 검정색과 흰색이 같은 색일 수 있습니까? 거짓과 진리가 같습니까? 만일 그렇다면, 불이 대양의 파도와 한 요람에 잠들 것입니다. 그리고 우리는 우리의 교리를 부정하거나, 우리가 복음이라고 믿는 것을 악담하는 사람들과 융합할 것입니다.

그 누구도 하나님을 향한 충절을 저버리게 할 권한이 없습니다. 사람과 사람 사이에는 양심의 자유가 있지만, 하나님과 사람 사이에는 그런 자유가 없습니다.

누구도 자신이 좋아하는 것을 믿을 권리는 없습니다. 오직 하나님 말씀을 믿어야 합니다. 만일 그것을 믿지 않는다면, 사람을 향하여는 책임이 없지만 하나님께 대해서는 책임을 져야 합니다. 그러므로, 우리가 이단을 피하고 교회를 영광스러운 연합에 이르게 하려면 성경을 읽어야 합니다.

사람의 말이나 사람의 책을 읽지 말고 성경을 읽고 '하나님이 이렇게 말씀하셨다.' 라는 것을 믿음의 기초로 삼아야 합니다.[6]

• 강단의 배신

오늘날 하나님의 계시는 도외시당하거나, 아무 존중이나 신뢰의 가치도 없는 것처럼 이야기됩니다. 불신이 사회 조직의 기초에 파고들어왔습니다. 무엇보다 나쁜 것은, 그리스도의 사역자로 서원한 자들 중 다수가 믿음을 섬기는 자가 아니라는 것입니다. 오히려 불신을 가르치고 있습니다. 현대의 강단은 사람들이 불신자가 되도록 가르칩니다.

---

6) "The Plea of Faith," *The New Park Street Pulpit*, Vol. 2(London: Passmore and Alabaster, 1856), 273-80에서.

목사와 신학자들이 의심하고 의문을 제시하지 않는 진리가 어디 있습니까? 그리하여 '현대 사상'의 사제들은 이 진리를 내버렸습니다. 일부 설교자들이 회의의 침을 뱉지 않은 것이 없습니다. 독일의 불신 풍조가 영국에서도 반복되고 있습니다.

그리스도의 복음 설교자로 안수받은 자들 중에도 믿음이 아니라 의심을 설교하는 이들이 많습니다. 그러므로 그들은 주님의 종이 아니라 마귀의 종입니다. 영국 국교회를 겨냥한 말이라고 생각하지 마십시오. 제가 국교를 반대하긴 하지만, 오늘날 성공회보다 비국교도에서 더 많은 불신이 보인다는 점을 부인할 수 없습니다. 사실, 어떤 지역에서는 비국교도가 속속들이 유니테리언주의에 삼켜져서 유니테리언주의 그 자체보다 더 혐오스럽습니다. 복음의 근본 교리들에 대한 공격이 너무나 빈번하므로, 교회에 들어서는 사람은 종종 이런 의문에 사로잡힙니다. '과연 내가 오늘 여기서 복음을 들을까? 성경의 영감성에 대한 확신을 가질 수 있을까? 속죄, 성령의 사역, 영혼 불멸성, 악한 자에 대한 징벌, 또는 그리스도의 신성에 대해 의심을 갖게 되지 않을까?'

이 솔직한 비난이 벌집을 건드린 격이 되겠지만 그렇게 하지 않을 수 없습니다. 그러한 신앙 상태에 대해 부담과 괴로움을 느낍니다. 페스트균이 떠돌고 있습니다. 어떤 진리도 감염되지 않으리라는 보장이 없습니다.

자칭 그리스도인들에게서 보이는 불신앙과 세속성보다 더 걱정스러운 조짐은 없습니다. 이 나라는 진정 여호와 경외와 성경의 교훈을 내던지고 궤변가와 어리석은 유행추종자의 망상을 따르려 하는 것입니까? 불신과 방탕한 죄악이 손잡고 동행하는 모습을 다시 지켜보아야 합니까?

만일 그렇다면, 우리 중 누군가는 가능한 한 분명하게 진리와 거룩에 대해 말해야 할 것입니다. 누구를 즐겁게 하든 화나게 하든 상관없습니다. 하나님의 계시에 대한 확고한 믿음으로, 그리고 죄악을 묵과하거나 진리를 왜곡하지 않고서, 하나님의 법과 예수님의 복음을 담대히 선포해야 합니다. 비록 사람들의 마음이 극악해지고 귀가 닫히며 눈이 감기더라도 그래야 합니다.

꼭 그래야 한다면 저의 영혼은 남몰래 눈물을 흘릴 것입니다. 하지만, 주님, 제가 여기 있습니다. 저를 보내소서. 내 심령이여, 용기를 잃지 말라. 왜냐하면 신실한 자들이 아직 남아 있기 때문입니다. 이 땅에서 현재의 추악한 죄악이 언젠가는 반드시 제거될 것입니다.[7]

- **진리가 아닌 것은 거짓이다**

어떤 것은 참되고 어떤 것은 거짓입니다. 저는 이 말을 원칙으로 여깁니다. 그러나 이것을 믿지 않는 사람들이 많습니다. 현시대의 원칙은 이런 것 같습니다.

'우리가 보는 관점에 따라 어떤 것은 참되거나 거짓되다. 상황에 따라 검정색이 흰색이고 흰색이 검정색이다. 어떻게 말하는가는 문제가 되지 않는다. 물론 진리는 참되지만, 그 반대를 거짓이라고 말하는 것은 예의가 아니다. 우리는 편협해서는 안 되며, "백인백색"이라는 말을 명심해야 한다.'

---

7) "Israel and Britain, A Note of Warning," *The Metropolitan Tabernacle Pulpit*, Vol. 31(London: Passmore and Alabaster, 1885), 313-24에서.

우리의 선조들은 각별하게 경계를 지켰습니다. 계시된 교리 개념을 확실하게 붙들었고 성경적이라고 믿는 것을 완강하게 고수했습니다. 자신들의 영역을 철저히 지켰습니다. 하지만 그들의 후손이 울타리를 무너뜨리고 모든 경계를 없앴습니다.

현대 사상 추종자들은 개혁주의와 청교도의 우스꽝스러운 적극성을 비웃습니다. 그것은 자유주의적 진보로 오래지 않아 상호 용인이라는 명목하에 천국과 지옥을 연합시키거나 결합시키며 거짓과 진리를 사자와 양처럼 나란히 눕게 할 것입니다.

그럼에도 불구하고, 저의 굳건하고 오래된 믿음은 어떤 교리들은 참되며, 그것들과 정반대되는 말들은 참되지 않다는 것입니다. 다시 말해서 '아니오'가 사실이라면 '그렇소'가 정당하지 않으며, '그렇소'가 정당하다면 '아니오'를 버려야 한다는 것입니다. 저는 그토록 오랫동안 우리를 혼란스럽게 했던 사람이 진짜 로저 티치본 경(아서 오턴이라는 사람이 막대한 재산의 상속자인 로저 티치본 행세를 하다가 결국 들통났던 실제 사건이 있었다—역자 주)이든지 아니면 다른 사람이든지 둘 중 하나라고 믿습니다. 참된 상속자이면서 동시에 사기꾼일 수는 없다고 생각합니다. 하지만 종교 문제에 있어서는 그런 입장이 유행하고 있습니다.

우리는 전해야 할 신앙이 있습니다. 우리는 하나님의 메시지를 전하도록 보내심을 받았습니다. 도중에 그 메시지를 조작해서는 안 됩니다. '다니면서 마음에 생각나는 대로 머리에 떠오르는 대로 설교하라. 시대 흐름을 따라가라. 사람들이 듣고 싶어하는 것을 말해주라. 그러면 그들이 구원을 얻을 것이다.' 우리 주님은 이런 일반적인 명령을 주어 우리를 파송하지 않으셨습니다. 우리는 그렇게 읽지 않았습니다. 성경에서는 명확하게 말합니다. 그것은 우리 뜻대로 만들 수 있는 밀랍이나 유행에 따라 재단할 수 있는 옷감이 아닙니다.

소위 대단한 사상가들은 성경을 마음대로 가지고 놀거나, 혹은 무신론이든 유신론이든 무엇이든 원하는 대로 부어만들 수 있는 마술사의 병으로 여깁니다. 저는 너무 구식이어서 이 이론에 빠지거나 받들 수가 없습니다. 성경은 오만 가지 의심이나 추측이 아니라 분명히 말합니다. 의심의 여지가 없는 사실로 제게 계시하며 그것은 반드시 믿어야 합니다. 그와 반대로 하는 것은 치명적인 오류이며 거짓의 아비에게서 나오는 것입니다.

그러므로, 진실과 거짓이 있으며, 성경 속에 진리가 있으며, 또한 복음에는 반드시 믿어야 할 분명한 것이 담겨져 있습니다. 그것은 우리가 무엇을 가르쳐야 할지를 결정하게 하며, 따라서 우리는 단호한 자세로 가르쳐야 합니다. 우리는 누가 구원받을지 혹은 버림당할지를 분명히 해야 합니다. 그릇된 교리로는 구원을 받을 수 없다는 입장을 분명히 밝혀야 합니다. 하나님께 대해서도 분명한 입장을 취하여, 우리는 하나님의 종이며, 거짓을 전함으로 하나님께 영광 돌릴 수 없고, 또 하나님도 우리에게 상을 주시면서 "잘하였도다. 착하고 충성된 종아. 너는 누구 못지않게 복음을 잘 난도질하였다."라고 하지 않으실 것을 분명히 해야 합니다.

우리는 매우 엄숙한 위치에 서 있습니다. "여호와의 사심을 가리켜 맹세하노니 여호와께서 내게 말씀하시는 것 곧 그것을 내가 말하리라."고 했던 옛 미가야의 정신을 지녀야 합니다. 우리가 전할 메시지는 하나님 말씀 그 이상도 이하도 아닙니다. 사람들이 어떻게 생각하든 우리

는 하나님을 믿으며, 그 확신 안에서 결코 흔들리지 않음을 선언해야 합니다.[8]

• **불확실함의 '자선'**

일부 학식 많은 교사들이 우리에게 믿도록 하는 것처럼, 만일 매우 확실한 것이 전혀 없다는 것이, 다시 말해서 검정색은 검지만 아주 검지는 않으며 흰색은 희지만 아주 희지는 않다는 것이 입증될 수 있다면, 어떤 입장에서 보면 분명 검은 것이 흰 것이고 흰 것이 검은 것이어서 영원한 진리나 종교적 확실성이나 무오한 진리는 없다는 것이 입증될 수 있다면, 우리는 자신이 알거나 안다고 생각하는 것을 기꺼이 포기할 수 있을 것입니다. 그리고 사변의 바다를 방황하며 단순한 의견을 가지고 방랑하고 배회하는 사람이 될 것입니다.

하지만 성령께로부터 배운 진리를 지니고 있는 한 우리는 표류할 수 없고 표류하지도 않을 것입니다. 비록 사람들이 우리의 확고함을 어리석게 여기더라도 그럴 것입니다.

형제 여러분, 불확실성에서 나오는 '자선'을 동경하지 마십시오. 구원에 이르게 하는 진리도 있고 저주받아야 하는 이단도 있습니다. 예수 그리스도는 '예'와 '아니오'가 아닙니다. 예수님의 복음은 지옥의 쓸개즙과 천국의 꿀을 교묘히 혼합한 것이 아닙니다.

확고한 원칙과 계시된 사실들이 있습니다. 신성한 것들을 경험적으로 아는 자들은 자신의 닻을 내렸습니다. 닻줄이 풀려나가는 소리를 들을

---

[8] "The Need of Decision for the Truth," *The Sword and the Trowel*(1874년 3월)에서.

때 그들은 즐거이 이렇게 말했습니다. "나는 이것을 알고 믿는다. 나는 이 진리 위에 굳건하게 흔들림 없이 서 있다. 바람이 몰아쳐도 이 닻을 내린 곳에서 결코 떠나지 않을 것이다. 성령의 가르침으로 얻은 모든 것을 내가 사는 한 굳게 붙들 것이다."[9]

• 내가 아는 것

요즘에는 무엇을 확고히 믿는 사람을 만나기가 힘듭니다. 일반적으로 받아들여지는 모든 것을 의심하는 것이 오늘날 유행하는 철학적 추세입니다. 어떤 것이든 신조를 지닌 사람에 대해 자유주의자들은 구식의 독단론자, 생각이 얕은 사람, 지성이 결여된 사람, 그리고 시대에 뒤처진 자라고 규정해 버립니다. 소위 위대한 사람, 생각이 깊은 사람, 문화적 소양이 높고 세련된 취향을 지닌 사람은 계시를 의심하고 모든 명확한 신념을 비웃는 것을 지혜로 여깁니다.

이 시대에는 '만일', '그러나', '아마도' 또는 '어쩌면'이라는 태도를 아주 좋아합니다. 하나님이 선언하신 진리에 지성을 복종시키려 하지 않으려는 사람들이 모든 것을 불확실하게 여기는 것은 당연하지 않겠습니까?

사도 바울의 놀라운 확신을 살펴보십시오. 그는 "내가 아노라."고 말합니다. 그것으로는 부족해서, "내가 확신하노라."고 말합니다. 그는 의심을 용납할 수 없는 사람처럼 말합니다. 그의 믿음에 대해서는 의문의

---

9) "The Anchor," *The Metropolitan Tabernacle Pulpit*, vol. 22(London: Passmore and Alabaster, 1876), 277-88에서.

여지가 없습니다. 현재에 대해서와 마찬가지로 장래에 대해서도 확신합니다. "내가 의탁한 것을 그 날까지 그가 능히 지키실 줄을 확신함이라"(딤후 1:12).[10]

• 진리전쟁

그리스도인이 되는 것은 전사가 되는 것입니다. 예수 그리스도의 좋은 군사는 이 세상에서 안락함을 기대해선 안 됩니다. 이 세상은 전쟁터입니다. 세상의 호의를 기대해서도 안 됩니다. 그것은 하나님을 대적하는 것이기 때문입니다. 군사의 주임무는 전쟁입니다. 그는 갑옷과 투구를 철저히 갖추고서 스스로 다짐합니다. "이 복장은 전투용이다. 위험을 각오해야 한다. 반대가 있을 것을 예상해야 한다."

우리의 입장을 지키고 서 있는 것도 힘들 수 있습니다. 사도는 두세 차례에 걸쳐 '서라.'고 당부합니다. 치열한 전투 중에는 제대로 서 있기도 힘들 수 있습니다. 계속 서 있을 수 있다면 승리할 것입니다. 반면에 적의 공격으로 기세가 꺾인다면 패배할 것입니다. 굳건히 서기 위해서는 하늘의 갑주를 입어야 합니다. 그래야만 대장이신 주께서 지정하신 위치를 지킬 수 있습니다.

서 있기조차 힘들다면 싸움은 어떻겠습니까? 사도 바울은 서 있기에 대해서만 아니라 견딤에 대해서도 말합니다. 우리는 방어할 뿐만 아니라 공격도 해야 합니다. 정복당하지 않는 것만으로는 충분하지 않습니

---

10) "Assured Security in Christ," *The Metropolitan Tabernacle Pulpit*, Vol.16(London: Passmore and Alabaster, 1870), 1-12에서.

다. 정복해야 합니다. 따라서 머리를 방어하기 위한 투구만이 아니라 적을 공격할 검도 지녀야 합니다. 우리의 싸움은 치열합니다. 신령한 무기고의 모든 갑주와 무기를 그리고 야곱의 하나님이 주시는 힘을 필요로 합니다.

우리의 여건을 볼 때, 방어와 정복은 오로지 전투를 통해서만 가능합니다. 타협을 시도하는 자들이 많습니다. 그러나 진정한 그리스도인이라면 결코 타협할 수 없습니다. 속이는 말은 거룩한 혀에 어울리지 않습니다. 대적은 거짓의 아비이며, 그와 함께 하는 자들은 애매한 표현에 익숙합니다. 그러나 성도는 그것을 혐오합니다. 평화 협상을 하고 정략적으로 무엇을 얻으려 한다면 우리는 결국 수치를 당하게 될 것입니다. 우리의 대장은 휴전을 지시하지 않으십니다. 우리는 타협안을 찾거나 양보하라고 보냄을 받은 것이 아닙니다.

흔히들 이렇게 주장합니다. '우리가 조금 양보하면 세상도 조금 양보하게 되고 그래서 좋은 결과로 이어질 것이다. 우리가 너무 엄격하거나 편협하지 않으면 죄도 적당한 선에서 그칠 것이다. 우리가 적당히 죄에 결부되면 죄의 흉악성도 누그러질 것이다. 우리가 넓은 마음으로 세상에 눈높이를 맞추면 반대편에 선 자들이 지금처럼 악랄하게 굴지 않을 것이다.' 아닙니다. 그런 일은 있을 수 없습니다. 우리 대장은 그런 지시를 한 적이 없습니다. 평화가 필요하다면 그가 친히 평화를 조성하실 것입니다. 혹은 우리에게 어떻게 하라고 지시하실 것입니다. 하지만 지금은 전혀 다른 명령을 하십니다.

우리는 중립적인 입장을 취하거나 가끔의 휴전을 통해 무엇을 얻을 것을 기대할 수 없습니다. 주님을 대적하는 자들과의 싸움을 중단하거나 타협을 시도하거나 그들의 모임에 자주 방문하거나 또는 그들의 진미를 맛보아선 안 됩니다. 그렇게 하라는 지시는 없습니다. 무기를 움켜잡고 싸우러 나가야 합니다.

싸움에서 우연히 이길 것을 꿈꾸어서도 안 됩니다. 운이 좋아서 저절로 거룩해지는 사람은 없습니다. 주의하지 않으면 엄청난 해를 입을 수 있습니다. 부주의하고도 인생의 싸움에서 승리하는 사람은 없습니다. 될 대로 되도록 방치하는 것은 우리를 지옥으로 이끌고 가도록 하는 것입니다. 침묵하거나 안일하게 대처하라는 명령도 받지 않았습니다. 항상 기도하며 부단히 경계해야 합니다.

이 본문의 요지는 '검을 잡으라! 검을 잡으라!' 는 것입니다. 더 이상 토론할 일이 아닙니다. 더 이상 협의와 타협할 일이 아닙니다. 우레 같은 말씀이 검을 잡으라고 합니다. 대장의 음성은 나팔처럼 분명합니다. 검을 잡으라고 하십니다. 분명하고 단호한 용기와 결의로 검을 잡지 않는 한 이 본문 말씀에 순종하는 것이 아닙니다. 우리는 줄곧 검을 손에 들고서 천국을 향해 가야 합니다. "검을 잡으라."[11]

• 오류는 절로 드러난다

애석하게도, 진리에서 벗어난 사례들이 현재 너무 많아서 자세히 언급하기 힘들 정도입니다. 그럼에도 불구하고, 저는 염려하거나 낙심하지 않습니다. 이전의 다른 경우들처럼 그 먹구름도 사라질 것입니다.

저는 앞으로의 전망이 이전보다 더 좋다고 생각합니다. 마귀의 흉악성

---

11) "The Sword of the Spirit", *The Metropolitan Tabernacle Pulpit*, Vol. 37, 229-40에서.

이 덜해졌다고 보진 않습니다. 앞으로 그렇게 될 것이라고 기대하지도 않습니다. 다만 그는 더 노쇠했습니다. 더 좋은 일인지 나쁜 일인지는 모르겠지만, 마귀의 유혹이 이전처럼 참신해 보이지 않습니다. 우리는 현재 날뛰는 마귀의 소행을 그리 두려워하지 않습니다. 그 유형을 파악하기 시작했기 때문입니다.

알지 못하는 것은 무서워 보입니다. 하지만 익히 알게 되면 두려움이 사라집니다. 처음에는, 이 '현대 사상'이 사자처럼 보였습니다. 그 포효가 무서웠습니다. 더 가까이서 살폈을 때, 그 거대한 백수의 왕이 여우처럼 보였고, 이제 야생 고양이처럼 보입니다.

우리가 사자에게 삼켜진 것 같았지만 지금 그 괴물은 보이지 않습니다. 과학적 종교는 과학이나 종교가 들어 있지 않은 공론에 불과합니다. 조만간 '앞선 사상'을 언급하는 사람들은 드물 것입니다. 벌써 그것은 쓰레기 취급을 받고 있습니다.

이제 조류가 바뀌고 있습니다. 그것을 제가 중시하는 것은 아닙니다. 제가 기반으로 삼은 반석은 썰물, 즉 인간 철학의 홍수에 영향을 받지 않기 때문입니다. 그렇지만 흥미롭게도, 조류의 흐름이 이전과는 다르다는 것입니다. 현대의 회의론을 시도했던 젊은 사람들은 이제 그것의 영향력이 감소함에 따라 추종자들도 감소하는 것을 봅니다. 그러므로 그들 자신도 이전처럼 매료되지 않습니다.

이제 그들이 변화해야 할 때입니다. 소위 앞선 사람들은 풍성한 은혜에 대해 탁월하지 못했습니다. 그래서 그들은 교리에 대해 방탕한 견해를 가진 것은 신앙 전반에 대한 방탕함의 일부라고 생각하게 되었습니다. 확고한 믿음의 결핍은 대개 회심 결여로 인한 것입니다. 복음의 능력을 마음속 깊이 느낀 사람이라면 그것을 쉽게 버리고 꾸며낸 이야기를 좇아가지 않을 것입니다.

영원한 진리를 사랑하는 여러분은 아무 것도 두려워할 필요가 없습니다. 하나님은 하나님과 함께 하는 이들과 함께 하십니다. 하나님은 그의 계시를 믿는 자들에게 자신을 계시하십니다. 우리는 갈팡질팡하지 않고 곧장 승리를 향해 전진합니다. "너희가 오늘 본 애굽 사람을 영원히 다시 보지 아니하리라"(출 14:13). 아말렉 족속, 히위 족속, 여부스 족속 그리고 브리스 족속 같은 다른 대적들이 일어나 이스라엘을 대적할 것입니다. 그러나 주님의 이름으로, 우리는 나아가 약속된 기업을 차지할 것입니다.

우리는 차분히 노력해야 합니다. 우리의 백일몽은 끝났습니다. 우리는 온 세상을 의롭게 변화시키거나 모든 교회를 정통으로 돌이키지 못할 것입니다. 우리에게 속하지 않은 책임을 굳이 떠맡으려 하지 않을 것입니다. 우리에게 맡겨진 책임만으로도 족하기 때문입니다. 어떤 지혜로운 형제들은 자신의 교단을 개혁하는 일에 열심입니다. 그들은 용감하게 돌진합니다.

저는 돈키호테 같은 친구들을 존경합니다. 하지만 그들의 용기는 과장된 면이 있습니다. 교회나 세상은 우리의 능력 범위를 넘어섭니다. 그러므로 우리는 더 작은 영역으로 만족해야 합니다. 우리의 교단에 대해서도 마찬가지입니다. 우리는 힘이 닿는 데까지만 책임질 뿐입니다. 우리의 힘으로 할 수 있는 일들에 대해서만 우리의 힘을 쓰는 것이 지혜로운 일입니다. 우리의 한계를 넘어서는 나머지 것들에 대해서는 염려하지도 낙심하지도 맙시다. 지구를 망치는 모든 가시와 엉겅퀴들을 우리가 제거할 수 없다면 어떻게 해야 합니까? 우리는 우리 자신의 작은 영역만 깨끗이 할 수 있을 것입니다. 사막을 초원으로 변화시키지는 못하더라도, 한 포기의 풀이 자라던 곳에서 두 포기의 풀이 자라게 할 수는 있습니다. 그것만으로도 가치 있는 일입니다.

형제 여러분, 우리는 믿음에 견고하고, 경건하게 하나님과 동행하는 일에 힘씁시다. 이런 조언이 이기적이라고 말하는 사람도 있습니다. 하지만 저는 그렇지 않다고 믿습니다. 오히려 건강하고 실제적으로 다른 사람을 사랑하는 것입니다. 이것은 우리 자신의 영적 상태에 유의하게 합니다. 하나님께 영광 돌리는 삶을 위해서는 자신이 먼저 하나님과 더불어 올바른 관계를 유지해야 합니다. 수영을 배운 사람은 올바른 이기심을 배운 것입니다. 그래야 빠져 죽는 사람을 도울 수 있기 때문입니다. 다른 사람들의 축복을 염두에 두고, 우리 자신의 축복을 진지하게 갈망하도록 합시다.[12]

• 신신학에 대한 최선의 대응책

현대 신학파에는 매혹적이지만 설득력이 없는 것이 있어서 저는 그것을 부단히 경계해야 할 부담을 느낍니다.

그것은 터무니없이 모호합니다. 깊이 있는 것 같은 모습은 과장된 무지일 뿐입니다. 그 속에는 아예 신학이 없습니다. 그것은 신학적 지식의 결핍을 숨기기 위한 쓸데없는 고안물입니다.

마땅히 탁월해야 할 분야를 제외하고 다른 모든 분야에 완전한 것 같은

---

12) *An All-Round Ministry: Addresses to Ministers and Students*, 188.

사람이 일어나 그리스도인들에게 그들이 바울에게서 배운 것은 모두 그릇된 것이며, 신신학이 발견되었고, 우리가 사용한 옛 내용들은 시대에 뒤떨어진 것으로 옛 신조들은 퇴물이 되었다고 가르칩니다.

이 유식한 체하는 자와 그 동료들을 우리는 어떻게 해야 하겠습니까? 소발의 말을 들은 욥처럼 그들을 비웃고 그 말을 내팽개치십시오. 바다의 물고기나 공중의 새도 그들만큼은 알고 있다고 말해주십시오. 그들의 대단한 발견들은 어린 아이들도 이전부터 알고 있는 평범한 것입니다. 그렇지 않으면 그들은 조롱받아 마땅한 이단일 뿐입니다.[13]

• 잘못된 유행

우리가 진리에 뿌리를 내리고 굳게 서기 전까지는 새로운 것들이 매우 매력적으로 보일 것입니다. 그것이 하나님을 향한 열심과 거룩한 모양이 있을 때에는 특히 그럴 것입니다.

그럴 때에는 구세주의 가족으로 거듭난 여러분은 이 말씀을 명심하기 바랍니다.

"너희는 처음부터 들은 것을 너희 안에 거하게 하라"(요일 2:24).

안타깝게도 비교적 오랜 신앙 연륜을 지닌 사람마저도 새로 개발된 그럴 듯한 개념과 방법론에 쉽게 속아 넘어갑니다. 저는 종교계에서 어리석고 광적인 개념들을 아주 많이 보았습니다. 그것들은 갑자기 나타나서 급속도로 자라다가 이내 쇠퇴하여 사라졌습니다. 어느 날은 대단했다가 다음날은 전혀 딴 모습이 되는 것입니다.

---

13) *The New Park Street Pulpit*, Vol. 4(London: Passmore and Alabaster, 1858), 317-24.

한때 그 시대의 이적으로 큰 환호를 받다가 불과 몇 년 후에 조롱당하는 것들도 보았습니다. 이처럼 일시적으로 열광하는 분위기에 제가 휩쓸리지 않은 것에 대해 하나님께 감사드립니다. 저는 성경에서 얻고 성령의 가르침과 경험으로 비롯된 옛 진리를 붙드는 것으로 만족합니다. 저는 앞으로 계속 나아갈 수 있기 때문에 방향을 바꿀 필요가 없었습니다. 끝까지 그러기를 원합니다. 저는 최근에 갑자기 만들어진 것을 대단한 것으로 보지 않습니다. 오히려 인간적 기단의 여러 모습으로 여깁니다. 다음에는 무엇이 나타날지 알 수 없습니다. 그러나 확실한 것은, 수시로 새로운 교리가 나타나지만 결국은 겉치장을 새롭게 한 옛 이단으로 판명난다는 것입니다. 또는 영혼을 구원하는 새로운 방법이 나오지만 그것은 불붙은 집처럼 연기 속에 사라지기 전까지만 빛난다는 것입니다.

온갖 교리의 바람에 흔들리지 않도록 주의합시다. 우리가 사는 동안 현재 크게 유행하는 것이 사라지고 다시 새로운 것 한둘이 뒤를 이어 나타나는 것을 볼 수도 있습니다. 그러므로 견고하며 흔들리지 않도록 합시다. "너희는 처음부터 들은 것을 너희 안에 거하게 하라." 조만간 사라질 새로운 것들에 관심을 두지 말고, 하나님 말씀과 자신의 영적 경험을 통해 배우는 영원히 변하지 않는 진리에 착념하십시오.[14]

---

14) "A Sermon to the Lord's Little Children," *The Metropolitan Tabernacle Pulpit*, Vol. 29(London: Passmore and Alabaster, 1883, 157-68에서.

• **알아들을 수 없는 말**

현대 신학자들의 야단스러운 발언을 꾸짖어줄 욥 같은 사람이 있었으면 좋겠습니다.

교리적으로는 이단이 아니지만 말을 알아듣지 못하게 하는 사람들이 등장하고 있습니다. 그들은 주목할 만한 가치가 전혀 없는 일을 '주목하라!'고 외치는 사람들입니다.

사람들이 흔히 사용하는 쉬운 말로 말하지 않고, 오히려 칼라일이 사용했던 특수 용어를 사용하고, 앞에 올 말을 뒤에 말하고 뒤에 올 말을 앞에 말하는 목사들이 있습니다. 그들은 자신의 거짓을 숨기기 위해 그렇게 합니다.

저는 누군가가 나타나서 그들의 가면을 벗기고 허풍으로 가득한 공기주머니를 터뜨려주기를 기도합니다. 또 교사들이 우리에게 말할 것이 있으면 모두 다 알아들을 수 있게 말하게 되기를 기도합니다. 쉬운 말을 사용할 수 없다면 말하는 법을 다시 배워야 할 것입니다.[15]

• **형이상학적으로 모호하게 말하는 죄**

자신이 말하는 것이 무슨 뜻인지 모르면서 말하는 것이 가능할까요? '현대 사상'을 가르치는 자들 중에는 빛나는 안개처럼 보이는 이들이 있습니다. 그것은 빛이 아니라 가시적인 어둠입니다. 그들은 마치 몽유병자처럼 방황합니다. 그는 어떤 사상을 가지고 있지만 그것이 무엇

---

15) "Everywhere and Yet Forgotten," *The Metropolitan Tabernacle Pulpit*, Vol. 6(London: Passmore and Alabaster, 1860), 317-24에서.

인지 자신도 모릅니다. 그래서 자신이 말을 하면서 그것을 찾고 있습니다.

30분 동안 들어도 단 한 가지 사상도 전달하지 못하는 설교를 들은 적이 있습니다. 옆 사람에게 물어보았지만 그 역시 오리무중이었습니다. 그래서 우리는 문제가 우리의 이해력에 있는 것이 아니라 설교자에게 있다고 결론지었습니다. 하지만 그 설교자는 멍청한 사람이 아니었습니다. 따라서 우리는 그가 너무 형이상학적이라는 결론을 내렸습니다. 그 설교가 중요한 내용이 아니라면 별 상관이 없습니다. 하지만 주 예수 그리스도의 복음에 관한 설교라면 심각한 문제입니다.

구원의 자명한 진리를 애매한 말의 구름 속에 감추는 것은 중대한 기만 행위입니다. 하나님의 영광과 인간의 영원한 운명이 걸려있는 일에서는 모든 것이 정오의 해처럼 분명해야 합니다. 영혼이 걸려 있는 일을 형이상학적으로 모호하게 만드는 것은 사악하고 잔인한 짓입니다.[15]

• **분명하게 전하라**

우리는 우리가 전하는 내용을 사람들이 이해하도록 복음을 명확하게 전해야 합니다. '만일 나팔 소리가 불확실하다면 누가 전투 준비를 하겠는가?' 모호한 말로 사람들을 혼란스럽게 하지 마십시오.

어떤 사람이 말했습니다. "지난번에 새로운 개념이 떠올랐다. 그러나 자세히 말하지 않고 그냥 그것을 내던졌다. 새로운 개념에 대해서는 대체로 그렇게 하는 것이 좋다. 그런 것을 내버리라. 다만 그렇게 하는 장

---

16) "Be Plain," *The Sword and the Trowel*(1885년 5월).

소에는 신경을 쓰라. 만일 설교단에서 그렇게 하면 누군가에게 상처를 줄 수 있다. 조용히 혼자 있을 때 내버리라. 일단 내버렸으면 다시는 그것을 찾지 말라."

오늘날 많은 사람들이 그리스도와 복음을 전파하지만 진실이 아닌 것을 많이 뒤섞음으로써 자신이 전하는 메시지 전부를 해치고 사람들을 오류에 빠지게 합니다. 그들은 '복음주의'를 자처하지만 사실은 반복음주의입니다.[17]

• 쉬운 말의 중요성

베드로의 설교보다 더 평범한 설교는 없었습니다. 설교자가 쉽게 설교할 수 있는 것은 성령님의 축복의 결과 가운데 하나입니다.

우리는 성령께서 설교자를 높은 말에 태우거나 독수리 날개 위에 올라타고 별들 사이로 올라가게 하시기를 원하지 않습니다. 우리가 원하는 것은 그들이 아래로 내려와 엄숙한 주제를 알아들을 수 있게 다루는 것입니다.

베드로의 설교 주제는 무엇이었습니까? 아무도 이해할 수 없을 정도로 지적인 내용이었습니까? 알아 들을 사람이 없을 정도로 대단한 것이었습니까? 아니었습니다. 베드로가 전한 내용은 이런 것이었습니다.

"나사렛 예수 그리스도께서 여러분과 함께 사셨습니다. 그는 옛날부터 약속된 메시아이십니다. 여러분은 그를 십자가에 못박았지만, 그의 이

---

17) "The Greatest Fight in the World" (London: Passmore and Alabaster, 1891), 38-39.

름에 구원이 있습니다. 누구든지 회개하고 세례를 받으면 은총을 얻을 것입니다." 이것이 전부였습니다! 찰스 시므온은 『설교의 골격』(Skeleton Sermons)이라는 책에서 위의 내용을 모델로 제시하지 않았을 것입니다. 현재의 대학 교수 중에, "설교하기 원하면 베드로처럼 하라."고 학생들에게 말하는 사람도 없을 것입니다.

우리가 하고 싶은 것의 첫째도, 둘째도, 셋째도, 넷째도 아닌 방식을 사용했습니까? 사실 이것은 숭고한 것을 평범하게 말한 것이었습니다. 이 시대에는 숭고한 것이 어리석은 것, 넘어지게 하는 것으로 간주되고 있습니다. 그러므로 하나님의 영의 부음을 받아 목사들이 쉽게 설교하고 젊은이들이 예수 그리스도에 대해 명확하게 제시할 수 있게 되기를 바랍니다. 이것이 절대적으로 필요합니다.

하나님의 영이 교회에서 떠나셨을 때는 웅변이 각광을 받습니다. 그 때는 그것을 열심히 개발하기 때문입니다. 하나님의 영이 떠나셨을 때, 모든 사역자들은 한결같이 지식 습득에 열을 올립니다. 성령의 빈자리를 채워야 하기 때문입니다. 그 때는 오래된 성경만으로 충분하지 않습니다. 성경을 수정하고 보완해야 합니다. 난롯가에서 조부모 세대에게 기쁨을 주었던 옛 교리들은 너무 진부한 것이 됩니다. 개선된 새로운 신학을 가져야 합니다. 요즘 젊은이들은 우리 소망의 기반이자 버팀목인 모든 것을 부인함으로써 그들의 박식함을 과시하려 합니다. 그리고 도깨비불 같은 무엇인가를 새로 제시하여 사람들의 주목을 받으려 합니다.

오, 하나님의 영께서 그 모든 것을 쓸어버리시기를 원합니다. 여성반을 인도하는 자매나, 주일학교에서 봉사하는 모든 이들이 오직 그리스도에 관해서만 말하도록 도와주시기 원합니다. 하나님의 영이 불과 강한 바람처럼 임하시는 것은 우리를 신학박사나 대단한 웅변가로 만들기 위함이 아닙니다. 다만 그리스도를 전하게 하기 위해, 이전보다 더 단순하게 그를 전파하게 하기 위해서입니다.[18]

• 너무 정중하지 말라

사람들이 죽어가고 있습니다. 그것을 사실대로 말하는 것이 정중하지 못하다면 오직 마귀가 주인 노릇하는 곳에서는 그럴 수 있습니다.
영혼을 죽이는 정중함에서 벗어나십시오. 주님은 영혼을 사랑하는 마음을 우리에게 주셨습니다. 그러므로 이 피상적인 고상함은 곧 사라질 것입니다. 저는 종교적인 겁쟁이에게 계속 비난을 퍼부을 수 있습니다. 저는 기꺼이 칼을 갈아 이 비열한 악의 심장을 찌를 것입니다. 이것을 옹호할 것은 하나도 없습니다.
또한 그것은 겸손도 아닙니다. 교만에 불과한 것으로 간직하기에는 너무 빈약한 것입니다.[19]

• 기초를 놓는 일에 관하여

단단히 붙잡지 않는 신앙을 주의하십시오. 그러나 만일 제가 어떤 교리를 꼭 붙들면 사람들은 저를 고집불통이라고 합니다. 그렇게 하도록 두

---

18) "Pentecost," *The Metropolitan Tabernacle Pulpit*, Vol. 9(London: Passmore and Alabaster, 1863), 289-300에서.
19) "The War-Horse," *The Sword and the Trowel*(1866년 5월).

십시오. 고집불통이 나쁜 말이긴 하지만, 지금 고집불통이라고 비난받고 있는 것은 위대한 덕목이며 이 경박한 시대에 반드시 필요한 것입니다. 최근 저는 새로운 교파를 만들고 싶은 마음이 들 정도입니다. 그 이름은 '고집불통 취급받는 자들의 교회'입니다.

모든 사람이 너무나 유연하고 타협적이며 기만적으로 되어가고 있어서 우리에게는 어떻게 믿어야 할지를 가르쳐 줄 완고한 사람이 필요합니다. 이전 시대에 무엇을 믿고 그 반대되는 것은 거짓이라고 생각했던 옛날 사람들이 시대추세에 편승하는 현대의 기회주의보다 더 진실한 사람들입니다.

저는 소위 '관대한' 신학자들에게 목숨을 걸 만큼 소중한 교리가 있는지 묻고 싶습니다. 그들은 이렇게 대답할 것입니다. "물론입니다. 하지만 어떤 사람이 자신의 입장을 고수하거나 변경할 때는, 그것을 아주 조심하여 말하고 반대편도 극히 존중해 주는 것이 올바른 자세입니다."

그렇지만 진리를 부정하라는 요구를 당했을 경우를 생각해 봅시다.

"글쎄요. 양편 다 할 말이 많을 것입니다. 아마 부정하는 편도 긍정하는 편 못지 않게 어느 정도 진리를 가지고 있을 것입니다. 아무튼, 낙인 찍히는 것 같은 혐오감을 주는 것은 신중하지 못한 처사입니다. 그러므로 그 문제는 당분간 마무리 짓지 않고 내버려 두는 것이 더 나을 것입니다."

이 신사들은 언제나 인기를 중요시하기 때문에, 세상을 향한 성경의 엄한 말씀을 완화시키고, 세상의 지혜로운 사람들이 반대하는 교리는 모조리 각색합니다.

의심을 가르치는 자는 매우 의심이 많은 교사입니다. 사람은 무엇인가 단단히 붙들 것을 가져야 합니다. 그러지 않으면 그는 자신에게도 다른 이들에게도 복이 되지 않습니다.

모든 배들을 한 곳에 모으고 아무 배도 묶거나 닻을 내리지 않게 하십시오. 모두 다 자유롭게 풀어 두십시오. 그리고 폭풍의 밤을 기다려 보십시오. 그러면 배들이 서로 부딪칠 것이고, 이 자유로 인해 큰 재난이 닥칠 것입니다. 완벽한 사랑과 관용은 모두 정박하지 않는 것이 아니라 각자 적절히 정박하고 하나님의 이름 안에서 자신의 자리를 굳건히 지킬 때 이루어지는 것입니다.[20]

• 단순히 도덕만 전하지 말라

목사는 단순한 도덕이 아니라 그리스도를 전해야 합니다. 런던의 목사들 가운데서 셰익스피어의 작품으로 설교하는 것처럼 성경으로 설교할 수 있는 사람이 얼마나 되겠습니까? 그들이 원하는 것은 도덕적인 금언입니다. 이 선한 사람들은 거듭남을 언급할 생각을 전혀 하지 않습니다. 도덕적 혁신에 대해서는 가끔 얘기합니다. 그러나 은혜를 통한 궁극적 구원에 대해서 이야기하는 것은 생각하지도 않습니다. 오직 선행만을 줄곧 외칩니다.

'믿고 구원받으라.'는 설교는 생각하지 않습니다. 줄곧 이렇게 권면합니다. '선한 그리스도인이여, 기도하고 바르게 행동하라. 그러면 천국

---

20) "On Laying Foundations," *The Metropolitan Tabernacle Pulpit*, Vol. 29(London: Passmore and Alabaster, 1883), 49-60에서.

에 들어갈 것이다.' 이들의 복음은 그리스도 없이도 우리가 잘할 수 있다는 것입니다. 비록 우리에게 약간의 잘못이 있지만 어느 정도만 고치면 '사람이 거듭나지 아니하면'이라는 오래된 성경 내용이 별문제되지 않는다고 합니다.

만일 주정뱅이가 되고 싶다면, 부정직해지고 싶다면, 세상의 모든 죄악을 배우고 싶다면, 도덕적인 설교를 들으십시오. 혁신과 도덕적인 개량을 시도하는 이 신사들은 도리어 사람들을 비도덕적이게 만듭니다.

래빙턴 주교는 이렇게 증언했습니다. "우리는 오랫동안 도덕적인 설교로 이 나라를 개혁하려고 시도해왔습니다. 어떤 효과가 있었습니까? 전혀 없었습니다. 오히려 우리는 교묘하게 설교하여 사람들을 불신앙에 빠지도록 했습니다. 우리의 음성을 바꿔야 합니다. 그리스도와 그분의 십자가를 전해야 합니다. 오직 복음만이 구원으로 이끄는 하나님의 능력입니다."[21]

• 속죄를 던져버리라고?

나머지를 구하기 위해 구식 신학의 '일부'를 포기해야 한다고들 말합니다. 우리는 마차를 타고 러시아의 초원지대를 여행하고 있습니다. 말들이 힘차게 달리지만 늑대들이 바짝 뒤쫓아옵니다. 그 이글거리는 눈빛이 보이지 않습니까?

급박합니다. 어떻게 해야 합니까? 누군가가 아이 한두 명을 내던지라

---

21) "Christ Lifted Up," *The New Park Street Pulpit*, Vol. 3, 260; http://www.spurgeon.org/sermons/0139.htm에서.

고 제안합니다. 늑대들이 아이를 잡아먹는 동안 달아날 시간을 벌 수 있다는 것입니다. 하지만 늑대가 다시 쫓아온다면 어떻게 할 것입니까? 그 때는 아내를 내던질 것입니까?

'목숨을 위해서라면 가진 것을 모두 내던질 것이다.' 자신을 구하기 위해 모든 진리를 포기하라 합니다. 성경의 영감설을 내던져 비판자들이 삼키게 하십시오. 선택 교리를 내던지십시오. 옛 칼빈주의를 모조리 내던지십시오. 늑대들의 맛있는 잔치가 마련될 것입니다. 그러면 이렇게 하도록 조언한 신사들은 갈기갈기 찢긴 은혜의 교리를 보고서 기뻐할 것입니다. 전적 부패와 영원한 형벌, 기도의 능력을 내던지십시오.

이제 마차가 엄청 가벼워졌습니다. 그러나 또 다른 것을 버릴 차례입니다. 주님의 위대한 희생을 희생시키십시오! 속죄를 던져버리십시오. 형제 여러분, 이 조언은 야비하고 흉악합니다. 우리는 모든 것을 지니고 이 늑대들을 피할 것입니다. 아니면 우리는 모든 것과 함께 파멸당할 것입니다. '그 진리, 전(全)진리, 오직 진리' 입니다. 우리는 진리의 일부를 던지고 진리의 절반을 구하려는 시도를 결코 하지 않을 것입니다.[22]

• 속죄를 공격하는 신신학

얼마 전에 한 대단한 여성이 저를 인터뷰하러 왔습니다. '사형제 반대' 문제에 대해 저의 공감을 얻으려는 목적이라고 했습니다. 그녀는 살인자에 대한 사형을 반대하는 탁월한 이유들을 나열했습니다. 저는 그 말에 공감하지 않았지만 굳이 하나하나 반박하지도 않았습니다.

---

22) "The Greatest Fight in the World," 33.

살인자를 평생 동안 감금하면 된다는 것이 그녀의 견해였습니다. 반평생 수감생활을 하고도 조금도 개선되지 않는 사람들이 아주 많다고 저는 말했습니다. 살인자가 반드시 회개할 거라는 그녀의 신념에 대해서도 희망사항일 뿐이라고 했습니다.

"아, 그건 처벌이 잘못되었기 때문이에요." 하고 그녀가 말했습니다. "우리는 죄수가 처벌받아 마땅하다는 생각으로 처벌합니다. 이제 그들에게 사랑을 보여줘야 해요. 처벌의 목적이 개선이라는 점을 그들에게 알려줘야 해요."

제가 말을 받았습니다. "그런 이론을 저도 많이 들었습니다. 책도 많이 읽었고요. 하지만 저는 그것을 전혀 믿지 않습니다. 처벌 목적은 개선되어야 하지만, 처벌의 근거는 범죄자의 분명한 죄에 있습니다. 사람이 잘못을 저지르면 처벌을 받아야 한다고 믿습니다. 죄를 범하면 마땅히 처벌받아야 할 책임이 있습니다."

그 여성은 그 점을 이해하지 못했습니다. 그녀의 생각에는, 죄가 잘못된 것이긴 하지만 처벌은 적절하지 못한 것이었습니다. 그녀는 죄수들이 교도소에서 너무 잔인하게 다루어지며, 우리가 그들을 사랑한다는 것을 알려줘야 한다고 생각했습니다. 만일 그들이 교도소에서 친절한 대우를 받으면 훨씬 더 나아질 것이라고 확신하고 있었습니다.

그녀의 이론을 설명하려는 의도로 저는 이렇게 말했습니다. "그러면 교도소에 있는 범죄자들에게 온갖 종류의 방종을 허용해야 할 것입니다. 수십 번 강도짓을 한 부랑자가 저녁에 난롯가의 안락의자에 앉아 한 잔의 술과 담배를 즐기도록 해야 할 것입니다."

물론 그녀는 술을 주지는 않을 것입니다. 그러나 그 외의 것들만으로도 그는 유익을 누릴 것입니다.

생각만 해도 정말 우스운 모습이었습니다. 그렇게 되면 악당들이 현저히 늘어날 것으로 생각됩니다. 온갖 사악한 일들을 적극적으로 권하는 꼴이 되고 말 것입니다.

악당을 감싸고도는 그리고 그들의 범죄를 마치 아이들의 실수 정도로 여기는 개념이 정말 우스꽝스러웠습니다. 저는 정부가 이 탁월한 사람들에게 그 기능을 양도하는 것을 상상해 보았습니다. 이들의 놀라운 실험의 결과는 어떻게 되겠습니까? 치안 담당자들의 검이 숟가락으로 바뀌고 교도소가 악한의 달콤한 은신처로 변하게 될 것입니다.

저는 이런 것이 강단에서 가르쳐지리라고는 생각지도 못했습니다. 하나님의 도덕적 통치를 가르치면서, 성경에서 계시하는 엄숙한 측면을 배제하고, 남성적 속성이 없는 하나님을 숭상하는 유약한 감상주의로 전락시키는 신학이 나올 줄은 생각하지도 못했습니다.

그러나 오늘 우리는 내일 무슨 일이 일어날지 알 수 없습니다. 그러나 하나님을 보편적인 아버지로 가르치면서, 하나님께서는 회개하지 않는 자를 아버지로서가 아니라 심판자로서 대하신다는 우리의 가르침을 구시대적 오류의 잔재로 가르치는 사람들이 지금도 있습니다. 그들이 침례교도가 아닌 것이 감사할 뿐입니다. 물론 안타깝게도 그들의 길을 추종하기 시작하는 침례교도들이 아주 많습니다.

이들에 의하면, 죄는 침해라기보다는 무질서요, 범죄라기보다는 실수입니다. 그들이 아는 것은 사랑뿐입니다. 완전한 신은 모릅니다. 그들 중 일부는 거짓의 늪과 수렁에 깊이 빠져들어 영원한 형벌이란 꿈 같은 우스운 일이라고까지 가르칩니다.

이제 우리 주 예수 그리스도의 대속의 희생 같은 것은 없다고 가르치는 책들도 나타났습니다. 그들은 '속죄'라는 말을 사용하지만 그 옛날의 의미를 제거한 것입니다. 하나님 아버지가 아들을 보냄으로써 가련한 죄인들에 대한 큰 사랑을 보여주셨다는 점을 그들은 인정합니다. 그러나 하나님의 자비가 철저한 공의를 바탕으로 한 것이나, 하나님께서 그의 백성들을 대신하여 그리스도를 징벌하셨다는 것, 하나님께서 진노하심으로 사람을 벌하신다는 것, 징계와는 별개로 공의 같은 것이 있을 수 있음을 인정하는 것은 아닙니다.

죄와 지옥마저 구식 용어들로 간주하고 이제 새롭고 변경된 의미로 사용합니다. 이들은 구식 개념이며, 선택과 전가된 의에 대해 말하는 사람들은 시대에 뒤처진 불쌍한 사람들이라는 것입니다.[23]

• **새로운 것**

물고기가 먼저 머리부터 상하듯이, 현대 신학도 머리요 핵심인 그리스도의 대속 사역 교리에서부터 변질됩니다. 현대의 거의 모든 오류들은 그리스도에 관한 실수에서 시작됩니다.

사람들은 같은 내용을 줄곧 설교하는 것을 좋아하지 않습니다. 새로운 것만을 들으려 했던 아덴 사람들은 회중석에만 있는 것이 아니라 강단에도 있습니다(행 17:21). 그들은 '주 예수 그리스도를 믿는 자는 영생을 가졌다.'는 간단한 메시지를 반복적으로 말하는 것에 만족하지 않습니

---

23) "Christ Our Substitute," *The Metropolitan Tabernacle Pulpit*, Vol. 6, 189-96에서.

다. 그래서 문학에서 참신한 것을 빌려오고, 사람의 지혜로 가르치는 말로 하나님 말씀을 장식합니다.

그들은 속죄 교리를 신비화합니다. 예수님의 보혈에 의한 화목은 이제 그들의 사역의 초석이 아닙니다. 복음을 있는 그대로 받아들이도록 사람의 마음을 새롭게 하기보다는 인간의 병든 소원과 취향에 복음을 맞추려고 합니다.

일단 주님을 진실하고 온전한 마음으로, 깊고 깊은 분별력을 가지고 따르는 데서 돌아선 사람들에게는 그들이 어디로 향하고 있는지 말해주어도 소용이 없습니다. 하나님의 은혜가 아니면 그들은 깜깜한 어둠을 맞이할 것입니다. 오직 이것만을 분명하게 알기 바랍니다.

'주님에 대해 올바로 말하지 않는 자는
나머지 것들에 대해서도 올바를 수 없다.'

만일 십자가의 목적에 대해 바르지 못하다면, 다른 모든 면에서도 썩어 있습니다. "이 닦아 둔 것 외에 능히 다른 터를 닦아 둘 자가 없으니 이 터는 곧 예수 그리스도라"(고전 3:11). 이 반석에 안전이 있습니다. 이것 외에 다른 것에서 안전을 찾는다면 잘못된 것입니다. 이 반석 위에 집을 짓는 사람은, 비록 나무나 짚으로 지어 집이 불타더라도, 구원을 얻되 불 가운데서 얻는 것 같을 것입니다.

이제 복음의 초석이 되는 교리, 즉 그리스도의 속죄라는 핵심 교리를 다시 말씀드릴 것입니다. 물론 그것을 입증하려고 하지는 않을 것입니다. 이미 수백 번 그렇게 했기 때문입니다. 우리가 분명히 믿는 그 진리로부터 얻을 수 있는 교훈을 끌어내려고 할 것입니다.

사람은 죄를 범했습니다. 그래서 하나님의 의가 형벌을 요구했습니다. 하나님은 "범죄한 사람은 죽을 것이다."라고 말씀하셨습니다. 그러므로 하나님이 거짓말하실 수 없다면 죄인은 죽어야 합니다. 더욱이, 하나님의 거룩성이 형벌을 요구합니다. 형벌은 공의에 근거하기 때문입니다. 죄인이 죽는 것이 마땅했습니다. 하나님은 행한 일보다 과한 형벌을 추가하지 않으셨습니다. 징벌은 범죄에 따른 정당한 결과입니다. 그러므로 하나님이 거룩함을 포기하거나 죄인이 징벌을 받거나 해야 합니다. 진리와 거룩이 하나님의 법을 어기고 그의 위엄을 해한 자를 치시도록 하나님께 요구했습니다.

둘째 아담이며 택함받은 자들의 머리이신 예수 그리스도께서 개입하셨습니다. 그들이 마땅히 져야 할 형벌을 그가 친히 감당하셨습니다. 그들이 깨트린 율법을 성취하기 위해서였습니다. 그들의 조정자와 보증과 대리자가 되셨습니다. 그들을 대신하여 고난을 당하셨습니다. 그들의 육신이 연약하여 할 수 없는 것을 그가 대신 하신 것입니다.

그리스도께서 제안하신 이 일을 하나님이 받아주셨습니다. 때가 되자 그리스도께서 실제로 죽으심으로써 약속한 것을 이루셨습니다. 자기 백성들의 죄를 지고, 그들의 죄 때문에 모든 고통을 당하셨습니다. 택함받은 자들의 죄에 대한 징벌을 모두 담당하셨습니다. 그 진노의 잔을 취하셨습니다. 그 잔을 마시면서 피땀을 흘리셨지만 결코 단념하지 않고 마시고 또 마셨습니다. 마지막 한 방울까지 모두 들이키고서 "다 이루었다."고 말씀하셨습니다. 그 크신 사랑으로 인해 구원의 하나님이 파멸을 제거하셨습니다. 단 한 모금도 남지 않았습니다. 짊어져야 할 모든 고난을 온전히 당함으로써 죄를 없애셨습니다.

더욱이, 그는 아버지의 법에 완벽하게 순종하셨습니다. "보시옵소서. 내가 하나님의 뜻을 행하러 왔나이다. 내가 주의 법을 즐거워하나이다."라는 말씀을 성취하신 것입니다. 죄를 대속하고 율법을 온전히 성취하셨고 이제 하늘에 올라 하나님 우편에 앉아, 원수들을 그의 발등상으로 삼기까지 기다리고 계십니다. 그리고 자신의 핏값으로 사신 자들을 위해 중재하십니다.

속죄 교리는 매우 단순합니다. 죄인의 자리를 그리스도께서 대신 하신 것입니다. 그리스도께서 죄인 취급을 당하시고 죄인들이 의인으로 간주되는 것입니다.[24]

• 영적 방랑자들

우리가 믿는 것을 좀더 분명하게 합시다. 영적인 집시들이 많습니다. 그들은 아무 울타리 뒤에든 천막을 치지만 한 곳에 머물지 않습니다. 그들의 신학은 몇 개의 막대기와 몇 장의 천들로 구성되어 있습니다. 그것은 쉽게 허물어지고 쉽게 세워집니다. '이곳에는 거할 곳이 없다.'고 그들은 노래합니다.

그들은 이 진리 저 진리 뒤쫓는 것을 좋아합니다. 그러나 그렇게 뒤쫓는 것은 실속이 없습니다. 사냥감이 계속 도망가는 것을 즐기는 꼴이기

---

24) "The Old, Old Story," *The Metropolitan Tabernacle Pulpit*, Vol. 8(London: Passmore and Alabaster, 1862), 230-40에서.

때문입니다. 옛날 선지자는 앞일을 내다보는 자였습니다. 그러나 요즘의 선지자는 너무 세련되어서 아무 것도 보지 못합니다. 빛이 너무 많아서 무엇을 보는지 확인할 수 없다고 항의하는 사람은 지적인 청중을 좋아합니다. 다윗은 "내가 믿는 고로 말하리라."고 했습니다(시 116:10). 하지만 요즘의 '사려 깊은 사람'은 믿기 때문이 아니라 의심하기 때문에 말합니다.25)

• 현대신학의 유약한 신

이 세대는 자신의 신을 만들었습니다. 현대의 이 유약한 신은 다곤이나 바알처럼 거짓된 신입니다. 저는 그 신을 모르며 존중하지도 않습니다. 여호와만이 참된 하나님이십니다. 그는 사랑의 하나님이지만 공의로도 옷을 입으셨습니다. 용서의 하나님이지만 대속의 하나님이시기도 합니다. 그는 천국의 하나님이지만 악한 자를 지옥으로 보내는 하나님이시기도 합니다.

물론, 우리는 엄격하고 편협하게 보일 것입니다. 그럼에도 불구하고, 이 하나님이 영원히 우리의 하나님이십니다. 여호와는 변함이 없습니다. 그는 예수 그리스도 안에서 자신을 보다 분명히 계시하셨지만, 구약의 하나님과 동일한 분입니다.26)

---

25) *An All-Round Ministry: Addresses to Ministers and Students*, 243.
26) "The Bond of the Covenant," *The Metropolitan Tabernacle Pulpit*, Vol. 31, 265-76에서.

• 너그러운 사람들의 잔인함

모든 사도들을 투옥시켰던 두 번째 박해를 주도한 세력은 사두개인들이었습니다. 그들은 당대의 자유주의자요 진보적이며 현대적인 사상가들이었습니다.

신랄한 냉소나 잔인한 행위를 보기 원한다면 이 너그러운 마음을 지닌 신사들을 소개하겠습니다. 그들은 모든 사람들에게 너그러웠습니다. 다만 진리를 고수하는 사람들에게는 그렇지 않았습니다. 그들에 대해서는 인진과 쓸개즙보다 더 쓰디쓴 태도를 보였습니다.

그들은 오류를 범하는 그들의 형제들에게 아주 너그러웠기 때문에 복음주의자들에게 베풀 관용이 없었습니다.

"대제사장과 그와 함께 있는 사람 즉 사두개인의 당파가 다 마음에 시기가 가득"했다(행 5:17)는 말씀을 들었습니다. 찬사를 받을 만한 일에 대해 시기하고 분노한 것입니다. 그런 사람은 잠깐 보면 온화하지만, 십자가의 교리를 전개하면 하나님의 성령이 증거를 보여주십니다. 그들의 분노를 드러내게 합니다. 그것이 그들의 본성입니다.

그들에 대해 하나님이 천사를 통해 말씀하시는 것은 오직 이것입니다. "가서 성전에 서서 이 생명의 말씀을 다 백성에게 말하라"(행 5:20). 그들과 논쟁해봐야 소용이 없습니다. 복음을 전해야 합니다. 그들은 믿을 능력을 상실했습니다. 그러니 가서 생명의 말씀을 전해야 합니다. 그들은 의심에 사로잡혀 있으므로, 그들을 설득하는 것은 마치 시지프스의 돌을 굴리는 것과 같습니다. 그들은 반대에만 급급하므로, 그들의 질문에 일일이 대답하는 것은 밑 빠진 독에 물 붓기처럼 헛된 일입니다.

가서 복음을 전하십시오. 진리의 영역을 가능한 넓게 혹대하십시오. 그것으로 대적의 반대에 대응하십시오. 논쟁하기보다는 복음 전하는 것이 더 낫습니다. 생명의 말씀을 전하는 것이 사망의 교리에 대한 최선의 대책입니다.

만일 눈 먼 사두개인들이 그것을 알거나 알 수 있었다면, 사도들이 감옥에서 나와 주님을 증거할 때 해답을 얻었을 것입니다. 사두개파의 신조는 '부활도 천사도 영도 없다.'는 것이었습니다. 그러나 이 사도들은 일어서서 예수 그리스도의 부활을 증언했습니다. 어떻게 그렇게 할 수 있었겠습니까?

천사가 하늘에서 내려와 나타나서 사도들을 감옥에서 이끌어냈습니다. 그러므로 천사가 엄연히 존재했던 것입니다. 파수꾼들이 옥문 앞에 서 있는 동안 사도들이 빠져나갔고, 그 후에도 문들은 잠겨 있는 것으로 밝혀졌습니다. 이는 영의 존재를 입증한 것입니다.

그들의 부정적인 신조는 언약궤 앞의 다곤 신상처럼 쓰러졌습니다. 주님은 바로를 막기 위해 언제나 홍해를 준비하십니다. 사도들이 해야 할 일은 복음을 전하는 것이었습니다. "그들이 날마다 성전에 있든지 집에 있든지 예수는 그리스도라고 가르치기와 전도하기를 그치지"(행 5:42) 않았습니다.[27]

---

27) "The Charge of the Angel," *The Metropolitan Tabernacle Pulpit*, Vol. 34(London: Passmore and Alabaster, 1888), 373-84에서.

• 내리막길을 갈 때 들려 줄 사랑의 말씀

한 신문 기사가 친절하게도 '이 시대의 의심과 관련하여 최악의 낙심 상태에 있는 스펄전 씨'를 위로하기 위해 종교는 결코 사라질 수 없다는 확신으로 위로하려고 했습니다.

우리는 종교가 사라질 수 있다는 생각을 해본 적이 없습니다. 하나님의 진리는 궁극적으로 승리합니다. 복음의 교리가 '현대 사상'의 모든 공격을 이기고 살아남을 것임을 우리는 확신합니다.

문제는 얼마 동안 가시적인 교회의 일각에서 오류가 활개를 치게 될 것이라는 것입니다. 그 위험성을 경고하는 것이 우리의 할 일입니다. 경고 때문에 우리가 조롱당할지라도 우리는 견뎌내야 합니다.

우리의 주장을 편협하다거나 신경과민으로 여기는 이들도 있습니다. 하지만 그것은 잘못된 것입니다. 우리는 사랑과 진지함으로 말할 뿐입니다.

어떤 미국인이 '내리막길 논쟁'을 벌이고 있는 지도자들에게 스펄전의 행위를 어떻게 생각하느냐고 물었을 때, 스펄전이 병들고 늙어서 지적으로 쇠약해졌다는 대답을 들었다고 합니다. 이것은 그들이 경멸하는 방법입니다. 그러나 그런 발언이 진실을 제거할 수는 없습니다.

그래도 항거하는 사람이 되십시오. 항거가 엄중히 필요한 것임을 선포하고 그것에 주목할 것을 간청하십시오. 오래된 진리가 소수의 것이 될 수도 있습니다. 그리고 그것을 지지하는 사람들은 이스라엘에 문제를 일으키는 사람이요 거짓된 경고를 하는 자들로 간주될 수도 있습니다. 그럼에도 불구하고 우리가 확신하는 것은 선한 사람들이 온전한 정신으로 돌이키면 생각이 바뀔 거라는 것입니다. 그들 일부는 일을 표류하고 표류하게 하여 마침내 셀 수도 없는 엄청난 실수를 했다고 애통하며 후회할 것입니다.

우리는 몹시 안타깝고 진지한 마음으로 이야기를 했습니다. 우리는 분리하여 따로 서는 것을 좋아하지 않습니다. 또 복잡한 것을 큰 죄로 정죄하여 거부하는 것도 좋아하지 않습니다. 하지만 우리는 담대히 증거합니다. 주님께서 즈님의 때에 믿음의 대적들과 우리 사이에서 판단하실 것입니다.[28]

---

28) "notes", in *The Sword and the Trowel*(1890년 2월).

부록 3.
찰스 피니와 미국 복음주의적 실용주의

찰스 피니는 1792년 코네티컷에서 태어났지만 어린 시절 대부분을 뉴욕 오나이다 카운티에서 살았다. 그의 부모는 그리스도인이 아니었고, 그래서 피니는 기독교의 가르침을 전혀 모르고 자랐다. 피니는 (자신이 '황무지'라고 불렀던) 뉴욕 오나이다에서 설교나 복음 증거를 접한 기억이 전혀 없다. 물론 역사 기록을 보면 그 지역 사회에 강력한 복음주의 교회가 적어도 하나는 있던 것으로 나타나 있다.[1]

훗날 피니는 어릴 때 기억나는 종교는 "내 관심을 끄는 그런 것이 전혀 아니었다."[2]고 말했다. 그는 젊은 시절부터 기억하는 유일한 설교자를 이렇게 술회했다.

---

1) B. B. Warfield, *Perfectionism*, 2 vols. (New York: Oxford, 1932), 2:10.
2) *Charles G. Finney: An Autobiography* (Old Tappan, N J: Revell, n.d.), 78.

교인석에 앉아 그가 성경 사이에 원고를 두고 설교를 읽으면서 인용할 성경 구절이 있는 곳에 손가락을 끼워 넣는 것을 보았다. 그러자니 양손으로 성경을 쥐어야 했고 그래서 손짓을 하는 것은 불가능했다. 설교를 해나갈 때 손가락을 끼워 넣은 성경 구절을 읽곤 했고 그래서 한 손가락씩 풀려 나와 양손의 손가락이 벗어날 때까지 했다. 손가락이 다 풀려날 즈음 설교는 끝부분에 이르렀다. 그의 봉독은 매우 냉담하고 단조로웠다. 그리고 사람들은 그가 읽는 것을 매우 진지하게, 존경하는 자세로 경청했지만, 내게는 설교 같지 않았다고 고백할 수밖에 없다.[3]

피니는 그 설교자의 설교 내용이 '교리에 대한 무미건조한 논의'였다고 특징지었고, 이렇게 덧붙여 말했다. "사실상 이는 내가 지금까지 그 어떤 곳에서나 듣던 설교와 같았다. 그러나 그런 설교가 종교에 관하여 전혀 알지 못하거나 관심이 없는 한 젊은이를 교훈하거나 그의 흥미를 끄는 것이었는지 아닌지는 누구라도 판단할 수 있다."[4]

피니는 법률을 공부하기로 하고 뉴욕 애덤스에서 견습생이 되었다. 이곳에서 처음으로 피니는 교회에 적극적으로 참여하게 되었다. 그 지역의 장로교 목사인 조지 게일(George W. Gale)은 피니보다 두 살 정도 많은 젊은이로 이 법학도에게 관심을 가졌다. 게일은 피니를 교회 찬양대 지휘자로 임명하고 그의 법률사무소를 방문하여 영적인 문제에 관하여 대화를 나누기 시작했다.

그 때쯤 피니는 기초적인 법률 교과서에서 성경을 참조하는 것을 보

---

3) Ibid., 6.
4) Ibid., 6-7.

았고, 그래서 성경을 구하여 공부하기 시작했다. 그러나 피니의 말에 따르면, 또다시 설교가 걸림돌이 되었다. "(게일은) 청중이 신학자인 듯이 당연시하고, 그래서 복음의 모든 위대하고 기본적인 교리를 다 알고 있는 것으로 여기는 듯했다. 그러나 나는 그 설교를 통해 교훈을 얻었다기보다는 오히려 더 혼란스러웠다고 말하지 않을 수 없다."[5]

피니는 법률 사무실에서 이야기하는 동안 교리에 관한 질문을 젊은 목사에게 들이밀었다. "목사님이 말하는 회개란 무슨 뜻입니까? 단순히 죄에 대한 유감입니까? 요컨대 수동적인 마음 상태입니까? 아니면 의지적인 요소를 담고 있습니까? 회개가 마음의 변화라면 어떤 측면에서 말하는 마음의 변화입니까?"[6] 등등. 피니의 질문이 지닌 성격을 보면, 게일의 설교는 훗날 피니가 묘사했던 것처럼 완전히 지루한 것이었을 리 없다는 느낌이 든다. 게일 목사의 사역이 피니에게 기대했던 결과를 얻었다는 증거가 있기 때문이다.

실로, 피니는 애덤스에 있을 때, 극적으로 회개했다. 아이러니컬하게도, 피니의 회개가 극적이고 압도적이며 혁명적이었는데도 불구하고 그는 결코 회개가 전적으로 하나님이 하시는 일임을 깨닫지 못했다. 이에 대해 피니가 하는 이야기를 들어보면, 그는 자신의 의지가 자신의 구원을 가져온 결정적인 요소였다고 믿었던 것이 분명하게 나타난다. "1821년 가을 어느 안식일 저녁, 나는 즉시 내 영혼의 구원 문제를 해결하고, 가능하다면 하나님과 화평하기로 결심했다."[7] 강한 찔림을 가지

---

5) Ibid., 7.
6) Ibid., 8.
7) Ibid., 12.

고 피니는 숲으로 들어가 거기서 "내 마음을 하나님께 드릴 것이며 그렇지 않으면 그렇게 하는 중에 죽겠다."[8]는 약속을 했다.

피니는 그 숲속에서 회개했다. 처음에는 정상적인 회개로 보였다. 피니는 자신을 주께 드렸다는 것 말고는 무슨 일이 일어났는지 확신하지 못했다. 그의 마음은 "놀랍게도 평온하고 평화로웠다." 그가 느꼈던 죄에 대한 압도적인 찔림은 완전히 사라졌다. 피니는 심지어 자신이 "성령을 근심하게 하여 성령께서 완전히 떠나시게"[9] 하지 않았는지 의심했다. 그러나 그날 저녁 법률 사무소에서 피니는 '성령의 강력한 세례'라고 서술한 체험을 했다. "성령께서 나를, 내 몸과 영혼을 관통하시는 듯이 내게 임하셨다. 나는 전기처럼 나를 완전히 훑고 지나가는 감동을 느낄 수 있었다."[10]

하지만 그 후에도, 그날 밤 피니의 상태는 너무 혼란스러워서, 수년 후에 이렇게 썼다. "그 세례를 받았음에도 불구하고 나는 하나님과 화평을 이루었다는 확신을 가지지 못한 채 잠자리에 들었다."[11]

그러나 피니의 의심은 다음날 아침 갑작스럽고 신비스럽게 사그라졌다. 그리고 같은 날 그 이후 시간에 피니는 하나님이 자기에게 설교하기를 바라신다고 결정했고, 즉시 시작해야 한다고 결심했다. "이런 성령의 세례들을 받고 난 다음 나는 복음 전하기를 간절히 원했다. 아니, 다른 일을 하고 싶은 마음이 없는 것을 발견했다. 더 이상 법률 견습생을

---

8) Ibid., 16.
9) Ibid., 17.
10) Ibid., 20.
11) Ibid., 22.

할 마음이 없었다. 나의 온 마음은 예수님과 그의 구원에 사로잡혔다. 그리고 세상이 하찮아 보였다."[12]

피니가 회개한 직후 설교 사역을 추구하기로 한 것은 지극히 불행한 일이었다고 나는 믿는다. 생애 초기에 굳건한 기독교적 영향을 받지 못한 피니는 성경과 신학을 거의 몰랐다. 하지만 피니는 두뇌가 명석했다. 그래서 언제나 신학 논쟁에서 심지어 게일 목사와 같이 훈련받은 사람들과 하는 논쟁에서도 자신의 입장을 고수할 수 있었다. 그는 법률 훈련을 받았기 때문에 논리적 사고를 했지만, 그것 때문에 그릇된 전제들을 짊어지게 되었다. 공의와 죄책과 의(義)와 범죄와 사죄와 책임과 주권을 비롯한 다른 많은 용어들에 대한 피니의 개념은 성경이 아니라 그의 법률 연구에서 이끌어낸 것이었다.

피니가 설교하는 곳마다, 사람들은 열정적인 반응을 보였다. 피니의 각성 이후 즉각적으로 부흥의 증거들이 뒤따르는 듯했다. 명성이 퍼져감에 따라 영향력도 커졌다. 피니는 담대하게 전통적인 교리에 도전하고 설득력 있게 자기 나름대로의 기발한 교리들을 주장했다. 피니는 청중을 모을 수 있는 곳은 어디서든지 설교를 시작했고 얼마 지나지 않아서 기성 교회에 영향을 미치기 시작했다. "여기 이 젊은이는, 사역자가 된 지 2년, 그리스도인이 된 지 4년이고, 연단의 경험을 물려받은 것도 없고, 개척 선교사로 설교한 것밖에는 설교 경험이 없는 사람인데, 갑자기 교회를 공격했다. 자연히 그는 터무니없는 주장을 펼치고, 위험하고 거친 태도를 보이며, 부드러운 호소로 사람들의 마음을 녹이기보다는

---

12) Ibid., 25–26.

사람의 감정을 괴롭게 하는 일에 의존했다."[13]

피니가 등장했을 때는 많은 교회가 참된 정통 신앙에서 벗어나 차가운 극단적 칼빈주의로 옮겨갔던 것을 주목해야 한다. 극단적 칼빈주의는 복음 초대가 선택받은 자들만을 위한 것이라고 믿는 신념이다. 극단적 칼빈주의자들은 복음을 두차별적으로 전해야 한다거나 하나님이 구원을 모든 사람에게 거저 주신다고 믿지 않는다. 본질적으로 그들은 복음전도의 개념을 반대한다. 피니 시대의 많은 교회들은 극단적 칼빈주의 경향 때문에 방해를 받았다. 피니의 목사인 조지 게일도 극단적 칼빈주의로 기울었을 수도 있다. 피니는 게일의 설교를 이렇게 술회했다. "내가 들어 본 그의 설교에서 그는 누구를 회심시킬 것을 기대하거나 그것을 목적으로 삼는 적이 아예 없는 것 같았다."[14]

피니는, 인간의 타락과 하나님의 주권에 대한 자기 목사의 신념이 복음전도와 양립할 수 없다고 결론을 내렸다. 피니는 이렇게 썼다. "사실 이 교의들은 그에게 완벽한 죄수복이었다. 그가 회개를 설교할 경우, (설교를 마치고) 자리에 앉기 전에 자기 교인들에게 그들이 회개할 수 없다는 인상을 확실히 남겨야 했다. 교인들에게 믿음을 가지라고 요구할 경우에도, 그는 성령에 의해 그들의 본성이 변화되기 전에는 그들이 믿을 수 없다고 분명히 말해야 했다. 이처럼 그의 정통 신앙은 그와 그의 청중에게 완벽한 올무였다. 나는 그것을 받아들일 수 없었다."[15]

---

13) Warfield, *Perfectionism*, 2:21.
14) *Autobiography*, 59.
15) Ibid., 59–60.

피니는 칼빈주의 정통 신앙과 극단적 칼빈주의를 구별하지 못했다.[16] 그 결과 그는 정통 신앙의 가르침을 불신했고 칼빈주의를 완전히 거부했다. 그는 교리를 피상적으로만 공부하고 자신의 논리 감각을 충족시키는 독특한 신학 체계를 창안했다. 피니는 19세기 미국 법률 기준을 모든 성경 교리에 적용했다. 그는 이렇게 썼다. "내 성경 말고는 (속죄) 주제에 대해 읽은 것이 없다. 그리고 나는 그 주제에 대해 발견한 것을, 내가 법률 책에서 동일한 혹은 비슷한 구절이라고 이해하곤 했던 것으로 해석했다."[17] 피니는, 하나님의 공의 때문에 하나님의 은혜가 모든 사람에게 공평하게 확대되어야 한다고 결론을 내렸다. 그는 아담의 불순종 때문에 하나님이 인류를 죄인으로 삼는 것은 의로운 일일 수 없다고 추론했다. 그의 의견으로는, 공의로우신 하나님이라면 본질상 죄인이라

---

[16] 피니는 이렇게 썼다. "나는 어디서든지, 극단적 칼빈주의의 특징들이 교회와 세상에 큰 걸림돌이었던 것을 보아왔다. 본래 죄악된 본성, 그리스도를 받아들이고 하나님께 복종할 수 없는 전적인 무능력, 아담의 죄와 죄악된 본성으로 인해 영원한 사망에 처하게 하는 정죄 그리고 그 독특한 학파의 그와 유사한 내용들과 그로 인하여 생기는 교리들은 신자의 걸림돌이며 죄인의 멸망 원인이다" (Ibid., 368-69). 그러나 피니가 열거하는 교리들은 극단적 칼빈주의에 독특한 것들이 아니다. 그것들은 단순히 칼빈주의적 정통 신앙이며, 대개는 명백한 성경적 가르침이다. 피니는 그 모든 것을 내던졌다. 그래서 성경 신학의 핵심을 부인했다.
피니가 고안한 독특한 신학은 문제로 가득 찼는데, 특별히 성화(聖化) 분야에 많았다. 피니는 완벽주의의 한 근본적인 형태를 발전시켰는데, 이 완벽주의는 이제 그의 추종자들 가운데서 다른 많은 광신적인 생각을 낳았다. 워필드는 피니의 신학에 대한 철저하고 탁월한 분석을 두 권의 책으로 썼다.
피니가 충분히 주의를 기울여 고려하지 못한 것은, 18세기 미국에서 있었던-대각성 운동을 포함하여-대부분의 강력한 부흥 운동이 칼빈주의적 가르침에서 생겼다는 점이다. 조나단 에드워즈(Jonathan Edwards), 조지 휘트필드(George Whitefield), 데이비드 브레이너드(David Brainerd) 그리고 초창기 침례교도들은 모두 강력한 칼빈주의자였지만, 적극적인 복음전도에 열정적으로 헌신한 사람들이었다. 불행하게도 피니는 그 유산을 벗어 던지고 자신의 신학을 만드는 데 너무 지나치게 열정을 쏟았다. 피니의 체계를 이루는 실용주의적 접근법은 오늘날 피니의 혁신적 교리를 한탄하는 많은 그리스도인들 가운데도 남아 있다.
[17] *Autobiography*, 42.

고 해서 사람을 정죄하지 않으실 것이다. "성경은 죄를 율법을 어긴 것으로 정의한다. 우리가 이 죄악된 본성을 이어받음으로 무슨 율법을 어겼는가? 지금 우리가 갖고 있는 본성과 다른 본성을 가지라고 요구하는 율법은 어디 있는가? 이성은, 우리가 아담에게서 죄악된 본성을 이어받았다고 하여 영원히 하나님의 진노와 저주를 마땅히 받을 자라고 확언하는가?"[18] 그래서 피니는 인간 이성을 옹호하여 성경의 분명한 가르침 (롬 5:16-19)을 내버렸다.

더욱이 피니는 거룩하신 하나님이 인간의 죄를 그리스도에게 전가하거나 그리스도의 의를 신자에게 전가한다는 것을 부인했다. 피니는, 로마서 3, 4, 5장이 명백하게 가르치는 이 교리들이 "신학적 허구"[19]라고 결론내렸다. 본질적으로 피니는 복음주의 신학의 핵심을 부인했다.

불행하게도 피니는 설교 초창기에 성공을 거둠으로써 그의 신학에 들어있는 심각한 결함이 흐려졌다. 피니는, 자신이 설교할 자격을 얻기 위해 교회의 검토를 받고 있을 때 장로단은 "나의 견해와 그들의 견해가 충돌할 수 있는 질문을 피했다."[20]는 사실을 인정했다. 장로들은 부흥사로서 피니의 커져 가는 인기에 겁을 먹었던 것이 분명하다. 그러나 시험관 가운데 한 사람은 웨스트민스터 신앙고백을 받아들이느냐고 피니에게 물었다. 훗날 피니는, 웨스트민스터 신앙고백을 읽은 적도 없음을 인정했다. 그러나 피니는 그들의 교리적 기준을 인정한다는 식으로 장로단에 답변했다. '나는 내가 이해하는 한 그것을 교리의 요체로 받

---

18) Ibid., 339.
19) Ibid., 56-58.
20) Ibid., 51.

아들인다고 답했다."²¹⁾ 후에 피니는 그 고백서를 읽었을 때, 자신이 믿던 것과 많은 내용이 모순되는 것을 발견하고 충격을 받았다. "그 신앙고백의 명백한 가르침을 알자마자 나는 주저하지 않고 적합한 때가 되면 언제나 그 가르침을 반대한다는 뜻을 선언했다."²²⁾고 그는 썼다.

피니는 극단적 칼빈주의의 경향을 거부하면서 그 반대쪽 극단으로 나아갔다. "종교에는 자연의 일반적인 능력을 넘어서는 것은 아무것도 없다."²³⁾라고 피니는 썼다. "부흥은 기적이 아니며 그 어떤 의미로도 기적에 의존하지 않는다. 부흥은 제정된 수단들을 바르게 사용한 데 따르는 순전히 철학적인 결과이며, 수단들을 적용함으로써 산출되는 다른 모든 결과와 같은 것이다. 곡물이 그에 적합한 수단을 사용할 때 수확되는 것같이 부흥도 수단들을 사용한 데 따르는 자연스러운 결과이다."²⁴⁾

피니는 목적이 수단을 정당화한다고 제시한 첫째로 영향력 있는 복음주의자였다. "종교의 부흥을 촉진하기 위해 일정 기준의 성공을 설정하는 것은 지혜로운 일이다. 그 기준을 도입한 후에 복된 일이 분명히 나타날 때, 이 기준이 지혜로운 것이라는 증거는 명백하다. 그런 기준이 선을 끼치지 않고 해를 끼칠 것이라고 말하는 것은 속되다. 하나님은 그 점에 관하여 아신다. 하나님의 목적은 가능한 한 최대로 선을 행하시는 것이다."²⁵⁾

피니가 미국 복음주의 운동에 미친 영향은 깊고 컸다. 피니는 복음전

---

21) Ibid., 51.
22) Ibid., 59.
23) *Revivals of Religion*(Old Tappan, NJ: Revell, n.d.), 4.
24) Ibid., 5.
25) Ibid., 211.

도 집회에서 그리스도를 영접하는 표시로 회심자에게 '앞으로 나오라.'고 요구한 최초의 사람이었다. 그는 '부흥'이라는 말을 복음전도 캠페인에 최초로 적용한 사람이다. 구원을 찾는 구도자들을 위한 뒷모임(after-meeting)을 널리 퍼뜨린 것도 역시 피니였다. 또한 피니는 미국의 설교 스타일에 그의 흔적을 남겼는데, 그것은 젊은 설교자들에게 전통적인 설교자들과는 달리 즉흥적이며, 예화를 제시하고, 대화를 더 많이 하고, 교리 이야기를 덜 하라고 부추겼다. 오늘날 복음주의의 표준이 되다시피 한 이 모든 개념은 피니가 도입한 '새로운 수단들'에 속했다.

피니의 혁신적인 책들이 모두 잘못되었다는 말은 물론 아니다. 피니는 설교자들에게 메시지를 직접적이고 분명하고 설득력 있고 진지하고 정면으로 지적하라고 촉구했다. 그는 설교자들이 죄인에 대하여 삼인칭으로 말하지 말고 그들의 양심을 좀더 직접적으로 겨냥하기 위해 '당신'이라는 말로 그들을 다루라고 충고했다. 그는 그 시대에 널리 퍼져 있던 생각, 즉 죄인들에게 하나님이 회개와 믿음을 주실 때까지 기다리라고 조언하던 것과는 반대로 즉각적인 회심의 필요성을 강조했다. 피니는 성경과 예수님이 친히 하신 설교를 본받아 죄인들에게 수동적으로 가만히 앉아 하나님이 자신들을 회개시키실 것을 바라지 말고, 회개하고 믿으라고 요구했다.

피니의 사역은 뉴욕 주 서부에 집중되었다. 피니가 살아있을 동안에도 이 지역은 "타버린 구역"[26]으로 알려져 있었다. 그것은 거듭된 종교

---

26) 기묘하게도 피니는 이 표현을 새로 만드는 데 도움을 주었을 것이다. 피니의 회고록에서, 피니는 이 지역을 '타버린 구역'이라고 언급했는데, 이는 그곳에서 자신의 부흥 운동이 저항받았기 때문이다. *Autobiography*, 78.

적 열정의 물결이, 복음에 관한 참된 관심이 제거되어 버린 듯했기 때문이다. 그러나 젊은 시절의 피니는 적어도 한 번 이상은 종교적 불꽃에 부채질할 수 있을 것 같아 보였다.

하지만 얼마 가지 않아서, 예상되었던 '부흥'의 흥분과 열정은 굳어 버린 불신과 널리 퍼진 불가지론으로 바뀌었다. 그 '타버린 구역'은 다시금 그슬리어 이전보다 더 심해졌다. 사실상 피니의 시대 이후로 미국의 그 지역은 새로운 부흥을 경험하지 못했다.

부흥 운동 때 피니와 함께 일했던 사역자 가운데 한 사람은 1834년에 피니에게 이렇게 썼다.

> 당신과 다른 사람들 그리고 내가 부흥 운동 사역자로 일했던 곳을 살펴봅시다. 지금 그들의 도덕적 상태는 어떻습니까? 우리가 떠난 지 석 달이 된 후에 그들의 상태는 어떠했습니까? 나는 이 지역들 가운데 많은 곳을 방문하고 또 방문했는데, 그 교회들이 우리가 그들 가운데 있다가 떠난 직후에 슬프고 딱딱하고 육적이고 다투기를 좋아하는 상태에 빠진 것을 보고 속으로 괴로웠습니다.[27]

워필드는 이렇게 썼다.

부흥 운동의 지역과 역사에 대한 흥미진진한 한 세속적 분석이 다음 책에 쓰여 있다. Whitney R. Cross, *The Burned-Over District: The Social and Intellectual History of Enthusiastic Religion in Western New York, 1800–1850*(New York: Harper Torchbooks, 1950).
27) Cited in B. B. Warfield, *Perfectionism*, 2:26.

에이서 머핸(Asa Mahan, 피니의 오랜 친구이며 동료 사역자)의 증거만큼 강력한 증거는 없다. 이 사람은, 간단하게 말해서, 이 부흥 운동에 관련된 모든 사람이 그 후에 서글픈 타락을 겪었음을 우리에게 말한다. 즉 사람들은 다시 불을 지필 수 없는 쓸모없는 석탄처럼 되었고, 목사들은 모든 영적 능력을 잃었고 그리고 복음전도자들은 "나는 그들을 거의 모두 개인적으로 알고 있는데, 피니와 아버지 내쉬를 빼고는, 몇 년 이내에 기름부음을 잃어버리고 복음전도자와 목사의 직임에 관하여 똑같이 자격 없는 자가 되지 않은 사람을 단 한 사람도 기억할 수 없다."고 그는 말한다.

그리하여 위대한 '서부의 부흥 운동'은 결국 재난에 이르고 말았다. 거듭거듭 피니가 교회들 가운데 한 군데를 다시 방문하겠다고 제안했을 때, 이 교회들은 그 일을 괴로운 일로 여기고 이를 막기 위해 대표단을 보내거나 다른 방법들을 사용했다.[28]

워필드는 이렇게 지적한다. "한 세대가 지난 후에도, 이들 불에 덴 자녀들은 불을 좋아하지 않았다."[29]

피니는 자신의 방법이 실패했을 때 낙담하게 되었다. 그는 뉴욕 시 브로드웨이 태버너클 회중 교회(Broadway Tabernacle Congregational Church)의 목사직을 받아들이고, 후에는 오하이오 주 오벌린 대학의 학장이 되었다. 이제 피니는 자신의 완벽주의 교리 발전과 대학 활동에 전념했다.

후에 피니는 자신의 복음전도 활동을 평가하면서 이렇게 썼다. "종종 나는 그리스도인들로 죄를 크게 자각하게 하고 일시적인 회개와 믿음

---

28) Ibid., 2:26-227.
29) Ibid., 2:28.

의 상태에 이르게 하는 데 수단이 되었다. 그러나 그들로 그리스도 안에 거할 정도로 그리스도를 아주 잘 알도록 격려하는 일이 없으므로, 그들은 곧 이전의 상태로 다시 돌아가곤 했다."[30] 피니는 자신의 복음전도 방법론이 실패한 것을 깨달았지만, 언제나 실용주의자였던 그는 자신의 완벽주의적 가르침이 성공적 사역의 참된 열쇠라고 결론내렸다. 그러나 그가 좀더 오래 살았다면, 완벽주의가 천박한 복음전도보다 더 심한 영적 재난의 씨를 뿌렸음을 발견했을 것이다.

피니와 같은 시대에 살았던 한 사람은 이렇게 말했다.

> 10년 동안, 수백 명 아마 수천 명이 매년 사방에서 회개한 것으로 보고되었다. 그러나 이제 피니의 진짜 회심자는 상대적으로 몇 안 됨이 분명하다. 심지어 피니 자신도, "그들 가운데 많은 사람이 종교를 욕되게 한다."라고 선언했다. 이런 결함 때문에 그 결과, 크고 두렵고 셀 수 없는 실제적 악이 여러 곳에서 교회에 달려들고 있다.[31]

그래서 불행하게도 피니의 가장 오래가고 광범위한 영향은 구원받은 수많은 영혼이나 복음을 들은 죄인에게서 나오지 않는다. 그 결과들은 거의 전적으로 피상적이며, 종종 피니가 마을을 떠나자마자 사라지는 것이었다. 피니의 진짜 유산은 그가 미국 복음주의 신학과 복음전도 방법론에 미친 비참한 영향이다. 우리 세대의 교회는 여전히 피니가 뿌린 누룩으로 부풀고 있고, 그 증거는 현대 복음주의적 실용주의이다.

---

30) Cited in Warfield, *Perfectionism*, 24.
31) Ibid., 23.

부록 4.
육적 지혜와 영적 지혜

이 부록은 토머스 보스턴(Thomas Boston)이 쓴 『사람 낚는 기술에 관한 독백』 (*A Soliloquy on the Art of Man-Fishing*)에서 발췌하여 현대어로 바꾼 것이다. 보스턴은 1700년대 초 스코틀랜드 에트릭의 복음주의 목사였다. 그는 청교도 전통에 속한 다작가로서, *Human Nature in Its Fourfold State*와 *The Crook in the Lot*, 혹은 *The Sovereignty and Wisdom of God Displayed in the Afflictions of Men*을 포함한 몇 권의 중요한 저서가 기억되고 있으며, 이 두 권은 지금도 출간되고 있다. 보스턴의 작품이 이렇게 오래 지속되고 있는 것은 그가 다루었던 진리가 시간을 초월하는 속성을 가지고 있다는 명백한 증거인데, 이것은 본 발췌문을 보면 특히 명백하게 나타난다. 실용주의라는 말은 그로부터 200년 후에 만들어졌지만, 이 글에서 보스턴은 사역에 대한 실용주의적 접근법에 대하여 강력하게 공격한다.

우리 주님의 명령 "나를 따라오라 내가 너희를 사람을 낚는 어부가 되게 하리라"(마 4:19)는 우리 자신의 지혜를 버릴 것을 암시한다. 인간의 지혜는 우리의 안내자가 될 수 없다(마 16:24). 우리는 우리 자신을 부인해야 한다. 바울은 말의 지혜로 전도하기를 거부했다(고전 1:17). 또한 바울은 육적 지혜의 법을 따르지 않았다. 그러므로 오, 내 영혼아 너의 지혜를 부인하라. 위로부터 오는 지혜를 구하라. 너 자신의 말이 아닌 살아 계시는 하나님의 말씀을 전파하려고 하라. 네가 이 방향으로 가기로 결심하고, 너 자신의 지혜와 자연(타고난 즉 거듭나지 아니한 – 편집자 주) 이성에 따라 전하지 않도록 기도하면, 하나님의 큰 복을 받는다.

자연 이성의 길을 택하거나 육적 지혜의 법을 따르지 말라. 이 지혜의 말은 언제나 이럴 것이다. '자신을 아껴라. 사람들 가운데서 네 명예와 명성을 지켜라. 당신이 거침없이 말하면 사람들은 당신을 문제를 일으키는 사람이라고 부르고 당신의 설교를 반동적이라고 할 것이다. 모든 교회는 자신들 모두를 지옥에 갈 사람으로 설교하는 괴물로 여기며 당신을 두려워할 것이다. 그러면 당신은 결코 정착하지 못할 것이다. 교회에 큰 영향을 미치는 그렇고 그런 사람은 결코 당신과 같지 않을 것이다. 결국 직설적인 설교는 사람을 얻는 방법이 아니다. 그 설교는 처음부터 사람들의 신경을 거스른다. 대신에 당신은 적어도 처음에는 다소 부드럽게 하여 조금씩 그들을 이끌어라. 왜냐하면 이 세대는 당신이 전하는 그런 가르침을 감내할 수 없기 때문이다.'

그러나 위로부터 오는 지혜의 법을 듣고 따르라. "이 세상 지혜는 하나님께 어리석은 것이니"(고전 3:19). 사람들이 높이 평가하는 것이 하나님 보시기에는 아무것도 아니다. 위로부터 오는 지혜는 우리가 자신을 부인해야 한다고 말한다(마 16:24; 눅 14:26). 우리는 명예나 명성이나 갈채나, 그 밖에 그와 같은 이 땅의 유혹을 추구해서는 안 된다. 사람들은 자기들이 원하는 것을 하라고 우리에게 요구하지만, 하늘의 지혜는 "크게 외치라 목소리를 아끼지 말라 네 목소리를 나팔같이 높여 내 백성에게 그 허물을, 야곱의 집에 그들의 죄를 알리라"(사 58:1)고 우리에게 말한다. 하나님의 지혜는 이렇게 말한다. "육체를 따라 지혜로운 자가 많지 아니하며 능한 자가 많지 아니하며 문벌 좋은 자가 많지 아니하도다"(고전 1:26). "그러나 하나님께서 세상의 미련한 것들을 택하사 지혜 있는 자들을 부끄럽게 하려 하시고 세상의 약한 것들을 택하사 강한 것들을 부끄럽게 하려 하시며 하나님께서 세상의 천한 것들과 멸시받는 것들과 없는 것들을 택하사 있는 것들을 폐하려 하시나니"(27, 28절). "그들은 심히 패역한 자라 그들이 듣든지 아니 듣든지 너는 내 말로 고할지어다"(겔 2:7). 하나님의 지혜는 육적 지혜의 법칙과 전혀 다른 법칙을 당신에게 보일 것이다. 그러므로 육적 지혜가 말하는 것과 위로부터 오는 지혜가 말하는 것을 살펴보라.

1

- **육적 지혜**

당신의 몸은 약하다. 그러니 몸을 지치게 말라. 당신의 몸은 수고와 노동과 스트레스를 견딜 수 없다. 그러니 너 자신을 아껴라.

- **영적 지혜**

당신의 몸은 당신의 영과 마찬가지로 하나님의 것이다. 하나님을 영화롭게 하는 일에 몸을 아끼지 말라. "값으로 산 것이 되었으니 그런즉 너희 몸으로 하나님께 영광을 돌리라"(고전 6:20). 바울은 이렇게 말했다. "또 수고하며 애쓰고 여러 번 자지 못하고 주리며 목마르고 여러 번 굶고 춥고 헐벗었노라"(고후 11:27). 그러나 하나님은 "피곤한 자에게는 능력을 주시며 무능한 자에게는 힘을 더하신다"(사 40:29).

당신은 이것을 체험했다.

2

• 육적 지혜

유창하고 능수능란한 연설을 위해 열심히 노력하라. 훌륭한 스타일은 배운 사람들에게 큰 호소력을 갖는다. 그러지 않으면 배운 사람들은 당신의 설교를 별것 아니라고 생각할 것이다.

• 영적 지혜

그리스도께서는 당신에게 복음을 전하되 말의 지혜로 하지 말라고 하신다(고전 1:7). "말과 지혜의 아름다운 것으로"(고전 2:1) 설교하지 말라. 당신의 메시지와 설교는 "설득력 있는 지혜의 말"(4절)이 되어서는 안 된다.

3

• 육적 지혜

설교할 때 다소 부드럽고 차분하게 하도록 하라. 설교 대상이 되는 사람이나 지역의 특정한 죄를 공격하지 말라.

• 영적 지혜

"크게 외치라 목소리를 아끼지 말라 네 목소리를 나팔같이 높여 내 백성에게 그들의 허물을, 야곱의 집에 그들의 죄를 알리라"(사 58:1). "면책은 숨은 사랑보다 나으니라"(잠 27:5). "너는 진리의 말씀을 옳게 분별하며 부끄러울 것이 없는 일꾼으로 인정된 자로 자신을 하나님 앞에 드리기를 힘쓰라"(딤후 2:15).

4

• 육적 지혜

거침 없이 말하고 구체적인 것을 다루는 것은 위험하다. 당신이 생각하는 것보다 훨씬 위험할 수 있다.

• 영적 지혜

"바른 길로 행하는 자는 걸음이 평안하려니와"(잠 10:9), "성실하게 행하는 자는 구원을 받을 것이나"(잠 28:18)

5

• 육적 지혜

당신은 바보로, 괴물로 인식될 것이며, 침략자로 불리며 그래서 당신의 명성과 위신을 잃을 것이다. 당신은 그 점을 잊지 말아야 한다. 사람들은 당신을 미워하고 싫어할 것이다. 그런 일을 당해야 할 이유가 무엇인가?

• 영적 지혜

"너희 중에 누구든지 이 세상에서 지혜 있는 줄로 생각하거든 어리석은 자가 되라 그리하여야 지혜로운 자가 되리라"(고전 3:18). "우리는 세계 곧 천사와 사람에게 구경거리가 되었노라 우리는 그리스도 때문에 어리석으나"(고전 4:9, 10). "종이 주인보다 더 크지 못하다 한 말을 기억하라 사람들이 나를 박해하였은즉 너희도 박해할 것이요"(요 15:20). 사람들이 당신에 대해 하는 말에 누가 관심을 갖겠는가? 결국 많은 사람들이 예수님에 대하여 "그가 귀신 들려 미쳤거늘"(요 10:20) 하고 말했다. 예수님은 이렇게 말씀하셨다. "누구든지 나를 따라오려거든 자기를 부인하고 자기 십자가를 지고 나를 따를 것이니라"(마 16:24). "세상이 너희를 미워하면 너희보다 먼저 나를 미워한 줄을 알라"(요 15:18)고 우리 주님은 말씀하신다.

6

• 육적 지혜

당신이 신경을 쓰지 않으면 청중은 짜증을 내며 당신을 괴롭힐 것이다. 그러니 보기만 해도 역겨운 이런 세대를 향해 담대하게 말하는 것은 어리석기 그지없는 짓이다.

• **영적 지혜**

"사람을 경책하는 자는 혀로 아첨하는 자보다 나중에 더욱 사랑을 받느니라"(잠 28:23). "네 이마를 화석보다 굳은 금강석같이 하였으니 그들이 비록 반역하는 족속이라도 두려워하지 말며 그들의 얼굴을 무서워하지 말라"(겔 3:9).

7

• **육적 지혜**

당신이 고상하게 말하고 비위를 맞추고 어르지 않으면 특히 지체 높은 사람들이 기분 나빠 할 것이다. 그리고 당신이 지혜 있고 힘 있고 지체 높은 사람들에게 무시당하면, 어떻게 당신이 자부심을 갖겠는가?

• **영적 지혜**

"나는 결코 사람의 낯을 보지 아니하며 사람에게 영광을 돌리지 아니하리니 이는 아첨할 줄을 알지 못함이라 만일 그리하면 나를 지으신 이가 속히 나를 데려가시리로다"(욥 32:21, 22). "당국자들이나 바리새인 중에 그를 믿는 자가 있느냐"(요 7:48). "육체를 따라 지혜로운 자가 많지 아니하며 능한 자가 많지 아니하며 문벌 좋은 자가 많지 아니하도다"(고전 1:26). 이런 자가 부르심을 받았다. "왕들 앞에서 주의 교훈들을 말할 때에 수치를 당하지 아니하겠사오며"(시 119:46). "만일 너희가 사람을 차별하여 대하면 죄를 짓는 것이니"(약 2:9).

8

• **육적 지혜**

우리의 교인들은 국가 교회의 압제적인 교직제로부터 막 벗어났다. 그들은 어떤 죄가 드러나거나 특히 지난날의 상처가 터지는 것을 원치 않는다. 그들은 어떤 교리를 참을 수 없다. 좀더 달가운 교리가 그들에게는 더 나을 것이다. 부정적인 것을 제하라. 그런 교리는 그들에게 해를 끼칠 것이다. 유익을 전혀 주지 못할 것이다.

• 영적 지혜

"그들은 심히 패역한 자라 그들이 듣든지 아니 듣든지 너는 내 말로 고할지어다"(겔 2:7). "너는 내 입의 말을 듣고 나를 대신하여 그들을 깨우치라 가령 내가 악인에게 말하기를 너는 꼭 죽으리라 할 때에 네가 깨우치지 아니하거나 말로 악인에게 일러서 그의 악한 길을 떠나 생명을 구원하게 하지 아니하면 그의 악인은 그 죄악 중에서 죽으려니와 내가 그의 피 값을 네 손에서 찾을 것이며"(겔 3:17, 18). "여호와께서 내게 말씀하시는 것 곧 그것을 내가 말하리라"(왕상 22:14).

9

• 육적 지혜

만일 그런 것을 설교하려면, 사려 있게 매우 조심해서 말해야 한다. 양심상 말해야 한다면, 사람의 기분을 너무 상하게 하지 않도록 은밀히 하라. 이는 특별히 믿음이 어린 사람들에게 중요하다. 시간을 내어 그들에게 어려운 진리를 가르치고 될 수 있는 대로 그것을 쉽게 만들라. 당신은 어린 신자가 등을 돌려 떠나는 것을 원치 않을 것이다.

• 영적 지혜

"크게 외치라 목소리를 아끼지 말라"(사 58:1). "여호와의 일을 게을리 하는 자는 저주를 받을 것이요"(렘 48:10). "이에 숨은 부끄러움의 일을 버리고 속임으로 행하지 아니하며 하나님의 말씀을 혼잡하게 하지 아니하고 오직 진리를 나타냄으로 하나님 앞에서 각 사람의 양심에 대하여 스스로 추천하노라"(고후 4:2). 베드로는 기독교 시대의 첫 설교에서 불신자에게 전파하면서, 유대인 구도자에게 이렇게 말했다. "너희가 법 없는 자들의 손을 빌려 못박아 죽였으나"(행 2:23). "때가 아직 낮이매……밤이 오리니 그때는 아무도 일할 수 없느니라"(요 9:4).

10

• **육적 지혜**

특별히 교회에서 가장 영향력 있는 사람들을 상냥하게 대하라. 적어도 기반을 잡고 흡족한 봉급을 확보할 때까지 그렇게 하라. 그렇지 않으면 언제나 일자리를 찾아다닐 것이다. 왜냐하면 교회들은 당신을 두려워하며 멀리하고 청빙하지 않을 것이기 때문이다. 그러면 어떻게 살 것인가? 그러므로 직설적인 설교는 당신의 생계에 해를 끼칠 수 있다. 좀더 섬세한 접근법이 좀더 폭넓은 사역을 할 수 있게 할 것이다.

• **영적 지혜**

"사람의 낯을 보아주는 것이 좋지 못하고 한 조각 떡으로 말미암아 사람이 범법하는 것도 그러하니라"(잠 28:21). "주의 뜻대로 이루어지이다"(행 21:14). 하나님은 "그들의 연대를 정하시며 거주의 경계를 한정하셨다"(행 17:26). "나의 모든 기뻐하는 것을 이루리라"(사 46:10). "하나님이 고독한 자들은 가족과 함께 살게 하시며……오직 거역하는 자들의 거처는 메마른 땅이로다"(시 68:6). "충성된 자는 복이 많아도 속히 부하고자 하는 자는 형벌을 면하지 못하리라"(잠 28:20). "사람을 두려워하면 올무에 걸리게 되거니와 여호와를 의지하는 자는 안전하리라"(잠 29:25).

이처럼 우리는, 육적 지혜가 설득력 있고 상당히 그럴 듯한 이유를 들어 말하지만, 위로부터 오는 지혜와 전혀 반대되는 것을 알 수 있다(참고. 약 3:15-18). 육적 지혜는 따르는 자에게 큰 이익을 약속하지만, 그 약속은 언제나 이행되지 않는다. 육적 지혜는 그것을 무시하는 자들에게는 큰 재앙이 임한다고 위협하지만, 그 재앙은 언제나 일어나지 않는다. 육적 지혜는 두더지가 쌓아 올린 흙무더기를 산으로 만들고, 산을 두더지가 쌓아 올린 흙무더기로 만든다. 그러므로 세상의 지혜를 거부하라. 왜냐하면 그것은 하나님께는 어리석은 것이기 때문이다.

육적 방책은 몸만 죽일 수 있는 자들을 두려워하게 만든다. 세상의 지혜는 하나님에 대한 참된 경외심을 버리게 한다. 그러나 이 성경 말씀을 기억하고 자신을 강하게 하라. "사람을 두려워하면 올무에 걸리게 되거니와 여호와를 의지하는 자는 안전하리라"(잠 29:25). 이 세상의 유익을 위해 영혼을 위태롭게 하는 일을 하지 말라. "여호와를 바라고 그의 도를 지키라 그리하면 네가 땅을 차지하게 하실 것이라 악인이 끊어질 때에 네가 똑똑히 보리로다"(시 37:34). 육적 지혜가 다르게 말하고 하나님의 길이 어리석다고 말할지라도 하나님의 길이 가장 안전한 길이기 때문이다. 무엇보다도 "하나님의 어리석음이 사람보다 지혜롭고 하나님의 약하심이 사람보다 강하니라"(고전 1:25)는 말씀을 기억하라.

- 하나님께서 세상의 미련한 것들을 택하사 지혜 있는 자들을 부끄럽게 하려 하시고 세상의 약한 것들을 택하사 강한 것들을 부끄럽게 하려 하시며(고전 1:27).
- 너희 믿음이 사람의 지혜에 있지 아니하고 다만 하나님의 능력에 있게 하려 하였노라(고전 2:5).
- 십자가의 도가 멸망하는 자들에게는 미련한 것이요 구원을 받는 우리에게는 하나님의 능력이라 기록된 바 내가 지혜 있는 자들의 지혜를 멸하

고 총명한 자들의 총명을 폐하리라 하였으니 지혜 있는 자가 어디 있느냐 선비가 어디 있느냐 이 세대에 변론자가 어디 있느냐 하나님께서 이 세상의 지혜를 미련하게 하신 것이 아니냐 하나님의 지혜에 있어서는 이 세상이 자기 지혜로 하나님을 알지 못하므로 하나님께서 전도의 미련한 것으로 믿는 자들을 구원하시기를 기뻐하셨도다(고전 1:18-21).

- 두려워하지 말라 내가 너와 함께 함이라 놀라지 말라 나는 네 하나님이 됨이라 내가 너를 굳세게 하리라 참으로 너를 도와 주리라 참으로 나의 의로운 오른손으로 너를 붙들리라 보라 네게 노하던 자들이 수치와 욕을 당할 것이요 너와 다투는 자들이 아무것도 아닌 것같이 될 것이며 멸망할 것이라(사 41:10, 11).

Ashamed
of the
Gospel

복음을
부끄러워 하는
교회

사명선언문

너희가 흠이 없고 순전하여……세상에서 그들 가운데 빛들로
나타내며 생명의 말씀을 밝혀 _ 빌 2:15-16

1. 생명을 담겠습니다
만드는 책에 주님 주신 생명을 담겠습니다.
그 책으로 복음을 선포하겠습니다.

2. 말씀을 밝히겠습니다
생명의 근본은 말씀입니다.
말씀을 밝혀 성도와 교회의 성장을 돕겠습니다.

3. 빛이 되겠습니다
시대와 영혼의 어두움을 밝혀 주님 앞으로 이끄는
빛이 되는 책을 만들겠습니다.

4. 순전히 행하겠습니다
책을 만들고 전하는 일과 경영하는 일에 부끄러움이 없는
정직함으로 행하겠습니다.

5. 끝까지 전파하겠습니다
모든 사람에게, 땅 끝까지, 주님 오시는 그날까지
복음을 전하는 사명을 다하겠습니다.

서점 안내

광화문점 서울시 종로구 새문안로 69 구세군회관 1층
02)737-2288 / 02)737-4623(F)

강남점 서울시 서초구 신반포로 177 반포쇼핑타운 3동 2층
02)595-1211 / 02)595-3549(F)

구로점 서울시 동작구 시흥대로 602, 3층 302호
02)858-8744 / 02)838-0653(F)

노원점 서울시 노원구 동일로 1366 삼봉빌딩 지하 1층
02)938-7979 / 02)3391-6169(F)

일산점 경기도 고양시 일산서구 중앙로 1391 레이크타운 지하 1층
031)916-8787 / 031)916-8788(F)

의정부점 경기도 의정부시 청사로47번길 12 성산타워 3층
031)845-0600 / 031)852-6930(F)

인터넷서점 www.lifebook.co.kr